Fazenda Pública e Execução

Marco Aurélio Ventura Peixoto

Renata Cortez Vieira Peixoto

Fazenda Pública e Execução

3ª Edição | revista atualizada ampliada

2021

EDITORA JusPODIVM

www.editorajuspodivm.com.br

EDITORA
*Jus*PODIVM
www.editorajuspodivm.com.br

Rua Canuto Saraiva, 131 – Mooca – CEP: 03113-010 – São Paulo – São Paulo
Tel: (11) 3582.5757
• Contato: https://www.editorajuspodivm.com.br/sac

Capa: Ana Caquetti

Diagramação: Futura *(rogerio@futuraeditoracao.com)*

C377f Peixoto, Marco Aurélio Ventura.
Fazenda Pública e Execução / Marco Aurélio Ventura Peixoto; Renata Cortez Vieira Peixoto. – 3. ed., rev., atual. e ampl. – Salvador: Editora Juspodivm, 2021.
448 p.

Bibliografia.
ISBN: 978-85-442-3415-0.

1. Fazenda Pública e Execução. I. Direito, Peixoto II. Renata. III. Título.

CDD 340.

A José Guilherme e Laura,
razões de cada ponta
de nossos sorrisos diários.

Agradecimentos

A Deus, por ser a fonte inspiradora de todas as horas.

Aos nossos pais, Sônia (*in memoriam*) e Marinaldo, Eliene e Carlos, por nossa formação e por todo zelo e cuidado que sempre tiveram para conosco.

Aos nossos irmãos e cunhados, Renata e John, Carlos e Eide, pela torcida e compreensão de sempre.

À Advocacia-Geral da União e ao Tribunal de Justiça de Pernambuco, por nos permitirem a junção da teoria com a prática.

À Associação Norte-Nordeste de Professores de Processo, em especial aos Presidentes Fredie Didier Júnior, Leonardo Carneiro da Cunha, Pedro Henrique Nogueira e Antonio Adonias Bastos, por tantas portas que nos foram abertas.

Ao Instituto Brasileiro de Direito Processual - IBDP, pela acolhida.

Ao Programa de Pós-Graduação em Direito da Universidade do Rio de Janeiro - PPGD/UERJ, pelas lições que nos estão sendo transmitidas em nosso curso de Doutorado.

À Editora Juspodivm, nas pessoas de Ricardo Didier e de Fredie Didier Jr., pela confiança em nosso trabalho, que resultou no esgotamento da primeira e da segunda tiragens da primeira edição.

Aos amigos - professores ou não -, pelos conselhos, lealdade e solidariedade.

Aos alunos e ex-alunos, por representarem o combustível de nossa atividade acadêmica.

Prefácio

Quem examina mais superficialmente o CPC-2015 pode considerar que a disciplina da execução contra a Fazenda Pública não sofreu grande mudança. Essa impressão certamente decorre de uma espécie de tropismo intelectual, que nos faz apenas pensar na execução pecuniária contra o Poder Público – por estar regulada pela Constituição da República, o campo de atuação do CPC é necessariamente menor nesse tema.

Já me disseram, em mais de uma oportunidade, que a parte sobre execução foi a que menos mudou em relação ao Código passado.

Marco Aurélio e Renata nos mostram o equívoco dessa percepção.

Não apenas porque pode haver execução contra o Poder Público para a efetivação de prestações distintas da pecuniária (fazer, não fazer e dar coisa distinta de dinheiro). A cláusula geral executiva do art. 139, IV, e a cláusula geral de negociação processual do art. 190 têm óbvia incidência no processo de execução e desafiam a inteligência dos processualistas, chamados a compreender de que modo essa incidência se dá quando a Fazenda Pública está envolvida.

Este livro tem a coragem de apresentar algumas propostas de solução. Temas difíceis são enfrentados com descortino. Este livro aumenta a já imensa contribuição que a processualística nordestina já deu ao estudo do processo civil para os entes públicos. Apenas isso já seria motivo para, com grande honra, elaborar este prefácio. Mas há um outro: de um certo modo, sem saber e possivelmente em coautoria, posso ter agido como um Deus, Cupido. O livro é, também, prova de que a seta acertou o alvo.

Parabéns aos autores e à Editora.

Salvador, em junho de 2017.

Fredie Didier Jr.

Nota à 3ª edição

Esta é a 3ª edição da obra Fazenda Pública e Execução, revista, atualizada e ampliada durante o primeiro semestre de 2021.

Lançamos a 1ª edição em 2018 e a 2ª edição em 2020. Ambas se esgotaram e tiveram, para nossa satisfação, ótima aceitação dos leitores, demonstrada por meio dos inúmeros *feedbacks* positivos que nós e a editora recebemos.

Nesta 3ª edição, ademais da atualização legislativa e jurisprudencial desenvolvida em todos os temas, desmembramos os capítulos que tratavam da autocomposição e da arbitragem envolvendo o poder público, reservando uma análise mais aprofundada e criteriosa para a conciliação e a mediação em um dos capítulos, e para a arbitragem em outro.

Já no capítulo que trata das medidas executivas atípicas, reservamos um tratamento aos parâmetros defendidos pela doutrina e aplicados pela jurisprudência para a concessão dessas medidas, bem como subdividimos as possibilidades de deferimento contra – com as várias espécies atípicas que têm sido determinadas – ou a favor da Fazenda Pública, como nas execuções fiscais.

Inserimos também um novo capítulo, destinado ao estudo da transação tributária, fruto da Lei n.º 13.988/2020, que tem gerado fortes impactos à atuação da Fazenda Pública em matéria de processo tributário.

No capítulo que trata da execução fiscal, inserimos um subcapítulo final, a fim de destacar as propostas de desjudicialização desse procedimento, que tem sido objeto de debates na doutrina e nas casas legislativas do Congresso Nacional.

Finalmente, no capítulo dedicado às teses e súmulas com efeito vinculante dos Tribunais Superiores, incluímos aquelas muitas surgidas após a 2ª edição, bem como reproduzimos as questões de direito controvertidas objeto dos recursos repetitivos, as teses fixadas e eventuais súmulas originadas dos referidos recursos, conforme constam no site do STJ e do STF, para facilitar o estudo e a compreensão dos referidos precedentes. Além disso, o leitor poderá identificar, mediante referências recíprocas nas notas de rodapé, todos os tópicos em que os temas e teses vinculantes foram tratados ao longo do texto, o que contribuirá para a adequada contextualização dos precedentes relativamente aos capítulos do livro.

Apresentamos, desse modo, a 3ª edição de nosso livro Fazenda Pública e Execução. Ficamos no aguardo da sempre crítica e atenta leitura de estudantes e operadores do Direito, permanecendo abertos e disponíveis às sugestões que podem ser enviadas aos canais de comunicação da Editora Juspodivm ou aos nossos e-mails ou perfis pessoais nas redes sociais.

Recife, junho de 2021.

Marco Aurélio Ventura Peixoto

mavpeixoto@gmail.com

@marcovpeixoto

Renata Cortez Vieira Peixoto

renatacortez@outlook.com.br

@renatacortezcpc

Sumário

Capítulo 14

Capítulo

1

Considerações Iniciais

Analisando-se as prerrogativas processuais inerentes à atuação da Fazenda Pública em juízo, destaca-se o regime próprio das execuções para pagamento de quantia certa contra os entes que a compõem.

Tal regime se justifica, tendo em conta as particularidades que envolvem as pessoas jurídicas de direito público, que não suportariam se submeter ao mesmo procedimento aplicável às execuções comuns, sem que isso viesse a comprometer seus respectivos orçamentos anuais.

Caracterizando-se a execução, basicamente, pela invasão legítima e forçada sobre o patrimônio do devedor, a fim de lhe retirar bens com o objetivo de fazer valer um direito pré-afirmado em título judicial ou extrajudicial, por inúmeras razões – mas notadamente por serem públicos os bens que compõem o acervo patrimonial da Fazenda Pública – não se poderia cogitar de sua livre apreensão, penhora e expropriação, com vistas à satisfação indiscriminada de seus credores.

Estão instalados nos bens pertencentes à Fazenda Pública não apenas os órgãos públicos em que funcionam Ministérios ou Secretarias, mas também escolas, creches, postos de saúde, hospitais, delegacias, dentre outros, de modo que a própria continuidade dos serviços públicos disponibilizados à população restaria ameaçada caso houvesse a sujeição ao rito comum das execuções.

De todo modo, ainda que se considere o interesse público como elemento justificador de um regime diferenciado para as execuções contra a Fazenda Pública, não há como se ignorar as críticas – muitas delas pertinentes – advindas dos mais diversos setores e segmentos em relação a tal prerrogativa.

A maioria das objeções reside exatamente no regime de pagamento dos débitos judiciais da Fazenda Pública, feito mediante precatórios, conforme prescrição do art. 100 da CF/88, e que gera, muitas vezes, um atraso ainda maior na efetiva prestação jurisdicional. Não é raro observar credores que ficam, em algumas situações, anos esperando pelo cumprimento de algo que o Poder Judiciário já lhe assegurou na demanda em fase cognitiva.

A execução contra a Fazenda Pública, prevista no Código de Processo Civil de 1973 em seus arts. 730 e 731, não restou esquecida no Código de Processo Civil de 2015 (Lei n. 13.105, de 16 de março de 2015).

Em tal lei, dita espécie de execução continua com regime próprio e diferenciado, mas há algumas modificações pontuais importantes, notadamente no tocante à efetivação dos títulos judiciais, que não mais se faz por meio de processo autônomo, mas mediante cumprimento de sentença, como etapa posterior ao término da fase de conhecimento, tanto quanto já se houvera por estabelecer para as execuções contra particulares, como fruto da Lei n. 11.232/2005).

Buscar-se-á, portanto, no livro presente, discorrer sobre os aspectos atinentes ao cumprimento de sentença contra a Fazenda Pública, discutindo-se as questões doutrinárias e jurisprudenciais relevantes sobre o tema e, fundamentalmente, analisando-se o cenário que surgiu com o atual CPC.

Posteriormente, tratar-se-á da sistemática estabelecida para as execuções de títulos extrajudiciais contra a Fazenda, contida no art. 910 do CPC, esta sim revelada por meio de um processo autônomo, cuja defesa haverá de se fazer por meio de embargos à execução.

Além da análise dos impactos do CPC na Lei 6.830/80, trataremos da Lei de Execução Fiscal de forma mais pormenorizada, bem como da sua interpretação pela jurisprudência dos Tribunais Superiores.

Serão também abordados outros temas que se relacionam à execução e que afetam a Fazenda Pública: a autocomposição, os negócios processuais, a transação tributária, o incidente de desconsideração da personalidade jurídica e a sistemática de precedentes, que sofreram modificações importantes à luz do CPC.

Capítulo

2

Conceito de Fazenda Pública

A expressão Fazenda Pública é utilizada para designar as pessoas jurídicas de direito público que figurem em ações judiciais, mesmo que a demanda não verse sobre matéria estritamente fiscal ou financeira[1].

A relevância do estudo da atuação da Fazenda Pública em juízo é de tamanha ordem, que se chega a afirmar que exista um chamado Direito Processual da Fazenda Pública, ou Direito Processual Público[2].

Não há dúvidas de que a expressão Fazenda Pública compreende: a) os entes da Administração Pública direta: União, Estados, Distrito Federal e Municípios; b) e, bem assim, as autarquias e as fundações de direito público[3], que compõem a Administração Pública Indireta. Incorreto, contudo, seria afirmar que todos os entes que integram a Administração Pública indireta inserem-se no conceito de Fazenda Pública[4].

Isto porque, no que concerne às empresas públicas e às sociedades de economia mista, embora também façam parte do conceito de

1. CUNHA, Leonardo José Carneiro da. A Fazenda Pública em juízo. 13. Ed. Rio de Janeiro: Forense, 2016, p. 6.
2. RODRIGUES, Marco Antonio. A Fazenda Pública no processo civil. 2. Ed. São Paulo: Atlas, 2016, p. 1.
3. ASSIS, Araken de. Manual da execução. São Paulo: Revista dos Tribunais, 2013, p. 1101.
4. PEIXOTO, Marco Aurélio Ventura. A Fazenda Pública no Novo Código de Processo Civil. In ADONIAS, Antonio; DIDIER JR., Fredie (coordenadores). Projeto do Novo Código de Processo Civil – 2ª série. Estudos em homenagem a José Joaquim Calmon de Passos. Salvador: Ed. Juspodivm, 2012, p.. 510.

Administração Pública indireta, como regra, por explorarem atividade econômica de produção ou comercialização de bens ou de prestação de serviços, estão sujeitas ao regime próprio das empresas privadas, nos termos do art. 173, §1º, II da CF/88, razão pela qual, quando devedoras, são executadas conforme as regras comuns previstas no CPC.

Nessa linha de raciocínio, sendo as empresas públicas e as sociedades de economia mista constituídas sob um regime jurídico de direito privado, é de se dizer que alguns dos mais conhecidos entes estatais, possuidores de tais naturezas jurídicas, como a Caixa Econômica Federal, o Banco do Brasil e a Petrobrás, não estão abarcadas no conceito de Fazenda Pública e, por conseguinte, não são dotadas, via de regra, das prerrogativas processuais inerentes às pessoas jurídicas de direito público.

Cumpre, no entanto, ressaltar, relativamente às empresas públicas, que se forem instituídas para fins de prestação de serviços públicos de competência dos entes da Administração Pública direta, haverá submissão ao regime executivo especial, porquanto tais entidades, nesse caso, são equiparadas à Fazenda Pública[5]. Essa é, inclusive, a orientação do Superior Tribunal de Justiça sobre a matéria[67].

Vale também referir o posicionamento do STJ no sentido de que "não existe possibilidade de reconhecer isenção de preparo recursal a empresa pública, ante a ausência de previsão no rol do art. 1.007, § 1º, do CPC/2015"[8]. O parágrafo único do art. 1.007 prevê a dispensa do preparo no que tange aos recursos interpostos pelo Ministério Público,

5. THEODORO JÚNIOR, Humberto. Curso de Direito Processual Civil: processo de execução e cumprimento de sentença, processo cautelar e tutela de urgência. Vol. II. Rio de Janeiro: Forense, 2013, p. 397.

6. "(...) A empresa pública, desde que prestadora de serviços públicos, goza dos privilégios inerentes à Fazenda Pública, de modo que a execução proposta contra essa empresa deve seguir o rito previsto nos arts. 730 e seguintes do CPC (...)". (STJ, AgRg no AREsp 234.159/RJ, Rel. Ministro CASTRO MEIRA, SEGUNDA TURMA, julgado em 07/05/2013, DJe 16/05/2013).

7. "(...) 2. A EMOP é uma empresa pública, criada pelo Poder Público, vinculada à Secretaria de Estado de Desenvolvimento Urbano e Regional (Decreto Estadual 15.122/1990), que presta, exclusivamente, serviços públicos para o Estado do Rio de Janeiro e, diga-se de passagem, serviços de interesse público primário. Assim, cabe, de fato, equipará-la à Fazenda Pública, possibilitando a execução por meio de precatório, pois tal empresa distingue-se das demais empresas públicas que, em geral, exercem atividades econômicas. 3. "As empresas públicas, quando prestadoras de serviços públicos de prestação obrigatória pelo Estado, devem ser processadas pelo rito do art. 730 do CPC, inclusive com a expedição de precatório (...)" (grifo nosso) (STJ, Esp 729.807/RJ, Rel. Ministro MAURO CAMPBELL MARQUES, SEGUNDA TURMA, julgado em 03/11/2009, DJe 13/11/2009).

8. REsp 1800425/SP, Rel. Ministro HERMAN BENJAMIN, SEGUNDA TURMA, julgado em 11/06/2019, DJe 01/07/2019.

pela União, pelo Distrito Federal, pelos Estados, pelos Municípios, e respectivas autarquias.

No que concerne às sociedades de economia mista, o posicionamento do Superior Tribunal de Justiça é mais restrito: ainda que tais pessoas jurídicas prestem serviço público, submetem-se ao regime das execuções contra os devedores em geral, incidindo, entrementes, a impenhorabilidade no que concerne aos bens que estejam diretamente ligados à consecução dos serviços de natureza pública[9-10].

No Tribunal Superior do Trabalho, identificamos entendimento no sentido de que a execução deve ser feita pelo regime de precatórios quando se tratar de sociedade de economia mista que realize atividade típica de Estado, com capital majoritariamente público, em regime não concorrencial e sem o objetivo de distribuição de lucros e dividendos, comportando, portanto, as prerrogativas inerentes à Fazenda Pública[11].

No Supremo Tribunal Federal, em princípio, considera-se que as prerrogativas da Fazenda Pública não se estendem às empresas públicas e às sociedades de economia mista, a não ser que comprovem não exercer atividade econômica[12] (não executar atividades em regime de concorrência ou que tenham como objetivo distribuir lucros aos seus acionistas)[13], mas sim serviço público próprio do Estado.

---

9. PROCESSUAL CIVIL. PENHORA. BENS DE SOCIEDADE DE ECONOMIA MISTA. POSSIBILIDADE. 1. A sociedade de economia mista, posto consubstanciar personalidade jurídica de direito privado, sujeita-se, na cobrança de seus débitos ao regime comum das sociedades em geral, nada importando o fato de prestarem serviço público, desde que a execução da função não reste comprometida pela constrição. Precedentes. 2. Recurso Especial desprovido (REsp 521.047/SP, Rel. Ministro Luiz Fux, Primeira Turma, julgado em 20/11/2003, DJ 16/2/2004 p. 214).

10. PROCESSO CIVIL. EXECUÇÃO DE TÍTULO EXTRAJUDICIAL. PENHORA EM BENS DE SOCIEDADE DE ECONOMIA MISTA QUE PRESTA SERVIÇO PÚBLICO. A sociedade de economia mista tem personalidade jurídica de direito privado e está sujeita, quanto à cobrança de seus débitos, ao regime comum das sociedades em geral, nada importando o fato de que preste serviço público; só não lhe podem ser penhorados bens que estejam diretamente comprometidos com a prestação do serviço público. Recurso especial conhecido e provido (REsp 176.078/SP, Rel. Ministro Ari Pargendler, Segunda Turma, julgado em 15/12/1998, DJ 8/3/1999 p. 200).

11. RO 64-32.2017.5.13.0000, TST, Relator Ministro Alexandre de Souza Agra Belmonte, Subseção II Especializada em Dissídios Individuais, julg. 18.06.2019, DJE 21.06.2019.

12. "A jurisprudência da Corte é firme no sentido de que as prerrogativas processuais da fazenda pública não são extensíveis às empresas públicas ou às sociedades de economia mista". (ARE 700429 AgR, Relator(a): Min. DIAS TOFFOLI, Primeira Turma, julgado em 21/10/2014, ACÓRDÃO ELETRÔNICO DJe-224 DIVULG 13-11-2014 PUBLIC 14-11-2014).

13. "O acórdão recorrido, na hipótese, não destoa da jurisprudência desta Corte, quanto à inaplicabilidade dos privilégios da Fazenda Pública às sociedades de economia mista que executam atividades em regime de concorrência ou que tenham como objetivo distribuir lucros aos seus acionistas. 3.

É o que acontece, por exemplo, com a Empresa Brasileira de Correios e Telégrafos que, segundo o STF, "é prestadora de serviço público de prestação obrigatória e exclusiva do Estado"[14], razão pela qual possui todas as prerrogativas processuais estabelecidas em prol das pessoas jurídicas de direito público, inclusive a impenhorabilidade de seus bens, rendas e serviços, conforme já decidido pelo pleno da referida Corte Superior[15].

No Recurso Extraordinário 633782/MG, julgado sob o rito da repercussão geral, em 26/10/2020, o Pleno do STF expressamente assentou entendimento no sentido de que a constituição de uma pessoa jurídica integrante da Administração Pública indireta sob o regime de direito privado não a impede de ocasionalmente ter o seu regime aproximado daquele da Fazenda Pública, desde que não atue em regime concorrencial. Na linha do voto do Relator, Ministro Luiz Fux, a CF/88, ao autorizar a criação de empresas públicas e sociedades de economia mista que tenham por objeto exclusivo a prestação de serviços públicos de atuação típica do Estado e em regime não concorrencial, autoriza, consequentemente, a delegação dos meios necessários à realização do serviço público delegado[16].

Tomando-se por base o critério de não exercer atividade econômica para que se possa compreender uma entidade como beneficiária das prerrogativas da Fazenda Pública, deve-se consignar, nesse ponto, que há quem entenda que se uma autarquia, por exemplo, explorar atividade essencialmente privada, perderia as benesses processuais, inclusive o regime do art. 100 da CF/88. Há precedente do STJ nesse sentido, inclusive[17].

No Supremo Tribunal Federal, não há decisões seguindo essa linha de raciocínio. Todos os julgados que excluem a sistemática dos precató-

---

Agravo regimental a que se nega provimento, com aplicação de multa, nos termos do art. 1.021, §4º, do CPC. Majoração de honorários na forma do artigo 85, § 11, CPC, observados os limites dos §§ 2º e 3º do mesmo dispositivo. (RE 1102543 AgR, Relator(a): Min. EDSON FACHIN, Segunda Turma, julgado em 29/11/2019, PROCESSO ELETRÔNICO DJe-275 DIVULG 11-12-2019 PUBLIC 12-12-2019).

14. RE 424227, Relator(a): Min. CARLOS VELLOSO, Segunda Turma, julgado em 24/08/2004, DJ 10-09-2004 PP-00067 EMENT VOL-02163-05 PP-00971 RTJ VOL 00192-01 PP-00375.
15. RE 220906, Relator(a): Min. MAURÍCIO CORRÊA, Tribunal Pleno, julgado em 16/11/2000, DJ 14-11-2002 PP-00015 EMENT VOL-02091-03 PP-00430.
16. RE 633782/MG, Relator Ministro Luiz Fux, julg. 26/10/2020, DJE 25/11/2020.
17. "O rito previsto pelos artigos 730 e seguintes do Código de Processo Civil, aplicável à execução de quantia certa contra a Fazenda Pública, não é aplicável ao ente que, a despeito de formalmente ser considerado uma autarquia, na realidade, em razão de explorar atividade econômica, mediante fomento de setores da economia, se reveste de natureza de empresa pública, como sucede *in casu*". (REsp 579.819/RS, Rel. Ministro MASSAMI UYEDA, TERCEIRA TURMA, julgado em 04/08/2009, DJe 15/09/2009) (Grifo nosso).

rios e, consequentemente, o regime executivo especial previsto na CF/88 e no CPC para a Fazenda Pública, referem-se a empresas públicas ou a sociedades de economia mista que exploram atividade econômica, nos moldes do já citado art. 173, §1º da CF/88. Nada há sobre autarquias que eventualmente exerçam atividade própria das empresas privadas.

Por uma questão de coerência, entrementes, não há como pensar de forma diversa. Se as empresas públicas e sociedades de economia mista, quando exercem serviço essencialmente público, devem ser equiparadas à Fazenda Pública para que possam dispor de determinadas prerrogativas processuais, tais como a impenhorabilidade de bens, o contrário também deve ser admitido: se uma autarquia ou fundação se dedicar a uma atividade privada, deverá ser excluída do conceito de Fazenda Pública e, por conseguinte, será executada na forma comum prevista na lei processual.

Importante destacar que as agências executivas e reguladoras, por terem natureza jurídica de autarquias especiais, são consideradas pessoas jurídicas de direito público, integrando, portanto, o conceito de Fazenda Pública. Da mesma forma, os consórcios públicos que sejam constituídos sob a forma de associações públicas[18].

O atual CPC, como já ocorria com o anterior, faz referência à Fazenda Pública em inúmeros dispositivos, inclusive nos arts. 534 e 535, que tratam do cumprimento de sentença. Certamente emprega a locução no sentido aqui referido.

Há uma regra no CPC/2015 que, especificando os entes estatais aos quais se aplica, menciona os conselhos de fiscalização de atividade profissional. Trata-se do art. 45, que trata do deslocamento da competência para a Justiça Federal quando intervierem no processo, como partes ou terceiros, entes da Administração Pública direta e indireta.

Os conselhos de fiscalização de atividade profissional, segundo o Supremo Tribunal Federal, têm natureza jurídica autárquica, sendo, portanto, considerados pessoas jurídicas de direito público[19].

Por isso, algumas prerrogativas processuais têm sido estendidas aos referidos conselhos pela jurisprudência do STJ, como a intimação pessoal

---

18. CUNHA, Leonardo José Carneiro da. A Fazenda Pública em juízo. 13. Ed. Rio de Janeiro: Forense, 2016, p. 21.
19. RE 683010 AgR, Relator(a): Min. ROBERTO BARROSO, Primeira Turma, julgado em 12/08/2014, PROCESSO ELETRÔNICO DJe-165 DIVULG 26-08-2014 PUBLIC 27-08-2014.

na execução fiscal[20] e os prazos especiais previstos no art. 188 do CPC de 1973[21] (agora contido no art. 183 do CPC/2015), por exemplo. Assim, sendo os conselhos de fiscalização profissional considerados autarquias e, por consequência, pessoas jurídicas de direito público, devem ser compreendidos na definição de Fazenda Pública, submetendo-se, portanto, ao regime especial executivo previsto na CF/88 e no CPC.

De todo modo, ao se firmar essa interpretação, não se pode categoricamente indicar que todas e quaisquer prerrogativas que são próprias dos entes públicos são atribuídas aos conselhos de fiscalização profissional. O STF decidiu, no âmbito do Recurso Extraordinário 938837/SP, sob a relatoria do Ministro Marco Aurélio, que os pagamentos devidos, em razão de pronunciamento judicial, pelos Conselhos de Fiscalização, não se submetem ao regime dos precatórios[22].

Registre-se, por outro lado, que o fato de tais conselhos de fiscalização profissional deterem, segundo o STF, a natureza de autarquia, não confere aos que representam esses conselhos em juízo a condição de advogados públicos, visto que, nos termos do art. 182 do CPC, a expressão advocacia pública está reservada aos que representam as pessoas jurídicas de direito público que integram a administração direta e indireta, o que não é o caso. Sendo assim, as prerrogativas previstas em lei para a advocacia pública, como se dá com os honorários sucumbenciais estatuídos no art. 85, §19, do CPC, não são extensivos aos advogados que atuam na defesa daqueles conselhos de fiscalização profissional.

À guisa de conclusão, tem-se que a expressão Fazenda Pública abrange: a) os entes da Administração Pública direta (União, Estados, Distrito Federal e Municípios); b) as autarquias e fundações públicas, exceto, quanto às primeiras, se exercerem atividade privada (econômica); c) as empresas públicas e as sociedades de economia mista, se desempenharem serviço público próprio do Estado; d) as agências reguladoras; e) os consórcios criados sob a forma de associações públicas; f) e os conselhos de fiscalização profissional.

---

20. REsp 1330190/SP, Rel. Ministro HERMAN BENJAMIN, SEGUNDA TURMA, julgado em 11/12/2012, DJe 19/12/2012.
21. AgRg no Ag 1388776/RJ, Rel. Ministro HERMAN BENJAMIN, SEGUNDA TURMA, julgado em 07/06/2011, DJe 15/06/2011.
22. RE 938837/SP, Relator Ministro Marco Aurélio, STF, Pleno, julgado em 19/04/2017, DJE 25/09/2017.

Capítulo

3

O tratamento diferenciado para a atuação da Fazenda Pública em juízo no CPC/2015

Enquanto réus, os entes integrantes da Fazenda Pública são as figuras mais presentes nas relações processuais do ordenamento jurídico brasileiro[1], demonstrando, na visão de Hélio do Vale Pereira, a falta de sintonia entre o seu agir e as determinações legais, mormente constitucionais[2], o que contribui evidentemente para a sobrecarga do Poder Judiciário e para a lentidão na prestação jurisdicional.

Em 2012, o Conselho Nacional de Justiça - CNJ publicou um estudo[3] em que classificava, segundo os mais variados critérios, os 100 (cem) maiores litigantes do país. Analisando-se por setores, observando-se o

1. Pesquisa elaborada pelo Tribunal Superior do Trabalho revela que, em 2016, a União liderou o ranking dos maiores litigantes da Justiça do Trabalho, seguida pela Petrobrás (sociedade de economia mista), pela Caixa Econômica Federal (empresa pública), pelo Banco do Brasil (sociedade de economia mista) e pelos Correios (empresa pública). Dados disponíveis em: http://www.tst.jus.br/web/estatistica/tst/mariores-litigantes, capturado em 12.04.2017. Pesquisa realizada pela Associação dos Magistrados Brasileiros (AMB) também mostra o Poder Público no topo dos cem maiores litigantes do país. Dados disponíveis em: http://s.conjur.com.br/dl/uso-justica-litigio-brasil-pesquisa-amb.pdf, capturado em 12.04.2017. A pesquisa sobre o tema realizada pelo Conselho Nacional de Justiça em 2012, do mesmo modo, aponta que os entes que compõem a Administração Pública lideram o ranking dos cem maiores litigantes do país. Dados disponíveis em: http://www.cnj.jus.br/images/pesquisas-judiciarias/pesquisa_100_maiores_litigantes.pdf, capturado em 12.04.2017.

2. PEREIRA, Hélio do Valle. Manual da Fazenda Pública em Juízo. 2. Ed. Rio de Janeiro: Renovar, 2006, p. 1.

3. https://www.cnj.jus.br/wp-content/uploads/2011/02/100_maiores_litigantes.pdf.

saldo residual de processos em 31 de março de 2010, o setor público federal ocupava o primeiro lugar, o setor público estadual o terceiro lugar e o setor público municipal o quinto lugar, de modo que, nas cinco primeiras posições, a Fazenda Pública recebia a companhia apenas dos bancos e das operadoras de telefonia.

Para se ter uma ideia, a taxa de congestionamento média das varas exclusivas de execução fiscal ou da fazenda pública, no Judiciário estadual, era da ordem de 86% (oitenta e seis por cento) em 2019, conforme o relatório Justiça em Números 2020[4], igualmente produzido pelo CNJ. Na Justiça Estadual, tem-se uma média de 7 anos e 10 meses para se baixar um processo de execução fiscal, ao passo em que, na Justiça Federal, essa média sobe para 10 anos.

Em função dessa presença estatisticamente marcante da Fazenda Pública em juízo, as normas processuais foram, com o passar dos anos, adaptando-se, amoldando-se à sua participação nas demandas, o que faz parecer existir um sistema processual à parte, um verdadeiro direito processual público[5], como já dito, típico para as situações em que se litiga contra a Fazenda.

Por evidente, não são poucas as críticas de advogados privados, magistrados e mesmo de doutrinadores acerca das prerrogativas processuais inerentes à atuação em juízo da Fazenda Pública.

Previsões que constavam do CPC de 1973 e de outras leis esparsas, como a citação pessoal, o reexame necessário, o prazo quadriplicado para contestar e dobrado para recorrer, a possibilidade de suspensão de liminares, da segurança e de tutelas antecipadas, os honorários advocatícios fixados de modo equitativo, a impenhorabilidade de bens e o pagamento das dívidas por meio de precatórios, sempre despertaram polêmica, calorosos debates e opiniões contrárias.

Discute-se sempre, quer entre profissionais do Direito, quer mesmo entre os leigos, se a fixação de regras específicas para os entes dotados de personalidade jurídica de direito público causa algum tipo de afronta ao constitucional princípio da isonomia.

---

4. https://www.cnj.jus.br/wp-content/uploads/2020/08/WEB-V3-Justi%C3%A7a-em-N%C3%BAmeros-2020-atualizado-em-25-08-2020.pdf.
5. BUENO, Cássio Scarpinella. O poder público em juízo. 3. Ed. São Paulo: Saraiva, 2000, p. 1.

Não se deve assim entender. O ente público não deve ser visto como simplesmente mais uma pessoa jurídica, já que possui dimensão tão profunda que veda seja vista como um ente jurídico a disputar, com outros, interesses individualizados. Não há que se imaginar vinculação entre a Fazenda Pública e propósitos egoísticos, singularizados[6].

A isonomia material permite ao legislador que crie normas que protejam pessoas, a fim de equiparar suas condições em relação a outras, já que se encontram em situação de inferioridade[7].

Não se pode ignorar que a Fazenda Pública não reúne, para sua defesa em juízo, as mesmas condições que tem um particular na tutela de seus interesses. Aos entes públicos são conferidas várias prerrogativas, justificadas pelo excessivo volume de trabalho, pelas dificuldades estruturais da Advocacia Pública e pela burocracia inerente à sua atividade, que dificulta o acesso aos fatos, elementos e dados da causa[8].

É de se ressaltar ainda que a defesa das políticas públicas implementadas não transforma os advogados públicos em advogados do chefe do Poder Executivo, porquanto têm, tais profissionais, como premissa básica, a atuação em defesa do Estado e de sua ordem constitucional, com autonomia funcional no exercício de suas funções[9].

Se há desigualdade entre os polos de uma relação processual, desigualmente devem ser tratados pelo legislador, razão pela qual é plenamente justificado que exista, no texto constitucional, no CPC ou em outras leis esparsas, um regime diferenciado para a atuação da Fazenda Pública em juízo.

As prerrogativas conferidas por lei à Fazenda Pública não devem, portanto, ser encaradas como privilégios, já que o tratamento diferenciado tem uma razão de ser – proteção do interesse público – e atende plenamente à ideia da isonomia processual, consagrada inclusive dentre as normas fundamentais do processo civil, no art. 7º do CPC.

---

6. PEREIRA, Hélio do Valle. Manual da Fazenda Pública em Juízo. 2. Ed. Rio de Janeiro: Renovar, 2006, p. 25.
7. RODRIGUES, Marco Antonio. A Fazenda Pública no processo civil. 2. Ed. São Paulo: Atlas, 2016, p. 29.
8. CUNHA, Leonardo José Carneiro da. A Fazenda Pública em juízo. 13. Ed. Rio de Janeiro: Forense, 2016, p. 33.
9. OLIVEIRA, Weber Luiz de. Advocacia Pública Contemporânea. In OLIVEIRA, Weber Luiz de (org.). Advocacia Pública em Debate. Florianópolis: Empório do Direito, 2018, p. 15.

Se cabe à Fazenda Pública velar pelo interesse público, e se este, além de indisponível, deve ser colocado em posição de supremacia em relação aos interesses privados, não há inconstitucionalidade ou ilicitude no estabelecimento de prerrogativas aos seus entes quando da atuação junto ao Poder Judiciário, desde que se evidenciem necessárias à adequada atuação de seus representantes judiciais, que as regras correspondentes sejam fixadas de acordo com a razoabilidade e que o tratamento diferenciado encontre respaldo na necessidade de preservação do interesse público primário, qual seja, o da coletividade.

Com isso, quer-se dizer que a indisponibilidade e a supremacia do interesse público, apesar de constituírem os principais fundamentos para justificar a existência de prerrogativas processuais em benefício do Poder Público, não podem ter a sua definição desvirtuada para que sejam indevidamente tomadas como base para a criação de privilégios descabidos, que tenham a única finalidade de tornar a Fazenda uma "superparte", dotada de "superpoderes", o que certamente ensejaria afronta ao princípio da igualdade processual e não estaria de acordo com o verdadeiro interesse público.

A possibilidade de realização de negócios jurídicos processuais, a concretização de acordos - pela via da mediação ou da conciliação - e a arbitragem envolvendo o Poder Público[10] constituem exemplos de que a indisponibilidade do patrimônio público não é uma regra absoluta e que, em consequência, não pode servir de fundamento para a criação indiscriminada de benefícios processuais para a Fazenda Pública, que devem guardar correlação com a razoabilidade, com as peculiaridades da atuação do Poder Público em juízo e com a efetiva defesa do interesse público primário.

A temática é polêmica e evidentemente foi trazida à tona quando das discussões do CPC. Fazia-se necessário rediscutir os fundamentos das prerrogativas até então existentes para analisar se deveriam ser mantidas ou modificadas. Além disso, também se afigurava indispensável debater sobre a necessidade de criação de outras regras específicas, que atendessem a outros problemas práticos envolvendo o Poder Público em juízo.

Assim é que, no diploma de 2015, houve a introdução de novas prerrogativas, enquanto outras foram restringidas ou eliminadas, cumprindo

10. Tais matérias serão objeto de análise no Capítulo 9 do presente trabalho.

realçar alguns dos principais aspectos dessas mudanças, no que passou a ser um novo cenário de atuação da Fazenda Pública em juízo.

Nesse ponto, cabe-nos falar inicialmente acerca da previsão de prazos processuais ampliados para a Fazenda. Quando da vigência do código anterior, era muito forte a crítica, por exemplo, quanto à regra constante do art. 188, que estabelecia prazos em quádruplo para contestar e em dobro para recorrer, visto que tal dilatação dos prazos acarretaria demora às relações processuais ou feriria o constitucional princípio da duração razoável dos processos.

Ocorre que é sim razoável a ampliação dos prazos para a defesa ou para os recursos sob responsabilidade dos advogados públicos, na linha de que, além de o interesse perseguido e defendido ser o público e de suas derrotas refletirem ainda que indiretamente na própria sociedade, é de se convir que sua defesa é mais complicada quando envolve matéria fática, já que se faz necessário movimentar a máquina administrativa em busca de documentos, fichas financeiras e outras comprovações ou elementos que possam embasar a defesa do ente público.

O CPC/2015 continua prevendo prazos específicos e mais extensos para a Fazenda Pública, assim como para o Ministério Público e para a Defensoria Pública.

No entanto, diversamente do CPC/73, que estabelecia o prazo em quádruplo para contestar e em dobro para recorrer, o art. 183 do CPC/2015 determina que a Fazenda Pública gozará de prazo em dobro para todas as suas manifestações processuais, norma também aplicável ao Ministério Público e à Defensoria Pública (arts. 180 e 186, respectivamente).

Não há contagem em dobro se houver prazo próprio para o ente público estabelecido pela lei, a exemplo do art. 535 do CPC/2015, que prescreve o prazo de trinta dias para a Fazenda impugnar o cumprimento de sentença, e do art. 910, do mesmo diploma, que indica o prazo de trinta dias para a Fazenda embargar a execução. Note-se que restou eliminada a prerrogativa da contagem em quádruplo do prazo para contestar.

Outra importante prerrogativa é a da intimação pessoal. Ausente no CPC anterior, tal garantia estava estabelecida, para a Advocacia-Geral da União, na Lei Complementar n.º 73/93, mas não havia idêntica previsão para Estados e Municípios. Com o art. 183, §1º, do CPC/2015, esta prerrogativa restou assegurada para todos os entes públicos, devendo se dar por carga, remessa ou meio eletrônico.

Também foram reproduzidas as regras que dispensam o Poder Público do adiantamento de custas (art. 91) e do depósito do valor equivalente a 5% do valor da causa na ação rescisória (art. 968, §1º).

A fixação dos honorários advocatícios, notadamente quando vencida a Fazenda Pública, constituía temática bastante polêmica na vigência do CPC/73. Isto porque a regra insculpida no art. 20, §4º daquele diploma, que determinava que sendo a Fazenda vencida, os honorários seriam calculados de acordo com a equidade, sem respeitar necessariamente os limites de 10% a 20% do valor da condenação, despertava verdadeira ira de muitos que advogavam contra o Poder Público, insatisfeitos com o que chamavam de fixação irrisória ou ínfima de honorários sucumbenciais.

Assim, o CPC atual, em seu art. 85, §3º, atendeu a esse anseio da classe dos advogados e prescreveu uma sistemática bem mais objetiva para o tema, criando faixas percentuais, baseadas no valor da condenação[11]. Dita regra deve ser aplicada independentemente do conteúdo da decisão, ainda que se trate de sentença terminativa ou de improcedência, e o montante dos honorários deve ser definido a partir de uma avaliação com base em critérios mínimos, constantes dos incisos do §2º, e que depende de especificidades do processo ou da atuação do patrono[12]. Essa condenação em honorários nem sempre se dará na mesma faixa, tal como ocorre com os descontos na fonte para imposto de renda, por exemplo. É de se registrar, ainda, que tal previsão em relação aos honorários não se aplica apenas às condenações contra a Fazenda, mas também quando esta se sagrar vitoriosa.

---

11. Art. 85 (...) § 3º Nas causas em que a Fazenda Pública for parte, a fixação dos honorários observará os critérios estabelecidos nos incisos I a IV do § 2º e os seguintes percentuais:

    I – mínimo de dez e máximo de vinte por cento sobre o valor da condenação ou do proveito econômico obtido até 200 (duzentos) salários-mínimos;

    II – mínimo de oito e máximo de dez por cento sobre o valor da condenação ou do proveito econômico obtido acima de 200 (duzentos) salários-mínimos até 2.000 (dois mil) salários-mínimos;

    III – mínimo de cinco e máximo de oito por cento sobre o valor da condenação ou do proveito econômico obtido acima de 2.000 (dois mil) salários-mínimos até 20.000 (vinte mil) salários-mínimos;

    IV – mínimo de três e máximo de cinco por cento sobre o valor da condenação ou do proveito econômico obtido acima de 20.000 (vinte mil) salários-mínimos até 100.000 (cem mil) salários-mínimos;

    V – mínimo de um e máximo de três por cento sobre o valor da condenação ou do proveito econômico obtido acima de 100.000 (cem mil) salários-mínimos.

12. RODRIGUES, Marco Antonio. A Fazenda Pública no processo civil. 2. Ed. São Paulo: Atlas, 2016, p. 64.

O que se observou, relativamente a esta temática dos honorários, foi a preocupação do legislador de 2015 com o fim do subjetivismo no arbitramento da verba honorária, que se dava em função da redação muito aberta, baseada em questões de equidade, prevista no diploma anterior.

No tocante à concessão das tutelas de urgência contra a Fazenda Pública, há inúmeras restrições previstas na legislação esparsa. Assim, de acordo com o art. 1º da Lei nº 8.437/92, não serão cabíveis liminares contra atos do Poder Público em ações de natureza cautelar ou preventiva quando providência semelhante não puder ser concedida em mandados de segurança. A mesma lei, em seu art. 4º, consigna a possibilidade de suspensão da execução de liminares contra o Poder Público.

A Lei nº 12.016/2009, que regulamenta o mandado de segurança, em seu art. 7º, §2º, proíbe a concessão de liminares que tenham por objeto a compensação de créditos tributários, a entrega de mercadorias e bens provenientes do exterior, a reclassificação ou equiparação de servidores públicos e a concessão de aumento ou a extensão de vantagens ou pagamento de qualquer natureza[13].

O CPC de 2015, como é sabido, remodelou as tutelas de urgência, inserindo-as como espécies de tutelas provisórias, ao lado da tutela da evidência, entre os arts. 294 e 311. Em princípio, é possível a concessão de quaisquer espécies de tutelas provisórias contra a Fazenda Pública. O legislador poderia ter revogado, por meio do CPC/2015, alguns dos óbices legais ao deferimento de medidas de urgência contra a Fazenda. Ocorre que o estatuto processual, em seu art. 1.059, expressamente determina que à tutela provisória requerida contra a Fazenda Pública aplica-se o disposto nos arts. 1º a 4º da Lei n° 8.437/1992 e no art. 7º, § 2° da Lei n° 12.016/2009, de modo que restam mantidas as vedações acima referidas à concessão de liminares contra o Poder Público.

Não é despiciendo dizer-se que as restrições legais acima mencionadas, contidas em normas extravagantes, relacionam-se a tutelas de urgência, não havendo qualquer limitação à concessão de tutelas da evidência

13. Nos termos da Súmula nº 729 do STF, as vedações à concessão das tutelas de urgência contra a Fazenda Pública não se aplicam às ações previdenciárias. O art. 3º da Lei dos Juizados Especiais da Fazenda Pública (Lei nº 12.153/2009) também permite o deferimento de quaisquer providências cautelares e antecipatórias no curso do processo, para evitar dano de difícil ou de incerta reparação, inclusive de ofício. O art. 4º da Lei dos Juizados Especiais Federais (Lei nº 10.259/2001) permite a concessão de medidas cautelares contra o Poder Público, a requerimento das partes ou de ofício.

contra o Poder Público. Isto porque, embora o art. 1.059 do CPC/2015 faça menção às tutelas provisórias, o dispositivo deve ser interpretado restritivamente, de modo a abranger apenas as tutelas de urgência requeridas contra a Fazenda. Nesse sentido, inclusive, é o Enunciado nº 35 do Fórum Permanente de Processualistas Civis – FPPC[14].

Cabe ainda uma palavra acerca de uma das prerrogativas mais tradicionais da Fazenda Pública, qual seja, a remessa necessária. Tal instituto por pouco não foi extirpado da legislação processual de 2015, mas permaneceu, em grande parte, como fruto da pressão de entes municipais desprovidos da defesa por meio de procuradorias estruturadas com carreira própria.

De todo modo, suas hipóteses de cabimento sofreram uma brusca redução no CPC/2015, comparativamente ao CPC/73. No Código revogado, não havia reexame se a condenação, ou o direito controvertido, fosse de valor certo não excedente a 60 (sessenta) salários mínimos (art. 475, §2º, do CPC/73). Já de acordo com o art. 496, §3º, do CPC/2015, não haverá reexame quando a condenação ou o proveito econômico obtido na causa for de valor certo e líquido inferior a: a) 1.000 (mil) salários-mínimos para a União e as respectivas autarquias e fundações de direito público; b) 500 (quinhentos) salários-mínimos para os Estados, o Distrito Federal, as respectivas autarquias e fundações de direito público e os Municípios que constituam capitais dos Estados; c) e 100 (cem) salários-mínimos para todos os demais Municípios e respectivas autarquias e fundações de direito público.

Ademais, nos termos do §4º do mesmo art. 496, também não haverá a remessa necessária se a sentença estiver fundada em súmula de tribunal superior; acórdão proferido pelo Supremo Tribunal Federal ou pelo Superior Tribunal de Justiça em julgamento de recursos repetitivos; entendimento firmado em incidente de resolução de demandas repetitivas ou de assunção de competência; ou entendimento coincidente com orientação vinculante firmada no âmbito administrativo do próprio ente público, consolidada em manifestação, parecer ou súmula administrativa.

Por fim, há que se mencionar que, ainda que não prevista expressamente no CPC, é razoável defender, na linha do que sustenta José Hen-

14. Enunciado 35 do Fórum Permanente de Processualistas Civis – FPPC: "As vedações à concessão de tutela antecipada contra a Fazenda Pública não se aplicam aos casos de tutela de evidência".

rique Mouta Araújo, que devam ser aplicadas ao julgamento parcial de mérito – contido no art. 356 – as mesmas regras da remessa necessária, quanto à ineficácia da obrigação nele contida antes da apreciação pelo respectivo tribunal, exceto se for concedida tutela provisória na própria decisão ou se a hipótese se enquadrar numa das exceções previstas no próprio Código[15].

Na mesma linha, Marco Antonio Rodrigues[16] defende que, embora o art. 496 faça referência somente à sentença, na hipótese de julgamento antecipado de mérito, previsto no art. 356 do CPC, a decisão interlocutória, em razão da imutabilidade que adquire caso não seja impugnada por agravo de instrumento ou haja desprovimento de tal recurso, igualmente deve ser submetida ao reexame necessário. Por igual, Vinicius Lemos[17] sustenta que, caso não haja agravo de instrumento contra a decisão parcial de mérito, o juízo de primeiro grau deve realizar uma remessa necessária por instrumento, com o início de um procedimento no Tribunal, via ofício, transladando peças processuais para instruir a remessa necessária, principalmente se for físico.

15. ARAÚJO, José Henrique Mouta. Meios de impugnação e cumprimento de decisões parciais contra a Fazenda Pública. In https://www.conjur.com.br/2019-out-02/opiniao-meios-resolucao-decisoes-parciais-fazenda, acesso em 07 de janeiro de 2020.

16. RODRIGUES, Marco Antonio. Manual dos recursos, ação rescisória e reclamação. 1. Ed. São Paulo: Atlas, 2017, p. 348.

17. LEMOS, Vinicius Silva. A decisão parcial e as questões de fato. Salvador: Editora Juspodivm, 2020, p. 489.

Capítulo

4

Cumprimento de sentença e execução de títulos extrajudiciais contra a Fazenda Pública

4.1 SISTEMÁTICA ESPECÍFICA PARA A ATIVIDADE EXECUTIVA CONTRA A FAZENDA PÚBLICA

A Constituição Federal de 1969 já apresentava previsão específica para os pagamentos devidos pela Fazenda Pública em seus variados níveis[1].

Não foi diferente a preocupação do constituinte de 1988. No texto atual, os pagamentos devidos pela Fazenda Pública devem se limitar ao teto previsto nos respectivos orçamentos aprovados pelo Poder Legislativo.

---

1. Art. 117 da CF/69: Os pagamentos devidos pela Fazenda federal, estadual ou municipal, em virtude de sentença judiciária, far-se-ão na ordem de apresentação dos precatórios e à conta dos créditos respectivos, proibida a designação de casos ou de pessoas nas dotações orçamentárias e nos créditos extra-orçamentários abertos para esse fim. § 1º É obrigatória a inclusão, no orçamento das entidades de direito público, de verba necessária ao pagamento dos seus débitos constantes de precatórios judiciários, apresentados até primeiro de julho. § 2º As dotações orçamentárias e os créditos abertos serão consignados ao Poder Judiciário, recolhendo-se as importâncias respectivas à repartição competente. Caberá ao Presidente do Tribunal que proferir a decisão exequenda determinar o pagamento, segundo as possibilidades do depósito, e autorizar, a requerimento do credor preterido no seu direito de precedência, ouvido o chefe do Ministério Público, o sequestro da quantia necessária à satisfação do débito.

Desse modo, tais débitos somente podem ser saldados se o montante devido estiver previamente incluído no orçamento do respectivo órgão. Assim, a CF/88 estatuiu dita prescrição no art. 100[2], de modo ainda mais específico.

Evidentemente, em atenção ao mandamento constitucional, existente, como visto, já na Constituição anterior, o legislador processual precisava estabelecer, como de fato o fez, regime próprio e diferenciado para as execuções movidas contra a Fazenda Pública. E isso restou tratado nos artigos 730 e 731 do Código de Processo Civil de 1973[3], assim como nos arts. 534 e 535 do CPC de 2015, que serão mais adiante analisados.

As regras próprias indicadas na legislação processual para a execução contra a Fazenda Pública decorrem de sua situação peculiar, pondo-se em relevo, nos dizeres de Leonardo Carneiro da Cunha, a própria instrumentalidade do processo, na medida em que as exigências de direito material na disciplina das relações jurídicas que envolvem a Fazenda Pública influenciam e ditam as regras processuais[4].

Aponta-se, portanto, a causa desse procedimento especial no regime dos bens de domínio nacional e do patrimônio administrativo[5]. Assim,

---

2. Art. 100 da CF/88: "Os pagamentos devidos pelas Fazendas Públicas Federal, Estaduais, Distrital e Municipais, em virtude de sentença judiciária, far-se-ão exclusivamente na ordem cronológica de apresentação dos precatórios e à conta dos créditos respectivos, proibida a designação de casos ou de pessoas nas dotações orçamentárias e nos créditos adicionais abertos para este fim. § 5º É obrigatória a inclusão, no orçamento das entidades de direito público, de verba necessária ao pagamento de seus débitos, oriundos de sentenças transitadas em julgado, constantes de precatórios judiciários apresentados até 1º de julho, fazendo-se o pagamento até o final do exercício seguinte, quando terão seus valores atualizados monetariamente. §6º As dotações orçamentárias e os créditos abertos serão consignados diretamente ao Poder Judiciário, cabendo ao Presidente do Tribunal que proferir a decisão exequenda determinar o pagamento integral e autorizar, a requerimento do credor e exclusivamente para os casos de preterimento de seu direito de precedência ou de não alocação orçamentária do valor necessário à satisfação do seu débito, o sequestro da quantia respectiva".
3. Art. 730. Na execução por quantia certa contra a Fazenda Pública, citar-se-á a devedora para opor embargos em 10 (dez) dias; se esta não os opuser, no prazo legal, observar-se-ão as seguintes regras: I – o juiz requisitará o pagamento por intermédio do presidente do tribunal competente; II – far-se-á o pagamento na ordem de apresentação do precatório e à conta do respectivo crédito.Art. 731. Se o credor for preterido no seu direito de preferência, o presidente do tribunal, que expediu a ordem, poderá, depois de ouvido o chefe do Ministério Público, ordenar o seqüestro da quantia necessária para satisfazer o débito.
4. CUNHA, Leonardo José Carneiro da. A Fazenda Pública em juízo. 13. Ed. Rio de Janeiro: Forense, 2016, p. 331.
5. DALL´AGNOL JÚNIOR, Antônio Janyr. Sobre o sequestro constitucional. In Estudos em homenagem ao Prof. Ovídio A. Baptista da Silva. Porto Alegre: Fabris, 1989, p. 14.

não há por que se pensar em invasão indiscriminada do patrimônio e constrição imediata dos bens públicos.

Se, nos termos da legislação civil e administrativa, os bens de uso comum do povo e os de uso especial são inalienáveis, há de se compreender também por impenhoráveis.

Por seu turno, os bens públicos dominicais, que são aqueles integrantes do patrimônio disponível das pessoas jurídicas de direito público, previstos no art. 99, inciso III, do Código Civil, e os das pessoas jurídicas de direito público a que se tenha dado estrutura de direito privado, indicados no art. 99, parágrafo único do mesmo diploma, apesar de alienáveis em tese, não são passíveis de penhora, em razão do regime específico estabelecido pela CF/88 para pagamento de seus débitos.

Não se pode olvidar que mesmo a alienação dos bens dominicais não ocorre livremente, mas dentro de parâmetros e limites definidos pela lei. O art. 17 da Lei de Licitações, por exemplo, subordina a alienação dos bens da Administração Pública à existência de interesse público devidamente justificado, à avaliação prévia e a outras normas, conforme a espécie de transferência que se pretenda fazer[6].

Assim é que a impenhorabilidade dos bens públicos, seja qual for a sua natureza, torna a execução por quantia certa contra a Fazenda Pública completamente distinta da execução comum, na qual se penhoram e se expropriam bens do devedor, via adjudicação, alienação por iniciativa particular, alienação por meio de leilão judicial presencial ou eletrônico ou apropriação de frutos e rendimentos de empresa ou de estabelecimentos e de outros bens, com vistas à satisfação do crédito[7].

Depreende-se, pois, que as prescrições constitucionais e legais atinentes ao regime especial para a execução por quantia certa contra a Fazenda Pública nada mais fazem senão proteger o próprio cidadão[8].

---

6. Em se tratando de bens imóveis, a alienação dependerá de autorização legislativa para órgãos da administração direta e entidades autárquicas e fundacionais, e, para todos, inclusive as entidades paraestatais, dependerá de avaliação prévia e de licitação na modalidade de concorrência, como regra (art. 17, inciso I da Lei nº 8.666/93).

7. DONIZETTI, Elpídio. Curso Didático de Direito Processual Civil. 16. Ed. São Paulo: Atlas, 2012, p. 1034. Texto adaptado ao CPC/2015.

8. PEIXOTO, Marco Aurélio Ventura; BELFORT, Renata Cortez Vieira. O cumprimento de sentença contra a Fazenda Pública no novo CPC. In ARAÚJO, José Henrique Mouta; CUNHA, Leonardo Carneiro da; RODRIGUES, Marco Antonio (coord). Fazenda Pública (Coleção Repercussões do Novo CPC, v.3). 2. Ed. Salvador: Editora Juspodivm, 2016, pp. 476/477.

Por um lado, a impossibilidade de penhora/constrição imediata dos bens públicos impede prejuízos à continuidade dos serviços públicos eventualmente prestados. De outra sorte, o regime de pagamento por precatórios protege o orçamento do respectivo ente e, por via de consequência, a própria execução das políticas públicas.

4.2 A INAPLICABILIDADE DO REGIME DE CUMPRIMENTO DE SENTENÇA PARA AS OBRIGAÇÕES DE PAGAR CONTRA A FAZENDA PÚBLICA NO CPC/1973

As decisões condenatórias de pagar quantia contra devedores comuns demandavam a propositura de uma ação autônoma executiva até a entrada em vigor da Lei nº 11.232/2005, que, finalmente, introduziu no CPC/73 o modelo do cumprimento de sentença, tornando o processo sincrético: havendo sentença condenatória de pagar quantia, desnecessária a instauração de um processo de execução após o trânsito em julgado; ao término da fase de conhecimento, seria iniciada a fase executiva ou satisfativa, de modo que haveria um único processo com diversas fases em seu bojo.

A partir de então, inúmeras modificações foram empreendidas na execução/cumprimento de sentença, com o fito de tornar o procedimento mais célere e efetivo, conduzido para a concreta satisfação do direito do credor, a exemplo da penhora on line e da possibilidade de averbação de certidão comprobatória do ajuizamento da execução nos registros dos bens sujeitos à penhora.

Se, de um lado, tais mudanças pouco ou quase nada solucionaram o grave problema das execuções de pagar quando o devedor, além de inadimplente, não tinha patrimônio suficiente para saldar suas dívidas, de outro, no que tange ao devedor solvente, é certo que se tornou muito mais simplificado o caminho para a satisfação do direito de crédito do exequente, que passou a dispor de diversos instrumentos, inclusive preventivos, para alcançar esse desiderato.

Não fazia mais nenhum sentido exigir-se a propositura de uma ação de execução ao final do processo de conhecimento, após o trânsito em julgado da condenação, para fins de cumprimento da obrigação de pagar constante do título.

A exigência de uma nova demanda executiva retardava a prestação jurisdicional – ante a própria distância temporal entre a definição do direito e a sua concretização – e permitia o uso de novos artifícios pelo devedor para evitar a submissão ao comando sentencial, a exemplo dos obstáculos diuturnamente enfrentados pelo Poder Judiciário para a realização da citação no processo executivo, quando o sujeito já havia sido citado no processo de conhecimento[9].

A adoção do procedimento de cumprimento de sentença, então, relativamente às obrigações de pagar, transformando a efetivação das decisões correspondentes em uma fase do processo, posterior ao término da fase de conhecimento, completou, àquela altura, o ciclo de reformas destinadas à modificação das técnicas executivas do sistema processual civil brasileiro.

Desde então, a ação de execução continua a ser utilizada no que tange aos títulos executivos extrajudiciais. O cumprimento das decisões condenatórias, porém, qualquer que seja a natureza da obrigação respectiva (fazer, não fazer, entregar coisa ou pagar), perfaz-se como etapa do processo, posterior ao encerramento da fase de conhecimento[10].

---

9. A Exposição de Motivos do Projeto de Lei nº 3253/2004, que deu ensejo à Lei nº 11.232/2005, reconhecendo essas dificuldades, expressava as razões da reforma legislativa nos seguintes termos: "(...) É tempo, já agora, de passarmos do pensamento à ação em tema de melhoria dos procedimentos executivos. A execução permanece o 'calcanhar de Aquiles' do processo. Nada mais difícil, com frequência, do que impor no mundo dos fatos os preceitos abstratamente formulados no mundo do direito. Com efeito: após o longo contraditório no processo de conhecimento, ultrapassados todos os percalços, vencidos os sucessivos recursos, sofridos os prejuízos decorrentes da demora (quando menos o 'damno marginale in senso stretto' de que nos fala ÍTALO ANDOLINA), O demandante logra obter alfim a prestação jurisdicional definitiva, com o trânsito em julgado da condenação da parte adversa. Recebe então a parte vitoriosa, de imediato, sem tardança maior, o 'bem da vida' a que tem direito? Triste engano: a sentença condenatória é título executivo, mas não se reveste de preponderante eficácia executiva. Se o vencido não se dispõe a cumprir a sentença, haverá iniciar o processo de execução, efetuar nova citação, sujeitar-se à contrariedade do executado mediante 'embargos', com sentença e a possibilidade de novos e sucessivos recursos. Tudo superado, só então o credor poderá iniciar os atos executórios propriamente ditos, com a expropriação do bem penhorado, o que não raro propicia mais incidentes e agravos. (...)A dicotomia atualmente existente adverte a doutrina, importa a paralisação da prestação jurisdicional logo após a sentença e a complicada instauração de um novo procedimento, para que o vencedor possa finalmente tentar impor ao vencido o comando soberano contido no decisório judicial. Há, destarte, um longo intervalo entre a definição do direito subjetivo lesado e sua necessária restauração, isso por pura imposição do sistema procedimental, sem nenhuma justificativa, quer que de ordem lógica, quer teórica, quer de ordem prática (...)". Disponível em: http://www.camara.gov.br/proposicoesWeb/fichadetramitacao?idProposicao=158523, capturado em 03.02.2015.
10. Ressalva apenas deve ser feita em relação a alguns títulos judiciais, cuja técnica executiva, apesar de ser a do cumprimento de sentença, enseja a propositura de uma ação executiva, nela impondo-se,

Apesar de tais relevantes alterações no que concerne aos devedores comuns, em razão da existência de procedimento específico no CPC de 1973 para a execução de pagar quantia certa contra a Fazenda Pública, em seus arts. 730 e 731, prevaleceu, mesmo após a vigência da Lei nº 11.232/2005, a tese da inaplicabilidade da técnica executiva do cumprimento de sentença aos entes que a compõem. Nesse teor era o escólio de Humberto Theodoro Júnior[11].

Luiz Guilherme Marinoni e Sérgio Cruz Arenhart[12] afirmavam que o procedimento teria início por petição inicial ou requerimento, conforme se tratasse de ação de execução ou de cumprimento de sentença, mas sempre para que a Fazenda oferecesse embargos à execução no prazo de 30 dias.

Admitiam, portanto, que a condenação do Poder Público por sentença pudesse até dar origem a uma fase executiva, mas a defesa se perfaria mediante a propositura de embargos, de modo que seria também inviável a incidência das regras relativas ao cumprimento de sentença à Fazenda Pública.

Na jurisprudência do STJ, a matéria se pacificou no sentido de que não se aplicavam as regras previstas nos arts. 475-J e seguintes do CPC de 1973 à Fazenda Pública[13], por se tratar de procedimento especial e em função da sistemática dos precatórios, mesmo em se tratando de

---

por óbvio, a citação do devedor para pagamento em 15 dias, visto que os referidos títulos não foram produzidos no Brasil ou não o foram no juízo cível no qual o cumprimento da decisão deverá ser empreendido. Tais títulos são os seguintes: a sentença penal condenatória transitada em julgado, a sentença arbitral, a sentença estrangeira homologada pelo Superior Tribunal de Justiça e a decisão interlocutória estrangeira, após a concessão do *exequatur* à carta rogatória pelo Superior Tribunal de Justiça (art. 515, incisos VI a IX e §1º do CPC/2015).

11. Sustentava o autor (in: Curso de Direito Processual Civil: processo de execução e cumprimento de sentença, processo cautelar e tutela de urgência. Vol. II. Rio de Janeiro: Forense, 2013, p. 397): "Embora a abolição da ação de execução de sentença separada da ação condenatória tenha sido adotada como regra para o sistema renovado do Código de Processo Civil, o antigo sistema dual foi preservado para as ações que busquem impor o adimplemento de prestações de quantia certa ao Poder Público". No mesmo sentido era o ensinamento de Araken de Assis (in: Manual da execução. São Paulo: Revista dos Tribunais, 2013, p. 1098/1099).
12. Curso de Processo Civil. Vol. 3. São Paulo: Revista dos Tribunais, 2008, p. 404.
13. "(...) Não se aplica, à hipótese, o decidido no EREsp. 765.105/TO, uma vez que não incidem as disposições concernentes ao cumprimento de sentença nas execuções por quantia certa, dada a existência de rito próprio para a Fazenda Pública (art. 730 do CPC). (...)". AgRg no Ag 1366461/RS, Rel. Ministro NAPOLEÃO NUNES MAIA FILHO, PRIMEIRA TURMA, julgado em 08/11/2011, DJe 14/11/2011.

execução de decisão judicial homologatória de acordo celebrado pelo Poder Público[14].

4.3 O PROCEDIMENTO DO CUMPRIMENTO DE SENTENÇA QUE RECONHEÇA A EXIGIBILIDADE DE OBRIGAÇÃO DE PAGAR QUANTIA CERTA PELA FAZENDA PÚBLICA NO CPC/2015

O CPC/2015, a despeito do pensamento majoritário explanado no tópico anterior, terminou por adotar a sistemática do cumprimento de sentença no que atine às obrigações de pagar quantia certa contra a Fazenda Pública.

O procedimento é denominado cumprimento de sentença que reconheça a exigibilidade de obrigação de pagar quantia certa pela Fazenda Pública e está previsto nos arts. 534 e 535, que dispõem:

> Art. 534. No cumprimento de sentença que impuser à Fazenda Pública o dever de pagar quantia certa, o exequente apresentará demonstrativo discriminado e atualizado do crédito contendo:
>
> I – o nome completo e o número de inscrição no Cadastro de Pessoas Físicas ou no Cadastro Nacional da Pessoa Jurídica do exequente;
>
> II – o índice de correção monetária adotado;
>
> III – os juros aplicados e as respectivas taxas;
>
> IV – o termo inicial e o termo final dos juros e da correção monetária utilizados;
>
> V – a periodicidade da capitalização dos juros, se for o caso;
>
> VI – a especificação dos eventuais descontos obrigatórios realizados.
>
> § 1º Havendo pluralidade de exequentes, cada um deverá apresentar o seu próprio demonstrativo, aplicando-se à hipótese, se for o caso, o disposto nos §§ 1º e 2º do art. 113.
>
> § 2º A multa prevista no § 1º do art. 523 não se aplica à Fazenda Pública.

---

14. "(...) 1. A execução, contra a Fazenda Pública, de obrigação de pagar quantia está sujeita a rito próprio (CPC, art. 730 do CPC e CF, art. 100 da CF), que não prevê, salvo excepcionalmente (v.g., desrespeito à ordem de pagamento dos precatórios judiciários), a possibilidade de expropriação mediante bloqueio ou seqüestro de dinheiro ou de qualquer outro bem público, que são impenhoráveis.2. A transação judicial homologada pelo juiz é título executivo judicial (art. 475-N do CPC, correspondente ao revogado art. 584 do CPC). Não cumprida a obrigação, sua execução judicial deve observar o procedimento comum da execução contra a Fazenda Pública.

    3. Recurso especial a que se dá provimento". (REsp 890.215/RS, Rel. Ministro TEORI ALBINO ZAVASCKI, PRIMEIRA TURMA, julgado em 15/02/2007, DJ 22/03/2007, p. 315).

Art. 535. A Fazenda Pública será intimada na pessoa de seu representante judicial, por carga, remessa ou meio eletrônico, para, querendo, no prazo de 30 (trinta) dias e nos próprios autos, impugnar a execução, podendo arguir:

I – falta ou nulidade da citação se, na fase de conhecimento, o processo correu à revelia;

II – ilegitimidade de parte;

III – inexequibilidade do título ou inexigibilidade da obrigação;

IV – excesso de execução ou cumulação indevida de execuções;

V – incompetência absoluta ou relativa do juízo da execução;

VI – qualquer causa modificativa ou extintiva da obrigação, como pagamento, novação, compensação, transação ou prescrição, desde que supervenientes ao trânsito em julgado da sentença.

§ 1º A alegação de impedimento ou suspeição observará o disposto nos arts. 146 e 148.

§ 2º Quando se alegar que o exequente, em excesso de execução, pleiteia quantia superior à resultante do título, cumprirá à executada declarar de imediato o valor que entende correto, sob pena de não conhecimento da arguição.

§ 3º Não impugnada a execução ou rejeitadas as arguições da executada:

I – expedir-se-á, por intermédio do presidente do tribunal competente, precatório em favor do exequente, observando-se o disposto na Constituição Federal;

II – por ordem do juiz, dirigida à autoridade na pessoa de quem o ente público foi citado para o processo, o pagamento de obrigação de pequeno valor será realizado no prazo de 2 (dois) meses contado da entrega da requisição, mediante depósito na agência de banco oficial mais próxima da residência do exequente.

§ 4º Tratando-se de impugnação parcial, a parte não questionada pela executada será, desde logo, objeto de cumprimento.

§ 5º Para efeito do disposto no inciso III do caput deste artigo, considera-se também inexigível a obrigação reconhecida em título executivo judicial fundado em lei ou ato normativo considerado inconstitucional pelo Supremo Tribunal Federal, ou fundado em aplicação ou interpretação da lei ou do ato normativo tido pelo Supremo Tribunal Federal como incompatível com a Constituição Federal, em controle de constitucionalidade concentrado ou difuso.

§ 6º No caso do § 5º, os efeitos da decisão do Supremo Tribunal Federal poderão ser modulados no tempo, de modo a favorecer a segurança jurídica.

> § 7º A decisão do Supremo Tribunal Federal referida no § 5º deve ter sido proferida antes do trânsito em julgado da decisão exequenda.
>
> § 8º Se a decisão referida no § 5º for proferida após o trânsito em julgado da decisão exequenda, caberá ação rescisória, cujo prazo será contado do trânsito em julgado da decisão proferida pelo Supremo Tribunal Federal.

A modificação da técnica executiva – de ação de execução para cumprimento de sentença de pagar quantia – revela mais um elogiável avanço da legislação em vigor desde março de 2016.

Independentemente das peculiaridades que envolvem a Fazenda Pública em juízo e dos cuidados constitucionais e legais que devem ser observados no que se refere ao pagamento de seus débitos, nada impede que a efetivação das decisões condenatórias das obrigações de pagar proferidas contra o Poder Público se dê mediante processo sincrético, ou seja, por intermédio de uma fase executiva, iniciada após o termo da fase de conhecimento, desde que respeitadas as restrições constitucionais existentes relativas ao pagamento por meio de precatórios e requisições de pequeno valor, as quais são plenamente justificáveis, em função da inalienabilidade e impenhorabilidade dos bens públicos e do princípio da continuidade dos serviços de mesma natureza.

Nesse passo, deve-se chamar a atenção para a circunstância de que a execução especial contra a Fazenda Pública, estabelecida pelo legislador processual, abarca tão somente as suas dívidas pecuniárias, sejam elas decorrentes de títulos executivos judiciais ou extrajudiciais. Tratando-se, pois, de obrigações de entregar coisa, fazer ou não fazer, não se impõe regime diferenciado para os entes públicos.

De outra sorte, outros títulos possuídos em face da Fazenda Pública não estão sujeitos a esse regime diferenciado, de modo que as execuções para cumprimento de obrigações de fazer, não fazer e de entregar coisa se submetem aos mesmos ditames existentes para os particulares, com a execução se fazendo nos próprios autos, quando decorrentes de títulos judiciais[15].

15. "(...) A orientação desta Corte é no sentido de que, no regime introduzido pela Lei 10.444/2002, as decisões judiciais que imponham obrigação de fazer ou não fazer passaram a ter execução imediata e de ofício, dispensando-se, assim, o processo executivo autônomo, de acordo com o disposto nos arts. 461 e 644 do CPC. Referido entendimento é aplicável para a execução para o cumprimento de obrigação de fazer, ainda quando movida contra a Fazenda Pública, pois não está sujeita ao rito

Ademais, não há que se falar também em procedimento próprio quando a Fazenda for credora dos particulares, ressalvados evidentemente os casos sujeitos à execução fiscal, que serão mais adiante estudados.

4.3.1 A liquidação de sentença e a Fazenda Pública

Iniciando-se a análise dos dispositivos supra referidos, cumpre destacar que, para que se instaure a fase executiva, necessário que se esteja diante de sentença líquida, sob pena de nulidade.

Em caso de eventual iliquidez do título judicial formado contra a Fazenda Pública, obviamente não será possível o pleito de cumprimento da sentença, porquanto será imprescindível a sua prévia liquidação.

Nada obstante a orientação majoritária acerca da inaplicabilidade do procedimento de cumprimento de sentença contra a Fazenda de acordo com as regras previstas no CPC de 1973, a doutrina sempre reconheceu, a partir a entrada em vigor da Lei nº 11.232/2005, a possibilidade de a liquidação de sentença ser promovida por meio de fase do processo, sendo descabida, portanto, a propositura de demanda autônoma.

No CPC/2015, considerando que se estabeleceu o rito de cumprimento de sentença também para as execuções de títulos judiciais contra o poder público, naturalmente se consolidou o entendimento de que a liquidação de sentença representa uma fase do processo, prevista nos arts. 509 a 512, nas modalidades por arbitramento e pelo procedimento comum (antiga liquidação por artigos)[16].

Interessante notar que a liquidação pode ser requerida não apenas pelo credor, mas também pelo devedor, de modo que, sendo condenada, a Fazenda Pública pode solicitar o início da fase de liquidação, não havendo necessidade de aguardar a iniciativa do credor, atitude que certamente se adequa aos princípios da colaboração e da razoável duração do processo,

do art. 730 do CPC, este limitado às execuções por quantia certa. (...)". (AgRg no REsp 1544859/DF, Rel. Ministro HUMBERTO MARTINS, SEGUNDA TURMA, julgado em 01/03/2016, DJe 08/03/2016). Ainda, deve-se mencionar o tema 45 de repercussão geral, segundo o qual "a execução provisória de obrigação de fazer em face da Fazenda Pública não atrai o regime constitucional dos precatórios". Vide tópico 14.2.2.

16. Segundo Fredie Didier Júnior, Leonardo Carneiro da Cunha, Paula Sarno Braga e Rafael Alexandria de Oliveira (In: Curso de Direito Processual Civil: Execução. Salvador: Juspodivm, 2017, p. 677), "Os tipos de liquidação de sentença – por procedimento comum e por arbitramento – são perfeitamente aplicáveis aos processos que envolvam a Fazenda Pública".

que abrange a fase satisfativa (princípio da efetividade), insertos nos arts. 4º e 6º do CPC/2015.

Da mesma forma, continua sendo possível a liquidação antes do trânsito em julgado da decisão, na pendência de recurso, independentemente dos efeitos em que recebido, devendo tramitar em autos apartados no juízo de origem (art. 512 do CPC/2015).

Esse permissivo também pode ser utilizado em face da Fazenda Pública, porquanto o trânsito em julgado exigido pela CF/88 pertine tão somente à expedição do precatório ou da requisição de pequeno valor, não se aplicando às fases anteriores de liquidação de sentença e de execução provisória.

Não há, portanto, nenhum tipo de ofensa ao art. 100 do texto constitucional a hipótese de se promover a liquidação contra o ente público sem que se tenha dado a formação da coisa julgada.

Se na decisão "houver uma parte líquida e outra ilíquida, ao credor é lícito promover simultaneamente a execução daquela e, em autos apartados, a liquidação desta" (art. 509, §1º). Assim, será possível realizar, simultaneamente, a liquidação – quanto à parte ilíquida – e o cumprimento de sentença – relativamente à parcela já dotada de liquidez – contra a Fazenda Pública.

Na liquidação pelo procedimento comum, o juiz determinará a intimação da Fazenda Pública na pessoa de seu representante judicial (por carga, remessa ou meio eletrônico, conforme art. 183, §1º) para, querendo, apresentar contestação no prazo de quinze dias.

Dependendo a apuração do valor exequendo apenas de cálculos aritméticos, o procedimento não é de liquidação, mas de cumprimento de sentença, o que não é novidade, ante o disposto no art. 475-B do CPC de 1973.

As demais regras relacionadas a essa matéria foram corretamente deslocadas para o título relativo ao cumprimento de sentença no CPC/2015 (art. 524, §§1º a 5º), as quais também se aplicam à Fazenda.

Importante mencionar que, segundo entendimento consolidado no STJ, sendo a liquidação de sentença uma fase do processo de conhecimento, somente se afigura possível o início da fase de cumprimento de sentença quando o título, além de certo (em razão do trânsito em julgado da sentença da fase de conhecimento), é líquido, de modo que o prazo prescricional da fase executiva somente se inicia quando do encerramento da fase de liquidação[17]-[18].

4.3.2 A fase inicial do cumprimento de sentença: o requerimento do credor e a apresentação da memória de cálculos

O início do cumprimento de sentença contra a Fazenda Pública depende de requerimento do credor, como também acontece em relação aos demais devedores.

Apesar da adoção integral do processo sincrético no tocante às fases de conhecimento e de cumprimento de sentença, não houve qualquer alteração a esse respeito com a entrada em vigor do CPC/2015, que manteve – certamente por razões de política legislativa – a exigência de iniciativa do credor para que se inicie a fase executiva, ainda que em continuidade à fase de conhecimento.

O requerimento deve ser apresentado por meio de petição simples, estabelecendo o CPC, como requisito, tão somente, a apresentação do demonstrativo discriminado e atualizado do crédito, ou seja, a memória de cálculos, que deverá conter os mesmos elementos exigidos para o cumprimento de sentença contra os demais devedores[19]: a) o nome completo e o número de inscrição no Cadastro de Pessoas Físicas ou no Cadastro Nacional da Pessoa Jurídica do exequente; b) o índice de correção monetária adotado; c) os juros aplicados e as respectivas taxas; d) o termo inicial e o termo final dos juros e da correção monetária utilizados; e) a

---

17. REsp 1777975/RS, Rel. Ministro HERMAN BENJAMIN, SEGUNDA TURMA, julgado em 12/03/2019, DJe 29/05/2019.

18. "O Superior Tribunal de Justiça decidiu, nos Embargos de Divergência no REsp 1.426.968/MG, que "a Primeira Seção, no REsp 1.336.026/PE, julgado sob o rito do art. 543-C do Código de Processo Civil de 1973, assentou que 'o entendimento externado pelo STF leva em conta que o procedimento de liquidação, da forma como regulado pelas normas processuais civis, integra, na prática, o próprio processo de conhecimento. Se o título judicial estabelecido no processo de conhecimento não firmara o quantum debeatur, somente efetivada a liquidação da sentença é que se poderá falar em inércia do credor em propor a execução, independentemente de tratar-se de liquidação por artigos, por arbitramento ou por cálculos'." (EREsp 1.426.968/MG, Rel. Ministra Regina Helena Costa, Primeira Seção, DJe 22/6/2018). No caso, o Órgão Julgador afirmou que a prescrição só tem início após a liquidação que integra a fase de conhecimento" (AREsp 1530051/RS, Rel. Ministro HERMAN BENJAMIN, SEGUNDA TURMA, julgado em 22/10/2019, DJe 05/11/2019).

19. Contidos no art. 524 do CPC/2015 e reproduzidos no art. 534.

periodicidade da capitalização dos juros, se for o caso; e f) a especificação dos eventuais descontos obrigatórios realizados.

Comparando os requisitos para o requerimento de cumprimento de sentença contra a Fazenda Pública com os estabelecidos para o requerimento de cumprimento de sentença contra particulares, o único dado que não será informado na memória de cálculos que instruirá o pedido de cumprimento de sentença contra a Fazenda é o previsto no art. 524, inciso VII do CPC, qual seja, "a indicação dos bens passíveis de penhora, sempre que possível". A razão da não reprodução no art. 534 decorre da inalienabilidade dos bens públicos – e sua consequente impenhorabilidade – que torna o procedimento executório contra o Poder Público absolutamente diferenciado.

A nosso ver, revelou-se desnecessária a reprodução de praticamente todos os requisitos do art. 524 no capítulo referente ao cumprimento de sentença contra a Fazenda Pública no CPC. Bastaria a menção à aplicabilidade do art. 524, incisos I a VI ao procedimento sob comento, embora nenhuma consequência prática relevante resulte dessa disposição repetitiva.

Ainda sobre o demonstrativo de créditos, deve-se abrir um parêntese para tratar de uma dificuldade muito peculiar à Fazenda Pública em juízo, vivenciada nessa fase inicial do cumprimento da sentença.

Não raras vezes, perde-se muito tempo no momento imediatamente anterior à execução, já após o trânsito em julgado, por não dispor o exequente de elementos bastantes para o cálculo e conseguinte apresentação da memória, estabelecendo-se muitas idas e vindas do processo, com o juiz intimando a Fazenda Pública ao fornecimento de fichas financeiras ou outros elementos capazes de possibilitar a elaboração dos cálculos pelo exequente.

Evidente que a Fazenda, na condição de devedora, tem sim o dever de colaborar com a condução do feito, apresentando os elementos necessários à confecção da conta, cabendo, para tanto, a requisição judicial, no exercício do seu poder de império[20]. No entanto, isso não pode representar a transferência do ônus de feitura dos cálculos à parte devedora.

Não raramente, alguns juízes, em procedimento absolutamente desprovido de fundamentação legal, determinam a inversão do rito, orde-

20. PEREIRA, Hélio do Valle. Manual da Fazenda Pública em Juízo. 2. Ed. Rio de Janeiro: Renovar, 2006, p. 434.

nando que, antes de tudo, a Fazenda Pública forneça seus cálculos, para só aí o exequente concordar ou não. Dá-se, portanto, a retirada de ônus do próprio exequente, o que não nos parece nem um pouco razoável.

Diversamente, entende-se que, caso julgue conveniente, a Fazenda possa se antecipar, apresentando memória de cálculos, buscando definir o montante da dívida[21], mas não pode ser compelida a tanto, porquanto a iniciativa de iniciar a fase executiva cabe ao credor.

Desse modo, o rito adequado é que o exequente, munido de título judicial líquido, requeira o cumprimento do julgado, instruindo o pedido com o demonstrativo de débito atualizado. Essa é a posição que predomina na jurisprudência, notadamente no âmbito do Superior Tribunal de Justiça[22].

Consigne-se que há uma relevante consequência prática decorrente desse entendimento: cabendo ao exequente requerer o cumprimento da sentença, ainda que a elaboração dos seus cálculos dependa de documentos de que dispõe a Fazenda, não haverá suspensão nem interrupção do prazo prescricional para início da fase executiva, cujo prazo é o mesmo da fase de conhecimento.

O tema 880 dos recursos repetitivos do STJ trata da questão[23], tendo sido fixada a seguinte tese:

"A partir da vigência da Lei n. 10.444/2002, que incluiu o § 1º ao art. 604, dispositivo que foi sucedido, conforme Lei n. 11.232/2005, pelo art. 475-B, §§ 1º e 2º, todos do CPC/1973, não é mais imprescindível, para acertamento da conta exequenda, a juntada de documentos pela parte executada, ainda que esteja pendente de envio eventual documentação

---

21. A temática será abordada no próximo item.

22. ADMINISTRATIVO E PROCESSUAL CIVIL. RECURSO ESPECIAL. SERVIDOR PÚBLICO. AUSÊNCIA DE VIOLAÇÃO DO ARTIGO 535 DO CPC. PREQUESTIONAMENTO. SÚMULA N. 211/STJ. PRESCRIÇÃO QUINQUENAL. PROCESSO DE CONHECIMENTO. TRÂNSITO EM JULGADO. SÚMULA N. 150/STF, POR ANALOGIA. TÍTULO ILÍQUIDO. NECESSIDADE DE LIQUIDAÇÃO. MEROS CÁLCULOS ARITMÉTICOS. JUNTADA DAS FICHAS FINANCEIRAS NÃO OBSTA A CONTAGEM DO PRAZO PRESCRICIONAL. (...)

    4. Nos casos em que não se faz necessária a liquidação da sentença, mas apenas a realização de meros cálculos aritméticos, como na espécie (acórdão à fl. 389 e-STJ), com a juntada das fichas financeiras do servidor, cabe ao credor instruir a execução/cumprimento da sentença com a memória discriminada e atualizada do cálculo. (...)

    7. Recurso especial parcialmente conhecido e, nesta parte, não provido.

    (REsp 1283297/PR, Rel. Ministro MAURO CAMPBELL MARQUES, SEGUNDA TURMA, julgado em 04/10/2011, DJe 13/10/2011)

23. Vide tópico 14.1.46.

requisitada pelo juízo ao devedor, que não tenha havido dita requisição, por qualquer motivo, ou mesmo que a documentação tenha sido encaminhada de forma incompleta pelo executado. Assim, sob a égide do diploma legal citado e para as decisões transitadas em julgado sob a vigência do CPC/1973, a demora, independentemente do seu motivo, para juntada das fichas financeiras ou outros documentos correlatos aos autos da execução, ainda que sob a responsabilidade do devedor ente público, não obsta o transcurso do lapso prescricional executório, nos termos da Súmula 150/STF".

Houve, em seguida, modulação dos efeitos do julgado, nos termos abaixo:

> "Os efeitos decorrentes dos comandos contidos neste acórdão ficam modulados a partir de 30/6/2017, com fundamento no § 3º do art. 927 do CPC/2015. Resta firmado, com essa modulação, que, para as decisões transitadas em julgado até 17/3/2016 (quando ainda em vigor o CPC/1973) e que estejam dependendo, para ingressar com o pedido de cumprimento de sentença, do fornecimento pelo executado de documentos ou fichas financeiras (tenha tal providência sido deferida, ou não, pelo juiz ou esteja, ou não, completa a documentação), o prazo prescricional de 5 anos para propositura da execução ou cumprimento de sentença conta-se a partir de 30/6/2017".

Se o credor encontrar dificuldades para elaborar os cálculos, por depender de documentação que se encontra em poder da Fazenda, deve se utilizar dos meios legais para o seu fornecimento, destacando-se os procedimentos previstos no art. 524, §§3º a 5º: a) se a elaboração dos cálculos depender de dados em poder da Fazenda, o juiz poderá requisitá-los, sob cominação do crime de desobediência; b) se a complementação dos cálculos depender de dados adicionais em poder da Fazenda, o juiz poderá requisitá-los a requerimento do credor, diligência que deverá ser cumprida em até trinta dias; se tais dados adicionais não forem apresentados, sem justificativa, os cálculos apresentados pelo exequente serão considerados corretos, ainda que elaborados com base em dados insuficientes.

Se houver mais de um exequente, determina o art. 534, §1º que cada um deverá apresentar o seu próprio demonstrativo de créditos, podendo o magistrado aplicar as regras previstas no art. 113, §§1º e 2º do CPC, que tratam da limitação do litisconsórcio multitudinário facultativo quanto ao número de litigantes, quando houver risco de comprometimento da rápida solução do litígio e de embaraços à defesa ou ao cumprimento da sentença. O requerimento interrompe o prazo para manifestação ou resposta, que terá reinício a partir da intimação da decisão que o analisar.

Perceba-se que o CPC/2015 de forma expressa admite a limitação do litisconsórcio multitudinário na execução e na liquidação de sentença.

Não havia previsão similar no CPC de 1973, embora na jurisprudência do STJ seja possível encontrar julgado em que se reputou viável tal restrição na fase executiva, embora temporalmente vinculada ao término do prazo de defesa do devedor, como também ocorre na fase de conhecimento. Da leitura da ementa não é possível perceber que se trata de pedido formulado na execução, razão pela qual se transcreve trecho do voto condutor do acórdão, em que a matéria foi apreciada:

> "(...) A partir das considerações tecidas, cumpre apreciar a alegação do Recorrente quanto à possibilidade de limitação litisconsorcial em sede de execução.
>
> Nesse contexto, impende salientar que, ainda que se admitisse a possibilidade de impugnação ao litisconsórcio em sede de execução, a mencionada recusa teria que ser pleiteada nos termos do art. 46, parágrafo único, do Estatuto Processual Civil, o que não ocorreu na hipótese dos autos.
>
> Com efeito, constata-se que o Estado do Espírito Santo formulou o pedido de limitação litisconsorcial quando já exaurido o prazo para o oferecimento dos embargos. Por conseguinte, a referida pretensão não poderia ser julgada procedente, uma vez que, a teor do art. 46, parágrafo único, do Código de Processo Civil, a impugnação do litisconsórcio deve ser realizada dentro do prazo para a defesa, sob pena de preclusão". (REsp 402.447/ES, Rel. Ministra LAURITA VAZ, QUINTA TURMA, julgado em 04/04/2006, DJ 08/05/2006, p. 267).

Seguindo-se a mesma linha de raciocínio, tratando-se da Fazenda Pública, o pedido deve ser formulado até o encerramento do prazo para apresentação da impugnação ao cumprimento de sentença, que é de 30 dias.

Não se olvide que a limitação aqui mencionada pode também ser determinada pelo juiz de ofício, de modo que a matéria não se submete à preclusão. O efeito da interrupção do prazo de defesa (*in casu*, da impugnação) é que somente incidirá se o pleito for formulado tempestivamente pela Fazenda[24].

4.3.3 O cumprimento voluntário das condenações (execução invertida) e a aplicabilidade do art. 526 do CPC à Fazenda Pública

Apesar do modelo executivo próprio para as execuções contra a Fazenda estar estabelecido nos arts. 730 e 731 do CPC/73, não havia qualquer impedimento, de acordo com o Superior Tribunal de Justiça, para o cumprimento voluntário das condenações pelo Poder Público, por não haver prejuízos ao credor, revelando-se, segundo a referida Corte, o procedimento como mais célere e eficaz. Trata-se da denominada execução invertida[25].

Inobstante a utilização da expressão "cumprimento voluntário" no julgado do STJ, na realidade, o que já se admitia, mesmo durante a vigência do CPC/73, é que a Fazenda se antecipasse e apresentasse a memória de cálculos com o valor considerado devido ao credor, posto que o pagamento propriamente dito deveria observar os ditames constitucionais pertinentes à expedição dos precatórios, notadamente no que diz respeito à ordem de inscrição dos créditos respectivos.

Apenas no que concerne às requisições de pequeno valor havia, ao menos em tese, a possibilidade de adimplemento propriamente voluntário, posto que a regra do *caput* do art. 100 da CF/88 não se aplica aos pagamentos de obrigações definidas em lei como de pequeno valor, nos termos do §3º do mesmo dispositivo constitucional.

---

24. NEVES, Daniel Amorim Assumpção. In: Manual de direito processual civil: volume único. Salvador: Juspodivm, 2016, p. 247.
25. PROCESSUAL CIVIL. EXECUÇÃO POR QUANTIA CERTA CONTRA A FAZENDA PÚBLICA. NÃO ADOÇÃO DO RITO DO ART. 730 DO CPC. CUMPRIMENTO VOLUNTÁRIO DE SENTENÇA. AUSÊNCIA DE PREJUÍZO AO CREDOR. REEXAME. SÚMULA 7/STJ. PRINCÍPIO DA CELERIDADE PROCESSUAL. AUSÊNCIA DE IMPUGNAÇÃO ESPECÍFICA AO FUNDAMENTO DO ACÓRDÃO. SÚMULA 283/STF. ANÁLISE DA DIVERGÊNCIA JURISPRUDENCIAL PREJUDICADA ANTE O ÓBICE DA SÚMULA. 1. A insurgência posta no recurso especial diz respeito ao reconhecimento pela instância de origem da possibilidade de inaplicabilidade do rito do art. 730 do CPC nas execuções por quantia certa contra a Fazenda Pública. 2. No caso dos autos, o Tribunal de origem, ao dirimir a controvérsia, concluiu que não obstante a Fazenda se sujeite a rito executivo próprio, não há vedação legal para que o ente estatal efetue espontaneamente o pagamento da condenação judicial que lhe foi imposto, tampouco há prejuízo para a parte credora, que poderá receber o pagamento do crédito com mais celeridade e eficiência. (...) (AgRg no REsp 1528156/MG, Rel. Ministro HUMBERTO MARTINS, SEGUNDA TURMA, julgado em 18/08/2015, DJe 25/08/2015).

O Supremo Tribunal Federal, no julgamento do RE 420816[26], ao declarar a constitucionalidade do art. 1º-D da Lei 9.494, de 10 de setembro de 1997, incluído pela Medida Provisória nº 2.180-35, de 24 de agosto de 2001, dando-lhe interpretação conforme a CF/88[27], assentou o entendimento de que apenas os pagamentos a serem efetuados pela Fazenda por meio de precatório não são voluntários.

Assim, de acordo com o STF, no que concerne às requisições de pequeno valor, seu adimplemento seria realizado diretamente pelo ente público, de modo que, no caso, haveria cumprimento voluntário da condenação pela Fazenda Pública, que deveria ser levado a efeito no prazo de 60 dias.

No CPC/2015, o procedimento para realização do pagamento propriamente voluntário[28], aplicável aos devedores comuns, consta expressamente no art. 526, que permite ao réu, antes da intimação para cumprimento da sentença, comparecer em juízo e oferecer em pagamento o valor que reputa devido, apresentando a memória de cálculos. O autor será ouvido em cinco dias, podendo impugnar o valor depositado, que pode ser levantado como parcela incontroversa. Se o autor não se opuser, a obrigação será declarada satisfeita pelo juiz, com a extinção do processo.

Entendemos que se revela possível a utilização da sobredita regra pela Fazenda Pública, porém, com algumas necessárias adaptações.

Quando, em razão do valor da condenação, for obrigatória a expedição de precatórios, não há como se falar verdadeiramente em pagamento voluntário, mas em voluntária apresentação dos cálculos, por parte do ente público. Na hipótese, a Fazenda pode apenas se antecipar ao exequente e apresentar a memória de cálculos, sem obviamente depositar o

---

26. Relator(a): Min. CARLOS VELLOSO, Relator(a) p/ Acórdão: Min. SEPÚLVEDA PERTENCE, Tribunal Pleno, julgado em 29/09/2004, DJ 10-12-2006 PP-00050 EMENT VOL-02255-04 PP-00722.
27. A temática dos honorários advocatícios nas execuções não embargadas/impugnadas será tratada no item 4.3.5 abaixo.
28. Falamos em pagamento propriamente voluntário porque, na hipótese do art. 526 (também chamada de execução inversa), o devedor se antecipa e busca efetivar o adimplemento da obrigação antes do requerimento de cumprimento de sentença ser formulado pelo credor. No caso do *caput* do art. 523, embora também denominado "cumprimento voluntário ou espontâneo" o pagamento do valor da condenação no prazo de 15 dias, é certo que tal voluntariedade inexiste de fato, porquanto há previsão de sanções caso não haja o adimplemento no referido prazo: multa e honorários de 10%. Inobstante, no presente livro, as duas hipóteses serão consideradas como cumprimento voluntário da obrigação.

valor em juízo, devendo-se intimar o credor para impugnar o montante apresentado em cinco dias.

Havendo concordância, haverá determinação da expedição do precatório respectivo; havendo discordância, a parcela admitida pela Fazenda como devida será tida como valor incontroverso, aplicando-se o disposto no art. 535, §4º, com a expedição do precatório relativamente a essa importância[29]. A voluntariedade residiu, pois, na apresentação dos cálculos, mas não no pagamento em si.

No que concerne às situações cujo valor importa em expedição de requisições de pequeno valor, observada a literalidade do art. 535, §3º, II do CPC[30], chega-se facilmente à conclusão de que o adimplemento correspondente deveria ser realizado diretamente pelos entes públicos.

Estabelece o referido dispositivo que não impugnada a execução ou rejeitadas as arguições da executada, o pagamento da obrigação de pequeno valor será realizado por ordem do juiz, dirigida à autoridade na pessoa de quem o ente público foi citado para o processo, no prazo de 2 (dois) meses contado da entrega da requisição, mediante depósito na agência de banco oficial mais próxima da residência do exequente.

Se o pagamento deve ser feito no prazo de dois meses pela autoridade competente, por ordem do juiz, por meio de depósito na agência de banco oficial mais próxima da residência do exequente, a conclusão mais lógica, sem dúvidas, é a de que há, nesses casos, possibilidade de cumprimento voluntário da condenação pela Fazenda Pública[31-32].

---

29. Segundo Fredie Didier Júnior, Leonardo Carneiro da Cunha, Paula Sarno Braga e Rafael Alexandria de Oliveira (In: Curso de Direito Processual Civil: execução. Salvador: Juspodivm, 2017, p. 678), à Fazenda Pública não se aplica o art. 526 quando o pagamento deva ser realizado por meio de precatórios, porquanto não há, na hipótese, possibilidade de pagamento voluntário. Entendemos, entretanto, que é possível aplicar o dispositivo apenas no que se refere à antecipação da apresentação da memória de cálculos pela Fazenda, o que favorecerá o exequente, tendo em vista a possibilidade de expedição antecipada do precatório, caso concorde com os valores apresentados, ou mesmo a expedição de precatório em relação ao valor incontroverso.

30. Sobre o dispositivo, foi aprovado o seguinte enunciado no Fórum Nacional do Poder Público realizado em junho de 2017 em São Paulo: "A expedição de requisitório fica condicionada ao trânsito em julgado da decisão dos embargos à execução ou da impugnação ao cumprimento de sentença opostos pela Fazenda Pública".

31. Fredie Didier Júnior, Leonardo Carneiro da Cunha, Paula Sarno Braga e Rafael Alexandria de Oliveira (In: Curso de Direito Processual Civil: execução. Salvador: Juspodivm, 2017, p. 678) entendem que se a condenação é de pequeno valor, não há ordem cronológica de pagamento, razão pela qual a Fazenda Pública, nesses casos, pode fazer o pagamento voluntário.

32. Quando falamos aqui em cumprimento voluntário, referimo-nos tanto à hipótese prevista no art. 526 (antecipação do pagamento pelo devedor) quanto ao adimplemento espontâneo no prazo legalmente previsto (no caso das requisições de pequeno valor, o prazo é de dois meses).

Na prática, porém, é preciso se registrar que o adimplemento das requisições de pequeno valor nem sempre ocorre na forma exposta acima, ou seja, diretamente pelo ente público, sem observância de uma ordem cronológica.

Isso porque, no que concerne às sentenças condenatórias de pagar quantia proferidas contra a União, suas autarquias e fundações públicas, não apenas o pagamento dos precatórios, mas também das requisições de pequeno valor, é realizado pelo tribunal que proferiu a decisão exequenda e não pela pessoa jurídica de direito público, por meio de um procedimento de descentralização das dotações orçamentárias devidamente aprovadas na Lei Orçamentária Anual ou em créditos adicionais, efetivado pelo o órgão orçamentário do Poder Executivo para o órgão orçamentário do Poder Judiciário que, por seu turno, descentraliza tais dotações para os tribunais que proferiram as decisões exequendas[33].

Tendo em vista tal descentralização, o art. 32, §4º da Lei de Diretrizes Orçamentárias – LDO dispõe que a liberação dos recursos financeiros relativos às dotações orçamentárias descentralizadas deve ser realizada diretamente pelos tribunais aos beneficiários[34].

Há também na LDO a determinação de que o Poder Judiciário disponibilize mensalmente à Advocacia-Geral da União, aos órgãos e às entidades devedores e à Procuradoria-Geral da Fazenda Nacional, a relação dos precatórios e das requisições de pequeno valor autuados e pagos, para fins de acompanhamento e controle[35].

---

33. Nesse sentido, a Lei de Diretrizes Orçamentárias (a relativa ao ano de 2021 é a de nº 14.116, de 31 de dezembro de 2020), em seu art. 32, estabelece que "As dotações orçamentárias destinadas ao pagamento de débitos relativos a precatórios e requisições de pequeno valor aprovadas na Lei Orçamentária de 2021 e em seus créditos adicionais deverão ser integralmente descentralizadas pelo órgão central do Sistema de Administração Financeira Federal aos órgãos setoriais de planejamento e orçamento do Poder Judiciário, ou equivalentes, inclusive ao Tribunal de Justiça do Distrito Federal e dos Territórios, que se incumbirão de descentralizá-las aos tribunais que proferirem as decisões exequendas, ressalvadas as hipóteses de causas processadas pela justiça comum estadual".

34. Art. 32, §4, da LDO: "As liberações dos recursos financeiros correspondentes às dotações orçamentárias descentralizadas na forma estabelecida neste artigo deverão ser realizadas diretamente para o órgão setorial de programação financeira das unidades orçamentárias responsáveis pelo pagamento do débito, de acordo com as regras de liberação para os órgãos do Poder Judiciário previstas nesta Lei e a programação financeira estabelecida na forma do disposto no art. 8º da Lei Complementar nº 101, de 2000 - Lei de Responsabilidade Fiscal, e serão informadas aos beneficiários pela vara de execução responsável".

35. Art. 30 da LDO: "O Poder Judiciário disponibilizará mensalmente, de forma consolidada por órgão orçamentário, à Advocacia-Geral da União e à Procuradoria-Geral da Fazenda Nacional do Ministério da Economia a relação dos precatórios e das Requisições de Pequeno Valor - RPVs autuados e pagos,

Diante de tais determinações legais, contidas reiteradamente nas LDO's, os órgãos do Poder Judiciário passaram a regulamentar o procedimento para pagamento das requisições de pequeno valor, notadamente quando se tratar de sentença condenatória de pagar quantia proferida contra a União, suas autarquias e fundações.

A Resolução nº 405, de 09 de junho de 2016, do Conselho da Justiça Federal[36], por exemplo, que regulamenta o pagamento de quantia certa decorrente de condenação da Fazenda Pública, nos processos judicias de competência da Justiça Federal e no exercício da competência federal delegada, estabelece, em seus art. 3º, §1º e art. 6º, que, no caso de obrigações de pequeno valor, quando a devedora for a União, suas autarquias e fundações, o juiz expedirá ofício requisitório ao presidente do tribunal correspondente, que terá a responsabilidade de organizar mensalmente a relação de requisições em ordem cronológica, com os valores devidos por beneficiário, relação esta que será encaminhada à Secretaria de Planejamento, Orçamento e Finanças do Conselho da Justiça Federal e ao representante legal da entidade devedora.

Como se vê, o adimplemento do valor das condenações de pequeno valor não é efetuado direta e voluntariamente pelos entes públicos federais, vez que há interferência dos tribunais, os quais, além de estabelecerem a ordem cronológica de pagamento, devem promover a liberação dos recursos financeiros correspondentes aos beneficiários.

No que se refere aos créditos de pequeno valor de responsabilidade das Fazendas Públicas estadual, distrital, municipal e de suas respectivas autarquias e fundações, estabelece o art. 3º, §2º da Resolução nº 405/2016 do CJF que "as RPVs serão encaminhadas pelo juízo da execução ao próprio devedor, fixando-se o prazo de 60 dias para o respectivo depósito diretamente na vara de origem".

Nota-se que o pagamento das requisições de pequeno valor deve ser realizado diretamente pelo ente público estadual ou municipal, quando a condenação for proveniente da Justiça Federal, não havendo determinação de pagamento com observância de ordem cronológica. Destarte, em tais casos, o pagamento é efetivamente direto e, segundo se pensa,

---

consideradas as especificações estabelecidas nos incisos do caput do art. 29, com as adaptações necessárias".

36. Disponível em: https://www2.cjf.jus.br/jspui/handle/1234/49051.

diferentemente da lógica exposta em relação aos entes federais, pode ser voluntário.

No âmbito do Superior Tribunal de Justiça, há as Instruções Normativas nº 03, de 11 de fevereiro de 2014, e nº 17, de 07 de outubro de 2019, que dispõem sobre os procedimentos aplicáveis ao processamento da execuç60ão contra a Fazenda Pública e ao pagamento dos precatórios e das requisições de pequeno valor na referida Corte.

Nos termos do art. 5º da IN nº 03/2014, "apurado o valor devido pela Fazenda Pública, em decorrência de decisão transitada em julgado, o Presidente do órgão julgador expedirá o precatório ou a requisição de pequeno valor – RPV, conforme o caso" e o §5º do mesmo artigo estabelece que "os requisitórios de pagamento serão dirigidos ao presidente do Tribunal, que determinará as providências à entidade pública executada para o depósito respectivo".

O depósito deve ser feito, em tese, pelo ente público executado, porém o art. 8º da Instrução Normativa 03/2014 consagra a ordem cronológica de pagamento também em relação às requisições de pequeno valor. A organização da ordem cronológica das requisições de pequeno valor devidas pela União, suas autarquias e fundações é levada a efeito pelo próprio tribunal, que deve encaminhar a lista respectiva à unidade de orçamento e finanças para as providências relacionadas à quitação dos débitos, no prazo de até 60 dias[37]. Não há, portanto, como realizar o cumprimento voluntário, vez que deve ser observada a ordem cronológica encaminhada pelo tribunal.

Por outro lado, se o adimplemento tiver que ser efetuado por outras entidades de direito público, será determinada a expedição de ofício assinado pelo presidente do Tribunal, "com notificação à autoridade máxima de cada ente, para que, no prazo de até 60 dias, deposite em instituição bancária oficial localizada no Tribunal o crédito judicial apurado, atualizado monetariamente"[38]. Não há determinação específica, nesse caso, de organização de ordem cronológica de pagamento

37. Art. 9º Autuados o precatório e a requisição de pequeno valor, compete à Coordenadoria de Execução Judicial: IV – organizar, na ordem cronológica de apresentação, a lista das requisições de pequeno valor de responsabilidade das entidades referidas no inciso II e encaminhá-la com os respectivos valores e dados cadastrais à unidade de orçamento e finanças para as providências pertinentes à quitação dos débitos, no prazo de até 60 dias.

38. Art. 9º, V.

pelo próprio tribunal, razão pela qual há possibilidade, a nosso ver, de pagamento voluntário.

É certo que a regulamentação do pagamento das requisições de pequeno valor pode variar no âmbito dos Tribunais de Justiça dos Estados[39]. Se o pagamento for requisitado pelo juiz diretamente aos entes públicos correspondentes, sem elaboração prévia de lista com ordem cronológica de pagamento e sem descentralização das dotações orçamentárias do Executivo para o Judiciário, poderá haver voluntariedade no cumprimento da obrigação. Caso haja tal ingerência dos tribunais, não há, em consequência, voluntariedade.

Assim é que, em consequência, no primeiro caso, entendemos que se aplica integralmente o disposto no art. 526 do CPC à Fazenda Pública, porquanto esta poderá fazer diretamente o pagamento, inclusive depositando o valor que reputar devido ao credor que seria tido, ainda que não houvesse concordância, como incontroverso.

Para tanto, o ente público, antes de intimado para apresentar impugnação, poderá peticionar ao juízo apresentando memória de cálculos e requerendo a expedição da ordem de pagamento, para que possa efetuar o depósito do valor correspondente na agência de banco oficial mais próxima da residência do exequente.

No segundo caso, tal como na hipótese dos precatórios, a Fazenda Pública, antecipando-se ao credor, deve se limitar a apresentar a memória de cálculos, sem possibilidade de promover o depósito do valor em juízo, devendo-se intimar o credor para impugnar o montante apresentado em cinco dias: caso haja concordância, haverá determinação da expedição do ofício requisitório respectivo; havendo discordância, a parcela admitida pela Fazenda como devida será tida como valor incontroverso, aplicando-

39. Como exemplo, pode-se mencionar a Instrução Normativa nº 01, de 24 de janeiro de 2012, do Tribunal de Justiça do Estado de Pernambuco, que estabelece, em seu art. 16, que "Tratando-se de Requisição de Pequeno Valor (RPV) relativa a débito das Fazendas Estadual e Municipal e de suas respectivas autarquias e fundações, após o trânsito em julgado da decisão, o Juízo da Execução providenciará a entrega da solicitação (...) à autoridade que representa o ente devedor para, no prazo máximo de 60 (sessenta) dias, efetuar o pagamento da dívida (art. 13, I, da Lei 12.153, de 22 de dezembro de 2009)". Nota-se, assim, que, no Estado de Pernambuco, o pagamento das requisições de pequeno valor é efetuado diretamente pelo Estado, pelos Municípios e pelas suas respectivas autarquias e fundações, sem interferência do tribunal no tocante à organização de lista de ordem cronológica. Há, pois, possibilidade de cumprimento voluntário da obrigação.

-se o disposto no art. 535, §4º, com a expedição do ofício requisitório relativamente a esse montante[40].

Vale ressaltar que, nos termos do art. 3º da Instrução Normativa nº 17/2019 do STJ, a petição de cumprimento de sentença deve ser dirigida ao presidente do órgão julgador, que fará o esclarecimento dos parâmetros de liquidação[41] e determinará a intimação da Fazenda Pública para os fins do § 2º do mesmo artigo, segundo o qual, antes de iniciado o prazo para apresentação da impugnação, será aberta vista automática do feito à Advocacia-Geral da União, para manifestação, no prazo de quinze dias, sobre a possibilidade de cumprimento voluntário do julgado, hipótese em que deve ser apresentado desde já o valor que entender devido.

Nota-se, assim, que, no âmbito do STJ, há previsão expressa no sentido da aplicação, de forma adaptada, do art. 526 do CPC à Fazenda Pública.

Nos casos de execução invertida, segundo o STJ, não deve haver condenação da Fazenda Pública em honorários advocatícios, se o credor concordar com os cálculos apresentados[42].

É que a condenação em honorários advocatícios tem por base o princípio da causalidade, no sentido de que deve arcar com os ônus da sucumbência aquele que deu causa à demanda. Se a Fazenda Pública se antecipa e apresenta planilha de cálculos, buscando cumprir voluntariamente a condenação, não há que se falar em condenação em honorários se o credor concorda com os valores apresentados, porquanto não haveria, na hipótese, início da fase executiva por iniciativa do exequente, não

40. Segundo Fredie Didier Júnior, Leonardo Carneiro da Cunha, Paula Sarno Braga e Rafael Alexandria de Oliveira (In: Curso de Direito Processual Civil: execução. Salvador: Juspodivm, 2017, p. 678), à Fazenda Pública não se aplica o art. 526 quando o pagamento deva ser realizado por meio de precatórios, porquanto não há, na hipótese, possibilidade de pagamento voluntário. Entendemos, entretanto, que é possível aplicar o dispositivo apenas no que se refere à antecipação da apresentação da memória de cálculos pela Fazenda, o que favorecerá o exequente, tendo em vista a possibilidade de expedição antecipada do precatório, caso concorde com os valores apresentados, ou mesmo a expedição de precatório em relação ao valor incontroverso.

41. Essa decisão é recorrível por agravo interno, nos termos do art. 3º, §1º, da IN nº 17/2019.

42. "É pacífico o entendimento no Superior Tribunal de Justiça segundo o qual não cabe a fixação de honorários advocatícios na hipótese em que o devedor apresenta os cálculos para expedição da correspondente requisição de pequeno valor, caso o credor concorde com o valor apresentado, o que se denomina execução invertida". (AREsp 1397249/RS, Rel. Ministro HERMAN BENJAMIN, SEGUNDA TURMA, julgado em 03/09/2019, DJe 11/10/2019)

havendo, em consequência, qualquer trabalho a mais do advogado que justifique a imposição da verba honorária[43].

Outrossim, havendo discordância do credor no que se refere ao montante oferecido pela Fazenda, serão devidos os honorários, uma vez que restará configurada a litigiosidade[44].

4.3.4 A inaplicabilidade da multa de 10% prevista no art. 523, §1º, do CPC à Fazenda Pública

Nas execuções comuns, nos termos do art. 475-J do CPC de 1973, fruto da Lei n.º 11.232/2005, o não pagamento voluntário da condenação acarretava a incidência de multa no percentual de 10%, que seria acrescida ao montante da execução.

Se a doutrina majoritária entendia que o modelo de cumprimento de sentença não se amoldava às execuções contra a Fazenda Pública de acordo com as disposições do CPC de 1973, mostrava-se também inadequada, *a priori*, a imposição da pré-falada multa contra o Poder Público. A jurisprudência do STJ, durante a vigência do CPC revogado, era pacífica a esse respeito[45].

---

43. REsp 1536555/RS, Rel. Ministro MAURO CAMPBELL MARQUES, SEGUNDA TURMA, julgado em 23/06/2015, DJe 30/06/2015.

44. "(...) IV - É descabida a fixação de honorários advocatícios na hipótese em que o devedor apresenta os cálculos para expedição da correspondente requisição de pequeno valor, caso o credor concorde com o valor apresentado. Precedentes. V - In casu, considerando que a credora não concordou com os valores indicados pelo devedor, não se configurou a hipótese de "execução invertida", razão pela qual são devidos os honorários advocatícios, consoante reconhecido pelo tribunal a quo. (...) (AgInt no REsp 1766128/RS, Rel. Ministra REGINA HELENA COSTA, PRIMEIRA TURMA, julgado em 19/08/2019, DJe 22/08/2019)

45. PROCESSUAL CIVIL. EXECUÇÃO CONTRA A FAZENDA PÚBLICA. MULTA DO ART. 475-J DO CPC. INAPLICABILIDADE. PRECATÓRIO DE NATUREZA ALIMENTAR. ART. 100 DA CF/88. JUROS DE MORA. ART. 1º-F DA LEI N. 9.494/97. PRECLUSÃO E COISA JULGADA. FUNDAMENTOS DO ACÓRDÃO RECORRIDO NÃO IMPUGNADOS. INCIDÊNCIA DA SÚMULA N. 283/STF. 1. A despeito de a condenação referir-se à verba de natureza alimentar (proventos/pensões), a execução contra a Fazenda Pública deve seguir o rito do art. 730 do CPC, por tratar de execução de quantia certa. É que o art. 100 da Constituição Federal não excepcionou a verba alimentícia do regime dos precatórios, antes, apenas lhe atribuiu preferência sobre os demais débitos, exceto sobre aqueles referidos no § 2º do referido dispositivo legal (Redação dada pela Emenda Constitucional nº 62, de 2009). 2. Não há que se falar em incidência da multa de 10% prevista no art. 475-J do CPC em sede de execução contra a Fazenda Pública, visto que não é possível exigir que Fisco pague o débito nos 15 dias de que trata o dispositivo supra, eis que o pagamento do débito alimentar será realizado na ordem preferencial de precatórios dessa natureza. (...) 4. Recurso especial parcialmente conhecido e, nessa parte, provido. (REsp 1201255/RJ, Rel. Ministro MAURO CAMPBELL MARQUES, SEGUNDA TURMA, julgado em 02/09/2010, DJe 04/10/2010) (Grifo nosso)

O CPC/2015, quando aborda o cumprimento de sentença contra particulares, reproduz a regra contida no sobredito art. 475-J, em seu art. 523, §1º, e acrescenta que haverá também honorários advocatícios no percentual de 10% na fase de cumprimento de sentença.

Com a alteração procedimental das execuções contra a Fazenda Pública, adotando-se a técnica do cumprimento de sentença quanto às obrigações de pagar quantia, certamente haveria discussões sobre a aplicabilidade da multa do art. 523, §1º. Para eliminar qualquer dúvida a esse respeito, o art. 534, §2º, veda a imposição da sanção supramencionada à Fazenda Pública.

A regra tem sua razão de ser. Como já dito em outras passagens, ao contrário dos devedores em geral, a Fazenda Pública não pode se desvincular das normas constitucionais que tratam dos precatórios e das requisições de pequeno valor, de modo que o pagamento de seus débitos deve observar estritamente os critérios definidos na CF/88.

Ora, se os pagamentos devidos pela Fazenda, nos termos do art. 100 da CF/88, devem ser feitos exclusivamente na ordem cronológica de apresentação dos precatórios – sem falar nas filas específicas para os créditos privilegiados – não haveria como as pessoas jurídicas de direito público realizarem o cumprimento espontâneo da execução no prazo definido pelo art. 523 do CPC/2015 (15 dias).

No que concerne às requisições de pequeno valor, se a própria legislação reconhece que o seu pagamento deve ser empreendido em dois meses, não teria o menor cabimento punir a Fazenda Pública pelo não cumprimento da obrigação em espaço de tempo inferior (ou seja, em 15 dias).

Por isso, andou bem o legislador ao proibir a imposição da multa por descumprimento espontâneo da sentença condenatória de pagar quantia contida no art. 523, §1º do CPC às pessoas jurídicas de direito público.

Entrementes, nas execuções de pequeno valor, em relação aos Estados e Municípios, suas autarquias e fundações que realizem o pagamento das RPV's diretamente aos credores[46], sem imposição de uma ordem cronológica pelos tribunais e sem descentralização das dotações orçamentárias do Executivo para o Judiciário, pensamos que deveria

---

46. Vide item 4.3.3 acima.

ser cabível a imposição da multa em referência: não pela escusa de pagamento em 15 dias – prazo definido para os devedores em geral – mas pelo descumprimento dentro dos 2 meses definidos no art. 535, §3º, II. Se é possível a satisfação espontânea, o Poder Público, assim como os particulares, também deveria ser sancionado em caso de inadimplemento, ainda mais sem a demonstração da concreta impossibilidade de cumprir a obrigação no prazo definido pela lei.

Essa não foi, contudo, a opção do CPC/2015, porquanto o art. 534, §2º veda, sem distinção do ente devedor, a imposição da multa prevista no art. 523 à Fazenda Pública, seja nos pagamentos mediante precatórios, seja naqueles que devem ser efetivados por meio de requisições de pequeno valor, independentemente da forma pela qual se efetive o pagamento (diretamente pelo ente público ou de acordo com ordem cronológica pré-estabelecida pelos tribunais e com a descentralização das dotações orçamentárias do Executivo para o Judiciário, como acontece com a União, suas autarquias e fundações)[47].

Deve-se esclarecer, finalmente, que a regra apenas se aplica quando a executada é a Fazenda Pública, não incidindo a prerrogativa para beneficiar particulares, ainda que se trate de demanda executiva envolvendo o Poder Público[48].

---

47. Embora haja determinação legal expressa no sentido da inaplicabilidade do art. 523, §1º, do CPC à Fazenda Pública, há julgados determinando a incidência da multa em desfavor de entes que compõem a Administração Pública, normalmente decisões de primeira instância, que são modificadas em segundo grau. A esse respeito, vejam-se os seguintes trechos de julgado do TRF da 5ª Região: "PREVIDENCIÁRIO. APOSENTADORIA POR INVALIDEZ. LAUDO PERICIAL. QUALIDADE DE SEGURADO ESPECIAL COMPROVADA. INCAPACIDADE TOTAL E TEMPORÁRIA. ANÁLISE DAS CONDIÇÕES PESSOAIS. MULTA DO ART. 523, PARÁGRAFO 1º, DO CPC. INCABÍVEL. RECURSO DO INSS PARCIALMENTE PROVIDO. (...) Pugna, outrossim, pela exclusão da multa prevista no art. 523, parágrafo 1º, do CPC, ao argumento de que tal dispositivo não se aplica à Fazenda Pública. (...) 7. No que concerne, no entanto, à aplicação da multa prevista no art. 523, parágrafo 1º, do CPC, subsiste razão ao INSS. Isso porque o próprio Diploma Processual Civil estabelece, no art. 534, parágrafo 2º, que "2º A multa prevista no parágrafo 1º do art. 523 não se aplica à Fazenda Pública". 8. Recurso do INSS parcialmente provido". (AC - Apelação Civel - 598339 0000441-48.2018.4.05.9999, Desembargador Federal Luiz Bispo da Silva Neto, TRF5 - Primeira Turma, DJE - Data:23/10/2019 - Página:417.)
48. "(...) Por outro lado, no que se refere à alegada afronta ao art. 534, § 2º, do CPC/2015, tal dispositivo estabelece que "a multa prevista no § 1º do art. 523 não se aplica à Fazenda Pública". Trata-se de norma que leva em consideração o regime especial de cumprimento de sentença que reconheça a exigibilidade de obrigação de pagar quantia certa pela Fazenda Pública. Em se tratando de bens públicos, encontram-se vinculados a uma finalidade pública específica e são inalienáveis (em regra) e não se sujeitam à expropriação em razão de execução forçada. Destarte, o adimplemento dos débitos pecuniários da Fazenda Pública deve observar o disposto no art. 100 da CF/88, c/c os arts. 534 e 535 do CPC/2015. Em se tratando de regramento especial, não é possível a aplicação do disposto no art. 534, § 2º, do CPC/2015 ao particular, com base no princípio da isonomia. 5. Recurso

4.3.5 Os honorários advocatícios no cumprimento de sentença contra a Fazenda Pública

Como se disse linhas atrás, além da multa, o art. 523, §1° do CPC também determina a incidência de honorários advocatícios na fase executiva, no percentual de 10% e o art. 534, §2° coibiu tão somente a aplicação da multa em face do Poder Público, não os honorários.

Assim, parece acertado o cabimento de honorários de advogado na fase de cumprimento de sentença contra a Fazenda Pública.

Sobre o tema, imprescindível tratar do art. 1°-D da Lei 9.494, de 10 de setembro de 1997, incluído pela Medida Provisória n° 2.180-35, de 24 de agosto de 2001, que estabelece que não serão devidos honorários pela Fazenda nas execuções não embargadas.

Apesar das inúmeras críticas doutrinárias acerca do dispositivo em tela, inclusive a respeito de sua duvidosa constitucionalidade, o Supremo considerou constitucional a Medida Provisória 2.180-35/2001, dando-lhe, porém, interpretação conforme a CF/88 para restringir sua aplicação às execuções submetidas ao regime de precatórios, excluindo-a daquelas que ensejem pagamento por meio de requisição de pequeno valor. O acórdão, do Pleno do STF, restou assim ementado:

> "I. Recurso extraordinário: alínea "b": devolução de toda a questão de constitucionalidade da lei, sem limitação aos pontos aventados na decisão recorrida. Precedente (RE 298.694, Pl. 6.8.2003, Pertence, DJ 23.04.2004). II. Controle incidente de inconstitucionalidade e o papel do Supremo Tribunal Federal. Ainda que não seja essencial à solução do caso concreto, não pode o Tribunal – dado o seu papel de "guarda da Constituição" – se furtar a enfrentar o problema de constitucionalidade suscitado incidentemente (v.g. SE 5.206-AgR; MS 20.505). III. Medida provisória: requisitos de relevância e urgência: questão relativa à execução mediante precatório, disciplinada pelo artigo 100 e parágrafos da Constituição: caracterização de situação relevante de urgência legislativa. IV. **Fazenda Pública: execução não embargada: honorários de advogado: constitucionalidade declarada pelo Supremo Tribunal, com interpretação conforme ao art. 1°-D da L. 9.494/97, na redação que lhe foi dada pela MPr 2.180-35/2001, de modo a reduzir-lhe a aplicação à hipótese de**

especial não provido". (RESP - RECURSO ESPECIAL - 1815762 2019.00.14431-0, MAURO CAMPBELL MARQUES, STJ - SEGUNDA TURMA, DJE DATA:07/11/2019).

execução por quantia certa contra a Fazenda Pública (C. Pr. Civil, art. 730), excluídos os casos de pagamento de obrigações definidos em lei como de pequeno valor (CF/88, art. 100, § 3º)". (RE 420816, Relator(a): Min. CARLOS VELLOSO, Relator(a) p/ Acórdão: Min. SEPÚLVEDA PERTENCE, Tribunal Pleno, julgado em 29/09/2004, DJ 10-12-2006 PP-00050 EMENT VOL-02255-04 PP-00722) (grifo nosso).

A justificativa da prerrogativa contido no art. 1º-D da Medida Provisória 2.180-35/2001, segundo Araken de Assis[49], o que também se pode extrair das discussões levadas a efeito no julgamento do RE 420816/STF, seria a circunstância de que, "no procedimento especial, a executada não pode solver a obrigação, espontaneamente, e mostra-se imperativo instaurar a execução, ensejando a requisição do pagamento".

Em outras palavras, a execução de pagar quantia contra a Fazenda, quando exigível a expedição de precatório, não ocorre em função da mora, do inadimplemento do devedor, mas da obrigatoriedade de expedição de precatórios. Assim, sendo inevitável a execução nesses casos e não sendo possível o cumprimento voluntário da condenação, não haveria que se falar em honorários de advogado nas execuções não embargadas, porquanto inexistente a sucumbência.

Lado outro, no caso das execuções em que o pagamento deve ser feito por requisição de pequeno valor, assentou a Suprema Corte o entendimento no sentido de que pode haver descumprimento voluntário do pagamento, de modo que, ainda que não embargadas, nessas execuções serão cabíveis os honorários advocatícios[50].

Assim é que, em síntese, a vedação à incidência de honorários contida no art. 1º-D da Lei 9.494/97, segundo o STF, aplica-se tão somente às execuções não embargadas cujo pagamento deva ser feito por meio de precatórios.

A orientação pacífica do Superior Tribunal de Justiça também é no sentido de que o art. 1º-D da Medida Provisória 2.180-35/2001 se aplica

---

49. Manual da execução. São Paulo: Revista dos Tribunais, 2013, p. 1105/1106.

50. Importante colacionar a advertência de Araken de Assis (In: Manual da execução. São Paulo: Revista dos Tribunais, 2013, p. 1106): "(...) o STF não admite o fracionamento da execução de sentença coletiva para o efeito de cabimento de honorários. Admissível que seja a execução individual, cabem honorários, consoante a Súmula 345 do STJ: 'São devidos honorários advocatícios pela Fazenda Pública nas execuções individuais de sentença proferida em ações coletivas, ainda que não embargadas".

às execuções (inclusive de sentença) não embargadas, mantendo-se a exceção no tocante às requisições de pequeno valor[51].

Apesar disso, conforme assinalamos no item 4.3.3 acima, há de se distinguir o modo pelo qual é realizado o pagamento das requisições de pequeno valor.

No caso da União, de suas autarquias e fundações, deve haver dotação orçamentária específica para as requisições de pequeno valor na Lei Orçamentária Anual e há previsão na Lei de Diretrizes Orçamentárias de descentralização do seu pagamento do Executivo para o Judiciário, que deve ser realizado de acordo com a ordem cronológica elaborada previamente pelo tribunal, de modo que não há adimplemento direto e voluntário realizado por tais entes públicos aos seus credores, porquanto o juiz expede ofício requisitório diretamente ao presidente do tribunal para que determine o pagamento ao beneficiário com observância de uma ordem cronológica.

No caso dos Estados e Municípios, cada tribunal poderá regulamentar de forma distinta o procedimento do pagamento das requisições de pequeno valor. Se o modelo for similar ao da União, não há possibilidade de adimplemento voluntário; se o pagamento for levado a efeito diretamente pelo ente público devedor, há possibilidade de cumprimento espontâneo da condenação.

A incidência de honorários, em consequência, deveria seguir o mesmo raciocínio: não havendo ingerência do ente público quanto ao pagamento das requisições de pequeno valor, deveria ser aplicável o art. 1º-D da Medida Provisória 2.180-35/2001, dada a inexistência de inadimplemento voluntário; se o pagamento for realizado diretamente pelo ente público, aí sim devem incidir honorários, porquanto a escusa no pagamento se evidenciaria como voluntária.

---

51. PROCESSO CIVIL. AGRAVO INTERNO NO RECURSO ESPECIAL. EXECUÇÃO DE SENTENÇA CONTRA A FAZENDA PÚBLICA. RPV. FIXAÇÃO DE HONORÁRIOS NA FASE DE CUMPRIMENTO. POSSIBILIDADE. PRECEDENTES. AGRAVO NÃO PROVIDO.

    1. A jurisprudência do STJ firmou orientação de que nas execuções contra a Fazenda Pública ajuizadas após a vigência da Medida Provisória 2.180-35/2001 e não embargadas, os honorários advocatícios serão devidos quando se tratar de débitos de pequeno valor.

    2. Agravo interno não provido.

    (AgRg no REsp 1572722/RS, Rel. Ministro MAURO CAMPBELL MARQUES, SEGUNDA TURMA, julgado em 08/03/2016, DJe 14/03/2016).

O entendimento do Supremo Tribunal Federal não distingue – a nosso ver equivocadamente –, o modo por meio do qual é feito o pagamento das requisições de pequeno valor. Nas execuções respectivas, portanto, são considerados cabíveis os honorários advocatícios, orientação que provavelmente haverá de prevalecer até que haja a revisão/superação da tese pelo próprio STF.

Outra relevante questão deve aqui ser referida. Com a adoção da técnica executiva do cumprimento de sentença contra a Fazenda Pública, a defesa não mais se denomina embargos, mas impugnação. Desse modo, o art. 1º-D da Medida Provisória 2.180-35/2001 deveria ser estendido aos cumprimentos de sentença contra a Fazenda em que não tenha sido apresentada impugnação.

Ocorre que o CPC trouxe regramento específico sobre o tema: segundo o seu art. 85, §7º, "não serão devidos honorários no cumprimento de sentença contra a Fazenda Pública que enseje expedição de precatório, desde que não tenha sido impugnada".

O dispositivo apenas faz referência aos precatórios, certamente buscando encampar a orientação do STF quanto ao art. 1º-D da Medida Provisória 2.180-35/2001. Desse modo, havendo impugnação ou, não havendo, em caso de cumprimento de sentença contra a Fazenda em que o adimplemento deva ser realizado através de requisições de pequeno valor, serão, em tese, devidos honorários pelo Poder Público.

Entendemos que, nesse ponto, dever-se-ia aplicar o mesmo raciocínio anteriormente empreendido no que concerne à interpretação do art. 1º-D da Medida Provisória 2.180-35/2001, ou seja, não se deve considerar que nos cumprimentos de sentença em que o pagamento deva ser feito por meio de requisições de pequeno valor serão devidos, indistintamente, os honorários quando não oferecida a impugnação pela Fazenda.

Deve ser analisado o modo pelo qual será realizado o pagamento: se efetuado diretamente pelo ente público devedor, sem obediência de ordem cronológica pré-definida pelo tribunal, há possibilidade de pagamento voluntário, razão pela qual devem incidir os honorários; por outro lado, se o adimplemento tiver que ser levado a efeito com obediência de ordem cronológica definida pelo tribunal e ainda mais quando este for o responsável direto pela liberação dos recursos correspondentes aos beneficiários, não devem ser cabíveis os honorários, porquanto se revela inviável, nesse caso, o pagamento voluntário por parte do ente público[52].

Há julgados nesse sentido no âmbito do Tribunal Regional Federal da 5ª Região[53]. Embora sem fazer a distinção aqui referida, há julgado da 2ª Turma do Tribunal Regional Federal da 5ª Região, de 31 de janeiro de 2017, de Relatoria do Des. Paulo Roberto de Oliveira Lima, no sentido de que não são cabíveis honorários nas execuções de sentença não impugnadas, ainda que o pagamento deva ser feito por meio de requisição de pequeno valor[54].

Em decisão de dezembro de 2018, a 3ª Turma do TRF5 entendeu pela não incidência de honorários no cumprimento de sentença contra a Fazenda Púbica sem impugnação, com pagamento através de requisição de pequeno valor. Os fundamentos da decisão, que já guardam relação com a tese aqui defendida, seguem abaixo transcritos:

> "(...) O cerne do presente recurso consiste em verificar a possibilidade de condenação da Fazenda Pública no pagamento de honorários advocatícios em sede de cumprimento de sentença proferida em ação individual, quando não apresentada impugnação. 3. Observa-se que se trata de execução de sentença, no qual o INSS concordou com os cálculos

52. Importante destacar que o Enunciado 50, do Fórum Nacional do Poder Público – FNPP, sugerido pelos autores do presente livro, reforça o argumento: "Não serão devidos honorários no cumprimento de sentença não impugnado sempre que houver descentralização ao Judiciário das dotações orçamentárias destinadas ao pagamento de requisições de pequeno valor".

53. No Tribunal Regional Federal da 1ª Região, a orientação é no sentido da interpretação literal do art. 85, §7º, do CPC. Nesse sentido: AG 1005926-47.2018.4.01.0000, DESEMBARGADOR FEDERAL FRANCISCO DE ASSIS BETTI, TRF1 - SEGUNDA TURMA, PJe 04/02/2020. Do mesmo modo, nos TRF's da 2ª, 3ª e 4ª Regiões: AG - Agravo de Instrumento - Agravos - Recursos - Processo Cível e do Trabalho 0009659-11.2018.4.02.0000, LUIZ PAULO DA SILVA ARAUJO FILHO, TRF2 - 7ª TURMA ESPECIALIZADA; AI 5024424-69.2018.4.03.0000, Desembargador Federal CARLOS EDUARDO DELGADO, TRF3 - 7ª Turma, Intimação via sistema DATA: 31/01/2020; G - AGRAVO DE INSTRUMENTO 5018507-42.2018.4.04.0000, CÂNDIDO ALFREDO SILVA LEAL JUNIOR, TRF4 - QUARTA TURMA, 20/06/2018.

54. O acórdão restou assim ementado: PROCESSUAL CIVIL. AGRAVO DE INSTRUMENTO. CUMPRIMENTO DE SENTENÇA CONTRA A FAZENDA PÚBLICA. USÊNCIA DE IMPUGNAÇÃO. DESCABIMENTO DE HONORÁRIOS ADVOCATÍCIOS. APLICAÇÃO DO ART. 85, § 7º, DO CPC. 1. É pertinente a aplicação do art. 85, § 7º, do CPC, independentemente do caso em tela dizer respeito a execuções cujos pagamentos se darão por precatório ou requisição de pequeno valor, ou de se tratar de execuções individuais de sentença proferida em ação coletiva; o que importa é que o cumprimento de sentença (promovido sob a égide do Novo CPC) não tenha sido impugnado. 2. Dito de outra forma, se não há resistência da Fazenda à pretensão executória, é dizer, se não há impugnação ao cumprimento de sentença, descabe a condenação da Fazenda em honorários advocatícios, afinal está submetida obrigatoriamente ao pagamento de suas condenações por intermédio de precatório/RPV, mesmo que concorde com os valores executados. 3. Agravo de instrumento desprovido.

apresentados pela exequente, ou seja, não houve impugnação à execução. 4. Ora, nos termos do que determina o art. 85, parágrafo 7º, do CPC/2015, "não serão devidos honorários no cumprimento de sentença contra a Fazenda Pública que enseje expedição de precatório, desde que não tenha sido impugnada". Com efeito, logo se infere que a legislação processual previu que a execução não resistida pela Fazenda Pública não enseja o pagamento de honorários. Registre-se, por oportuno, que o critério a ser considerado deve ser o da apresentação ou não de oposição por parte da Fazenda Pública, não cabendo a distinção em relação ao fato de se cuidar de execução de pequeno valor (a ser adimplida por RPV), sobretudo pelo fato de se tratar de valores menores e, em tese, de demandas mais rápidas e menos complexas, até porque em ambos os casos o INSS é executado pelo procedimento do "requisitório". 5. Destaque-se, por outro lado, que não deve ser levado em consideração, na presente hipótese, o precedente do Supremo Tribunal Federal (STF) - RE 420816/PR, porque este partia de um regime que vigorava no antigo Código de Processo Civil (CPC/1973) até 2006 e a decisão daquela Corte foi de 2004. O art. 580 do CPC/1973 impôs, ao devedor vencido em ação judicial, espontaneamente, independente de prazo, cumprir a obrigação líquida; e, aí, sim, haveria sentido condenar a Fazenda Pública, vencida, ainda que não impugnasse o cumprimento de sentença ou ainda que não embargasse a execução, apenas pelo fato de não ter cumprido espontaneamente. 6. Entretanto, o INSS já se desobriga do cumprimento espontâneo das sentenças quando disponibiliza parcela do seu orçamento para que a Justiça Federal efetue o pagamento das requisições de pequeno valor. Ao contrário dos executados em geral, inclusive de outras "fazendas públicas", ao INSS, enquanto parte processual, não cabe o cumprimento da sentença, mediante o depósito do valor cobrado. (...)"[55].

Destaque-se que o STJ, no julgamento do REsp repetitivo nº 1406296/RS (tema 721)[56], definiu que a renúncia ao valor excedente estabelecido pelo art. 87 do ADCT, para fins de expedição de RPV, manifestada após a propositura da demanda executiva, não autoriza o arbitramento dos honorários. Isso porque, levando em consideração o princípio da causa-

55. AC - Apelação Civel - 599959 0001927-68.2018.4.05.9999, Desembargador Federal Leonardo Augusto Nunes Coutinho, TRF5 - Terceira Turma, DJE - Data: 03/12/2018 - Página: 74.

56. Vide tópico 14.1.43.

lidade, a Fazenda Pública não deu causa à propositura da execução, que inicialmente deveria ensejar pagamento mediante precatório.

Outro ponto intrigante pertine à incidência dos honorários na execução de sentença coletiva não impugnada pela Fazenda Pública.

Em função da entrada em vigor do CPC/2015, diversas demandas passaram a questionar a compatibilidade do art. 85, §7º com a súmula nº 345 do STJ, segundo a qual "são devidos honorários advocatícios pela Fazenda Pública nas execuções individuais de sentença proferida em ações coletivas, ainda que não embargadas". É que o CPC não faz distinção quanto à natureza da ação (individual ou coletiva) que deu origem ao cumprimento de sentença, de modo que seria necessário definir se a súmula nº 345 do STJ continuaria sendo aplicável após a vigência do CPC.

O Superior Tribunal de Justiça, em março de 2017, afetou três recursos especiais para julgamento de acordo com a sistemática repetitiva, para exatamente definir se a súmula nº 345 do STJ continuaria aplicável diante da superveniência do art. 85, §7º, do CPC/2015 (Tema 973)[57].

A Associação Norte Nordeste de Professores de Processo (ANNEP) pleiteou a sua admissão em um dos referidos recursos como *amicus curiae* e, na petição respectiva, manifestou-se no sentido de que o teor do enunciado da súmula 345 do STJ, além de não se adequar à decisão do STF no tocante à interpretação do art. 1º-D da Medida Provisória 2.180-35/2001, resta prejudicado com a vigência do CPC/2015[58].

A Corte Especial do STJ, entrementes, ao julgar o Tema 973 dos recursos repetitivos[59], estabeleceu a seguinte tese:

> "O artigo 85, parágrafo 7º, do CPC/2015 não afasta a aplicação do entendimento consolidado na Súmula 345 do STJ, de modo que são devidos honorários advocatícios nos procedimentos individuais de cumprimento de sentença decorrente de ação coletiva, ainda que não impugnados e promovidos em litisconsórcio."

---

57. REsp nº 1.648.238/RS, REsp nº 1.648.498/RS e REsp nº 1.650.588/RS.
58. Da referida petição, subscrita por Leonardo Carneiro da Cunha, Fredie Didier Jr. e Eduardo Uchoa Athayde, extrai-se que "É preciso, então, que a orientação do STJ, compendiada no enunciado 345 de sua Súmula, ajuste-se ao entendimento do STF e ao disposto no §7º do art. 85 do CPC, estabelecendo-se que, nos casos de sentença coletiva, cabem honorários nos sucessivos *processos de liquidação*, e *não* nas subsequentes execuções individuais", salvo se se tratar de execução sem precatório.
59. Vide tópico 14.1.49.

Entendeu-se que o art. 85, §7º reproduz a mesma regra contida do art. 1º-D, da Lei 9.494/97, razão pela qual a orientação anteriormente definida, ainda sob a vigência do CPC revogado, manter-se-ia inalterada. Segue abaixo trecho do voto do Relator, o Ministro Gurgel de Faria, condutor do acórdão, no qual justifica a aplicabilidade da Súmula 345 mesmo após a vigência do CPC:

> "Não houve mudança no ordenamento jurídico, uma vez que o artigo 85, parágrafo 7º, do CPC/2015 reproduz basicamente o teor normativo contido no artigo 1º-D da Lei 9.494/1997, em relação ao qual o entendimento desta corte, já consagrado, é no sentido de afastar a aplicação do aludido comando nas execuções individuais, ainda que promovidas em litisconsórcio, do julgado proferido em sede de ação coletiva *lato sensu*, ação civil pública ou ação de classe".

A *ratio* da súmula é a de que, em regra, as sentenças coletivas ensejam um título executivo judicial genérico, tornando-se necessária a prévia liquidação dos valores devidos individualmente a cada credor, o que evidenciaria a natureza cognitiva e a maior complexidade do procedimento executivo, justificando, assim, a incidência de honorários, ainda que não haja impugnação.

O equívoco, a nosso ver, é exatamente o identificado pela Associação Norte Nordeste de Professores de Processo: eventuais discussões sobre o valor devido a cada credor serão levadas a efeito na fase de liquidação e não durante o cumprimento de sentença. Desse modo, os honorários deveriam ser cabíveis na fase de liquidação e não no cumprimento, aplicando-se nesta o art. 85, §7º do CPC.

Não foi esse, entretanto, o entendimento que prevaleceu e a tese fixada com efeito vinculante é no sentido da aplicação da Súmula 345 nas execuções individuais de ações coletivas, mesmo após a vigência do CPC/2015.

Fredie Didier Jr. e Hermes Zaneti Jr.[60] defendem que não se revela adequado o entendimento do STJ, que conflita com a orientação firmada pelo Plenário do STF, no julgamento do Recurso Extraordinário 420.816. Segundo aduzem, nos casos de sentença coletiva, cabem honorários nos

60. DIDIER JR. Fredie; ZANETI JR. Hermes. Curso de direito processual civil: processo coletivo. V. 4. 14. Ed. Salvador: Editora Juspodivm, 2020, p. 564.

sucessivos processos de liquidação e nas subsequentes execuções individuais, mas desde que, neste último caso, exista a necessidade de contratação do advogado para identificar para quem é devido e o quanto é devido.

Ainda acerca dos honorários advocatícios nos cumprimentos de sentença contra a Fazenda Pública, entendeu o Supremo Tribunal Federal, no julgamento do Recurso Extraordinário nº 1.309.081/MA, que os honorários estabelecidos em ação coletiva devem ser considerados em sua integralidade, constituindo um crédito único e indivisível, não sendo possível o seu fracionamento de modo proporcional em relação às execuções individuais de cada beneficiário, sob pena de violação ao art. 100. §8º, da CF[61].

Deve-se ressaltar, outrossim, que, segundo o STJ, "não há impedimento constitucional, ou mesmo legal, para que os honorários advocatícios, quando não excederem ao valor limite, possam ser executados mediante RPV, ainda que o crédito dito 'principal' observe o regime dos precatórios". A referida tese foi fixada no REsp repetitivo nº 1347736/RS (tema 608)[62].

Um último questionamento cabe-nos ainda levantar: sendo considerados cabíveis os honorários, que percentual deverá ser aplicado? 10%, nos termos do art. 523, §1º, ou conforme a gradação prevista no art. 85, §3º do CPC?

A nosso ver, o art. 523, §1º estabelece o percentual de 10%, sem gradação, para o não pagamento voluntário, considerando o prazo de 15 (quinze) dias que o devedor privado tem para tanto. Não há como estender dito regramento ao cumprimento de sentença contra a Fazenda Pública, tendo em conta que, se há previsão específica para as condenações em honorários nos feitos em que for parte, não tendo o CPC feito distinção se na fase cognitiva ou executiva, é essa regra específica que deverá ser aplicada, obedecendo-se assim os parâmetros do art. 85, §3º.

---

61. O Relator foi o Min. Luiz Fux. Foi reconhecida a repercussão geral e julgado o mérito do recurso no dia 07.05.2021. Até o fechamento da presente edição, não havia sido publicado o acórdão respectivo. Foi fixada a seguinte tese: "Os honorários advocatícios constituem crédito único e indivisível, de modo que o fracionamento da execução de honorários advocatícios sucumbenciais fixados em ação coletiva contra a Fazenda Pública, proporcionalmente às execuções individuais de cada beneficiário, viola o § 8º do artigo 100 da Constituição Federal".
62. Vide tópico 14.1.36.

4.3.6 As posturas do magistrado diante do requerimento do cumprimento de sentença contra a Fazenda Pública

Apresentado o requerimento pelo exequente, devidamente acompanhado do demonstrativo discriminado e atualizado do crédito, ao magistrado singular cumpre adotar duas atitudes possíveis e alternativas.

Em primeiro lugar, caso se depare com vício insanável, passível de conhecimento de ofício, pode reconhecer a nulidade do título, como ocorre, por exemplo, diante da ausência de liquidez.

Destaque-se, no entanto, que, à luz do art. 10 do CPC, o juiz não mais poderá proferir as chamadas "decisões-surpresa", ou seja, aquelas levadas a efeito "com base em fundamento a respeito do qual não se tenha dado às partes oportunidade de se manifestar, ainda que se trate de matéria sobre a qual deva decidir de ofício".

Assim é que, mesmo diante de vício insanável passível de reconhecimento *ex* officio, vislumbrada pelo juiz na fase de cumprimento de sentença contra a Fazenda, deverá anunciar essa possibilidade às partes, intimando-as a se pronunciarem em prazo razoável, a fim de que possam, exercendo o contraditório em sua plenitude, influir na decisão a ser tomada.

Por outro lado, a atitude mais comum será mesmo a de ordenar a intimação da Fazenda, na pessoa de seu representante judicial, para impugnar o cumprimento de sentença no prazo de trinta dias. Essa intimação pode ser feita por carga, remessa ou meio eletrônico.

Deve o magistrado, nesse mesmo despacho, fixar os honorários que deverão ser pagos pela Fazenda, caso apresente impugnação ou, mesmo quando não oferecida tal defesa, em se tratando de cumprimento de sentença cujo pagamento deva ser levado a efeito por meio de requisições de pequeno valor e diretamente pelo ente público devedor.

4.3.7 A intimação da Fazenda Pública para impugnar o requerimento de cumprimento da sentença

Aspecto relevante que distingue o cumprimento de sentença contra a Fazenda Pública das execuções comuns é que a intimação se dá, como visto, para apresentar impugnação, e não para pagar a dívida ou garantir o juízo.

Não se poderia cogitar de intimação para pagar a dívida, porque ainda que pretendesse assim o fazer, o ente estatal precisaria respeitar os ditames constitucionais relacionados à expedição de precatórios.

Tampouco há de se falar em garantia de juízo em função da já citada presunção de solvência e da impenhorabilidade dos bens públicos.

Considerando-se as disposições dos arts. 730 e 731 do CPC/73, que tornavam necessária a propositura de ação executiva contra a Fazenda, prevaleceu a orientação de que não se aplicava ao Poder Público, neste momento inicial, a prerrogativa de prazo estabelecida pelo art. 188 do CPC/73 relativamente aos embargos, por constituírem processo novo, cujo prazo não pode ser assimilado ao regime dos processos já instaurados[63]. Assim, não haveria que se proceder à contagem em quádruplo para o oferecimento de embargos, inclusive por não possuírem natureza de contestação, mas sim de ação.

Pela nova sistemática, como já se expôs, não há mais processo novo na execução de títulos judiciais contra a Fazenda. Há sim continuação do feito com a instauração de uma nova fase, a de cumprimento de sentença, sendo a Fazenda intimada para impugnar a execução em 30 dias. Daí porque se poderia cogitar da prerrogativa de contagem dos prazos em dobro, agora prevista no art. 183 do CPC/2015, até mesmo pelo fato de que a dobra do prazo, para os entes públicos, dá-se para a prática de todos os atos processuais.

Contudo, o próprio art. 183, em seu §2º, tratou de expurgar essa ideia, ao dispor acertadamente que "não se aplica o benefício da contagem em dobro quando a lei estabelecer, de forma expressa, prazo próprio para o ente público". A razão para tanto é que o legislador, ao estabelecer dito prazo, já houve por considerar a presença do ente público em juízo, não havendo coerência em se contar esse prazo dobrado. Havendo, pois, prazo específico para a impugnação definido pela lei (30 dias), não há benefício da contagem em dobro na espécie em prol da Fazenda.

4.4 EXECUÇÃO DE TÍTULOS EXTRAJUDICIAIS CONTRA A FAZENDA PÚBLICA

O cabimento da execução de títulos extrajudiciais em face da Fazenda Pública já foi objeto de intensos debates doutrinários e jurisprudenciais,

63. MARINONI, Luiz Guilherme; ARENHART, Sérgio Cruz. Curso de Processo Civil, v. 3 – Execução. São Paulo: Editora Revista dos Tribunais, 2008, p. 394.

que se encontram hodiernamente superados, sendo inclusive objeto de súmula do Superior Tribunal de Justiça[64].

Se o CPC/2015 promoveu uma substancial alteração no que pertine à execução dos títulos judiciais, com a sistemática do cumprimento de sentença, isso não significou o fim do processo de execução contra a Fazenda Pública, porque não se pode ignorar a existência de títulos extrajudiciais constituídos em face dos entes que detêm a natureza jurídica de direito público[65].

Assim, a execução de títulos extrajudiciais contra a Fazenda Pública está disciplinada no art. 910 do CPC.

Continua a haver plena autonomia, portanto, para o processo de execução contra a Fazenda que decorra de títulos extrajudiciais. O título extrajudicial é aquele que não é formado por decisão judicial, mas sim pela vontade das próprias partes que integraram a lide executiva e, por isso, salvaguardadas as formalidades legais, o exequente prescindirá de cognição judicial para satisfazer o direito existente no título[66].

Nessa execução, a Fazenda será regularmente citada, mas não para pagar ou para se sujeitar à penhora, e sim para, no prazo de trinta dias, como já ocorria no diploma anterior, oferecer seus embargos à execução[67].

A citação deve ser pessoal e levada a efeito mediante carga, remessa ou por meio eletrônico, nos termos do art. 183, §1º do CPC[68].

---

64. Súmula 279 – STJ: É cabível execução por título extrajudicial contra a Fazenda Pública.
65. Rita Dias Nolasco (Capítulo V: da execução contra a Fazenda Pública. In: WAMBIER, Teresa Arruda Alvim et al. Breves Comentários ao Novo Código de Processo Civil. 3. ed. São Paulo: Revista dos Tribunais, 2016. p. 2254.), embasada na jurisprudência do STJ, relaciona diversos títulos extrajudiciais que podem embasar execução contra a Fazenda Pública: cheque firmado pelo Poder Público; duplicata com comprovante de entrega das mercadorias ou da prestação de serviços; crédito de verbas locatícias devidas em razão de contrato de locação de imóvel firmado pelo Poder Público como locatário; nota de empenho firmada pela Administração Pública de despesa não paga; crédito decorrente de contrato firmado pelo Poder Público etc. A autora também destaca o cabimento da execução contra a Fazenda Pública fundada em certidão de dívida ativa, devendo ser aplicado o procedimento do art. 910 (*idem*, p. 2255).
66. THAMAY, Renan Faria Krüger; RODRIGUES, Rafael Ribeiro. Primeiras Reflexões sobre a Execução de Título Executivo Extrajudicial do CPC/73 ao CPC/2015: Aplicabilidade da Súmula 317 do STJ. *In* DIDIER Jr., Fredie; MACEDO, Lucas Buril de; PEIXOTO, Ravi; FREIRE, Alexandre: Novo CPC doutrina selecionada, v. 5: execução. Salvador: Juspodivm, 2015, p. 372.
67. Considerações mais aprofundadas sobre os embargos serão realizadas no item 5.4 abaixo.
68. Enunciado nº 401 do FPPC: Para fins de contagem de prazo da Fazenda Pública nos processos que tramitam em autos eletrônicos, não se considera como intimação pessoal a publicação pelo Diário da Justiça Eletrônico".

Esses trinta dias são contados em dias úteis, observando-se o que prevê o art. 219 do CPC/2015, mas não se dá em dobro, visto que, no caso, cuida-se de prazo específico fixado em lei para a Fazenda Pública, como indica o art. 183, §2º.

Ressalte-se que haverão de ser arbitrados honorários nessas execuções, a serem fixados com base no art. 85, §3º, do CPC/2015[69]-[70].

No REsp repetitivo nº 1520710/SC (tema 587)[71], discutiu-se acerca da possibilidade de cumulação dos honorários fixados nos embargos à execução com aqueles arbitrados na própria execução contra a Fazenda Pública. O STJ, então, fixou as seguintes teses:

> "a) Os embargos do devedor são ação de conhecimento incidental à execução, razão porque os honorários advocatícios podem ser fixados em cada uma das duas ações, de forma relativamente autônoma, respeitando-se os limites de repercussão recíproca entre elas, desde que a cumulação da verba honorária não exceda o limite máximo previsto no § 3º do art. 20 do CPC/1973.
> b) Inexistência de reciprocidade das obrigações ou de bilateralidade de créditos: ausência dos pressupostos do instituto da compensação (art. 368 do Código Civil). Impossibilidade de se compensarem os honorários fixados em embargos à execução com aqueles fixados na própria ação de execução".

Não há, portanto, em que se falar em *bis in idem* no tocante à cumulação dos honorários fixados na execução contra a Fazenda Pública e nos embargos à execução, tendo em vista o caráter autônomo dos embargos[72].

69. Enunciado 240 do Fórum Permanente de Processualistas Civis – FPPC: "São devidos honorários nas execuções fundadas em título executivo extrajudicial contra a Fazenda Pública, a serem arbitrados na forma do § 3º do art. 85".
70. Enunciado 15 do Encontro Nacional de Formação e Aperfeiçoamento de Magistrados – ENFAM: "Nas execuções fiscais ou naquelas fundadas em título extrajudicial promovidas contra a Fazenda Pública, a fixação dos honorários deverá observar os parâmetros do art. 85, § 3º, do CPC/2015".
71. Vide tópico 14.1.34.
72. Acerca dos honorários no cumprimento de sentença contra a Fazenda Pública, vide tópico 4.3.5.

Capítulo

5

A Tipologia e o Procedimento das Defesas da Fazenda Pública no CPC/2015

5.1 AS DEFESAS DA FAZENDA PÚBLICA NAS EXECUÇÕES PROPOSTAS DURANTE A VIGÊNCIA DO CPC/73

Conforme as regras do CPC de 1973, como é cediço, independentemente de o título ser judicial ou extrajudicial, a Fazenda Pública poderia se contrapor à execução de pagar quantia por meio da interposição de embargos, no prazo de 30 dias.

Os embargos tinham natureza jurídica de ação, de modo que deveria ser confeccionada petição inicial, com a observância dos requisitos contidos nos arts. 282 e 283 do CPC revogado.

Questão que sempre despertou debate era quanto à atribuição ou não de efeito suspensivo aos embargos da Fazenda Pública. Na sistemática anterior à Lei n. 11.382/2006, os embargos à execução, fossem do particular ou da Fazenda, por si só tinham o condão de suspender o feito executivo.

No entanto, a Lei n. 11.382/2006 previu, no seu art. 739-A, que os embargos não teriam efeito suspensivo, ao passo em que o §1° do mesmo artigo indicou que o juiz poderia, mediante requerimento do embargante, até atribuir esse efeito, desde que relevantes os fundamentos e se convencesse de que o prosseguimento da execução possa causar grave dano de difícil ou incerta reparação ao executado, e desde que também a execução estivesse garantida por penhora, depósito ou caução.

Levando-se em conta que as execuções movidas contra a Fazenda não apresentavam as figuras da penhora, do depósito ou da caução, restou o questionamento na doutrina e na jurisprudência, quanto à persistência ou não do efeito suspensivo automático quando o ente público embargasse a execução.

A doutrina se dividia quanto ao tema. Marinoni, por exemplo defendia que, em princípio, poderia o juiz autorizar o prosseguimento da execução contra a Fazenda Pública, expedindo-se de imediato o precatório[1]. Já Leonardo Carneiro da Cunha, de outra sorte, sustentava que os embargos opostos pela Fazenda Pública deveriam, forçosamente, ser recebidos no efeito suspensivo, pois, enquanto não se tornasse incontroverso ou definitivo o valor cobrado, não haveria como se expedir o precatório ou a requisição de pagamento[2].

De fato, apesar da modificação do art. 739 do CPC de 1973 e da inserção do art. 739-A, que expurgava a regra geral do efeito suspensivo dos embargos, em função da sistemática dos precatórios e das requisições de pequeno valor, entendia-se que tal modalidade de defesa, apresentada pela Fazenda Pública, deveria ser dotada de suspensividade.

Como bem defendiam Rodrigo Klippel e Antonio Adonias Bastos, se o legislador quisesse retirar a prerrogativa de suspensão da execução, teria ele deixado prevalecer o regramento da impugnação e dos embargos opostos pelo particular, sem um rito específico para a Fazenda[3].

O raciocínio exposto acima é, sob a nossa ótica, muito adequado. Se o legislador manteve, mesmo com as reformas decorrentes da terceira onda de mudanças por que passou o CPC, o rito especial do art. 730 do CPC/1973, e sabendo que a expedição de precatório ou de requisição de pequeno valor somente se daria se o ente concordasse com os cálculos ou não embargasse, ter-se-ia como inevitável conclusão que uma vez

---

1. MARINONI, Luiz Guilherme; ARENHART, Sérgio Cruz. Curso de Processo Civil, v. 3 – Execução. São Paulo: Editora Revista dos Tribunais, 2008, p. 395.
2. CUNHA, Leonardo José Carneiro da. A Fazenda Pública em juízo. 5. Ed. São Paulo: Dialética, 2014, p. 329.
3. KLIPPEL, Rodrigo; BASTOS, Antonio Adonias. Manual de Processo Civil. Rio de Janeiro: Ed. Lumen Juris, 2011, p. 1474.

feita a opção pelos embargos, o precatório ou a requisição de pequeno valor não haveria de ser expedidos antes do deslinde daqueles. Essa era, inclusive, a orientação do Superior Tribunal de Justiça sobre o tema[4].

Assim, os embargos opostos pela Fazenda, a despeito da regra geral imposta aos demais devedores, mantiveram-se dotados de efeito suspensivo, mesmo após as mudanças no CPC anterior advindas com a Lei n.º 11.382/2006. Se não houvesse penhora, obviamente não haveria que se falar em garantia do juízo para fins de propositura dos embargos pelo Poder Público.

Sendo a execução contra a Fazenda movida por título judicial, haveria de se ter em consideração que os embargos levariam em conta a regra do art. 741 do CPC/1973, que elencava as matérias arguíveis nos embargos à execução de títulos judiciais, dentre as quais se incluíam a falta ou nulidade de citação, a inexigibilidade do título e o excesso de execução.

Além disso, poderiam ser utilizados nas famosas situações de "coisa julgada inconstitucional", isto é, quando o título estivesse fundado em lei ou ato normativo declarados inconstitucionais pelo STF ou quando fundado em aplicação ou interpretação de lei ou ato normativo tidas pelo STF como incompatíveis com a CF/88, a teor do disposto no parágrafo único do mesmo art. 741 do CPC/1973.

Apresentados os embargos, seria o exequente intimado a se manifestar em 15 dias, nos termos do art. 740 do CPC de 1973. Havendo necessidade, o juiz designaria instrução; caso contrário, deveria julgar antecipadamente a lide.

Por terem natureza jurídica de ação, os embargos eram encerrados por sentença, sendo, portanto, recorríveis por meio de apelação. Considerando-se a mesma justificativa apresentada para a atribuição de efeito suspensivo aos embargos opostos pela Fazenda – necessidade de trânsito em julgado da decisão para expedição de precatórios e requisições de pequeno valor – o apelo deveria ser recebido no efeito duplo, não havendo incidência do art. 520, V do CPC de 1973[5].

---

4. "(...) nas Execuções propostas contra a Fazenda Pública, a oposição de embargos gera efeito suspensivo, pois a expedição de precatório ou de requisição de pequeno valor depende do prévio trânsito em julgado, de sorte que somente pode ser determinado o pagamento se não houver mais qualquer discussão quanto ao valor executado. (...)". (AgRg no REsp 1264564/PR, Rel. Ministro HUMBERTO MARTINS, SEGUNDA TURMA, julgado em 01/09/2011, DJe 09/09/2011).

5. CUNHA, Leonardo José Carneiro da. A Fazenda Pública em juízo. 5. Ed. São Paulo: Dialética, 2014, p. 332.

Caso a Fazenda Pública não lograsse êxito, em primeiro grau, com seus embargos à execução, não haveria que se falar em remessa necessária, porque não se enquadrava em nenhuma das situações do art. 475 do CPC – registre-se que não se estava lidando com sentença desfavorável em processo de conhecimento.

Além dos embargos, poderia a Fazenda fazer uso da objeção e da exceção de pré-executividade[6].

É sabido que a exceção/objeção de pré-executividade, não obstante a ausência de previsão legal, era meio bastante frequente no cotidiano forense, como mecanismo apto para que o devedor provocasse o magistrado a conhecer de matérias que deveria ter reconhecido de ofício, além de questões que, embora não cognoscíveis de ofício, poderiam ser alegadas pelo executado por meio da exceção em referência, por estar munido de prova pré-constituída.

Nas execuções comuns, mesmo com as mudanças advindas das Leis n.ºs 11.232/2005 e 11.382/2006, ainda esse instrumento continuou a ser deveras utilizado pelos devedores, até mesmo em função de que não demandava custas – diferente dos embargos – e não exigia prévia garantia do juízo[7].

No caso das execuções movidas em face da Fazenda Pública, a objeção/exceção de pré-executividade se revelava com utilização das mais raras. Antes mesmo das mudanças legislativas citadas no parágrafo anterior, não se tinha – e nem poderia se ter – a penhora como requisito de admissão dos embargos do ente público.

---

6. Por não ser objeto do presente livro, não haverá maiores incursões a respeito da nomenclatura mais adequada para essa espécie de defesa na execução, embora não se desconheça que tecnicamente, considerando-se o seu objeto – arguição de matérias cognoscíveis de ofício – o termo mais adequado seja objeção e não exceção de pré-executividade. Além disso, não se pode olvidar que a doutrina e a jurisprudência admitem que matérias não passiveis de conhecimento *ex officio* sejam também arguidas na execução, agora sim, por meio de exceção de pré-executividade.

7. É importante ressaltar que a Lei n. 11.382/2006 retirou a necessidade de prévia garantia do juízo para o oferecimento de embargos de devedor nas execuções comuns. No entanto, como a penhora é requisito para que se busque a atribuição de efeito suspensivo, a objeção/exceção de pré-executividade, que inclusive não demanda custas, continua a ser bastante utilizada em tais procedimentos. Além disso, no cumprimento de sentença, sedimentou-se o entendimento segundo o qual há necessidade de garantia do juízo para fins de apresentação da impugnação, de modo que o referido instrumento de defesa continua a ter utilidade.

Assim, não havendo a necessidade da prévia constrição para que se embargasse a execução, não se cogitava em utilizar a exceção de pré-executividade enquanto houvesse prazo para a propositura de defesa típica[8].

Desse modo, as raras situações em que se verificasse a utilização da objeção/exceção de pré-executividade, por parte da Fazenda Pública, remontavam quase sempre à perda do prazo para oferecimento dos embargos ou a quando a nulidade era tão visível[9] que não se justificava o cumprimento das formalidades legais ao oferecimento de embargos.

Assim é que, enquanto vigorava o CPC de 1973, a Fazenda poderia se utilizar de duas defesas na execução por quantia certa: os embargos e a objeção/exceção de pré-executividade (essa com menor frequência).

No CPC/2015, não há mais ação executiva de títulos judiciais e sim cumprimento de sentença de pagar quantia contra a Fazenda Pública. Desse modo, nessa situação não faria mais sentido a manutenção dos embargos como modalidade de defesa, razão pela qual a impugnação passou a ser o instrumento por meio do qual a Fazenda pode se opor ao pedido de efetivação da decisão condenatória de pagar transitada em julgado, a qual será analisada no tópico a seguir.

5.2 A IMPUGNAÇÃO AO CUMPRIMENTO DE SENTENÇA CONTRA A FAZENDA PÚBLICA NO CPC/2015

A defesa típica da Fazenda Pública na fase de cumprimento de sentença de pagar quantia passou a ser a impugnação, que apresenta a maioria das características encontradas na mesma modalidade de reação do executado inerente às execuções de sentença de pagar relacionadas a devedores comuns.

Em primeiro lugar, a impugnação tem natureza jurídica de incidente processual[10], uma vez que não há formação de nova relação jurídica pro-

---

8. KLIPPEL, Rodrigo; BASTOS, Antonio Adonias. Manual de Processo Civil. Rio de Janeiro: Ed. Lúmen Juris, 2011, p. 1479.

9. Pode-se apontar, como exemplo, a situação em que há ausência de título ou que o credor deixou de cumprir com os requisitos necessários à instrução do pedido de execução.

10. ASSIS, Araken. Manual da execução. São Paulo: Revista dos Tribunais, 2013, p. 1352; NEVES, Daniel Amorim Assumpção. In: Manual de direito processual civil: volume único. Salvador: Juspodivm, 2016, p. 1275.

cessual. A impugnação tramita nos próprios autos em que instaurada a fase de cumprimento de sentença, como continuação do procedimento.

Em função de sua natureza incidental, deve ser apresentada por meio de simples petição, evidenciando-se absolutamente desnecessário o preenchimento de requisitos formais rígidos para a sua confecção.

A única exigência relativa à impugnação concerne à alegação de excesso de execução pela Fazenda. Nesse caso, caber-lhe-á "declarar de imediato o valor que entende correto, sob pena de não conhecimento da arguição" (art. 535, §2º do CPC/2015).

Suscitando, pois, excesso de execução, a Fazenda deve indicar o montante que reputa exato, devendo, para tanto, apresentar memória de cálculos, de acordo com as mesmas exigências contidas no art. 534.

O CPC/73 não continha qualquer norma sobre o tema, motivo pelo qual instaurou-se divergência acerca da exigibilidade ou não da apresentação do demonstrativo de débito pela Fazenda quando alega excesso de execução.

O Superior Tribunal de Justiça tem inúmeros julgados que consagram a exigibilidade da memória de cálculos quando os embargos da Fazenda Pública versarem sobre excesso de execução[11], imposição que agora decorre expressamente do texto da lei (art. 535, §2º).

No entanto, há de se realçar que há também julgados, do próprio STJ, considerando a excepcional possibilidade de concessão de prazo para o ente público apresentar a sua planilha de cálculos, de modo a não gerar a imediata rejeição da impugnação ao cumprimento de sentença[12].

---

11. PROCESSUAL CIVIL. EXECUÇÃO CONTRA A FAZENDA PÚBLICA. EMBARGOS DE DEVEDOR. ALEGAÇÃO DE EXCESSO DE EXECUÇÃO. APRESENTAÇÃO DE MEMÓRIA DE CÁLCULO. NECESSIDADE. ART. 739-A, § 5º, DO CPC. APLICABILIDADE. SÚMULA 7/STJ. NÃO INCIDÊNCIA. RETORNO DOS AUTOS À ORIGEM. (...) 3. "Fundados os embargos à execução contra a Fazenda Pública no excesso de execução, é dever do embargante apresentar, ao tempo da inicial, a memória discriminada de cálculos, sob pena de rejeição. Aplicabilidade do artigo 739-A, parágrafo 5º, do Código de Processo Civil". (AgRg no REsp 1.175.064/PR, Rel. Ministro Hamilton Carvalhido, DJe 17.5.2010). (...) Agravo regimental improvido. (AgRg nos EDcl no REsp 1226551/DF, Rel. Ministro HUMBERTO MARTINS, SEGUNDA TURMA, julgado em 07/06/2011, DJe 20/06/2011).

12. PPROCESSUAL CIVIL. RECURSO ESPECIAL. CUMPRIMENTO DE SENTENÇA CONTRA A FAZENDA PÚBLICA. ALEGAÇÃO DE EXCESSO. AUSÊNCIA DE PLANILHA DE CÁLCULOS. ART. 535, § 2º, DO CPC. CONCESSÃO DE PRAZO PARA O MUNICÍPIO. POSSIBILIDADE. RECURSO IMPROVIDO. 1. Em regra, a ausência de indicação do valor que a Fazenda Pública entende como devido na impugnação enseja o não conhecimento da arguição de excesso, por existência de previsão legal específica nesse sentido (art. 535, § 2º, do CPC). 2. No entanto, tal previsão legal não afasta o poder-dever de o magistrado

Nada mudou no tocante à exigência constitucional de trânsito em julgado para fins de expedição de precatórios e de requisições de pequeno valor, motivo pelo qual, apresentada a impugnação, incidirá o efeito suspensivo no tocante a esses atos executivos.

A esse respeito, cumpre trazer à colação as ponderações de Cláudia Aparecida Cimardi[13]:

> "(...) a impugnação é o instrumento hábil para a devedora Fazenda Pública pretender a declaração ou a desconstituição do título judicial, razão pela qual, enquanto pendente, **afasta a definitividade da dívida**, para fins de expedição de precatório ou de requisição de pequeno valor. Tanto é assim que o art. 520, § 2o, do PLS 166/2010 [agora art. 535, §3º do Projeto já aprovado pelo Senado] estabelece que somente com a rejeição das arguições apresentadas pela executada a ordem de pagamento poderá ser expedida". (grifo nosso)

A autora chama a atenção para a circunstância de que, a rigor, sequer se deve falar em efeito suspensivo, posto que "(...) a definitividade reclamada pelo texto constitucional para a expedição do precatório traz como consequência inafastável o sobrestamento do trâmite do procedimento dessa execução de procedimento especial"[14].

Embora lhe assista razão – até mesmo porque não há alternativa para o exequente evitar esse sobrestamento da fase executiva gerado pela apresentação da impugnação pela Fazenda – considerando-se que a doutrina

averiguar a exatidão dos cálculos à luz do título judicial que lastreia o cumprimento de sentença, quando verificar a possibilidade de existência de excesso de execução. Precedentes. 3. Em que pese ao fundamento utilizado pelo acórdão para a concessão de prazo para a apresentação da planilha de cálculos ter sido a deficiência no corpo de servidores da respectiva procuradoria, a posição firmada no acórdão recorrido encontra-se dentro das atribuições do órgão julgador em prezar pela regularidade da execução. 4. Nesse sentido, se é cabível a remessa dos autos à contadoria do juízo para a verificação dos cálculos, é razoável a concessão de prazo para apresentação da respectiva planilha pela Fazenda Pública, documento que pode inclusive vir a facilitar o trabalho daquele órgão auxiliar em eventual necessidade de manifestação. Precedente (REsp 1726382/MT, Rel. Ministro HERMAN BENJAMIN, SEGUNDA TURMA, julgado em 17/04/2018, DJe 24/05/2018). 5. Recurso especial a que se nega provimento. (REsp 1887589/GO, Rel. Ministro OG FERNANDES, SEGUNDA TURMA, julgado em 06/04/2021, DJe 14/04/2021)

13. A execução contra a Fazenda Pública no Projeto do CPC. Disponível em http://www2.senado.leg.br/bdsf/bitstream/handle/id/242886/000923094.pdf?sequence=1, capturado em 15.01.2015.

14. CIMARDI, Cláudia Aparecida. A execução contra a Fazenda Pública no Projeto do CPC. Disponível em http://www2.senado.leg.br/bdsf/bitstream/handle/id/242886/000923094.pdf?sequence=1, capturado em 15.01.2015.

e a jurisprudência atuais reportam-se a essa impossibilidade de realização dos atos pertinentes à expedição de precatórios e requisições de pequeno valor como efeito suspensivo dos embargos, com a vigência do CPC/2015, manteve-se a mesma terminologia no que se refere à impugnação.

Para Rodrigo Becker[15], o efeito suspensivo automático da impugnação ao cumprimento de sentença se deve ao fato de que o pagamento pelo ente público se dá mediante precatório, o qual somente pode ser expedido quando não houver mais debate quanto ao valor pretendido pelo credor. Não basta, pois, o trânsito em julgado do processo de conhecimento, devendo também haver o trânsito em julgado da impugnação, sobretudo porque ela ainda se discute o valor devido pela Fazenda, seja quanto ao montante, seja quanto ao próprio conteúdo do título executivo.

Mais uma vez, deve-se apenas referir que não cabe falar em garantia do juízo, ante à inexistência de penhora na execução contra a Fazenda Pública.

As matérias arguíveis em sede de impugnação estão previstas nos incisos e parágrafos do art. 535 do CPC/2015, cujo rol deverá ser considerado taxativo[16]: I – falta ou nulidade da citação se, na fase de conhecimento, o processo correu à revelia; II – ilegitimidade de parte; III – inexequibilidade do título ou inexigibilidade da obrigação; IV – excesso de execução ou cumulação indevida de execuções; V – incompetência absoluta ou relativa do juízo da execução; VI – qualquer causa modificativa ou extintiva da obrigação, como pagamento, novação, compensação, transação ou prescrição, desde que supervenientes ao trânsito em julgado da sentença.

Trata-se das mesmas questões contidas no art. 525, §1º, com algumas pequenas modificações. Primeiro, houve exclusão do inciso IV, que se reporta à penhora, inexistente nas execuções contra a Fazenda Pública.

---

15. BECKER, Rodrigo Frantz. Manual do Processo de Execução dos Títulos Judiciais e Extrajudiciais. Salvador: Editora Juspodivm, 2021, p. 353.

16. Se o rol de matérias impugnáveis relativo ao cumprimento de sentença contra os devedores comuns é reputado taxativo, também o será o concernente à impugnação oferecida pela Fazenda Pública. Sobre a taxatividade, Luiz Guilherme Marinoni e Sérgio Cruz Arenhart (In: Curso de processo civil, v. 3: execução. São Paulo: Revista dos Tribunais, 2008, p. 297) esclarecem que "o elenco apresentado nesse rol não impede – nem poderia impedir – a alegação de objeções, desde que posteriores ao trânsito em julgado da sentença.

Quanto à alegação de causas modificativas ou extintivas da obrigação, no que toca aos devedores comuns, o art. 525, §1º, inciso VII dispõe que devem ser elas posteriores à sentença; o art. 535, VI, por seu turno, determina que as causas sejam ulteriores ao trânsito em julgado da sentença, o que se justifica em virtude da regra constitucional impositiva a respeito da exigência do trânsito em julgado da condenação para efeito de expedição de precatórios e requisições de pequeno valor.

O §1º apenas consigna que a alegação de impedimento ou suspeição não deve ser levada a efeito no bojo da impugnação, devendo observar o procedimento previsto nos arts. 146 e 148, que demanda elaboração de petição específica, dirigida ao juiz do processo, que tramitará, em caso de recusa, em autos apartados, tendo, portanto, natureza incidental. Não há qualquer especificidade no tocante à Fazenda Pública, vez que o dispositivo reproduz o art. 525, §2º do CPC.

Os §§ 5º a 8º do art. 535 cuidam da hipótese de coisa julgada inconstitucional, já consagrada no CPC/73, reputando inexigível a obrigação consagrada em título executivo judicial fundado em lei ou ato normativo declarado inconstitucional pelo Supremo ou em aplicação ou interpretação da lei ou do ato normativo tido pelo Supremo como incompatível com a CF/88, em sede de controle de constitucionalidade concentrado ou difuso.

Consoante a lição de Luiz Dellore[17], a relativização da coisa julgada pode ser entendida como um gênero, do qual a coisa julgada inconstitucional é espécie. O CPC/2015 tratou com bastante especificidade da questão, positivando algumas orientações polêmicas na doutrina e na jurisprudência. O tema é complexo e tem sido alvo de inúmeras críticas doutrinárias, entre processualistas e constitucionalistas.

Em primeiro lugar, o §5º admite que a decisão do Supremo pode ser proferida em sede de controle difuso ou concentrado de constitucionalidade. Apesar de haver divergência sobre o tema[18], o próprio STF

17. DELLORE, Luiz. Estudos sobre Coisa Julgada e Controle de Constitucionalidade. Rio de Janeiro: Forense, 2013, p. 171.

18. CUNHA, Leonardo Carneiro da. A Fazenda Pública em Juízo. 13. Ed. Rio de Janeiro: Forense, 2016, p. 345. Considera que a decisão pode ter sido resultado de controle difuso ou concentrado de constitucionalidade, desde que a decisão tenha sido proferida pelo Pleno; Araken de Assis (p. 1280), por seu turno, entende que, em caso de controle difuso, somente incidiria a norma se houvesse resolução do Senado suspendendo a vigência da lei ou ato normativo.

já vinha conferindo efeito *ultra partes* e caráter expansivo às decisões declaratórias de inconstitucionalidade em controle difuso[19], o que nos permite concluir que a norma se mostra alinhada à orientação da referida Corte Superior.

O mesmo se diga quanto à possibilidade de modulação dos efeitos da decisão no tempo, admitida pela própria Lei 9.868, de 10.11.1999, em seu art. 27[20].

Acolhendo posicionamento doutrinário majoritário, mas não uníssono, o §7º condiciona a incidência do §5º às decisões do Supremo proferidas antes do trânsito em julgado da decisão exequenda.

No que se refere ao §8º, no entanto, que trata da decisão proferida após o trânsito em julgado da decisão exequenda e determina que caberá ação rescisória, cujo prazo será contado do trânsito em julgado da decisão proferida pelo Supremo Tribunal Federal, a matéria já havia sido pacificada no âmbito do STF, mas em julgado relacionado ao CPC/73.

No Recurso Extraordinário nº 730.462, o Supremo reconheceu a repercussão geral sobre a questão "relativa à eficácia temporal de sentença transitada em julgado fundada em norma supervenientemente declarada inconstitucional pelo Supremo Tribunal Federal em sede de controle concentrado"[21].

O Relator, Ministro Teori Albino Zavascki[22], em seu voto, manifestou-se no sentido de que o prazo de dois anos deve ser contado a partir do trânsito em julgado da sentença, fazendo as seguintes ponderações:

---

19. Reclamação. 2. Progressão de regime. Crimes hediondos. 3. Decisão reclamada aplicou o art. 2º, § 2º, da Lei nº 8.072/90, declarado inconstitucional pelo Plenário do STF no HC 82.959/SP, Rel. Min. Marco Aurélio, DJ 1.9.2006. 4. Superveniência da Súmula Vinculante n. 26. 5. Efeito ultra partes da declaração de inconstitucionalidade em controle difuso. Caráter expansivo da decisão. 6. Reclamação julgada procedente.(Rcl 4335, Relator(a): Min. GILMAR MENDES, Tribunal Pleno, julgado em 20/03/2014, DJe-208 DIVULG 21-10-2014 PUBLIC 22-10-2014 EMENT VOL-02752-01 PP-00001).

20. Ao declarar a inconstitucionalidade de lei ou ato normativo, e tendo em vista razões de segurança jurídica ou de excepcional interesse social, poderá o Supremo Tribunal Federal, por maioria de dois terços de seus membros, restringir os efeitos daquela declaração ou decidir que ela só tenha eficácia a partir de seu trânsito em julgado ou de outro momento que venha a ser fixado.

21. RE 730462 RG, Relator(a): Min. TEORI ZAVASCKI, julgado em 29/05/2014, ACÓRDÃO ELETRÔNICO DJe-123 DIVULG 24-06-2014 PUBLIC 25-06-2014.

22. RE 730462 RG, Relator(a): Min. TEORI ZAVASCKI, julgado em 29/05/2014, ACÓRDÃO ELETRÔNICO DJe-123 DIVULG 24-06-2014 PUBLIC 25-06-2014.

> "(...) Pode ocorrer e, no caso, isso ocorreu que, quando do advento da decisão do STF na ação de controle concentrado, declarando a inconstitucionalidade, já tenham transcorrido mais de dois anos desde o trânsito em julgado da sentença em contrário, proferida em demanda concreta. Em tal ocorrendo, o esgotamento do prazo decadencial inviabiliza a própria ação rescisória, ficando referida sentença, consequentemente, insuscetível de ser rescindida por efeito da decisão em controle concentrado.
>
> (...)
>
> No caso, mais de dois anos se passaram entre o trânsito em julgado da sentença no caso concreto reconhecendo, incidentalmente, a constitucionalidade do artigo 9º da Medida Provisória 2.164-41 (que acrescentou o artigo 29-C na Lei 8.036/90) e a superveniente decisão do STF que, em controle concentrado, declarou a inconstitucionalidade daquele preceito normativo, a significar, portanto, que aquela sentença é insuscetível de rescisão (...)".

Concluindo o julgamento do referido recurso, em 28 de maio de 2015, o STF definiu a seguinte tese com repercussão geral:

> "(...) a decisão do Supremo Tribunal Federal declarando a constitucionalidade ou a inconstitucionalidade de preceito normativo não produz a automática reforma ou rescisão das sentenças anteriores que tenham adotado entendimento diferente; para que tal ocorra, será indispensável a interposição do recurso próprio ou, se for o caso, a propositura da ação rescisória própria, nos termos do art. 485, V, do CPC, observado o respectivo prazo decadencial (CPC, art. 495). Ressalva-se desse entendimento, quanto à indispensabilidade da ação rescisória, a questão relacionada à execução de efeitos futuros da sentença proferida em caso concreto sobre relações jurídicas de trato continuado"[23].

23. No RE 590.809/RS, de relatoria do Min. Marco Aurélio, julgado em 22.10.2014, o Supremo, em sede de recurso com repercussão geral, assentou o seguinte entendimento: "AÇÃO RESCISÓRIA VERSUS UNIFORMIZAÇÃO DA JURISPRUDÊNCIA. O Direito possui princípios, institutos, expressões e vocábulos com sentido próprio, não cabendo colar a sinonímia às expressões "ação rescisória" e "uniformização da jurisprudência". AÇÃO RESCISÓRIA – VERBETE Nº 343 DA SÚMULA DO SUPREMO. O Verbete nº 343 da Súmula do Supremo deve de ser observado em situação jurídica na qual, inexistente controle concentrado de constitucionalidade, haja entendimentos diversos sobre o alcance da norma, mormente quando o Supremo tenha sinalizado, num primeiro passo, óptica coincidente com a revelada na decisão rescindenda". Ou seja, não havendo controle concentrado de constitucionalidade, "não cabe ação rescisória quando o julgado estiver em harmonia com o entendimento firmado pelo Plenário do Supremo à época da formalização do acórdão rescindendo, ainda que ocorra posterior superação do precedente". (RE 590809, Relator(a): Min. MARCO AURÉLIO, Tribunal Pleno, julgado em 22/10/2014, ACÓRDÃO ELETRÔNICO REPERCUSSÃO GERAL – MÉRITO DJe-230 DIVULG 21-11-2014 PUBLIC 24-11-2014). Em suma, a tese do RE 730462 relaciona-se às decisões do Supremo proferi-

Em nossa primeira edição, chamamos a atenção para a circunstância de que, tendo o Supremo a palavra final acerca da adequação das leis e atos normativos à CF/88, evidenciava-se inadequada a imposição, por meio da legislação infraconstitucional, de uma interpretação diversa daquela definida pela Corte Maior, com repercussão geral reconhecida.

Da forma que consta do CPC/2015, praticamente se perpetua o cabimento da ação rescisória, pois torna indeterminado o prazo de sua propositura, ao fixar o início do prazo decadencial somente a partir do trânsito em julgado da decisão do STF, que pode ocorrer em momento incerto no futuro, sem submissão a qualquer prazo[24].

É certo que tramitou no Supremo a Ação Direta de Inconstitucionalidade nº 2418/DF, de Relatoria do Min. Teori Zavascki, a qual foi julgada pelo pleno em 04.05.2006 e a decisão respectiva foi publicada no dia 17.11.2016. Em se bojo, foi declarada a constitucionalidade do parágrafo único do art. 741 do CPC, do § 1º do art. 475-L, ambos do CPC/73, bem como os correspondentes dispositivos do CPC/15, o art. 525, § 1º, III e §§ 12 e 14, o art. 535, § 5º. Conforme consta da ementa:

> "São dispositivos que, buscando harmonizar a garantia da coisa julgada com o primado da Constituição, vieram agregar ao sistema processual brasileiro um mecanismo com eficácia rescisória de sentenças revestidas de vício de inconstitucionalidade qualificado, assim caracterizado nas hipóteses em que (a) a sentença exequenda esteja fundada em norma reconhecidamente inconstitucional – seja por aplicar norma inconstitucional, seja por aplicar norma em situação ou com um sentido inconstitucionais; ou (b) a sentença exequenda tenha deixado de aplicar norma reconhecidamente constitucional; e (c) desde que, em qualquer dos casos, o reconhecimento dessa constitucionalidade ou a inconstitucionalidade tenha decorrido de julgamento do STF realizado em data anterior ao trânsito em julgado da sentença exequenda"[25].

---

das em sede de controle concentrado de constitucionalidade, enquanto que a tese do RE 590809 refere-se à alteração da jurisprudência do Supremo levada a efeito em sede de controle difuso de constitucionalidade (no primeiro caso cabe rescisória, no segundo não).

24. KOEHLER, Frederico Augusto Leopoldino; PEIXOTO, Marco Aurélio Ventura. Impugnação ao Cumprimento da Sentença contra a Fazenda Pública. In ASSIS, Araken de; BRUSCHI, Gilberto Gomes (coord). Processo de Execução e Cumprimento de Sentença: temas atuais e controvertidos. São Paulo: Thomson Reuters Brasil, 2020, pp. 509/510.

25. ADI 2418, Relator(a): Min. TEORI ZAVASCKI, Tribunal Pleno, julgado em 04/05/2016, ACÓRDÃO ELETRÔNICO DJe-243 DIVULG 16-11-2016 PUBLIC 17-11-2016.

Inobstante, nessa ADI nada se decidiu acerta do §8º do art. 535.

De todo modo, é provável que em algum momento seja novamente instado o Plenário do STF a cuidar do tema, em sede de ação direta de inconstitucionalidade ou através de recurso extraordinário, restando saber que seria mantida a orientação fixada no recurso extraordinário nº 730.462 (prazo de dois anos contado do trânsito em julgado da decisão rescindenda), declarando-se a inconstitucionalidade do art. 535, §8º, do CPC, ou acomodando seu entendimento à referida regra, admitindo a propositura da ação rescisória no prazo de dois anos contado do trânsito em julgado da decisão que, em controle de constitucionalidade concentrado ou difuso, houver considerado lei ou ato normativo inconstitucional, ou que tiver reputado interpretação da lei ou de ato normativo incompatível com a CF/88.

Note-se que é evidente, a nosso ver, o risco à segurança jurídica contido na regra constante do pré-falado dispositivo, posto que não há qualquer prazo prescricional ou decadencial para a declaração da inconstitucionalidade de leis ou atos normativos e/ou para a interpretação conforme a CF/88 realizadas pelo Supremo, ficando a parte - que dispõe de decisão judicial transitada em julgado - sempre à mercê da declaração da inexigibilidade do título, por força da eventual aplicação da teoria da coisa julgada inconstitucional.

Apesar da omissão legislativa, considerando-se a exigência de contraditório, atravessada nos autos a impugnação, será o exequente intimado a se manifestar em 15 dias, aplicando-se subsidiariamente o art. 920, I do CPC/2015.

O mesmo dispositivo deve ser aplicado em relação às demais etapas do incidente: se o magistrado considerar necessário, designará audiência e realizará a instrução; caso contrário, proferirá decisão.

Não obstante a natureza incidental da impugnação, a decisão que a encerra poderá ter natureza interlocutória ou de sentença, devendo-se verificar seu conteúdo para identificar se encerra ou não a fase executiva: na hipótese afirmativa, haverá sentença; caso contrário, ter-se-á decisão interlocutória.

Na primeira hipótese, o recurso cabível será a apelação, que terá, em face dos mesmos fundamentos já mencionados quanto aos embargos opostos pela Fazenda Pública conforme regras do CPC de 1973, efeito duplo (devolutivo e suspensivo).

Se a decisão for interlocutória, as partes poderão manejar agravo de instrumento, em função do disposto no art. 1.015, parágrafo único do CPC[26].

Destaque-se que o STJ decidiu, no julgamento do Recurso Especial nº 16988344/MG[27], que contra a decisão que acolhe impugnação ao cumprimento de sentença e extingue a execução é cabível o recurso de apelação, porquanto restaria caracterizada a sua natureza de sentença; se houver acolhimento parcial ou rejeição da impugnação, será cabível o agravo de instrumento, dada a natureza jurídica de decisão interlocutória do referido pronunciamento judicial.

---

26. Também caberá agravo de instrumento contra decisões interlocutórias proferidas na fase de liquidação de sentença ou de cumprimento de sentença, no processo de execução e no processo de inventário.

27. RECURSO ESPECIAL. PROCESSUAL CIVIL. RECURSOS. CPC/2015. DECISÃO QUE ENCERRA FASE PROCESSUAL. SENTENÇA, CONTESTADA POR APELAÇÃO. DECISÕES INTERLOCUTÓRIAS PROFERIDAS NA FASE EXECUTIVA, SEM EXTINÇÃO DA EXECUÇÃO. AGRAVO DE INSTRUMENTO. 1. Dispõe o parágrafo único do art. 1015 do CPC/2015 que caberá agravo de instrumento contra decisões interlocutórias proferidas na fase de liquidação de sentença ou de cumprimento de sentença, no processo de execução e no processo de inventário. Por sua vez, o art. 1.009, do mesmo diploma, informa que caberá apelação em caso de "sentença". 2. Na sistemática processual atual, dois são os critérios para a definição de "sentença": (I) conteúdo equivalente a uma das situações previstas nos arts. 485 ou 489 do CPC/2015; e (II) determinação do encerramento de uma das fases do processo, conhecimento ou execução. 3. Acerca dos meios de satisfação do direito, sabe-se que o processo de execução será o adequado para as situações em que houver título extrajudicial (art. 771, CPC/2015) e, nos demais casos, ocorrerá numa fase posterior à sentença, denominada cumprimento de sentença (art. 513, CPC/2015), no bojo do qual será processada a impugnação oferecida pelo executado. 4. A impugnação ao cumprimento de sentença se resolverá a partir de pronunciamento judicial, que pode ser sentença ou decisão interlocutória, a depender de seu conteúdo e efeito: se extinguir a execução, será sentença, conforme o citado artigo 203, §1º, parte final; caso contrário, será decisão interlocutória, conforme art. 203, §2º, CPC/2015. 5. A execução será extinta sempre que o executado obtiver, por qualquer meio, a supressão total da dívida (art. 924, CPC/2015), que ocorrerá com o reconhecimento de que não há obrigação a ser exigida, seja porque adimplido o débito, seja pelo reconhecimento de que ele não existe ou se extinguiu. 6. No sistema regido pelo NCPC, o recurso cabível da decisão que acolhe impugnação ao cumprimento de sentença e extingue a execução é a apelação. As decisões que acolherem parcialmente a impugnação ou a ela negarem provimento, por não acarretarem a extinção da fase executiva em andamento, tem natureza jurídica de decisão interlocutória, sendo o agravo de instrumento o recurso adequado ao seu enfrentamento. 7. Não evidenciado o caráter protelatório dos embargos de declaração, impõe-se a inaplicabilidade da multa prevista no § 2º do art. 1.026 do CPC/2015. Incidência da Súmula n. 98/STJ. 8. Recurso especial provido. (REsp 1698344/MG, Rel. Ministro LUIS FELIPE SALOMÃO, QUARTA TURMA, julgado em 22/05/2018, DJe 01/08/2018).

Se houver interposição do recurso incorreto nessas hipóteses, o STJ não tem aplicado a fungibilidade, configurando hipótese de erro grosseiro[28].

Pensamos que a fungibilidade, na vigência do CPC/2015, notadamente em consideração ao princípio da primazia do exame do mérito, deveria ter aplicação nesses casos, oportunizando-se à parte a correção do recurso. Não é esse, porém, o entendimento que vem prevalecendo no âmbito do Superior Tribunal de Justiça.

Nos termos do art. 535, §3º, se não houver impugnação ou se forem rejeitadas as arguições da executada, haverá expedição de precatório, por intermédio do presidente do tribunal competente, ou será determinado o pagamento de obrigação de pequeno valor, cuja ordem será dirigida à autoridade na pessoa de quem o ente público foi citado, que deverá ser realizado no prazo de dois meses, contado da entrega da requisição, através de depósito na agência de banco oficial mais próxima da residência do exequente.

Na Ação Direta de Inconstitucionalidade nº 5534[29], o Supremo Tribunal Federal declarou a constitucionalidade do art. 535, §3º, II do CPC. Na ação, proposta pelo Governador do Estado do Pará, argumentou-se que a referida regra, ao estabelecer prazo para pagamento de obrigações de pequeno valor, causaria indevida interferência na autonomia dos Estados, que teriam autonomia para fixar o prazo para pagamento de tais obrigações, observadas as peculiaridades locais. O Supremo entendeu que "a norma do art. 535, § 3º, inciso II, do Código de Processo Civil detém natureza nitidamente processual, a atrair a competência privativa da União para dispor sobre tema (art. 22, inciso I, da Constituição de 1988)".

O §4º do mesmo dispositivo estabelece que, "tratando-se de impugnação parcial, a parte não questionada pela executada será, desde logo, objeto de cumprimento".

No recurso extraordinário nº 1205530/SP com repercussão geral (tema 28)[30], o STF declarou a constitucionalidade da expedição de pre-

28. "(...) A interposição de agravo de instrumento contra sentença que extingue processo de execução configura erro grosseiro e inviabiliza a aplicação do princípio da fungibilidade recursal. Precedentes". (AgInt no REsp 1760663/MS, Rel. Ministro RAUL ARAÚJO, QUARTA TURMA, julgado em 08/10/2019, DJe 23/10/2019).

29. Relator Min. Dias Toffoli, Tribunal Pleno, julgado em 21/12/2020, DJe de 12/02/2021.

30. RE 1205530, Relator(a): MARCO AURÉLIO, Tribunal Pleno, julgado em 08/06/2020, PROCESSO ELETRÔNICO REPERCUSSÃO GERAL - MÉRITO DJe-165 DIVULG 30-06-2020 PUBLIC 01-07-2020

catório ou requisição de pequeno valor para pagamento da parte incontroversa e autônoma da decisão judicial transitada em julgado, sendo que o pagamento por intermédio de requisição de pequeno valor deve levar em conta o montante total da execução e não aquele correspondente à parcela incontroversa[31].

Entenderam os Ministros que se o pagamento fosse realizado tomando por base o montante da parcela incontroversa, desconsiderando-se o valor total da execução, nos casos em que este ultrapassasse o limite para expedição da requisição de pequeno valor, haveria parcelamento de precatório, em afronta ao § 8º do art. 100 da Constituição.

Desse modo, segundo o STF, para determinação da forma de pagamento a ser realizada – precatório ou requisição de pequeno valor - deve ser considerado o valor total da execução[32].

Ressalte-se que, na ADI 5534, também foi questionado o §4º do art. 535. De início, esclareceu-se que o tema já havia sido pacificado pelo plenário do Supremo no julgamento do RE 1205530. Em seguida, acrescentou-se que o entendimento, além de privilegiar os princípios da celeridade, da razoável duração do processo e da efetividade, está em conformidade com o art. 4º, § 3º, inciso I, da Resolução nº 303/2019 do Conselho Nacional de Justiça[33].

---

31. "O Supremo Tribunal Federal declarou, em julgamento com repercussão geral, a constitucionalidade da expedição de precatório ou requisição de pequeno valor para pagamento da parte incontroversa e autônoma do pronunciamento judicial transitada em julgado, observada a importância total executada para efeitos de dimensionamento como obrigação de pequeno valor" ADI 5534, Relator(a): DIAS TOFFOLI, Tribunal Pleno, julgado em 21/12/2020, PROCESSO ELETRÔNICO DJe-027 DIVULG 11-02-2021 PUBLIC 12-02-2021.
32. O primeiro autor desta obra concorda com o posicionamento do STF. Já a segunda autora entende que a identificação do regime de pagamento (precatório ou RPV) deveria levar em conta o montante correspondente ao valor incontroverso e não o montante global da execução, sem que isso importe em violação ao art. 100, §8º da CF. Esse dispositivo veda o fracionamento, repartição ou quebra do valor da execução com a finalidade de promover o enquadramento de parcela do total ao pagamento por requisição de pequeno valor. Na hipótese, o fracionamento decorre de uma situação já consolidada, em razão de se tratar de quantia incontroversa, devidamente reconhecida pelo Poder Público. No mesmo sentido, Leonardo Carneiro da Cunha (In: A Fazenda Pública em Juízo. Rio de Janeiro: Forense, 2016, p. 375), para quem não há intenção do exequente em repartir o valor para receber uma parte por precatório e a outra por RPV.
33. "Art. 4º O pagamento de débito judicial superior àquele definido em lei como de pequeno valor será realizado mediante expedição de precatório.(...) § 3º Será requisitada mediante precatório a parcela do valor da execução quando o total devido ao beneficiário superar o montante definido como obrigação de pequeno valor, sobretudo em caso de: I – pagamento de parcela incontroversa do crédito; e II – reconhecimento de diferenças originadas de revisão deprecatório".

Assim, a conclusão foi pela interpretação conforme a Constituição do art. 535, §4º, do CPC, para que o regime de pagamento da parte incontroversa da condenação seja determinado pelo montante global da condenação[34].

5.3 O CABIMENTO DA OBJEÇÃO DE PRÉ-EXECUTIVIDADE OFERECIDA PELA FAZENDA PÚBLICA

Segundo bem leciona Rodrigo Becker[35], a exceção de pré-executividade é também uma hipótese de defesa do devedor na execução, seja judicial ou extrajudicial, mas não está prevista no CPC/2015 e nem estava nos diplomas anteriores. Cuida-se de criação doutrinária, amplamente aceita pelos tribunais brasileiros, cuja utilização originária se deve a Pontes de Miranda.

Na fase de cumprimento de sentença, também é possível à Fazenda Pública a utilização da objeção/exceção de pré-executividade.

Inobstante, havendo agora cumprimento de sentença nas obrigações de pagar e definida a impugnação como instrumento de defesa, que tem requisitos bastante simplórios para seu oferecimento em juízo, além da inexistência de penhora ou qualquer outra forma de garantia do juízo, será ainda mais incomum e desnecessária a apresentação de exceção ou objeção de pré-executividade pela Fazenda Pública.

Não é despiciendo referir que se entende parcialmente aplicável ao Poder Público o art. 525, §11 do CPC/2015, que encerra a seguinte regra:

> "As questões relativas a fato superveniente ao fim do prazo para apresentação da impugnação, assim como aquelas relativas à validade e à adequação da penhora, da avaliação e dos atos executivos subsequentes, podem ser arguidas pelo executado por simples petição, tendo o executado, em qualquer dos casos, o prazo de 15 (quinze) dias para

34. "Procedência parcial do pedido, declarando-se a constitucionalidade do art. 535, § 3º, inciso II, da Código de Processo Civil de 2015 e conferindo-se interpretação conforme à Constituição de 1988 ao art. 535, § 4º, no sentido de que, para efeito de determinação do regime de pagamento do valor incontroverso, deve ser observado o valor total da condenação". (ADI 5534, Relator(a): DIAS TOFFOLI, Tribunal Pleno, julgado em 21/12/2020, PROCESSO ELETRÔNICO DJe-027 DIVULG 11-02-2021 PUBLIC 12-02-2021)

35. BECKER, Rodrigo Frantz. Manual do Processo de Execução dos Títulos Judiciais e Extrajudiciais. Salvador: Editora Juspodivm, 2021, p. 576.

formular esta arguição, contado da comprovada ciência do fato ou da intimação do ato".

Como não há penhora nem avaliação, quanto à Fazenda Pública, considera-se que é possível a arguição de questões relativas a fato superveniente ao fim do prazo para apresentação da impugnação, assim como aquelas relacionadas aos atos executivos subsequentes (no caso, expedição de precatórios e requisições de pequeno valor), por meio de petição simples, no prazo de 15 dias, contado da ciência do fato ou intimação do ato.

5.4 EMBARGOS DO DEVEDOR OPOSTOS PELA FAZENDA PÚBLICA NA EXECUÇÃO DE TÍTULOS EXTRAJUDICIAIS

Cuidando-se de processo de execução de título extrajudicial movido contra a Fazenda Pública, como se viu, o ente público será citado para opor embargos, no prazo de trinta dias. Neste caso, a natureza dos embargos é de ação, e não de defesa, como ocorre com a impugnação ao cumprimento de sentença.

Diferentemente do que ocorre na impugnação ao cumprimento de sentença, prevista no art. 535, não se tem nos embargos, segundo se estatui no art. 910, §2º, limitação à defesa, competindo ao ente público alegar qualquer matéria que lhe seria lícito deduzir como defesa no processo de conhecimento.

Quanto ao valor da causa, não precisa ser necessariamente o valor exequendo, mas sim o valor defendido. Se se alega o excesso total, aí sim, deve-se colocar como valor da causa o valor da execução. Sendo meramente parcial, o valor atribuído à causa poderá ser o valor do excesso.

A Fazenda Pública já deve indicar, em sua petição de embargos, o valor que entende como correto, caso alegue excesso de execução. Isto se dá em decorrência da interpretação que se extrai do art. 910, §3º e do art. 535, §2º.

A norma do §3º do art. 910 manda que se aplique, no que couber, o disposto nos arts. 534 e 535. Se o art. 535, §2º determina que na impugnação ao cumprimento de sentença, por parte da Fazenda, assim se proceda, não poderia ser diferente em sede de embargos oferecidos pela Fazenda na execução de títulos extrajudiciais.

Não obstante tal regra, Leonardo Carneiro da Cunha defende que há casos em que se exige a dilação probatória para a verificação dos valores, de modo que a Fazenda Pública pode ter a certeza de que o valor é despropositado, mas não pode afirmar de pronto quanto deve.

Assim, nesses casos, não é de incidir a regra de a Fazenda ter que demonstrar o valor devido, já que se não se cuida propriamente de alegar excesso, mas sim iliquidez da obrigação[36].

O efeito suspensivo dos embargos oferecidos pela Fazenda Pública persistiu com o CPC/2015. Não é o caso, portanto, de querer impor à Fazenda a regra do art. 919, §1º, que deixa o efeito suspensivo a critério do juiz e mediante requerimento e garantia do executado.

Não há sujeição dos entes públicos à penhora, depósito ou caução, além do que a expedição do precatório ou da requisição de pequeno valor somente haverá de se dar após o trânsito em julgado dos embargos.

Na eventual hipótese de os embargos ofertados pela Fazenda serem parciais, a execução deve prosseguir em relação à parte não embargada, sendo inclusive possível a expedição de precatório ou requisição de pequeno valor com relação à parcela incontroversa.

Caso os embargos não sejam oferecidos, ou transitando em julgado a decisão que os inadmitir ou rejeitar, aí sim será expedido o competente precatório ou requisição de pequeno valor, observando-se as prescrições do art. 100 da CF/88.

A rejeição liminar dos embargos ou a sua improcedência geram decisão com natureza jurídica diversa da rejeição ou não acolhimento da impugnação ao cumprimento de sentença. Nestas, como antes visto, têm-se decisão interlocutória atacável pela via do agravo de instrumento, naquelas está-se diante de sentença atacável pela via do recurso de apelação.

---

36. CUNHA, Leonardo Carneiro da. A Fazenda Pública em Juízo. 13. Ed. Rio de Janeiro: Forense, 2016, p. 355.

Capítulo

6

Cumprimento Provisório de Títulos Judiciais contra a Fazenda Pública

Não obstante o posicionamento de alguns autores, como Humberto Theodoro Júnior[1], para quem, nos moldes do art. 730 do CPC, a execução somente seria possível com base em sentença transitada em julgado, o posicionamento jurisprudencial vem evoluindo no sentido da admissibilidade, em certas situações, do cumprimento provisório de títulos judiciais por quantia certa contra a Fazenda Pública.

Há razões óbvias para não se imaginar o cumprimento provisório como regra, sob pena de risco de comprometimento ao Erário, porque a inscrição em precatório geraria a obrigação de pagamento, por parte do ente público.

E imaginar o pagamento feito, com a posterior reversão da decisão, faria com que a Fazenda Pública tivesse que buscar, por outros meios, a devolução dos valores recebidos indevidamente. Estar-se-ia, pois, diante de medida satisfativa e praticamente irreversível.

É de se registrar que é admitido em nossos tribunais o cumprimento provisório de outras obrigações, como ocorre com as obrigações de fa-

---

1. THEODORO JÚNIOR, Humberto. Curso de Direito Processual Civil – Processo de Execução e Cumprimento de Sentença, Processo Cautelar e Tutela de Urgência. Rio de Janeiro: Forense, 2013, p. 376.

zer, por exemplo. Não é raro que um servidor que teve seu direito a uma gratificação de desempenho reconhecida no processo de conhecimento, promova a execução provisória da decisão relativamente à obrigação de fazer, restando pendente do trânsito em julgado apenas a obrigação de pagar as parcelas pretéritas.

O STJ, ainda sob a égide do diploma revogado, já entendia possível, por exemplo, a execução provisória dos títulos executivos judiciais quando ajuizada antes da entrada em vigor da Emenda Constitucional n. 30/2000, bem como que a execução seja iniciada até a fase de embargos[2].

Outro posicionamento interessante do mesmo STJ, já mais recente, foi quanto ao cabimento da execução provisória contra a Fazenda Pública, quando o trânsito em julgado do título executivo judicial carecer do julgamento de recurso interposto apenas pelo exequente, pois isso revelaria a incontrovérsia da dívida[3].

É de bom alvitre ainda salientar que o STJ tem interpretado restritivamente o art. 2º-B, da Lei 9.494/97, que veda a execução provisória contra a Fazenda Pública em algumas situações. Segundo o referido dispositivo,

---

2. PROCESSO CIVIL. EXECUÇÃO PROVISÓRIA CONTRA A FAZENDA PÚBLICA. AJUIZAMENTO ANTERIOR À EMENDA CONSTITUCIONAL N. 30/2000. POSSIBILIDADE.

   1. A Emenda Constitucional nº 30 deu nova redação ao §1º do art. 100 da Constituição para estabelecer, como pressuposto da expedição de precatório ou da requisição do pagamento de débito de pequeno valor de responsabilidade da Fazenda Pública, o trânsito em julgado da respectiva sentença.

   2. "Há de se entender que, após a Emenda 30, limitou-se o âmbito dos atos executivos, mas não foi inteiramente extinta a execução provisória. Nada impede que se promova, na pendência de recurso com efeito apenas devolutivo, a liquidação da sentença, e que a execução (provisória) seja processada até a fase dos embargos (CPC, art. 730, primeira parte) ficando suspensa, daí em diante, até o trânsito em julgado do título executivo, se os embargos não forem opostos, ou forem rejeitados.
   3. Em relação às execuções provisórias iniciadas antes da edição da Emenda 30, não há a exigência do trânsito em julgado como condição para expedição de precatório. Precedente: RESP 331.460/SP, 1ª Turma, Min. Teori Albino Zavascki, DJ de 17.11.20003". 4. Recurso especial a que se nega provimento. (Resp 702264/SP, STJ, Primeira Turma, Relator Ministro Teori Albino Zavascki, julgado em 06.12.2005).

3. AGRAVO REGIMENTAL NO AGRAVO DE INSTRUMENTO. ADMINISTRATIVO E PROCESSO CIVIL. TÍTULO EXECUTIVO JUDICIAL. TRÂNSITO EM JULGADO PENDENTE DO JULGAMENTO DE RECURSO INTERPOSTO EXCLUSIVAMENTE PELO EXEQUENTE. EXECUÇÃO PROVISÓRIA. POSSIBILIDADE. PRECEDENTES. INOVAÇÃO RECURSAL EM SEDE DE AGRAVO REGIMENTAL. IMPOSSIBILIDADE. AGRAVO IMPROVIDO.

   1. A jurisprudência deste Superior Tribunal de Justiça tem asseverado ser cabível o ajuizamento de execução provisória contra a Fazenda Pública quando o trânsito em julgado do título executivo judicial carecer do julgamento de recurso interposto exclusivamente pelo exequente.

   (...)

   3. Agravo regimental improvido. (AgRg no Ag 1072941/RS, Rel. Ministra MARIA THEREZA DE ASSIS MOURA, SEXTA TURMA, julgado em 18/10/2011, DJe 17/11/2011).

> "A sentença que tenha por objeto a liberação de recurso, inclusão em folha de pagamento, reclassificação, equiparação, concessão de aumento ou extensão de vantagens a servidores da União, dos Estados, do Distrito Federal e dos Municípios, inclusive de suas autarquias e fundações, somente poderá ser executada após seu trânsito em julgado".

Considera-se, assim, possível a execução provisória nos casos de: instituição de pensão por morte de servidor público[4]; restabelecimento de valores anteriormente percebidos por servidor público[5]; reintegração de servidor[6]; execução provisória de decisão concessiva de aposentadoria[7];

---

4. "É possível a execução provisória contra a Fazenda Pública nos casos de instituição de pensão por morte de servidor público. Isso porque a referida situação não está inserida nas vedações do art. 2º-B da Lei 9.494/1997, cuja interpretação deve ser restritiva. Com efeito, embora acarrete, por via reflexa, a liberação de recursos públicos, não se trata de concessão de aumento ou extensão de vantagem. Precedentes citados: AgRg no Ag 1.364.594-SP, Primeira Turma, DJe 27/5/2011, e AgRg no Ag 1.168.784-ES, Quinta Turma, DJe 9/8/2010". AgRg no AREsp 230.482-RS, Rel. Min. Sérgio Kukina, julgado em 7/3/2013.
5. "(...) 6. A jurisprudência do Superior Tribunal de Justiça entende que deve ser dada interpretação restritiva ao art. 2º-B da Lei 9.494/1997, a qual veda a execução provisória de sentença contra a Fazenda Pública, antes que se opere o seu trânsito em julgado, em ações que tenham por objeto a liberação de recurso, inclusão em folha de pagamento, reclassificação, equiparação, concessão de aumento ou extensão de vantagens a servidores, devendo ser observadas as hipóteses expressamente definidas na norma. 7. Assim, quando se tratar de restabelecimento de valores anteriormente percebidos por servidor público, é possível o cumprimento imediato (execução provisória) da ordem concedida em Mandado de Segurança, mesmo que seja em desfavor do ente público, visto que não há, na hipótese, real aumento de vencimentos. 8. Dessa forma, verifica-se que a questão ora em análise - execução provisória de decisão que determinou fosse pago aos servidores salário-mínimo integral independentemente do número de horas laboradas - não se encontra abrangida pela citada vedação legal, tendo em vista que se trata de obrigação de fazer que envolve a implementação de direito ao pagamento da contraprestação mínima assegurada constitucionalmente. (...) (REsp 1812278/CE, Rel. Ministro HERMAN BENJAMIN, SEGUNDA TURMA, julgado em 22/10/2019, DJe 29/10/2019).
6. "(...) 2. Esta Corte já teve a oportunidade - e assim o fez - de estabelecer a possibilidade de execução provisória do julgado que determina a reintegração de Servidor, uma vez que tal situação não representa a criação de uma nova relação jurídica; pelo contrário, apenas revigora relação jurídica que deixou de existir de forma ilegal. Em outras palavras, a reintegração não implica na inclusão em folha de pagamento, mas, sim, no retorno de quem nela já se encontrava. Precedentes: AgInt no AREsp. 690.556/GO, Rel. Min. ASSUSETE MAGALHÃES, DJe 28.9.2017 e AgRg no AREsp. 605.482/RS, Rel. Min. SÉRGIO KUKINA, DJe 11.12.2015. (...)" (AgInt no AREsp 1306681/SP, Rel. Ministro NAPOLEÃO NUNES MAIA FILHO, PRIMEIRA TURMA, julgado em 23/09/2019, DJe 30/09/2019).
7. "(...) 4. Dessa forma, verifica-se que a questão ora em análise - execução provisória de decisão concessiva de aposentadoria - não se encontra abrangida pela citada vedação legal, tendo em vista que trata de obrigação de fazer que envolve a implementação de benefício previdenciário. 5. Por fim, reforçando tal entendimento ressalta-se que "a concessão de aposentadoria voluntária com proventos integrais, hipótese dos autos, por não implicar aumento de despesas para a Administração, porquanto o servidor passará a perceber da Administração os mesmos valores que percebia na atividade, não é alcançada pela vedação contida no art. 2º-B da Lei n. 9.494/1997" (REsp 565.319/RS, Relatora Ministra LAURITA VAZ, QUINTA TURMA, DJe 09/05/2005). A propósito, recentes decisões: AREsp 1.402.825/SP, rel. Ministro Mauro Campbell Marques, DJe 11/12/2018; AREsp 1.267.574/SP,

pagamentos devidos a servidores inativos e pensionistas[8]; nomeação e posse de candidato em cargo público[9] etc.

De uma forma ou de outra, é importante que os tribunais pátrios ajam com bastante ponderação na evolução de sua jurisprudência em relação às execuções provisórias. Se uma obrigação de fazer, como a inclusão de um autor em folha de pagamento, se revela mais simples de desfazer, ainda que não seja tão fácil reaver valores recebidos indevidamente durante o cumprimento de tal obrigação numa execução provisória, não é tarefa fácil a reversão de uma obrigação de pagar.

Caso houvesse a admissão indiscriminada da execução provisória para as obrigações de pagar, o planejamento orçamentário e a execução de políticas públicas por Municípios, Estados, Distrito Federal e pela União restariam seriamente comprometidos.

Apesar disso, é certo que o § 4º do art. 535 do CPC/2015 expressamente autoriza a execução de valores incontroversos contra a Fazenda Pública, ao tratar da impugnação parcial e da possibilidade de cumprimento imediato da parcela não questionada pela executada.

A questão, que já foi alvo de divergências doutrinárias e jurisprudenciais, encontra-se sedimentada na jurisprudência do Superior Tribunal de Justiça, que admite a execução de parcelas incontroversas contra a Fazenda Pública[10].

---

rel. Ministro Gurgel de Faria, DJe 22/11/2018; AREsp 1.262.330/SP, rel. Ministro Napoleão Nunes Maia Filho, DJe 3/8/2018. (...)" (REsp 1799849/SP, Rel. Ministro HERMAN BENJAMIN, SEGUNDA TURMA, julgado em 02/04/2019, DJe 16/04/2019).

8. "(...) 1. As vedações previstas no art. 2º-B da Lei n. 9.494/1997, que dizem respeito à liberação de recursos públicos para pagamento a servidores públicos determinados em sentença, devem ser interpretadas restritivamente, de modo que, à míngua de previsão legal, não alcançam os pagamentos devidos aos servidores inativos e pensionistas, em cumprimento provisório de sentença. Precedentes. (...)" (REsp 1732322/SP, Rel. Ministro OG FERNANDES, SEGUNDA TURMA, julgado em 17/05/2018, DJe 28/05/2018).

9. (...) Firme é a jurisprudência do Superior Tribunal de Justiça, no sentido de que "é cabível a execução provisória de sentença que garante a nomeação e posse de candidato a cargo público efetivo antes do trânsito em julgado, porquanto, nesse caso, não há pagamentos pretéritos, mas apenas a retribuição pelo efetivo serviço prestado (...)" (AgInt no AREsp 740.852/PI, Rel. Ministra ASSUSETE MAGALHÃES, SEGUNDA TURMA, julgado em 05/12/2017, DJe 13/12/2017).

10. PROCESSUAL CIVIL. EXECUÇÃO PROVISÓRIA CONTRA A FAZENDA PÚBLICA. OFENSA AO ART. 535 DO CPC NÃO CONFIGURADA. INEXISTÊNCIA DE PARCELA INCONTROVERSA. APELAÇÃO RECEBIDA NO DUPLO EFEITO. DISCUSSÃO SOBRE A PRESCRIÇÃO. IMPOSSIBILIDADE. 1. A solução integral da divergência, com fundamento suficiente, não caracteriza ofensa ao art. 535 do CPC. 2. É possível a execução provisória contra a Fazenda Pública com o sistema de precatórios, desde que se trate de quantia incontestável. 3. O Tribunal de origem consignou que não há falar em valores incontroversos

O CPC/2015, portanto, apenas positiva orientação jurisprudencial já firme no Superior Tribunal de Justiça sobre o tema.

De qualquer sorte, deve-se corrigir o equívoco do Superior Tribunal de Justiça de reputar tal execução como provisória. Se há valores incontroversos, a execução respectiva somente pode ser definitiva e não provisória.

Quando há alegação de prescrição como matéria de defesa na impugnação, que pode fulminar toda a execução, torna-se inviável a execução de eventuais valores não questionados pela Fazenda, porquanto, nesse caso, tratar-se-ia de verdadeira execução provisória, inadmitida pelo sistema de precatórios previsto no art. 100 da CF/88. Há inúmeras decisões nesse sentido no Superior Tribunal de Justiça, como visto no julgado anteriormente citado.

---

sobre os quais deva prosseguir a execução de sentença, visto que nos Embargos à Execução a União alega a prescrição da execução, matéria de defesa que, se procedente, fulminará toda a execução. 4. Agravo Regimental não provido. (AgRg no AREsp 368.378/PR, Rel. Ministro HERMAN BENJAMIN, SEGUNDA TURMA, julgado em 01/10/2013, DJe 07/10/2013).

Capítulo

7

Aspectos Procedimentais do Pagamento via Precatórios e Requisições de Pequeno Valor

7.1 EVOLUÇÃO HISTÓRICA DO REGIME DE PRECATÓRIOS NO TEXTO CONSTITUCIONAL

A ferramenta indicada pelo texto constitucional para o pagamento das dívidas da Fazenda Pública é o precatório, que se expede pelo juiz da execução, nos casos de não apresentação ou não atribuição de efeito suspensivo aos embargos – para os que admitem essa possibilidade – ou quando estes forem julgados improcedentes[1].

A constitucionalização dos precatórios se deu como um marco de demonstração de lisura, transparência e moralidade no pagamento das dívidas da Fazenda Pública.

Tido por muitos como algo genuinamente brasileiro[2], o instituto sofreu com diversas alterações constitucionais, notadamente com as

---

1. Enunciado 532 do Fórum Permanente de Processualistas Civis – FPPC: "A expedição do precatório ou da RPV depende do trânsito em julgado da decisão que rejeita as arguições da Fazenda Pública executada".
2. DANTAS, Francisco Wildo Lacerda. Execução contra a Fazenda Pública. Regime de Precatórios. 2. Ed. São Paulo: Método, 2010. No mesmo sentido, José Augusto Delgado (In: Precatório judicial e evolução histórica. Advocacia administrativa na execução contra a fazenda pública. Impenhorabilidade dos bens públicos. Continuidade do serviço público. In: SILVA, Ricardo Perlingeiro Mendes da (Coord.).

Emendas Constitucionais n. 20/1998, n. 30/2000, n. 37/2002, n. 62/2009 e n. 94/2016.

Enquanto vigoraram no Brasil as Ordenações do Reino, mesmo após a Proclamação da Independência, não havia regime diferenciado de pagamento dos débitos da Fazenda Pública, de modo que as execuções contra o Poder Público se processavam do mesmo modo que aquelas propostas contra os particulares[3].

Observando-se o histórico das Constituições republicanas, a Constituição do Império de 1824, apesar de não tratar de precatórios, determinava, em seu art. 15, inciso XV, que era da atribuição da Assembleia Geral regular a administração dos bens nacionais e decretar a sua alienação e, no inciso XIV, que lhe cabia também a função de estabelecer meios convenientes para pagamento da dívida pública.

O reconhecimento da impenhorabilidade dos bens públicos terminou por ensejar a necessidade de criação de um procedimento próprio para as execuções propostas contra a Fazenda Pública. Leciona Francisco Wildo Lacerda Dantas que, durante a vigência da Constituição de 1824, a alienação dos bens da Fazenda Nacional dependia de decreto autorizativo da Assembleia Geral.

Nesses termos, a Instrução de 10-4-1851, editada pelo Directório do Juízo Fiscal e Contencioso dos Feitos da Fazenda, estabeleceu que não se fazia penhora em bens da Fazenda Nacional. O mesmo autor explica que a lei e a doutrina não atinaram, à época, para o problema da necessidade de criação de um sistema específico para as execuções contra a Fazenda, de modo que a construção da solução respectiva coube à jurisprudência[4].

A Carta de 1891 não apresentou previsão acerca dos precatórios, não obstante tenha estatuído a possiblidade de intervenção federal para assegurar a execução das leis e sentenças federais. Alguns anos após, o Decreto n. 3.084/1898 tratou sobre o pagamento via expedição de "preca-

---

Execução contra a Fazenda Pública. Brasília, Centro de Estudos Judiciários, CEJ, 2003, p. 121-140):"Para os estrangeiros que nos louvam com a sua presença, a figura tupiniquim é considerada de origem indígena, tipicamente brasileira, é uma homenagem que fazemos aos povos que contribuíram para a nossa formação cultural, a nossa formação étnica."

3. SILVA, Américo Luís Martins da. Precatório-requisitório na execução contra a Fazenda Pública. 2. ed. Rio de Janeiro: Lumen Juris, 1998, p. 35.
4. DANTAS, Francisco Wildo Lacerda. O Sistema do Precatório. Disponível em: http://www5.trf5.jus.br/documento/?arquivo=O+sistema+do+precatorio.pdf&tipo=p0303. Capturado em 05.05.2018.

tória", ao indicar que a sentença seria executada depois de haver passado em julgado e de intimado o Procurador da Fazenda, se este não oferecesse embargos, expedindo assim o Juiz a precatória para o pagamento.

A positivação constitucional do instituto veio a se dar em 1934, já que o art. 182 daquela Constituição previu que os pagamentos devidos pela Fazenda Federal, em virtude de sentença judiciária, far-se-iam na ordem de apresentação dos precatórios e à conta dos créditos respectivos, sendo vedada a designação de caso ou pessoas nas verbas legais. Apesar de não haver referência às fazendas estadual e municipal no texto constitucional, a doutrina aponta que tal também havia por se aplicar como garantia implícita[5].

Não há que se falar em inovações significativas na Constituição de 1937, salvo no que diz respeito ao uso, no art. 95 daquele texto, da expressão "precatória", antes já referido no Decreto de 1898. Em 1946, finalmente se previu expressamente a regra dos precatórios para o pagamento dos débitos das fazendas estaduais e municipais.

No regime militar, em 1967 e 1969, o regime constitucional dos precatórios foi mantido, consoante os artigos 112 e 117, com um destaque para o fato de que em 1967 (art. 112, § 1º) se determinou a inclusão em orçamento dos valores necessários ao pagamento dos precatórios, previsão esta replicada em 1969.

A CF/88 basicamente manteve sem alterações o regime das constituições anteriores quanto ao pagamento das condenações das Fazendas Públicas por meio de precatório. Registre-se que se excluiu cronologia dos pagamentos aqueles créditos de natureza alimentar, a fim de que não permanecessem na mesma ordem com os créditos de outra natureza.

Essa era a redação original do art. 100 da CF/88:

Art. 100. À exceção dos créditos de natureza alimentícia, os pagamentos devidos pela Fazenda Federal, Estadual ou Municipal, em virtude de sentença judiciária, far-se-ão exclusivamente na ordem cronológica de apresentação dos precatórios e à conta dos créditos respectivos, proibida a designação de casos ou de pessoas nas dotações orçamentárias e nos créditos adicionais abertos para este fim.

---

5. VAZ, Orlando. Precatórios: problema e soluções. Belo Horizonte: Del Rey e Centro jurídico brasileiro, 2005, p. 81.

§ 1º – É obrigatória a inclusão, no orçamento das entidades de direito público, de verba necessária ao pagamento de seus débitos constantes de precatórios judiciários, apresentados até 1º de julho, data em que terão atualizados seus valores, fazendo-se o pagamento até o final do exercício seguinte.

§ 2º – As dotações orçamentárias e os créditos abertos serão consignados ao Poder Judiciário, recolhendo-se as importâncias respectivas à repartição competente, cabendo ao Presidente do Tribunal que proferir a decisão exequenda determinar o pagamento, segundo as possibilidades do depósito, e autorizar, a requerimento do credor e exclusivamente para o caso de preterimento de seu direito de precedência, o sequestro da quantia necessária à satisfação do débito.

A Emenda Constitucional nº 20/1998 houve por incluir o § 3º ao art. 100, excepcionando as obrigações de pequeno valor, em que não seria necessária a expedição de precatório.

Já em 2000, a Emenda Constitucional n. 30 promoveu alteração do § 1º, acrescentando ainda os parágrafos 1º-A (para indicar o que seria compreendido como débito de natureza alimentícia), 4º (para dizer que a lei poderia fixar valores distintos para as obrigações de pequeno valor, segundo as capacidades dos entes públicos) e 5º (para prever que o presidente do tribunal poderia incorrer em crime de responsabilidade caso retardasse ou tentasse frustrar a liquidação regular de precatório).

A Emenda Constitucional n. 37/2002 incluiu o § 4º ao artigo 100, renumerando os §§ 4º e 5º, anteriormente trazidos pela Emenda nº 30/2000, vindo a proibir a expedição de precatório complementar de valor pago e o fracionamento para evitar a quebra de valor e transformar o precatório em obrigações de pequeno valor. Ademais, repetiu também a prescrição da possibilidade de sequestro no caso de preterição, mas permitiu que viesse a se dar também no caso de omissão no orçamento dos valores destinados tais pagamentos.

A Emenda Constitucional nº 62/09 foi talvez a que trouxe as mais relevantes modificações ao sistema de pagamento dos precatórios, concedendo uma espécie de moratória aos entes públicos, ao estabelecer o prazo de pagamento em 15 (quinze) anos. Determinou ainda a utilização da taxa referencial – TR (fator de correção das cadernetas de poupança) como índice de correção monetária. Modificou a redação dos §§ 1º a 6º, e acrescentou os §§ 7º a 16.

A última alteração constitucional em se tratando de precatórios se deu com a Emenda Constitucional n. 94/2016. Nesta Emenda, modificou-se o § 2º, no tocante à prioridade no pagamento de precatórios.

Além disso, incluíram-se os §§ 17 (para indicar que a União, os Estados, o Distrito Federal e os Municípios aferirão mensalmente o comprometimento de suas receitas correntes líquidas com o pagamento de precatórios e requisições de pequeno valor), 18 (para estabelecer o que é receita corrente líquida, bem como quando e por qual ente federado deve ser deduzida), 19 (que prescreveu que se o montante total de débitos decorrentes de condenações judiciais em precatórios e obrigações de pequeno valor, em período de 12 (doze) meses, ultrapassar a média do comprometimento percentual da receita corrente líquida nos 5 (cinco) anos imediatamente anteriores, a parcela que exceder esse percentual poderá ser financiada) e 20 (que estatuiu que se houver precatório com valor superior a 15% (quinze por cento) do montante dos precatórios apresentados nos termos do § 5º, 15% (quinze por cento) do valor deste precatório serão pagos até o final do exercício seguinte e o restante em parcelas iguais nos cinco exercícios subsequentes, acrescidas de juros de mora e correção monetária, ou mediante acordos diretos, perante Juízos Auxiliares de Conciliação de Precatórios, com redução máxima de 40% (quarenta por cento) do valor do crédito atualizado, desde que em relação ao crédito não penda recurso ou defesa judicial e que sejam observados os requisitos definidos na regulamentação editada pelo ente federado).

7.2 A ATIVIDADE DO PRESIDENTE DO TRIBUNAL NO REGIME DE PRECATÓRIOS

O juízo da execução elabora o precatório e faz o seu encaminhamento ao Presidente do Tribunal a que se submete a decisão exequenda. Este magistrado, por outro lado, repassa a requisição de pagamento ao ente público, para inclusão na lei orçamentária do ano subsequente.

Muito se discutiu, quer na doutrina ou na jurisprudência, acerca da natureza da atividade do Presidente do Tribunal no regime de processamento dos precatórios, se jurisdicional ou administrativa. O STJ firmou entendimento sumulado no sentido de que a atividade é meramente administrativa[6].

6. A Súmula 311 do STJ assim indica: "Os atos do presidente do tribunal que disponham sobre processamento e pagamento de precatório não têm natureza jurisdicional".

Sendo administrativa a atividade, precisa se restringir ao exame de aspectos formais e ao controle da ordem cronológica, não se devendo falar, como ressalta Marinoni, em coisa julgada nesses atos[7].

Por isso mesmo, compete ao juízo da execução, e não ao Presidente do respectivo tribunal, a análise e decisão de eventuais questões incidentais, como por exemplo, as frequentes discussões relativas a juros ou correção monetária.

Não há, portanto, que se falar em recurso contra as manifestações de caráter administrativo do Presidente do Tribunal quando do processamento dos precatórios[8].

No entanto, na eventual hipótese de o Presidente extrapolar essas funções de cunho administrativo, como bem lembra Juvêncio Vasconcelos Viana, o caminho indicado é a utilização do remédio constitucional do mandado de segurança[9].

A apresentação dos precatórios deve se dar até 01 de julho de cada ano, para obrigatória inclusão no orçamento da entidade, a fim de que sejam pagos até o final do exercício financeiro seguinte. Ainda assim, a CF/88 ressalva que essa obrigatoriedade sofre limites, condicionando-se à disponibilidade orçamentária do respectivo ente.

Por vezes ocorre, em razão dessa garantia constitucional, especialmente no âmbito dos Municípios e de alguns Estados, atrasos consideráveis na efetivação desses pagamentos, visto que se utiliza como argumento para postergar o pagamento para exercícios seguintes a não existência de suficiente disponibilidade orçamentária.

Importante modificação adveio na CF/88 com a Emenda Constitucional n. 30/2000 (art. 100, §1°), que possibilitou que o valor originário dos precatórios seja atualizado até a data do efetivo pagamento, a fim de não sacrificar o credor em razão do eventual atraso no pagamento. Isso evita algo que era muito frequente, que era exatamente a expedição de

---

7. MARINONI, Luiz Guilherme; ARENHART, Sérgio Cruz. Curso de Processo Civil, v. 3 – Execução. São Paulo: Editora Revista dos Tribunais, 2008, p. 396.
8. A Súmula 733 do STF assim prevê: "Não cabe recurso extraordinário contra decisão proferida no processamento de precatórios".
9. VIANA, Juvêncio Vasconcelos. Novas considerações acerca da execução contra a Fazenda Pública. In Revista Dialética de Direito Processual. n. 5. São Paulo: Editora Dialética, 2003, p. 58.

precatórios complementares nos anos seguintes, a fim de possibilitar a compensação pela demora no pagamento do precatório original.

7.3 ORDEM CRONOLÓGICA, PRAZO E PARCELAMENTO PARA O PAGAMENTO DOS PRECATÓRIOS

Há, no texto constitucional, em respeito à isonomia e à moralidade – preceitos que a própria Carta Magna do país garante – três ordens cronológicas para que se dê o pagamento dos precatórios.

Primeiramente, conforme o art. 100, § 2°, há a previsão de que os débitos de natureza alimentícia cujos titulares, originários ou por sucessão hereditária, tenham 60 (sessenta) anos de idade, ou sejam portadores de doença grave, ou pessoas com deficiência, assim definidos na forma da lei, serão pagos com preferência sobre todos os demais débitos, até o valor equivalente ao triplo fixado em lei para os fins do disposto no § 3° deste artigo, admitido o fracionamento para essa finalidade, sendo que o restante será pago na ordem cronológica de apresentação do precatório.

Assim, no caso dos precatórios federais, em que o valor limite para RPV é de 60 salários-mínimos, o teto para incidência nessa primeira ordem de preferência é de 180 salários-mínimos.

O Supremo Tribunal Federal indicou, inclusive, ainda na redação anterior à Emenda Constitucional n. 94/2016, fruto da Emenda Constitucional n. 30/2000, que era inconstitucional a previsão de que os titulares fossem maiores de 60 anos quando expedido o precatório, por ofensa à isonomia[10]. Com a EC 94/2016, excluiu-se tal previsão, respeitando-se a decisão do STF, de modo a que aqueles que completem 60 anos enquanto aguardam o pagamento do precatório passem a integrar essa primeira ordem de preferência.

Quanto aos portadores de doença grave, cuida-se de conceito jurídico indeterminado, sendo de costume a utilização do rol prescrito no art. 6°, XIV, da Lei n. 7.713/88. O Conselho Nacional de Justiça também cuidou do tema, no art. 13 da Resolução n. 115/75. De todo modo, é comum a admissão de laudos médicos oficiais que reconheçam tal ou

10. ADI 4425, Rel. Ministro Ayres Britto, Rel. p/ acórdão Ministro Luiz Fux, Pleno do STF, j. 14.03.2003, DJU 18.12.2013.

qual doença como grave, mesmo não prevista no rol dos dispositivos mencionados.

A novidade de tal emenda constitucional, datada de 2016, decorreu da introdução das pessoas com deficiência nesse rol da primeira ordem de preferência, o que se afigura por demais justo e atende à ideia de igualdade material já mencionada.

Realce-se que os valores que excederem o teto estabelecido em tal § 2° deverão entrar na fila dos precatórios alimentares, não mais figurando nessa primeira ordem de preferência inaugural.

A segunda ordem de preferência é a dos créditos de natureza alimentar que não se enquadrem na primeira ordem, ou seja, que não sejam de maiores de 60 anos, pessoas portadoras de doença grave ou pessoas com deficiência, ou mesmo em relação aos valores que excedam ao teto do art. 100, § 2°.

A última ordem de preferência é daqueles créditos que não são alimentares e, portanto, ficam em último lugar na fila de pagamento, obedecendo-se evidentemente à ordem cronológica de apresentação.

O prazo para o pagamento dos precatórios é variável, ficando na dependência da data em que forem apresentados ao ente público. Isto porque o art. 100, § 5°, da CF/88, prevê que o pagamento se fará até o final do exercício seguinte para os precatórios apresentados até o dia 01 de julho de cada ano.

Dessa forma, hipoteticamente, se um precatório for encaminhado ao Executivo no dia 22 de junho de 2021, teoricamente deverá ser pago até o dia 31 de dezembro de 2022, sendo incluído na lei orçamentária de 2022. No entanto, se encaminhado em 22 de agosto de 2021, a inclusão será apenas na lei orçamentária de 2023, com pagamento a ocorrer até o dia 31 de dezembro de 2023.

Mas qual a razão dessa barreira temporal de 01 de julho de cada ano? O constituinte certamente vislumbrou essa data em razão da limitação temporal para que tais valores sejam incluídos na lei orçamentária anual do exercício subsequente, de modo de que precatórios requisitados após esse prazo inviabilizariam o planejamento orçamentário do respectivo ente.

É bom lembrar que, conforme o art. 35, § 2°, do Ato das Disposições Finais e Transitórias da CF/88, até que surja a Lei Complementar de que trata o art. 165, § 9°, o projeto de lei orçamentária da União deve ser encaminhado até quatro meses antes do exercício financeiro e devolvido para sanção até o encerramento da sessão legislativa. Assim, a previsão de encaminhamento dos precatórios até 01 de julho de cada ano visou exatamente a atender essa necessidade de análise e inclusão no projeto de lei orçamentária anual[11].

A mora, portanto, somente haverá de ser imputada ao respectivo ente público a partir de 01 de janeiro do ano subsequente ao do dia limite para o seu pagamento.

Na redação original da CF/88, os precatórios poderiam ser objeto de parcelamento, nos termos do art. 33 do Ato das Disposições Constitucionais Transitórias. Assim, os precatórios pendentes de pagamento, até 05 de outubro de 1988, assim como seus juros e correção monetária, poderiam ser parcelados em oito prestações anuais, a partir de 01 de julho de 1989.

Diante da ineficácia da medida, posto que diversos entes públicos permaneciam inadimplentes relativamente às dívidas decorrentes de decisões judiciais transitadas em julgado, a Emenda Constitucional n. 30/2000 introduziu no mesmo ADCT o art. 78, com mais uma hipótese de parcelamento, de até 10 (dez) anos, abrangendo somente os precatórios pendentes na data de promulgação da Emenda e os que decorressem de ações ajuizadas até 31 de dezembro do ano anterior.

Mais uma vez, a moratória concedida não atingiu o seu escopo, razão pela qual a Emenda Constitucional n. 62/2009 trouxe modificações significativas, destinadas a facilitar a quitação dos débitos da Fazenda Pública contidos em precatórios, temática que será analisada no tópico a seguir.

Importante destacar que a previsão de parcelamento sempre foi objeto de controvérsia. De um lado, considera-se que a moratória posterga indevidamente o recebimento de valores decorrentes de decisão judicial transitada em julgado, o que viola o direito dos credores no tocante ao

11. PEIXOTO, Marco Aurélio Ventura; PEIXOTO, Renata Cortez Vieira. O regime de precatórios na Constituição Federal de 1988. In BEÇAK, Rubens; PRADO, João Carlos Navarro de Almeida (Org.) Reflexões sobre os 30 anos da Constituição de 1988: mutações e reformas constitucionais. Belo Horizonte: Arraes Editores, 2018, p. 296.

recebimento conforme a regra geral estabelecida pela própria CF/88 (em parcela única); de outro, considerando-se as dificuldades financeiras de alguns Estados e da maioria dos Municípios brasileiros, entende-se que o parcelamento possibilita maior fluxo para as finanças públicas, levando-se em conta, ainda, que, sem a previsão do parcelamento, alguns entes públicos deixavam de incluir os precatórios no orçamento, sob o argumento da falta de recursos.

7.4 JUROS E CORREÇÃO MONETÁRIA NA EXPEDIÇÃO DE PRECATÓRIOS

O precatório que tiver sido objeto de inscrição até o dia 01 de julho, deve ter o seu pagamento efetivado até o final do exercício financeiro seguinte, isto é, até 31 de dezembro do ano subsequente.

Em função dessa previsão, que decorre do próprio texto constitucional, por vezes o pagamento do precatório demora mais de um ano para vir a ocorrer, o que faz gerar a necessidade de atualização monetária de tal valor.

Dita correção já é objeto de mandamento na própria carta constitucional, que em seu art. 100, § 5º, indica que, quando do pagamento, os valores serão monetariamente atualizados.

Por outro lado, ao menos no texto constitucional, não há previsão de incidência de juros de mora. Sempre se discutiu, em decorrência dessa omissão, se seria o caso de aplicar juros no período compreendido entre a inscrição do precatório e o seu efetivo pagamento.

Muitos na doutrina defendiam a impossibilidade de tal incidência, a exemplo de Leonardo Carneiro da Cunha[12], dentre outras razões, pelo fato de que os juros incidem em razão da mora, e não há mora se o pagamento se dá no período constitucionalmente fixado, isto é, até 31 de dezembro do ano seguinte ao da inscrição.

A própria súmula vinculante n. 17 do STF encerrava orientação neste sentido, ao prever que "durante o período previsto no § 1º do art. 100 da CF/88, não incidem juros de mora sobre os precatórios que nele sejam pagos".

12. CUNHA, Leonardo Carneiro da. A Fazenda Pública em juízo. 13. Ed. Rio de Janeiro: Forense, 2016, p. 364.

Ocorre que o Supremo Tribunal Federal, em julgamento ocorrido em 19.04.2017, no RE 579431/RS[13], firmou o entendimento – com repercussão geral – no sentido de que "incidem os juros da mora no período compreendido entre a data da realização dos cálculos e a da requisição ou do precatório".

No voto do relator (Ministro Marco Aurélio Mello), sustentou-se que o fato de o constituinte haver previsto a atualização monetária no momento do pagamento não teria o condão de afastar a incidência dos juros da mora[14].

No mesmo voto, argumentou-se que a tese da não incidência dos juros de mora durante o aludido prazo havia sido superada pela Emenda Constitucional nº 62/09, a qual incluiu, no artigo 100 da Carta, o § 12, que previu, para fins de compensação da mora, juros simples no mesmo percentual de juros incidentes sobre a caderneta de poupança, ficando excluída a incidência de juros compensatórios.

Assim, o sistema de precatório – que abrange as requisições de pequeno valor – não poderia ser confundido com moratória, razão pela qual os juros da mora deveriam incidir, conforme as razões do voto, até o pagamento do débito, sendo o caso inclusive de superação da Súmula Vinculante n. 17.

Ademais, chegou ao Supremo Tribunal Federal também a discussão quanto à constitucionalidade do art. 1º-F da Lei nº 9.494/97[15], com a redação dada pela Lei nº 11.960/09.

No julgamento do RE 870947/SE (Tese 810), com repercussão geral, o Plenário do STF, em 20.09.2017[16], decidiu da seguinte forma:

a) O dispositivo <u>é inconstitucional</u> na parte em que trata dos juros moratórios aplicáveis a condenações da Fazenda Pública relativamente a débitos oriundos de <u>relação jurídico-tributária</u>, em

13. RE 579431/RS, Rel. Ministro Marco Aurélio, STF, Tribunal Pleno, j. 19.04.2017, DJU 29.06.2017.

14. Em julgamento concluído em 13 de junho de 2018, o STF desproveu, por unanimidade, os embargos de declaração, havendo a decisão transitado em julgado em 16 de agosto de 2018.

15. Art. 1º-F. Nas condenações impostas à Fazenda Pública, independentemente de sua natureza e para fins de atualização monetária, remuneração do capital e compensação da mora, haverá a incidência uma única vez, até o efetivo pagamento, dos índices oficiais de remuneração básica e juros aplicados à caderneta de poupança.

16. Vide tópicos 14.2.21 e 14.1.27.

relação aos quais os juros de mora aplicáveis são os mesmos pelos quais a Fazenda Pública remunera seu crédito tributário (violação à isonomia);

b) O dispositivo é constitucional na parte em que trata dos juros moratórios aplicáveis a condenações da Fazenda Pública relativamente a débitos oriundos de relação jurídica não-tributária, podendo a fixação dos juros de mora ser realizada de acordo com o índice de remuneração da caderneta de poupança;

c) O dispositivo é inconstitucional na parte em que disciplina a atualização monetária das condenações impostas à Fazenda Pública segundo a remuneração oficial da caderneta de poupança (restrição desproporcional ao direito de propriedade).

Posteriormente, no julgamento da ADI nº 5348, o STF[17], por maioria, julgou procedente o pedido para declarar a inconstitucionalidade do art. 1º-F da Lei nº 9.494/1997, alterado pela Lei nº 11.960/2009, na parte em que estabelece a aplicação dos índices da caderneta de poupança como critério de atualização monetária nas condenações da Fazenda Pública[18].

O STJ também julgou REsp repetitivo sobre o tema (nº 1495146/MG, tema 905)[19]. No referido julgado, a referida Corte Superior reafirmou a inaplicabilidade do art. 1º-F da Lei 9.494/97 para fins de correção monetária e concluiu pela impossibilidade de fixação apriorística da taxa de correção monetária e esclareceu que os índices referidos na decisão são aqueles que, naquele momento, refletiam a correção monetária ocorrida no período correspondente. Ressalvou-se que, quanto às situações

---

17. EMENTA: AÇÃO DIRETA DE INCONSTITUCIONALIDADE. ART. 1º-F DA LEI N. 9.494/1997, ALTERADO PELA LEI N. 11.960/2009. ÍNDICE DE REMUNERAÇÃO DA CADERNETA DE POUPANÇA COMO CRITÉRIO DE CORREÇÃO MONETÁRIA EM CONDENAÇÕES DA FAZENDA PÚBLICA. INCONSTITUCIONALIDADE. 1. Este Supremo Tribunal declarou inconstitucional o índice de remuneração da caderneta de poupança como critério de correção monetária em condenações judiciais da Fazenda Pública ao decidir o Recurso Extraordinário n. 870.947, com repercussão geral (Tema 810). 2. Assentou-se que a norma do art. 1º-F da Lei n. 9.494/1997, pela qual se estabelece a aplicação dos índices oficiais de remuneração da caderneta de poupança para atualização monetária nas condenações da Fazenda Pública, configura restrição desproporcional ao direito fundamental de propriedade. 3. Ação direta de inconstitucionalidade julgada procedente. (ADI 5348, Relator(a): CÁRMEN LÚCIA, Tribunal Pleno, julgado em 11/11/2019, PROCESSO ELETRÔNICO DJe-260 DIVULG 27-11-2019 PUBLIC 28-11-2019)
18. Sobre tal dispositivo, há também o Tema 04 do STJ e a Tese 435 do STF, ambos referentes à redação do art. 1º-F da Lei 9.494/97 com a redação dada pela Medida provisória nº 2.180-35, de 2001. Com as alterações empreendidas pela Lei nº 11.960/2009, tais teses não têm mais aplicabilidade.
19. Vide tópico 14.1.47.

futuras, a aplicação desses índices (INPC e o IPCA-E) será legítima na medida em que sejam eles capazes de captar o fenômeno inflacionário.

Quanto aos juros de mora, a decisão também acompanhou o julgado do STF: o índice oficial de remuneração da caderneta de poupança aplica-se tão somente às condenações impostas à Fazenda Pública oriundas de relação jurídica não-tributária. E os índices respectivos variam conforme a natureza da condenação.

Os índices de correção monetária e juros de mora ficaram definidos da seguinte forma:

a) Condenações judiciais de natureza administrativa em geral:

   i. até dezembro/2002: juros de mora de 0,5% ao mês; correção monetária de acordo com os índices previstos no Manual de Cálculos da Justiça Federal, com incidência do IPCA-E a partir de janeiro/2001;

   ii. no período posterior à vigência do CC/2002 e anterior à vigência da Lei 11.960/2009: juros de mora correspondentes à taxa Selic, vedada a cumulação com qualquer outro índice;

   iii. período posterior à vigência da Lei 11.960/2009: juros de mora segundo o índice de remuneração da caderneta de poupança e correção monetária com base no IPCA-E.

b) Condenações judiciais referentes a servidores e empregados públicos:

   i. até julho/2001: juros de mora: 1% ao mês (capitalização simples); correção monetária: índices previstos no Manual de Cálculos da Justiça Federal, com incidência do IPCA-E a partir de janeiro/2001;

   ii. agosto/2001 a junho/2009: juros de mora: 0,5% ao mês e correção monetária: IPCA-E;

   iii. a partir de julho/2009: juros de mora: remuneração oficial da caderneta de poupança e correção monetária: IPCA-E.

c) Condenações judiciais referentes a desapropriações diretas e indiretas: existem regras específicas, razão pela qual não incide o art. 1º-F da Lei 9.494/97 nem para compensação da mora nem para remuneração do capital.

d) Condenações judiciais de natureza previdenciária:

   i. Correção monetária: sujeitam-se à incidência do INPC, no que se refere ao período posterior à vigência da Lei 11.430/2006, que incluiu o art. 41-A na Lei 8.213/91;

   ii. Juros de mora: remuneração oficial da caderneta de poupança.

e) Condenações judiciais de natureza tributária:

   i. A correção monetária e a taxa de juros de mora devem corresponder às utilizadas na cobrança de tributo pago em atraso;

   ii. Não havendo disposição legal específica, os juros de mora são calculados à taxa de 1% ao mês (art. 161, § 1º, do CTN);

   iii. Observada a regra isonômica e havendo previsão na legislação da entidade tributante, pode ser utilizada a taxa Selic, vedada sua cumulação com outros índices.

7.5 CONSEQUÊNCIAS DO ATRASO NO PAGAMENTO DE PRECATÓRIOS

O procedimento previsto no texto constitucional para adimplemento das obrigações pecuniárias devidas pelo Poder Público através dos precatórios, embora destinado a promover a igualdade entre os credores que estejam numa mesma situação e, bem assim, a garantir um adequado planejamento orçamentário por parte dos entes públicos, não impede a preterição de exequentes e o atraso dos pagamentos, de modo que a própria CF/88 prevê mecanismos voltados à apreensão dos valores correspondentes para disponibilização aos credores e ao restabelecimento da normalidade quanto à gestão das contas públicas: o sequestro e a intervenção.

O art. 100, § 6º, da CF/88 assim dispõe:

(...) As dotações orçamentárias e os créditos abertos serão consignados diretamente ao Poder Judiciário, cabendo ao Presidente do Tribunal que proferir a decisão exequenda determinar o pagamento integral e autorizar, a requerimento do credor e exclusivamente para os casos de preterimento de seu direito de precedência ou de não alocação orçamentária do valor necessário à satisfação do seu débito, o sequestro da quantia respectiva. (Redação dada pela Emenda Constitucional nº 62, de 2009).

Conforme contido no parágrafo acima transcrito, o sequestro é possível na eventualidade de ocorrer a preterição na ordem de inscrição do precatório, assim como também caso não haja a alocação orçamentária do valor necessário à satisfação do débito.

Em verdade, como bem leciona Ovídio Baptista da Silva[20], a nomenclatura mais adequada à hipótese seria de arresto, porque incide sobre quantia e não sobre bens certos, como é o caso do sequestro, com a respectiva entrega da quantia apreendida ao credor preterido. Difere, apesar disso, do arresto previsto no CPC revogado, porque este possuía caráter cautelar e, portanto, preventivo, ao passo que o sequestro previsto no regime dos precatórios é satisfativo, por visar à entrega dos valores ao credor prejudicado[21].

Qualquer credor que se considere preterido pode pleitear o sequestro. Sendo o caso de preterição, não é necessário que seja apenas o que está imediatamente acima do beneficiário, mas também os que lhe antecedem. Na hipótese de não pagamento porque não se fez a devida inclusão na lei orçamentária, o legitimado ativo para pleitear o sequestro é o credor prejudicado, isto é, aquele que não teve o crédito incluído no orçamento do ente.

Há discussões doutrinárias quanto ao sujeito passivo desse sequestro, na hipótese de preterição da ordem cronológica, se a própria Fazenda Pública que preteriu ou se o beneficiário da tal preterição. Para Juvêncio Vasconcelos Viana, o sequestro permite inclusive um litisconsórcio passivo, podendo incidir sobre o patrimônio da Fazenda como também pelo respectivo beneficiário[22].

O sequestro não é medida a ser determinada de ofício, sendo assim necessário o prévio requerimento do credor, com a posterior ma-

---

20. SILVA, Ovídio Baptista da. Curso de processo civil. 3. Ed. São Paulo: Revista dos Tribunais, 1998, p. 116.
21. CÂMARA, Alexandre Freitas. Lições de Direito Processual Civil. Volume II, 11. Ed. Rio de Janeiro: Lumen Juris, 2005, p. 345.
22. VIANA, Juvêncio Vasconcelos. Novas considerações acerca da execução contra a Fazenda Pública. In Revista Dialética de Direito Processual. São Paulo: Dialética, v. 5 (agosto/2003), p. 65.

nifestação do Ministério Público para, então, o magistrado deliberar sobre a medida.

A respeito do sequestro, deve-se ressaltar que o Supremo Tribunal Federal reconheceu haver repercussão geral sobre alguns temas contidos em recursos extraordinários, ainda pendentes de julgamento quanto ao mérito, quais sejam: a) tema 598: sequestro de verbas públicas para pagamento de crédito a portador de moléstia grave sem observância à regra dos precatórios; b) tema 521: quebra da ordem cronológica do pagamento de precatórios alimentares para fins de sequestro de recursos públicos; c) tema 519: sequestro de verbas públicas para pagamento de precatórios anteriores à Emenda Constitucional nº 62/2009; d) e tema 231: sequestro de recursos financeiros do Estado no caso de parcelamento compulsório de precatório.

Uma das mais drásticas medidas constitucionalmente previstas é a figura da intervenção, que está prevista entre os artigos 34 e 36 da CF/88.

O art. 34, inciso V, "a", diz que a União pode intervir nos Estados e no Distrito Federal para reorganizar as finanças da unidade da federação que suspender o pagamento da dívida fundada por mais de dois anos consecutivos, salvo motivo de força maior. Já o art. 35, inciso I, afirma que o Estado pode intervir nos Municípios e a União em territórios federais, quando a dívida fundada deixar de ser paga, sem motivo de força maior, por dois anos consecutivos.

O decreto de intervenção, nos termos do art. 36, § 1°, deve estabelecer a amplitude, o prazo e as condições da execução, com a nomeação do interventor, que será submetido à apreciação do Congresso Nacional ou da Assembleia Legislativa, em vinte e quatro horas.

A discussão nos tribunais e na doutrina se dá, como não poderia ser diferente, na comprovação do que vem a ser força maior, que justificaria a não intervenção. Não parece coerente o argumento de que a falta de recursos sirva como elemento para justificar o não pagamento e obstar a intervenção, mas não foi esse o entendimento sedimentado no Supremo Tribunal Federal, como se observa do precedente abaixo[23], relativo a pedido de intervenção contra o Estado de São Paulo:

23. IF 164, Relator: Ministro Marco Aurélio, Relator p/ Acórdão: Ministro Gilmar Mendes, j. 13/12/2003, DJU 14/11/2003.

EMENTA: INTERVENÇÃO FEDERAL. 2. Precatórios judiciais. 3. Não configuração de atuação dolosa e deliberada do Estado de São Paulo com finalidade de não pagamento. 4. Estado sujeito a quadro de múltiplas obrigações de idêntica hierarquia. Necessidade de garantir eficácia a outras normas constitucionais, como, por exemplo, a continuidade de prestação de serviços públicos. 5. A intervenção, como medida extrema, deve atender à máxima da proporcionalidade. 6. Adoção da chamada relação de precedência condicionada entre princípios constitucionais concorrentes. 7. Pedido de intervenção indeferido.

Dessa forma, a sanção constitucional da intervenção acaba sem muita eficácia, levando em conta que não são poucos os Estados e Municípios possuidores de enorme dívida pública, fazendo com que, em casos como tais, a justificativa de impossibilidade orçamentária acabe servindo como elemento justificador para obstar um eventual pedido de intervenção. Por essas razões, desde a consolidação do entendimento do STF, cada vez mais raros são os pleitos de intervenção com base no não pagamento dos precatórios.

7.6 A INCONSTITUCIONALIDADE DA COMPENSAÇÃO DE DÉBITOS DO EXEQUENTE PARA COM A FAZENDA PÚBLICA

Inovação das mais importantes, decorrentes da Emenda Constitucional n.º 62/2009, foi a previsão constante dos §§9° e 10 do art. 100 da CF/88 que assim versam:

> § 9º. No momento da expedição dos precatórios, independentemente de regulamentação, deles deverá ser abatido, a título de compensação, valor correspondente aos débitos líquidos e certos, inscritos ou não em dívida ativa e constituídos contra o credor original pela Fazenda Pública devedora, incluídas parcelas vincendas de parcelamentos, ressalvados aqueles cuja execução esteja suspensa em virtude de contestação administrativa ou judicial.
>
> § 10. Antes da expedição dos precatórios, o Tribunal solicitará à Fazenda Pública devedora, para resposta em até 30 (trinta) dias, sob pena de perda do direito de abatimento, informação sobre os débitos que preencham as condições estabelecidas no § 9º, para os fins nele previstos.

Dever-se-ia, portanto, antes de se expedir precatório[24], verificar a possibilidade de compensação dos créditos por ele representados com débitos tributários do exequente perante a Fazenda Pública.

Houve a regulamentação desse procedimento por meio da Lei n. 12.431/2011, valendo para as execuções contra a Fazenda Pública Federal, de sorte que Estados e Municípios poderiam editar leis próprias.

O juiz deveria, no momento anterior à expedição do precatório, determinar a intimação da Fazenda, para que informasse, em trinta dias, a existência de débitos passíveis de compensação, podendo ser débitos de qualquer natureza, desde que líquidos e certos, inscritos ou não na dívida ativa da União.

Se a Fazenda respondesse positivamente, o juiz daria quinze dias para que o beneficiário impugnasse os débitos, após o que o ente público teria mais trinta dias para responder à impugnação, seguindo-se com a decisão judicial.

Não faltaram críticas a essa possibilidade instituída pela Emenda Constitucional n. 62/2009[25]. Havia quem afirmasse que representava verdadeiro confisco dos bens do credor da dívida pública, representando típico ato expropriatório antes mesmo da instauração da execução fiscal[26].

O meio tradicional de cobrança de créditos públicos se dá pelo ajuizamento de execução fiscal, regulada pela Lei 6.830/80. Ocorre que a existência deste instrumento de cobrança da dívida ativa não vedava, a nosso ver, a criação de meios alternativos. As execuções fiscais custam caro ao Estado e, por consequência, aos contribuintes, notadamente àqueles que não possuem débitos e custeiam, com seus tributos, o funcionamento da máquina judiciária.

A compensação já vinha sendo reivindicada tanto pelos entes estatais quanto pelos próprios particulares, que enxergavam neste instituto a possibilidade de regularização fiscal.

O instituto trazido pela EC nº 62/2009 afigurava-se de suma importância para a higidez orçamentária dos entes políticos, sobretudo daqueles cuja receita corrente líquida estava quase inteiramente comprometida

24. Essa previsão não se aplica aos pagamentos feitos pela via das requisições de pequeno valor – RPV.
25. A possibilidade de compensação também é um dos pontos atacados pela ADI 4357.
26. DONIZETTI, Elpídio. Curso Didático de Direito Processual Civil. 16. Ed. São Paulo: Atlas, 2012, p. 1035.

com o pagamento de precatórios. A execução fiscal, além de onerosa, revela-se ineficaz em relação a muitos executados, que, não raras vezes, arruínam o próprio patrimônio.

Dito procedimento, portanto, representava uma maneira econômica e eficiente na recuperação de ativos da Fazenda Pública. Desde o início da vigência, tais parágrafos já representavam um aumento de arrecadação, por um custo reduzido aos entes, e a consequente possibilidade de os contribuintes regularizarem suas situações perante o Fisco.

A questão é que, da forma como regulada a compensação no texto constitucional - permitindo o abatimento independentemente de regulamentação e sem observância do contraditório e de outros princípios e garantias constitucionais –, os §§ 9º e 10 do art. 100 não escaparam ao controle de constitucionalidade exercido pelo Supremo Tribunal Federal.

Com efeito, o Supremo, no julgamento das Ações Diretas de Inconstitucionalidade n. 4425 e 4257[27], ocorrido em março de 2013, declarou a inconstitucionalidade dos §§ 9º e 10 do art. 100 da CF/88, nos seguintes termos:

> O regime de compensação dos débitos da Fazenda Pública inscritos em precatórios, previsto nos §§ 9º e 10 do art. 100 da CF/88, incluídos pela EC nº 62/09, embaraça a efetividade da jurisdição (CF, art. 5º, XXXV), desrespeita a coisa julgada material (CF, art. 5º, XXXVI), vulnera a Separação dos Poderes (CF, art. 2º) e ofende a isonomia entre o Poder Público e o particular (CF, art. 5º, caput), cânone essencial do Estado Democrático de Direito (CF, art. 1º, caput).

Assim é que, desde então, passou a não ser mais possível a compensação de créditos tributários da Fazenda Pública com precatórios[28]. A compensação negociada entre Poder Público e particular, no entanto, é medida que deve ser admitida, porquanto não enseja violação à decisão do STF.

---

27. ADI 4425, Relator(a): Min. Ayres Britto, Relator(a) p/ Acórdão: Min. Luiz Fux, STF, Tribunal Pleno, j. 14/03/2013, DJU 19/12/2013.
28. Essa tese do STF não se confunde com o tema 228 do STJ (REsp repetitivos nºs 1114404/MG e 937890/SP), que trata da situação oposta, ou seja, o contribuinte que detém crédito contra a Fazenda Pública por tributo indevidamente pago e deseja optar pela restituição via precatório ou compensação, conforme previsão legal do ente tributante. Sobre o tema, o STJ fixou tese no sentido de que "o contribuinte pode optar por receber, por meio de precatório ou por compensação, o indébito tributário certificado por sentença declaratória transitada em julgado", mesmo teor da súmula 461 da referida Corte Superior (Vide tópico 14.1.9).

Houve modulação dos efeitos da sobredita decisão, por meio de questão de ordem suscitada pelo Ministro Luiz Fux, de modo que, apesar da declaração de inconstitucionalidade dos §§9º e 10 do art. 100 da CF, foram reputadas válidas as compensações previstas na EC nº 62/2009, desde que efetivadas até 25.03.2015. A partir da referida data, a compensação passou a não ser mais admitida com a finalidade de promover a quitação de precatórios.

Há decisões do Superior Tribunal de Justiça, no entanto, no sentido de que a compensação, nesses casos, depende de lei autorizativa e que, portanto, o pedido de compensação formulado administrativamente não suspende a exigibilidade do crédito tributário[29].

7.7 O REGIME ESPECIAL INTRODUZIDO PELA EMENDA CONSTITUCIONAL N.º 62/2009

Os precatórios devem ser pagos, como reza a CF/88, de acordo com a ordem cronológica de sua apresentação, ressalvados os casos de créditos de natureza alimentar, os quais são prioritários em relação aos demais, com ordem cronológica específica.

Na redação original da CF/88, os precatórios poderiam ser objeto de parcelamento, nos termos do art. 33 do Ato das Disposições Constitucionais Transitórias. Assim, os precatórios pendentes de pagamento, até 05 de outubro de 1988, assim como seus juros e correção monetária, poderiam ser parcelados em oito prestações anuais, a partir de 01 de julho de 1989.

A Emenda Constitucional n. 30/2000 introduziu no mesmo ADCT o art. 78, com mais uma hipótese de parcelamento, de até 10 (dez) anos, abrangendo somente os precatórios pendentes na data de promulgação da Emenda e os que decorressem de ações ajuizadas até 31 de dezembro do ano anterior.

---

29. PROCESSUAL CIVIL E TRIBUTÁRIO. ART. 535, II, DO CPC/1973. AUSÊNCIA DE VIOLAÇÃO. PEDIDO ADMINISTRATIVO DE COMPENSAÇÃO TRIBUTÁRIA COM PRECATÓRIO. INEXISTÊNCIA DE PREVISÃO LEGAL. SUSPENSÃO DE EXIGIBILIDADE DO CRÉDITO TRIBUTÁRIO. IMPOSSIBILIDADE. 1. Inexiste contrariedade ao art. 535, II, do CPC/1973 quando o Tribunal de origem decide fundamentadamente todas as questões postas ao seu exame. Ademais, não se deve confundir decisão contrária aos interesses da parte com ausência de prestação jurisdicional. 2. Esta Corte de justiça possui o entendimento firmado de que, inexistindo específica lei autorizativa, o pedido de compensação de tributo com precatório não suspende a exigibilidade do crédito tributário. 3. Recurso especial a que se nega provimento. (REsp 1564011/RS, Rel. Ministro OG FERNANDES, SEGUNDA TURMA, julgado em 03/04/2018, DJe 09/04/2018).

As mudanças mais significativas vieram com a Emenda Constitucional n. 62/2009, que foi por muitos pejorativamente apelidada de "PEC do Calote". Essa alteração constitucional introduziu, de início, um direito de precedência para o pagamento de débitos aos credores com mais de 60 (sessenta) anos ou sejam portadores de doenças graves, desde que o valor seja de até três vezes o fixado para as obrigações de pequeno valor.

Além disso, estabeleceu patamar mínimo para que Estados e Municípios fixem suas obrigações de pequeno valor quando editarem lei própria, que é o valor do maior benefício do regime geral de previdência social. A mesma emenda estabeleceu que a atualização monetária dos precatórios, fruto de muitas divergências, se daria pelos índices de atualização da caderneta de poupança. Autorizou-se, ademais, a cessão dos créditos de precatórios, desde que a operação seja previamente informada à entidade devedora e ao Poder Judiciário.

Por fim, delegou-se à lei complementar a fixação de regime especial de pagamento de precatórios de Estados, Distrito Federal e Municípios, podendo para tanto fixar vinculações à receita corrente líquida, bem como forma e prazo para que os débitos sejam liquidados.

Ocorre que o art. 97 do ADCT, criado com a mesma emenda, estabeleceu que até que fosse editada a lei complementar, Estados, Distrito Federal e Municípios poderiam adotar regime especial pelo prazo de até 15 (quinze) anos, bem como reservou percentuais mínimos nos orçamentos dos Municípios, entre 1% e 1,5%, e dos Estados, entre 1,5% e 2% para a quitação das dívidas, razão pela qual se gerou a ira de advogados, magistrados e tantos doutrinadores, que viram nessas previsões um verdadeiro "calote" nos credores da Fazenda Pública.

Dita emenda foi objeto de Ação Direta de Inconstitucionalidade, ajuizada pelo Conselho Federal da Ordem dos Advogados do Brasil e outros – ADI 4357. O ponto mais polêmico discutido na ação residia exatamente na chamada "moratória" ou "calote oficial", em razão da previsão do citado art. 97 do ADCT, que previu prazo de 15 (quinze) anos para pagamento e percentuais mínimos da receita corrente líquida de Estados, Distrito Federal e Municípios para os pagamentos dos débitos judiciais.

O STF, nas sessões de julgamento ocorridas nos dias 06, 07 e 14 de março de 2013, julgou procedente em parte os pedidos contidos na sobredita ação, assim como na ADI 4425, para declarar a inconstitucionalidade de diversos dispositivos incluídos na Carta Maior pela Emenda Constitucional nº 62/2009, dentre eles o §15, do art. 100 da CF/88 e o art. 97 do Ato das Disposições Constitucionais Transitórias, por violarem a cláusula constitucional do Estado Democrático de Direito, o princípio da separação dos poderes, a isonomia, a garantia de acesso à justiça, a efetividade da tutela jurisdicional, o direito adquirido e a coisa julgada[30].

---

30. O acórdão respectivo, que é referido em outros pontos do presente livro, restou assim ementado: "DIREITO CONSTITUCIONAL. REGIME DE EXECUÇÃO DA FAZENDA PÚBLICA MEDIANTE PRECATÓRIO. EMENDA CONSTITUCIONAL Nº 62/2009. INCONSTITUCIONALIDADE FORMAL NÃO CONFIGURADA. INEXISTÊNCIA DE INTERSTÍCIO CONSTITUCIONAL MÍNIMO ENTRE OS DOIS TURNOS DE VOTAÇÃO DE EMENDAS À LEI MAIOR (CF, ART. 60, §2º). CONSTITUCIONALIDADE DA SISTEMÁTICA DE "SUPERPREFERÊNCIA" A CREDORES DE VERBAS ALIMENTÍCIAS QUANDO IDOSOS OU PORTADORES DE DOENÇA GRAVE. RESPEITO À DIGNIDADE DA PESSOA HUMANA E À PROPORCIONALIDADE. INVALIDADE JURÍDICO-CONSTITUCIONAL DA LIMITAÇÃO DA PREFERÊNCIA A IDOSOS QUE COMPLETEM 60 (SESSENTA) ANOS ATÉ A EXPEDIÇÃO DO PRECATÓRIO. DISCRIMINAÇÃO ARBITRÁRIA E VIOLAÇÃO À ISONOMIA (CF, ART. 5º). INCONSTITUCIONALIDADE DA SISTEMÁTICA DE COMPENSAÇÃO DE DÉBITOS INSCRITOS EM PRECATÓRIOS EM PROVEITO EXCLUSIVO DA FAZENDA PÚBLICA. EMBARAÇO À EFETIVIDADE DA JURISDIÇÃO (CF, ART. 5º, XXXV), DESRESPEITO À COISA JULGADA MATERIAL (CF, ART. 5º XXXVI), OFENSA À SEPARAÇÃO DOS PODERES (CF, ART. 2º) E ULTRAJE À ISONOMIA ENTRE O ESTADO E O PARTICULAR (CF, ART. 1º, CAPUT, C/C ART. 5º, CAPUT). IMPOSSIBILIDADE JURÍDICA DA UTILIZAÇÃO DO ÍNDICE DE REMUNERAÇÃO DA CADERNETA DE POUPANÇA COMO CRITÉRIO DE CORREÇÃO MONETÁRIA. VIOLAÇÃO AO DIREITO FUNDAMENTAL DE PROPRIEDADE (CF, ART. 5º, XXII). INADEQUAÇÃO MANIFESTA ENTRE MEIOS E FINS. INCONSTITUCIONALIDADE DA UTILIZAÇÃO DO RENDIMENTO DA CADERNETA DE POUPANÇA COMO ÍNDICE DEFINIDOR DOS JUROS MORATÓRIOS DOS CRÉDITOS INSCRITOS EM PRECATÓRIOS, QUANDO ORIUNDOS DE RELAÇÕES JURÍDICO-TRIBUTÁRIAS. DISCRIMINAÇÃO ARBITRÁRIA E VIOLAÇÃO À ISONOMIA ENTRE DEVEDOR PÚBLICO E DEVEDOR PRIVADO (CF, ART. 5º, CAPUT). INCONSTITUCIONALIDADE DO REGIME ESPECIAL DE PAGAMENTO. OFENSA À CLÁUSULA CONSTITUCIONAL DO ESTADO DE DIREITO (CF, ART. 1º, CAPUT), AO PRINCÍPIO DA SEPARAÇÃO DE PODERES (CF, ART. 2º), AO POSTULADO DA ISONOMIA (CF, ART. 5º, CAPUT), À GARANTIA DO ACESSO À JUSTIÇA E A EFETIVIDADE DA TUTELA JURISDICIONAL (CF, ART. 5º, XXXV) E AO DIREITO ADQUIRIDO E À COISA JULGADA (CF, ART. 5º, XXXVI). PEDIDO JULGADO PROCEDENTE EM PARTE. 1. A aprovação de emendas à Constituição não recebeu da Carta de 1988 tratamento específico quanto ao intervalo temporal mínimo entre os dois turnos de votação (CF, art. 62, §2º), de sorte que inexiste parâmetro objetivo que oriente o exame judicial do grau de solidez da vontade política de reformar a Lei Maior. A interferência judicial no âmago do processo político, verdadeiro locus da atuação típica dos agentes do Poder Legislativo, tem de gozar de lastro forte e categórico no que prevê o texto da Constituição Federal. Inexistência de ofensa formal à Constituição brasileira. 2. Os precatórios devidos a titulares idosos ou que sejam portadores de doença grave devem submeter-se ao pagamento prioritário, até certo limite, posto metodologia que promove, com razoabilidade, a dignidade da pessoa humana (CF, art. 1º, III) e a proporcionalidade (CF, art. 5º, LIV), situando-se dentro da margem de conformação do legislador constituinte para operacionalização da novel preferência subjetiva criada pela Emenda Constitucional nº 62/2009. 3. A expressão "na data de expedição do precatório", contida no art. 100, §2º, da CF, com redação dada pela EC nº 62/09, enquanto baliza temporal para a aplicação da preferência no pagamento de idosos, ultraja a isonomia (CF, art. 5º, caput) entre os cidadãos credores da Fazenda Pública, na medida em que discrimina, sem qualquer fundamento, aqueles que venham a alcançar a idade de sessenta anos não na data da expedição do precatório, mas sim posteriormente, enquanto pendente este e ainda não ocorrido o pagamento. 4. A compensação dos débitos da Fazenda Pública inscritos

Posteriormente, o Supremo Tribunal Federal, decidindo questão de ordem suscitada pelo Ministro Luiz Fux na ADI 4425, relacionada à modulação dos efeitos da decisão supra referida, em 25 de março de 2015, definiu que ficava mantida "a vigência do regime especial de pagamento de precatórios instituído pela Emenda Constitucional nº 62/2009 por cinco exercícios financeiros a contar de primeiro de janeiro de 2016" e que, durante esse período, perduraria "a vinculação de percentuais mínimos da receita corrente líquida ao pagamento dos precatórios" e, bem assim, "as sanções para o caso de não liberação tempestiva dos recursos destinados ao pagamento de precatórios", previsões contidas no art. 97, §10, do ADCT[31].

---

em precatórios, previsto nos §§ 9º e 10 do art. 100 da Constituição Federal, incluídos pela EC nº 62/09, embaraça a efetividade da jurisdição (CF, art. 5º, XXXV), desrespeita a coisa julgada material (CF, art. 5º, XXXVI), vulnera a Separação dos Poderes (CF, art. 2º) e ofende a isonomia entre o Poder Público e o particular (CF, art. 5º, caput), cânone essencial do Estado Democrático de Direito (CF, art. 1º, caput). 5. O direito fundamental de propriedade (CF, art. 5º, XXII) resta violado nas hipóteses em que a atualização monetária dos débitos fazendários inscritos em precatórios perfaz-se segundo o índice oficial de remuneração da caderneta de poupança, na medida em que este referencial é manifestamente incapaz de preservar o valor real do crédito de que é titular o cidadão. É que a inflação, fenômeno tipicamente econômico-monetário, mostra-se insuscetível de captação apriorística (ex ante), de modo que o meio escolhido pelo legislador constituinte (remuneração da caderneta de poupança) é inidôneo a promover o fim a que se destina (traduzir a inflação do período). 6. A quantificação dos juros moratórios relativos a débitos fazendários inscritos em precatórios segundo o índice de remuneração da caderneta de poupança vulnera o princípio constitucional da isonomia (CF, art. 5º, caput) ao incidir sobre débitos estatais de natureza tributária, pela discriminação em detrimento da parte processual privada que, salvo expressa determinação em contrário, responde pelos juros da mora tributária à taxa de 1% ao mês em favor do Estado (ex vi do art. 161, §1º, CTN). Declaração de inconstitucionalidade parcial sem redução da expressão "independentemente de sua natureza", contida no art. 100, §12, da CF, incluído pela EC nº 62/09, para determinar que, quanto aos precatórios de natureza tributária, sejam aplicados os mesmos juros de mora incidentes sobre todo e qualquer crédito tributário. 7. O art. 1º-F da Lei nº 9.494/97, com redação dada pela Lei nº 11.960/09, ao reproduzir as regras da EC nº 62/09 quanto à atualização monetária e à fixação de juros moratórios de créditos inscritos em precatórios incorre nos mesmos vícios de juridicidade que inquinam o art. 100, §12, da CF, razão pela qual se revela inconstitucional por arrastamento, na mesma extensão dos itens 5 e 6 supra. 8. O regime "especial" de pagamento de precatórios para Estados e Municípios criado pela EC nº 62/09, ao veicular nova moratória na quitação dos débitos judiciais da Fazenda Pública e ao impor o contingenciamento de recursos para esse fim, viola a cláusula constitucional do Estado de Direito (CF, art. 1º, caput), o princípio da Separação de Poderes (CF, art. 2º), o postulado da isonomia (CF, art. 5º), a garantia do acesso à justiça e a efetividade da tutela jurisdicional (CF, art. 5º, XXXV), o direito adquirido e à coisa julgada (CF, art. 5º, XXXVI). 9. Pedido de declaração de inconstitucionalidade julgado procedente em parte".(ADI 4357, Relator(a): Min. AYRES BRITTO, Relator(a) p/ Acórdão: Min. LUIZ FUX, Tribunal Pleno, julgado em 14/03/2013, ACÓRDÃO ELETRÔNICO DJe-188 DIVULG 25-09-2014 PUBLIC 26-09-2014).

31. O acórdão respectivo, que é referido em outros pontos do presente livro, restou assim ementado: Ementa: QUESTÃO DE ORDEM. MODULAÇÃO TEMPORAL DOS EFEITOS DE DECISÃO DECLARATÓRIA DE INCONSTITUCIONALIDADE (LEI 9.868/99, ART. 27). POSSIBILIDADE. NECESSIDADE DE ACOMODAÇÃO OTIMIZADA DE VALORES CONSTITUCIONAIS CONFLITANTES. PRECEDENTES DO STF. REGIME DE

Desse modo, as normas acima, mesmo tendo sido declaradas inconstitucionais, continuarão em vigor até o final do exercício financeiro de 2020.

A decisão ainda não transitou em julgado, porquanto há embargos declaratórios pendentes de decisão, cujo julgamento foi convertido em diligência para permitir a intervenção de todos os interessados na causa desde dezembro de 2015.

EXECUÇÃO DA FAZENDA PÚBLICA MEDIANTE PRECATÓRIO. EMENDA CONSTITUCIONAL Nº 62/2009. EXISTÊNCIA DE RAZÕES DE SEGURANÇA JURÍDICA QUE JUSTIFICAM A MANUTENÇÃO TEMPORÁRIA DO REGIME ESPECIAL NOS TERMOS EM QUE DECIDIDO PELO PLENÁRIO DO SUPREMO TRIBUNAL FEDERAL. 1. A modulação temporal das decisões em controle judicial de constitucionalidade decorre diretamente da Carta de 1988 ao consubstanciar instrumento voltado à acomodação otimizada entre o princípio da nulidade das leis inconstitucionais e outros valores constitucionais relevantes, notadamente a segurança jurídica e a proteção da confiança legítima, além de encontrar lastro também no plano infraconstitucional (Lei nº 9.868/99, art. 27). Precedentes do STF: ADI nº 2.240; ADI nº 2.501; ADI nº 2.904; ADI nº 2.907; ADI nº 3.022; ADI nº 3.315; ADI nº 3.316; ADI nº 3.430; ADI nº 3.458; ADI nº 3.489; ADI nº 3.660; ADI nº 3.682; ADI nº 3.689; ADI nº 3.819; ADI nº 4.001; ADI nº 4.009; ADI nº 4.029. 2. In casu, modulam-se os efeitos das decisões declaratórias de inconstitucionalidade proferidas nas ADIs nº 4.357 e 4.425 para manter a vigência do regime especial de pagamento de precatórios instituído pela Emenda Constitucional nº 62/2009 por 5 (cinco) exercícios financeiros a contar de primeiro de janeiro de 2016. 3. Confere-se eficácia prospectiva à declaração de inconstitucionalidade dos seguintes aspectos da ADI, fixando como marco inicial a data de conclusão do julgamento da presente questão de ordem (25.03.2015) e mantendo-se válidos os precatórios expedidos ou pagos até esta data, a saber: (i) fica mantida a aplicação do índice oficial de remuneração básica da caderneta de poupança (TR), nos termos da Emenda Constitucional nº 62/2009, até 25.03.2015, data após a qual (a) os créditos em precatórios deverão ser corrigidos pelo Índice de Preços ao Consumidor Amplo Especial (IPCA-E) e (b) os precatórios tributários deverão observar os mesmos critérios pelos quais a Fazenda Pública corrige seus créditos tributários; e (ii) ficam resguardados os precatórios expedidos, no âmbito da administração pública federal, com base nos arts. 27 das Leis nº 12.919/13 e nº 13.080/15, que fixam o IPCA-E como índice de correção monetária. 4. Quanto às formas alternativas de pagamento previstas no regime especial: (i) consideram-se válidas as compensações, os leilões e os pagamentos à vista por ordem crescente de crédito previstos na Emenda Constitucional nº 62/2009, desde que realizados até 25.03.2015, data a partir da qual não será possível a quitação de precatórios por tais modalidades; (ii) fica mantida a possibilidade de realização de acordos diretos, observada a ordem de preferência dos credores e de acordo com lei própria da entidade devedora, com redução máxima de 40% do valor do crédito atualizado. 5. Durante o período fixado no item 2 acima, ficam mantidas (i) a vinculação de percentuais mínimos da receita corrente líquida ao pagamento dos precatórios (art. 97, § 10, do ADCT) e (ii) as sanções para o caso de não liberação tempestiva dos recursos destinados ao pagamento de precatórios (art. 97, §10, do ADCT). 6. Delega-se competência ao Conselho Nacional de Justiça para que considere a apresentação de proposta normativa que discipline (i) a utilização compulsória de 50% dos recursos da conta de depósitos judiciais tributários para o pagamento de precatórios e (ii) a possibilidade de compensação de precatórios vencidos, próprios ou de terceiros, com o estoque de créditos inscritos em dívida ativa até 25.03.2015, por opção do credor do precatório. 7. Atribui-se competência ao Conselho Nacional de Justiça para que monitore e supervisione o pagamento dos precatórios pelos entes públicos na forma da presente decisão. (ADI 4425 QO, Relator(a): Min. LUIZ FUX, Tribunal Pleno, julgado em 25/03/2015, PROCESSO ELETRÔNICO DJe-152 DIVULG 03-08-2015 PUBLIC 04-08-2015).

7.8 CRÉDITOS DE PEQUENO VALOR

Como se sabe, o art. 100, § 3°, do texto constitucional prevê que não se faz necessária a expedição de precatório relativamente aos pagamentos de obrigações definidas em leis como de pequeno valor.

No âmbito federal, a Lei dos Juizados Especiais Federais (Lei n. 10.259/2001) previu, no art. 17, § 1° que, para os efeitos do § 3º do art. 100 da CF/88, as obrigações ali definidas como de pequeno valor, a serem pagas independentemente de precatório, terão como limite o mesmo valor estabelecido nesta Lei para a competência do Juizado Especial Federal Cível, que é o de 60 (sessenta) salários-mínimos.

Não se permite, conforme previsão do art. 17, § 1°, da mesma Lei n. 10.259/2001, o fracionamento, a repartição ou a quebra do valor da execução, de sorte que não é possível que uma parte seja paga pela via da RPV e outra pela via do precatório.

De todo modo, é preciso realçar que o Supremo Tribunal Federal admite[32], como bem lembra José Roberto Mello Porto[33], que quando o título houver se formado em ação coletiva contra a Fazenda Pública, possibilite-se o fracionamento, se o montante individual se enquadrar nos limites legais, com satisfação por requisição de pequeno valor.

Nos âmbitos estadual e municipal, cabe à lei local o estabelecimento do limite para a dispensa do precatório. No entanto, em cada Estado ou Município, até que seja editada a respectiva lei, vale o teto contido no art. 87 do ADCT da CF/88, ou seja, o limite de 40 (quarenta) salários-mínimos para as condenações à Fazenda Estadual ou do Distrito Federal, e de 30 (trinta) salários-mínimos para as condenações impostas à Fazenda Municipal. De todo modo, o § 4° do art. 100 estabelece que o mínimo deve ser igual ao valor do maior benefício do regime geral de previdência social.

Registre-se, por outro lado, que se o valor exequendo superar o limite específico, é possível que a parte renuncie ao crédito excedente, optando pelo pagamento pela via do pequeno valor, conforme prevê o art. 87, parágrafo único, do ADCT da CF/88.

---

32. ARE 925754/PR, Relator Min. Teori Zavascki, julg. 17.12.2015, DJE 03.02.2016.
33. PORTO, José Roberto Mello. Processo Coletivo – Sinopses para Concursos, v. 54. Salvador: Editora Juspodivm, 2020, pp. 214/215.

O procedimento no caso dos débitos de pequeno valor não difere muito do que se tem em relação aos débitos superiores aos limites legais, que gerarão precatórios.

Na verdade, também ocorre a citação da Fazenda Pública para oferecimento de embargos ou a sua intimação para apresentar impugnação ao cumprimento de sentença. Em havendo concordância com o valor, expede-se a requisição de pequeno valor – RPV. Se houver discordância, cabem naturalmente as sobreditas defesas.

O pagamento das RPVs deve ser objeto de requisição ao Presidente do respectivo tribunal, podendo-se usar o meio eletrônico. Dessa forma, o Presidente verifica a regularidade formal e assegura o respeito à ordem de preferência.

A diferença reside mesmo no pagamento, que se dá com maior celeridade, e sem necessidade de se ter que aguardar até o exercício financeiro subsequente, como ocorre com os precatórios.

Sendo assim, quando a devedora for a União ou suas autarquias e fundações, após o trânsito em julgado, o juiz expede a requisição de pagamento, dirigindo-o ao Presidente do Tribunal Regional Federal correspondente, que toma as providências administrativas necessárias ao pagamento[34].

Assim, os valores são depositados pelos tribunais em instituição financeira oficial, com os saques se procedendo independentemente de alvará. Esse procedimento de pagamento dos débitos de pequeno valor pode ser apontado como um dos mecanismos recentes que mais contribuíram para a aproximação do Judiciário com o jurisdicionado.

Não fazia sentido que um cidadão comum, com um crédito de valor pequeno, mas desprovido de privilégio (por não ser alimentar, por exemplo), tivesse que aguardar na mesma "fila cronológica" que uma grande empresa com milhões a receber da União. Trata-se, sem dúvida, de aplicar a duração razoável do processo e a isonomia processual, concedendo-se efetiva prestação àquele que já tanto sofreu até que se atingisse um resultado a ele favorável.

34. A Resolução n.º 458, de 04 de outubro de 2017, do Conselho da Justiça Federal, é o instrumento atual que regulamenta a expedição de ofícios requisitórios, o cumprimento da ordem cronológica de pagamentos, as compensações, o saque e o levantamento de depósitos.

Capítulo

8

As Medidas Atípicas previstas no art. 139, IV, do CPC e a Fazenda Pública

8.1 ASPECTOS GERAIS E PARÂMETROS PARA A DETERMINAÇÃO DAS MEDIDAS ATÍPICAS

Da mesma forma que ocorre no cumprimento das obrigações por parte de pessoas físicas ou de pessoas jurídicas de direito privado, não é raro que haja um retardamento no cumprimento das obrigações de pagar, fazer, não fazer e entregar, quando o devedor é um ente integrante da Fazenda Pública.

O CPC/2015 estabeleceu, no art. 139, IV[1], que o juiz tem por incumbência determinar todas as medidas indutivas, coercitivas, mandamentais ou sub-rogatórias necessárias para assegurar o cumprimento de ordem judicial, inclusive nas ações que tenham por objeto prestação pecuniária.

Para Alexandre Freitas Câmara, os meios executivos podem ser divididos em duas grandes categorias, quais sejam, sub-rogação e coerção, já que o autor entende que as duas outras medidas previstas no inciso acima

---

1. Há também previsão de medidas atípicas no art. 297, no que se refere às tutelas provisórias e no art. 536, §1º, quanto às obrigações de fazer, não fazer e entregar coisa. Trataremos especificamente do art. 139, IV, dadas as polêmicas em torno da sua aplicação e também por ser mais amplo que os demais.

transcrito (mandamentais e indutivas), a rigor, enquadram-se naquelas categorias[2].

Segundo Marcos Youji Minami, a adoção das medidas atípicas pode se dar quando o magistrado verificar que determinado procedimento não surtiu os efeitos esperados e que algum direito permaneceu violado por conta disso, desde que o faça em decisão fundamentada, sob o devido contraditório e em obediência a alguns parâmetros, quais sejam: a fundamentação da decisão e o debate com as partes, para se descobrir por qual razão o procedimento típico mostrou-se contraproducente[3].

Sabe-se que prevalece na execução civil o princípio da patrimonialidade. No Direito Brasileiro, a prisão civil como meio coercitivo somente era admissível em duas hipóteses: na situação do devedor de pensão alimentícia e na do depositário infiel. Nesta última, sendo o Brasil signatário do Pacto de San José da Costa Rica, deixou de ser admitida ao se interpretar como supralegais as suas disposições.

Não há dúvidas da natureza patrimonial da execução civil. A dificuldade é compatibilizar dita natureza patrimonial com a autorização dada aos magistrados, com o CPC/2015, para a adoção de medidas atípicas de natureza coercitiva nas execuções de pagar quantia certa.

Inúmeras discussões doutrinárias têm sido travadas a respeito de tal dispositivo, notadamente no que pertine aos limites para sua aplicação.

Alguns critérios têm sido propostos para balizar a incidência do instituto, tais como: a) a observância dos postulados da razoabilidade, da proporcionalidade, da proibição de excesso e dos princípios da eficiência e da menor onerosidade para o executado[4]; b) na execução por quantia,

---

2. CÂMARA, Alexandre Freitas. O princípio da patrimonialidade da execução e os meios executivos atípicos: lendo o art. 139, IV, do CPC. In TALAMINI, Eduardo; MINAMI, Marcos Youji (coord.). Coleção Grandes Temas do Novo CPC – vol. 11 – Medidas Executivas Atípicas. Salvador: Juspodivm, 2018, p. 232.

3. MINAMI, Marcos Youji. Uma justificativa às medidas executivas atípicas – da vedação ao non factibile. In TALAMINI, Eduardo; MINAMI, Marcos Youji (coord.). Coleção Grandes Temas do Novo CPC – vol. 11 – Medidas Executivas Atípicas. Salvador: Juspodivm, 2018, pp. 70/71.

4. DIDIER JR., Fredie, CUNHA, Leonardo Carneiro da, BRAGA, Paula Sarno e OLIVEIRA, Rafael Alexandria de. Curso de Direito Processual Civil: Execução. Salvador: Juspodivm, 2017, p. 85. Para os autores, tais critérios impõem que a medida seja adequada (consideração abstrata de uma relação de meio/fim entre a medida atípica e o resultado esperado); necessária (não se deve ir além do necessário para alcançar os resultados); e deve ela conciliar os interesses contrapostos (solução que melhor atenda aos valores conflituosos).

a utilização do dispositivo de modo subsidiário relativamente às medidas típicas[5]; c) a exigência de imparcialidade[6], fundamentação adequada e de observância da garantia do contraditório[7].

Concordamos com tais critérios, porém entendemos que a sua análise, na maioria das vezes, deverá ser casuística, porquanto medidas que, *a priori*, sejam consideradas inadmissíveis, podem se revelar, na prática, adequadas e necessárias para que haja o cumprimento da obrigação.

A Terceira Turma do Superior Tribunal de Justiça, nos Recursos Especiais nºs 1.782.418/RJ e 1.788.950/MT[8], sob a relatoria da Ministra Nancy Andrighi, adotou essa linha de análise casuística, porém sujeita a parâmetros. Para a relatora, a previsão da atipicidade dos meios executivos não significa que qualquer modalidade possa ser adotada de forma indiscriminada, independentemente de balizas ou meios de controle efetivos.

Ademais, sustentou-se nos votos que os meios executivos atípicos não devem ser utilizados em face de devedores que não apresentem sinais de ocultação patrimonial. Isto porque, não havendo mínimos indícios que sugiram possuir o executado bens aptos à satisfação da dívida, as medidas coercitivas revelar-se-ão meramente punitivas, o que não é admitido por nossa legislação, em função do princípio da patrimonialidade da execução.

O casuísmo pode e deve estar presente nas decisões que vierem a analisar tais pedidos. Inegavelmente, os meios atípicos são importantes ferramentas para se alcançar a efetividade da execução, mas desde que parâmetros sejam fielmente observados, dentre os quais o respeito ao contraditório prévio, a fundamentação da decisão, a proporcionalidade da medida e o esgotamento dos meios típicos[9].

---

5. DIDIER JR., Fredie, CUNHA, Leonardo Carneiro da, BRAGA, Paula Sarno e OLIVEIRA, Rafael Alexandria de. Curso de Direito Processual Civil: Execução. Salvador: Juspodivm, 2017, p. 108.
6. Daniel Amorim Assumpção Neves (In: Manual de direito processual civil: volume único. Salvador: Juspodivm, 2016, p. 987.
7. DIDIER JR., Fredie, CUNHA, Leonardo Carneiro da, BRAGA, Paula Sarno e OLIVEIRA, Rafael Alexandria de. Curso de Direito Processual Civil: Execução. Salvador: Juspodivm, 2017, p. 116.
8. Julgados em 23.04.2019, DJe 26.04.2019.
9. PEIXOTO, Marco Aurélio; BECKER, Rodrigo. Impossibilidade de adoção de medidas atípicas contra devedores sem sinais de ocultação patrimonial. In https://www.jota.info/opiniao-e-analise/colunas/coluna-cpc-nos-tribunais/impossibilidade-de-adocao-de-medidas-atipicas-contra-devedores-sem--sinais-de-ocultacao-patrimonial-13062019, acesso em 01.09.2019.

Desse modo, deve ser o executado previamente intimado para o pagamento do débito ou para apresentação de bens, seguindo-se os atos típicos de expropriação. Assim, por decisão fundamentada, a utilização de meios atípicos somente é de se dar com o esgotamento prévio dos típicos, sob pena de burla à sistemática disciplinada na lei adjetiva.

Relevante anotar ainda que restou claro, do que se firmou no âmbito daquela Turma do STJ, que as medidas atípicas não devem ser deferidas se não houver mínimos indícios que sugiram possuir o executado bens aptos à satisfação da dívida, já que restaria inócua – e meramente punitiva – a imposição de medidas de pressão diante da inexistência de patrimônio hábil.

Sem dúvida, a nosso ver acertado o entendimento da Terceira Turma do STJ. Na linha do que defende Marcelo Abelha Rodrigues, por mais que por vezes se odeie o executado e se concorde que ele mereça ser punido com a apreensão de seu passaporte ou de sua CNH, não se pode admitir que tais penalidades sejam aplicadas sem lei prévia que as defina e sem um devido processo, já que não há em nosso sistema a possibilidade de aplicação de ofício pelo juízo de sanções punitivas processuais atípicas[10].

8.2 MEDIDAS ATÍPICAS A FAVOR DOS ENTES PÚBLICOS NAS EXECUÇÕES FISCAIS

No que concerne ao art. 139, IV, é certo que não houve referência a qualquer tipo de restrição a que essas medidas atípicas venham a ser adotadas contra ou a favor do Poder Público.

A rigor, não há empecilhos a que a Fazenda Pública requeira, por exemplo, desde que respeitados os parâmetros acima já traçados, a adoção de medidas atípicas em sede de execução fiscal.

No entanto, nos autos do HC 453.870/PR, a Primeira Turma do STJ, sob a relatoria do Ministro Napoleão Nunes Maria Filho, entendeu como indevida a suspensão de passaporte e de CNH no âmbito das execuções fiscais. Na hipótese, cuidava-se originariamente de executivo fiscal contra o ex-Prefeito do Município de Foz do Iguaçu. Em primeiro

---

10. RODRIGUES, Marcelo Abelha. O que fazer quando o executado é um cafajeste? Apreensão de passaporte? Da carteira de motorista? In TALAMINI, Eduardo; MINAMI, Marcos Youji (coord.). Coleção Grandes Temas do Novo CPC – vol. 11 – Medidas Executivas Atípicas. Salvador: Juspodivm, 2018, p. 89.

grau, foi determinada a penhora de 30% do salário recebido pelo ex--prefeito na Companhia de Saneamento do Paraná, com a retenção do valor em folha de pagamento. Posteriormente, o TJPR deferiu pedido do município para inscrever o réu em cadastro de inadimplentes, nos órgãos de proteção de crédito, e suspendeu seu passaporte e a CNH como forma de coagi-lo a pagar a dívida.

Para o Relator daquele habeas corpus, tratando-se de execução fiscal, o raciocínio toma outros rumos quando medidas aflitivas pessoais atípicas são colocadas em vigência nesse procedimento de satisfação de créditos fiscais. Ainda de acordo com o acórdão, o Estado é superprivilegiado em sua condição de credor, porque dispõe de varas comumente especializadas para condução de seus feitos, um corpo de Procuradores altamente devotado a essas causas, e possui lei própria regedora do procedimento (Lei 6.830/1980), com privilégios processuais irredarguíveis. Assim, sendo o crédito fiscal altamente blindado dos riscos de inadimplemento, por sua própria conformação jusprocedimental, a suspensão da CNH e do passaporte representaria excesso, de acordo com tal decisão da Primeira Turma do STJ.

Na mesma linha, a Segunda Turma do STJ (REsp 1802611/RO), sob a relatoria do Ministro Og Fernandes, decidiu fazendo menção ao precedente relatado pelo Ministro Napoleão Maia, entendendo que as medidas atípicas aflitivas pessoais não se firmam placidamente no executivo fiscal, de modo que a aplicação delas, nesse contexto, resulta em excessos.

Discordamos desses entendimentos. Sob a nossa ótica, a existência de um procedimento próprio para as execuções fiscais, com algumas prerrogativas processuais atribuídas ao poder público, não deve servir de condão para obstar a adoção de quaisquer medidas tendentes a assegurar a efetividade da execução, inclusive aquelas atípicas, desde que, repita-se, sejam respeitados os parâmetros da subsidiariedade, fundamentação, proporcionalidade, contraditório e indícios de ocultação de patrimônio.

Vários argumentos podem ser dados para contraditar os fundamentos da Primeira e Segunda Turmas do STJ, que rejeitam a possibilidade de medidas atípicas em execução fiscal. Primeiramente, é de se reforçar que o tratamento diferenciado decorre da própria natureza do crédito, e não da presença da FP na lide. Além disso, a tramitação em varas privativas não atende à Fazenda Pública, mas em especial à organização do próprio Poder Judiciário.

Outrossim, inegável que os entes públicos hoje já enfrentam grandes dificuldades para cobrar seus créditos, e tem dado sua parcela de contribuição, como nos negócios jurídicos processuais, nas transações tributárias e na escolha qualitativa dos créditos a serem objeto da execução.

Não se pode ainda ignorar que vários tribunais têm flexibilizado a regra da prévia garantia do juízo para embargos, o que mostra que os "superprivilégios" são minimizados, caindo por terra o argumento de que o crédito fiscal é altamente blindado.

Outro argumento é o da prevalência do interesse público. A nosso ver, não há coerência em se admitir a medida atípica em uma execução comum, fazendo prevalecer um interesse particular (por vezes até contra o poder público), e não se admitir numa execução fiscal. Neste caso, está se colocando o crédito fiscal em posição de inferioridade.

Finalmente, atribuímos como argumento o fato de que o art. 139, IV, é cláusula geral executiva. Se nem o CPC e nem a Lei de Execução Fiscal estabeleceram exceção, não é dado ao Judiciário fazê-lo.

8.3 MEDIDAS ATÍPICAS CONTRA O PODER PÚBLICO

De outra sorte, a adoção de medidas atípicas contra a Fazenda Pública desperta inúmeras discussões, em razão das consequências que podem gerar à sociedade, assim como também em função do choque de princípios que pode haver, notadamente entre a efetividade da execução e a supremacia do interesse público.

Algumas medidas, destas que despertam polêmica, serão aqui expostas, a fim de que se possa aferir a legitimidade, a legalidade e a conveniência da sua adoção para forçar o cumprimento de obrigações pelos entes públicos.

8.3.1 PENHORA SOBRE BENS PÚBLICOS

A princípio, tratando-se do cumprimento de obrigação de pagar quantia, fala-se na impossibilidade de a penhora incidir sobre os bens públicos, de modo a se vedar a invasão do patrimônio e a constrição imediata dos bens públicos.

Tal vedação decorre do fato de que, sendo os bens de uso comum do povo e os de uso especial inalienáveis, devem também ser tido como não passíveis de penhora.

Evidentemente, não há que se imaginar um bem de uso comum do povo, destinado à utilização geral pela coletividade, sendo objeto de penhora judicial. Pensar em uma rua, uma avenida, uma estrada, uma praça ou um viaduto sendo penhorados revela-se absurdo e desprovido de qualquer respaldo de cunho jurídico, porque afetaria a coletividade e a própria ordem social.

Da mesma forma, pensa-se como não legítima a penhora sobre bens de uso especial, ou do patrimônio administrativo indisponível, tendo em conta que, como estes são utilizados para a prestação de serviços públicos ou administrativos, tais como o funcionamento de uma escola, de um hospital ou de um posto de saúde, sua penhora e conseguinte alienação viria a causar transtornos sérios ao interesse público, que deve prevalecer, sem qualquer sobra de dúvida, na hipótese, sobre o interesse de um credor particular.

A discussão que resta é em torno dos bens públicos dominicais ou do patrimônio disponível (como prédios ou terrenos sem uso), os quais, apesar de alienáveis, nos termos da legislação civil e administrativa, não são passíveis de penhora, em razão da vedação constitucional, que prevê regime específico para pagamento de seus débitos.

Parece que, na hipótese, melhor seria que a CF/88 permitisse regra excepcional para a penhora desses bens, compatibilizando assim o texto constitucional com o que se tem na legislação civil e administrativa.

Não há como se sustentar, quanto aos bens dominicais, o mesmo argumento que se utiliza para justificar a impenhorabilidade dos bens de uso comum e dos bens de uso especial. Nesses casos, há quebra da ordem e prejuízo ao interesse coletivo se houvesse a penhora e a conseguinte alienação. Em relação aos bens dominicais, não se tem prejuízo a uma coletividade e a vedação persiste apenas porque assim quis o constituinte.

Havendo, portanto, sinalização de ordem constitucional para se estabelecer dita exceção, nos termos propostos, tratar-se-ia de uma efetiva medida a garantir a viabilidade da execução para pagamento de quantia certa por parte da Fazenda, notadamente quando se imagina que grande parte dos Municípios brasileiros possui patrimônio dominical, mas retarda injustificadamente o cumprimento de suas obrigações de pagar.

8.3.2 PRISÃO DE AGENTES PÚBLICOS

Não é raro se identificar o descumprimento de decisões por parte de agentes públicos, que se escondem sob a proteção de que não são eles que estão descumprindo, mas sim o ente ao qual servem, como se as situações não se misturassem. A ausência de temor coercitivo para o descumprimento acaba por estimular o desdém com que muitos agentes tratam as decisões que lhes chegam para imediato cumprimento.

Assim, não é incomum a determinação de prisão de agentes que retardam de modo desarrazoado e injustificado o cumprimento de uma relevante obrigação, atingindo-se com mais rapidez a efetividade da execução. Resta saber se essa prática encontra respaldo constitucional e legal.

Nos termos do art. 5º, inciso LXVII, da CF/88, ninguém poderá ser preso civilmente por dívida, salvo nos casos de inadimplemento voluntário e inescusável de obrigação de prestar alimentos e do depositário infiel.

Quanto ao depositário infiel, em razão da existência de convenções e tratados internacionais sobre direitos humanos dos quais o Brasil é signatário[11], o Supremo Tribunal Federal editou o enunciado de súmula vinculante nº 25, segundo o qual "é ilícita a prisão civil de depositário infiel, qualquer que seja a modalidade de depósito".

Não há, portanto, possibilidade de determinação de prisão civil por dívidas, segundo nosso ordenamento constitucional, a não ser em caso de obrigações de natureza alimentícia.

Apesar disso, há quem defenda a possibilidade de utilização da prisão civil como medida coercitiva, notadamente quando se restringe o conceito de dívida a obrigações de pagar quantia[12], porquanto estaria autorizada a prisão civil nos casos de obrigações de fazer, não fazer e

11. Convenção Americana sobre Direito Humanos (Pacto de São José da Costa Rica) e Pacto Internacional sobre Direitos Civis e Políticos.

12. MARINONI, Luiz Guilherme. Técnica Processual e tutela dos direitos. São Paulo: Revista dos Tribunais, 2004, p. 292/295.

entregar coisa. Se o termo dívida for conceituado como obrigação civil de qualquer natureza, estaria vedada a prisão em qualquer hipótese[13].

Há posições intermediárias, como a de Sérgio Cruz Arenhart[14], para quem o termo dívida na CF/88 é utilizado no sentido de prestações com conteúdo obrigacional, porém, seria possível a determinação da prisão civil como medida para forçar ao cumprimento de decisões judiciais que se relacionem à proteção de direitos não-obrigacionais, posto que o que estaria em jogo seria o poder de império do Estado[15].

Fredie Didier Júnior[16], acompanhando a visão de Marcelo Lima Guerra sobre o tema, entende que, quando se dá ao termo dívida a abrangência de qualquer prestação com conteúdo obrigacional, busca-se privilegiar a liberdade individual, sendo que nenhum direito fundamental é absoluto.

Desse modo, havendo colisão entre direitos fundamentais, deve-se ponderar sobre qual deles deve prevalecer no caso concreto. Assim,

---

13. TALAMINI, Eduardo. Tutela relativa aos deveres de fazer e de não fazer e sua extensão aos deveres de entrega de coisa. São Paulo: Revista dos Tribunais, 2003, p. 302; SILVA, Ovídio A. Baptista da. Do processo cautelar. Rio de Janeiro: Forense, 1999, p. 530.
14. A prisão civil como meio coercitivo. Disponível em: https://www.academia.edu/214441/A_PRIS%C3%83O_CIVIL_COMO_MEIO_COERCITIVO, capturado em 10.03.2016). Segundo o autor "(...) pode-se concluir que a indicação presente nos tratados internacionais (referente à prisão por dívida ou à prisão por obrigação contratual), bem como a expressão "por dívida" presente nos diversos diplomas nacionais, devem ser interpretados de forma significativa, restringindo a proibição de prisão civil apenas para tais casos, ou seja, em relação a dívidas ou obrigações contratuais. Não há, portanto, no direito brasileiro, limitação quanto ao uso da prisão civil em outros casos. Não fosse assim, seria difícil de justificar o uso da prisão civil na Alemanha e nos Estados Unidos que, como visto, apresentam em sua legislação a mesma restrição existente no Brasil". Mais adiante, conclui: "Enfim, se a ordem judicial tiver por finalidade o cumprimento de obrigação, então será incabível o uso da técnica coercitiva consistente na restrição da liberdade individual, diante dos termos do art. 5º, inc. LXVII, da CF. Quando o objeto da tutela jurisdicional for prestação calcada em outra espécie de dever (não obrigacional, portanto), será, ao menos em tese, cabível o recurso à prisão civil para dar guarida a esta ordem. Nestes termos, o que aqui se defende não é o cabimento da prisão civil como forma de proteção da decisão (ordem) judicial em si, mas apenas das ordens que tiverem por finalidade a proteção de direitos não-obrigacionais".
15. Afirma o autor (In: A prisão civil como meio coercitivo. Disponível em: https://www.academia.edu/214441/A_PRIS%C3%83O_CIVIL_COMO_MEIO_COERCITIVO, capturado em 10.03.2016) que: Seja por uma via ou por outra, o fato é que a prisão para cumprimento deordem judicial referente a direitos não obrigacionais não está proibida pela Constituição Federal. Ao contrário, deriva esta autorização do *imperium* estatal e tem por fim resguardar a dignidade da justiça, especificamente em relação a direitos que, segundo a ordem jurídica, são considerados mais relevantes (direitos não-obrigacionais).
16. DIDIER JR., Fredie, CUNHA, Leonardo Carneiro da, BRAGA, Paula Sarno e OLIVEIRA, Rafael Alexandria de. Curso de Direito Processual Civil: Execução. Salvador: Juspodivm, 2017, p. 128.

podem existir outras situações em que a liberdade individual deva ser afastada frente a outro direito fundamental (como a vida, a saúde, a integridade física ou psíquica, a igualdade de gênero ou de raça etc.), ainda que não seja o caso de dívida de alimentos.

A conclusão do autor é, portanto, no sentido de que, excepcionalmente, é possível a utilização da prisão civil como medida coercitiva atípica, desde que observados alguns parâmetros[17], ressaltando-se que, para o referido autor, o termo dívida refere-se a obrigações de conteúdo patrimonial, não necessariamente pecuniário, o que abrangeria obrigações de fazer, não fazer e entregar coisa com conteúdo patrimonial.

Analisando-se o texto constitucional, constata-se que o art. 5º, LXVII, ao ressalvar a prisão civil por dívidas, tratou de duas espécies de obrigações: uma pecuniária, qual seja, a dívida de alimentos; e outra não pecuniária (de entregar coisa), que é a do depositário infiel, posto que a prisão, segundo o art. 652 do Código Civil, tinha por objetivo forçar o depositário a restituir a coisa depositada.

Por isso é que, a nosso ver, o termo dívida empregado na CF/88 não pode ser atrelado apenas a obrigações pecuniárias, abrangendo qualquer tipo de obrigação. Resta saber se tais obrigações são apenas as contratuais ou também as extracontratuais.

A nosso ver, as obrigações seriam apenas as decorrentes de vínculo contratual. Isso porque o Pacto Internacional de Direitos Civis e Políticos, um dos fundamentos da edição da sobredita súmula vinculante, estabelece, em seu art. 11 que "Ninguém poderá ser preso apenas por não poder cumprir com uma obrigação contratual".

Além disso, no precedente representativo do enunciado sumular indicado pelo STF[18], do voto do Ministro Gilmar Mendes extrai-se que

---

17. *Idem*, p. 131. Os parâmetros sugeridos pelo autor são os seguintes: "a) Somente se pode falar em prisão civil como medida coercitiva *atípica* quando o bem que por meio dela se pretende tutelar mostrar-se, no caso concreto, mais relevante que a liberdade pessoal do devedor. Assim, a excepcionalidade da medida impõe que ela só possa ser aplicada em casos onde haja colisão concreta entre a liberdade individual do devedor e direitos como a vida, a saúde, a integridade física ou psicológica, a igualdade de ração e gênero, dentre outros (...); b) A princípio, a prisão civil é medida coercitiva somente aplicável ao devedor de alimentos. Para utilizá-la em outro cenário, o juiz precisa motivar adequadamente a sua decisão. C) Não cabe prisão civil como medida coercitiva para forçar o cumprimento de obrigação com conteúdo patrimonial, ainda que não pecuniário (art. 5º, LXVII, CF), seja ele contratual (art. 11, Pacto Internacional sobre Direito Civis e Políticos) ou extracontratual (...)".
18. RE466343, Voto do Min. Gilmar Mendes, Tribunal Pleno, julgamento em 03.12.2008.

"as legislações mais avançadas em matéria de direitos humanos proíbem expressamente qualquer tipo de prisão civil decorrente do descumprimento de obrigações contratuais (...)".

Ocorre que o STF, no avançar das discussões relacionadas à Súmula vinculante nº 25, considerou que não seria permitida a prisão civil do depositário judicial infiel, cuja obrigação de restituir o bem não tem evidentemente natureza contratual. A conclusão foi no sentido de que o uso da prisão civil como técnica coercitiva de pagamento – leia-se cumprimento de obrigação de qualquer natureza – ofende a dignidade da pessoa humana.

Por isso é que, adotando-se a posição do Supremo Tribunal Federal que é vinculante, tem-se que a vedação da prisão civil por dívidas abrange qualquer tipo de obrigação, pecuniária ou não, de natureza contratual ou extracontratual.

Em conclusão, com a devida vênia aos doutrinadores que lecionam em sentido diverso, como decorrência do enunciado sumular vinculante nº 25 do STF, reputamos inadmissível qualquer tipo de prisão civil por dívidas (abrangendo qualquer tipo de obrigação), exceto a dos responsáveis pelas dívidas de natureza alimentar, ainda que estejam em jogo direitos fundamentais de maior grandeza que a liberdade individual, até que haja uma eventual superação do em entendimento fixado pela Corte Maior.

Restariam, como exceções, a permitirem a prisão civil como meio coercitivo, tão somente os deveres de conteúdo não obrigacional, referidos inclusive pelo CPC/2015 em seu art. 536, §5º, a exemplo dos deveres de não poluir o meio ambiente, de respeito à propriedade intelectual ou ao direito de concorrência[19].

A nosso ver, tais restrições aplicam-se do igualmente aos agentes públicos, de modo que a utilização da prisão civil somente estaria autorizada nos casos de determinações judiciais de cumprimento de deveres de natureza não obrigacional.

No que se refere à prisão de natureza penal, é certo que a jurisprudência do Supremo Tribunal Federal não admite a prisão por crime de

19. AMARAL, Guilherme Rizzo. Capítulo VI: Do cumprimento de sentença que reconheça a exigibilidade de obrigação de fazer, de não fazer ou de entregar coisa. In: WAMBIER, Teresa Arruda Alvim et al. Breves Comentários ao Novo Código de Processo Civil. 3. ed. São Paulo: Revista dos Tribunais, 2016. p. 1558.

desobediência[20] – quando configurado o descumprimento de ordem judicial – nos casos em que a decisão emana de órgão jurisdicional com competência cível e não criminal[21].

Embora haja doutrina no sentido da impossibilidade da prática do crime de desobediência por agente público[22], no Superior Tribunal de Justiça, há precedente no sentido de que "o funcionário público pode cometer crime de desobediência, se destinatário da ordem judicial, e considerando a inexistência de hierarquia, tem o dever de cumpri-la, sob pena da determinação judicial perder sua eficácia", ficando, no entanto, vedada a prisão em flagrante[23], tendo em vista que se trata de crime de menor potencial ofensivo.

---

20. Segundo Diego Martinez Fervenza Cantoario (Tutela específica das obrigações de fazer e não fazer no novo CPC: primeiras observações. In: Didier Jr, Fredie (coordenador geral). Novo CPC doutrina selecionada, v. 5: execução. Salvador, Juspodivm, 2015, p. 128), "A prisão em decorrência do crime de desobediência, cuja admissibilidade não é pacífica na doutrina, não consiste em meio de coerção, mas sim punição por crime tipificado no art. 330 do CP, sujeito a processo criminal autônomo, promovido pelo órgão do Ministério Público".
21. Nesse sentido, já decidiu o STF: 1. AÇÃO PENAL. Crime de desobediência a decisão judicial sobre perda ou suspensão de direito. Atipicidade. Caracterização. Suposta desobediência a decisão de natureza civil. Proibição de atuar em nome de sociedade. Delito preordenado a reprimir efeitos extrapenais. Inteligência do art. 359 do Código Penal. Precedente. O crime definido no art. 359 do Código Penal pressupõe decisão judiciária de natureza penal, e não, civil. 2. AÇÃO PENAL. Crime de desobediência. Atipicidade. Caracterização. Desatendimento a ordem judicial expedida com a cominação expressa de pena de multa. Proibição de atuar em nome de sociedade. Descumprimento do preceito. Irrelevância penal. Falta de justa causa. Trancamento da ação penal. HC concedido para esse fim. Inteligência do art. 330 do Código Penal. Precedentes. Não configura crime de desobediência o comportamento da pessoa que, suposto desatenda a ordem judicial que lhe é dirigida, se sujeita, com isso, ao pagamento de multa cominada com a finalidade de a compelir ao cumprimento do preceito. (HC 88572, Relator(a): Min. CEZAR PELUSO, Segunda Turma, julgado em 08/08/2006, DJ 08-09-2006 PP-00062 EMENT VOL-02246-02 PP-00355 RTJ VOL-00201-03 PP-01096).
22. CUNHA, Leonardo José Carneiro da. A Fazenda Pública em juízo. 13. Ed. Rio de Janeiro: Forense, 2016, p. 393. Segundo o autor, "o descumprimento de ordem judicial pelo agente público não se enquadra no tipo penal do crime de desobediência, pois este se refere à conduta praticada por *particular* contra a administração da Justiça, não englobando a atividade exercida por agentes públicos". Em seu entender, seria possível a imputação da prática do crime de prevaricação, mas seria preciso provar o elemento típico satisfação de interesse ou sentimento pessoal, o que é improvável, restando mitigada a sua configuração. Assim, restaria apenas a configuração da conduta como improbidade administrativa, que não tem natureza penal.
23. Como bem explica Diego Martinez Fervenza Cantoario (Tutela específica das obrigações de fazer e não fazer no novo CPC: primeiras observações. In: Didier Jr, Fredie (coordenador geral). Novo CPC doutrina selecionada, v. 5: execução. Salvador, Juspodivm, 2015, p. 130), "(...) acreditamos que, dentro da legalidade estrita, é completamente inócua a discussão quanto à consumação do crime de desobediência, pois não se poderá realizar a prisão em flagrante, e caso a autoridade policial realize essa prisão, ao invés de encaminhar o investigado ao Juizado Especial Criminal para que preste compromisso, estará praticando o crime de abuso de autoridade". No mesmo sentido, tem-se a doutrina de Sergio Cruz Arenhart (In: A prisão civil como meio coercitivo. Disponível em: https://

De tudo quanto se expôs, tem-se que não há como determinar a prisão de natureza penal por crime de desobediência em relação aos agentes públicos e somente se revela possível a determinação da sua prisão civil em caso de descumprimento de obrigações de natureza alimentar, o que inclui prestações de natureza previdenciária e a remuneração de servidores públicos[24] ou de deveres com conteúdo não obrigacional.

Apesar das interpretações e vedações constitucionais e legais acima apontadas, na prática, não é incomum a determinação da prisão de agentes públicos responsáveis pelo cumprimento de obrigações.

Ainda que se admita a prisão, há que se ter bastante cuidado para não se utilizar tal espécie de medida de modo indiscriminado, bem como é de se identificar com clareza quem é o agente responsável pelo cumprimento que está dando causa ao retardo.

Não se deve, por exemplo, como já ocorreu algumas vezes, determinar a prisão do advogado público, quando este não é o detentor do poder decisório para o cumprimento da obrigação[25]. O advogado defende, recorre, orienta, mas não decide, de modo que não é ele que deve ser

---

www.academia.edu/214441/A_PRIS%C3%83O_CIVIL_COMO_MEIO_COERCITIVO, capturado em 10.03.2016): "Embora se reconheça a possibilidade da prisão criminal como mecanismo de apoio acoplado à ordem judicial, não parece que esta figura esteja habilitada afuncionar como meio de pressão psicológica adequado a obter a prestação. Claro que inúmeros casos de provimento judicial utilizam-se da prisão criminal, por crime de desobediência ou de prevaricação, como forma de garantir o cumprimento da ordem judicial. Entretanto, a prisão criminal em tais casos pode ter diminuto efeito intimidatório, especialmente se consideradas as características do sistema penal nacional e a forma de imposição desta sanção no regime brasileiro. Inicialmente, é preciso lembrar que a sanção criminal (como meio coercitivo) somente tem efeito antes de sua imposição, já que, uma vez violada a ordem, deve a sanção ser efetivada, sem que se possa retirá-la em vista do ulterior cumprimento da determinação pela parte. Assim, se a parte já descumpriu a ordem judicial, a prisão de cunho criminal perde totalmente sua condição coercitiva, passando a assumir caráter exclusivamente punitivo (já que a pessoa deve sofrer a prisão, pelo prazo estipulado pela lei penal, ainda que venha ulteriormente a cumprir o comando judicial, ou a repor as coisas em seu estado anterior .De outra parte, a tendência do direito penal à redução no emprego da sanção restritiva de liberdade, bem como a dificuldade em obter-se ou em se manter a prisão em flagrante em delitos como estes (sem violência), somados à demora no processo judicial necessário à aplicação da pena e à facilidade com que se consegue esquivar de sua incidência, levam à redução também de seu potencial intimidatório".

24. CUNHA, Leonardo José Carneiro da. A Fazenda Pública em juízo. 13. Ed. Rio de Janeiro: Forense, 2016, p. 396.

25. Enunciado 40 do Fórum Nacional do Poder Público: "As medidas para a efetivação da tutela provisória previstas no art. 297 do CPC não podem atingir a esfera jurídica do advogado (público ou privado), no exercício de suas atribuições".

preso pela mora na implantação de uma ordem judicial, mas sim aquele agente que, no órgão, está a ignorá-la.

8.3.3 SUSPENSÃO E CANCELAMENTO DE EVENTOS PÚBLICOS

Outra medida atípica tendente a garantir a eficácia da atividade executiva contra a Fazenda Pública é a suspensão ou o cancelamento de eventos públicos.

Pensamos que, na hipótese, deve-se ter muita ponderação, sob pena de se prejudicar a coletividade e o interesse público, para privilegiar a vontade do credor individual.

Imagine-se uma situação em que um credor, pessoa física, tem créditos da Administração decorrentes de um evento que realizou e que não lhe foram pagos os valores correspondentes, por pura mora do ente. Parece razoável que ele requeira, e o juiz determine, a suspensão ou o cancelamento de um evento similar que esteja por ocorrer? Entendemos que não, porque isso provavelmente geraria um prejuízo maior à coletividade, e não garantiria em absoluto que a dita obrigação viria a ser cumprida.

Por outro lado, imaginando-se que se esteja diante do descumprimento de obrigações de fazer ou de não fazer que tenham pertinência temática com o evento, como por exemplo, a não apresentação de um alvará de liberação do Corpo de Bombeiros ou alguma questão de ordem ambiental, parece sim eficaz que se determine a suspensão ou mesmo o cancelamento de um evento organizado pelo poder público, a fim de se garantir a efetividade na execução da obrigação.

8.3.4 BLOQUEIO OU SEQUESTRO DE VERBAS PÚBLICAS

Sempre se colocou, quase como se estivéssemos diante de uma cláusula pétrea, que o bloqueio ou sequestro de verbas públicas não poderia se dar, como medida atípica, normalmente fundada em razões de cunho orçamentário, que encontram um manto constitucional.

E dita proteção tem todo sentido, visto que, se assim não fosse, a Administração não teria condições de planejar e executar suas políticas públicas, porque se veria, a todo tempo, tendo o seu orçamento invadido com o bloqueio ou sequestro judicial de valores.

A temática foi enfrentada diversas vezes pelo Poder Judiciário e, aos poucos, aquele entendimento absolutamente contrário foi encontrando uma flexibilização, quando se deparavam os juízes com situações em que o descumprimento da ordem judicial poderia acarretar lesões tão graves ao jurisdicionado que se fazia necessário compatibilizar aquela garantia estabelecida para a Fazenda Pública com outras normas constitucionais.

A questão chegou ao Superior Tribunal de Justiça, por meio de recurso especial repetitivo (RESP 1.069.810[26]), havendo se firmado o entendimento de que é sim possível o bloqueio de verbas públicas, em situações excepcionais, quando se vislumbrar a urgência e a imprescindibilidade de sua prestação, além do amparo constitucional no direito fundamental à saúde[27].

Para tanto, a partir de um juízo de verificação do respeito ao direito à saúde, que é fundamental, estando a parte demandante/exequente diante de um risco iminente, o juiz deverá adotar as medidas necessárias à efetivação da medida, e dentre elas, conforme entendeu o STJ no julgamento do referido recurso repetitivo, está a possibilidade de bloqueio de verbas públicas suficientes ao cumprimento da decisão.

De qualquer sorte, entendemos que o referido bloqueio, determinado como medida atípica, somente deve ser determinado após o esgotamento

26. "PROCESSUAL CIVIL. ADMINISTRATIVO. RECURSO ESPECIAL. ADOÇÃO DE MEDIDA NECESSÁRIA À EFETIVAÇÃO DA TUTELA ESPECÍFICA OU À OBTENÇÃO DO RESULTADO PRÁTICO EQUIVALENTE. ART. 461, § 5º. DO CPC. BLOQUEIO DE VERBAS PÚBLICAS. POSSIBILIDADE CONFERIDA AO JULGADOR, DE OFÍCIO OU A REQUERIMENTO DA PARTE. RECURSO ESPECIAL PROVIDO. ACÓRDÃO SUBMETIDO AO RITO DO ART. 543-C DO CPC E DA RESOLUÇÃO 08/2008 DO STJ. 1. Tratando-se de fornecimento de medicamentos, cabe ao Juiz adotar medidas eficazes à efetivação de suas decisões, podendo, se necessário, determinar até mesmo, o sequestro de valores do devedor (bloqueio), segundo o seu prudente arbítrio, e sempre com adequada fundamentação. 2. Recurso Especial provido. Acórdão submetido ao regime do art. 543-C do CPC e da Resolução 08/2008 do STJ." (STJ. 1ª Seção. REsp 1.069.810/RS. Rel. Min. Napoleão Nunes Maia Filho. Publicado no DJ de 06/11/201).

27. Diego Martinez Fervenza Cantoario (Tutela específica das obrigações de fazer e não fazer no novo CPC: primeiras observações. In: Didier Jr, Fredie (coordenador geral). Novo CPC doutrina selecionada, v. 5: execução. Salvador, Juspodivm, 2015, p. 130-133) defende a possibilidade de sequestro de verbas públicas para fins de cumprimento das obrigações de fazer e de não fazer, inclusive com fundamento no art. 536, §1º, do CPC, colocando-se desfavorável à imposição de multa em desfavor dos agentes públicos e também da sua prisão civil.

dos meios típicos destinados a forçar o cumprimento das obrigações pela Fazenda Pública[28].

8.3.5 BLOQUEIO DO RECEBIMENTO DE CRÉDITOS DE OUTROS ENTES OU DE PARTICULARES

Tende a se revelar eficaz também, quando houver o descumprimento imotivado no cumprimento de obrigações de pagar a cargo do Poder Público, o bloqueio do recebimento de créditos que eventualmente se tenha a receber de outros entes ou de particulares.

Por vezes, e isso é mais comum quando se lida com Municípios, um determinado ente tem créditos a receber, via precatório ou requisição de pequeno valor de outros entes, ou mesmo via pagamento direto de particulares, mas demonstra irresponsável falta de zelo no pagamento de seus débitos.

Assim, em isso ocorrendo e não havendo outros meios típicos capazes de assegurar a execução, afigura-se pertinente a ideia de se bloquear ditos créditos a receber, para que assim seja viabilizado o pagamento de obrigações de pagar, logicamente em observância à ordem cronológica, constitucionalmente assegurada.

8.3.6 SUSPENSÃO DO FORNECIMENTO DE ENERGIA ELÉTRICA DE ÓRGÃOS E AGENTES PÚBLICOS

Outra medida atípica que se tem notícia, após a entrada em vigor do CPC/2015, é a questão da suspensão do fornecimento de energia elétrica de devedores, a fim de forçar o cumprimento de obrigações. Revela-se, sem dúvida, em instrumento coercitivo eficaz, que desperta a necessidade do devedor para que imprima rapidez ao cumprimento.

A questão que surge é se essa medida poderá ser objeto de extensão aos órgãos públicos e aos agentes públicos responsáveis pelo cumprimento de obrigações.

Quanto à suspensão do fornecimento de energia dos órgãos públicos, parece haver sim prejuízos em eventual medida atípica determinada. Isto

28. Enunciado 51 do Fórum Nacional do Poder Público: "O bloqueio ou sequestro de verbas públicas enquanto medida atípica somente é admitido após o esgotamento dos meios hábeis a forçar a Administração ao cumprimento de obrigação".

porque, partindo-se do pressuposto de que são bens de uso especial, a suspensão do fornecimento de energia elétrica haverá de acarretar, senão a paralisação, graves dificuldades à continuidade da prestação do serviço público[29], o que acaba por prejudicar, em última análise, a própria sociedade[30].

8.3.7 BLOQUEIO DE CARTÕES CORPORATIVOS UTILIZADOS POR AGENTES PÚBLICOS

Os cartões corporativos, sempre polêmicos, consomem anualmente centenas de milhões de reais Governo Federal [31], e são utilizados por agentes públicos de mais elevado escalão, para pagamento de bens, serviços e despesas em materiais, contratações de serviços e pagamento de viagens.

Parece-nos que uma medida atípica eficaz residiria no bloqueio de cartões corporativos dos agentes públicos responsáveis pelo cumprimento de obrigações, ou mesmo até, de modo mais radical, de todos os cartões corporativos do respectivo órgão que estaria por descumprir a determinação judicial[32].

Como isso resultaria num "salutar" transtorno para diversos agentes dos mais altos escalões, provavelmente iriam atrás de identificar as razões do bloqueio e, verificando que se deu porque estaria a ocorrer o descumprimento de uma obrigação, certamente mais agilidade se teria no cumprimento.

8.3.8 SUSPENSÃO DO PAGAMENTO DOS VENCIMENTOS DOS AGENTES PÚBLICOS

Não nos parece legítima a indiscriminada suspensão do pagamento dos vencimentos dos agentes públicos, como medida tendente a assegurar a efetividade das decisões judiciais.

---

29. Tem-se notícia de decisão prolatada por juiz de um Juizado Especial da Fazenda Pública de Salvador (Processo eletrônico nº 8018710-50.2019.8.05.0001) que determinou o corte de energia e internet da Secretaria de Saúde do Estado da Bahia, em razão do descumprimento do Estado no tocante à obrigação de fornecer medicamentos a uma determinada cidadã. Parece-nos absurda tal determinação, dados os prejuízos à coletividade que poderiam ser causados, não havendo proporcionalidade entre estes e os danos suportados pela parte que aguardava o cumprimento da decisão.
30. Enunciado 41 do Fórum Nacional do Poder Público: "As medidas para a efetivação da tutela provisória previstas no art. 297 do CPC não podem comprometer a continuidade do serviço público".
31. http://www.portaltransparencia.gov.br/cartoes, acesso em 29 de abril de 2021.
32. PEIXOTO, Marco Aurélio Ventura; SOARES, Patrícia de Almeida Montalvão; PEIXOTO, Renata Cortez Vieira. Das medidas atípicas de coerção contra o poder público: aplicabilidade e limites. In TALAMINI, Eduardo; MINAMI, Marcos Youji (coord). Medidas executivas atípicas. 2. Ed. Salvador: Editora Juspodivm, 2020, p. 175.

E a lógica se explica. Ora, nos termos do art. 833, IV, do CPC/2015, os vencimentos são impenhoráveis, com a ressalva apenas das hipóteses de penhora para pagamento de prestação alimentícia ou de importâncias excedentes a 50 (cinquenta) salários-mínimos mensais.

Se são assim impenhoráveis os vencimentos de um devedor pessoa física, por exemplo, não há razões para que se entenda como correta a suspensão do pagamento desses vencimentos quando se cuidar de um agente público que esteja a retardar o cumprimento de uma obrigação.

Deve-se pensar como factível apenas, fazendo-se uma analogia com o art. 833, IV e seu §2º, do CPC/2015, que possa se dar não a suspensão do pagamento, mas o bloqueio daquilo que exceder os cinquenta salários--mínimos mensais.

E tal não se daria a título de penhora ou depósito, até porque não é o agente público que responde pelo pagamento ao credor, mas sim mesmo como medida coercitiva, tendente a compelir o agente ao cumprimento da obrigação.

Capítulo

9

Conciliação e Mediação envolvendo a Fazenda Pública

À proporção que a sociedade conhece mais os seus direitos, mais o Poder Judiciário é provocado. O aumento no número de demandas judiciais, que não é acompanhado na mesma proporção pela capacidade do Judiciário em absorver tantos feitos, gera uma verdadeira sobrecarga, revelando a inadequação e a insuficiência das estruturas tradicionalmente planejadas para a solução dos conflitos de interesse.

Nos dizeres de Pierpaolo Cruz Bottini[1], a litigiosidade não decorre da democratização da justiça, mas da utilização exagerada por poucos atores, dentre os quais o poder público, as empresas concessionárias prestadoras de serviços e as instituições financeiras, representando a multiplicação de feitos de igual teor, conteúdo idêntico e repetido.

Nessa linha de raciocínio, a Resolução n.º 125/2010, do Conselho Nacional de Justiça, que dispôs sobre a Política Nacional de tratamento adequado dos conflitos de interesses no âmbito do Poder Judiciário, representou um claro e oportuno reconhecimento, pelo Poder Judiciário, da própria insuficiência em se valer dos esgotados meios tradicionais para a solução dos conflitos.

1. BOTTINI, Pierpaolo Cruz. A reforma do Judiciário: aspectos relevantes. In http://www.btadvogados.com.br/pt/artigo/a-reforma-do-judiciario-aspectos-relevantes/, acesso em 02 de maio de 2021.

A conciliação e a mediação, consideradas outrora como métodos alternativos de solução dos conflitos, a partir da vigência do CPC/2015, passaram a integrar, junto com a jurisdição e a arbitragem, um novo modelo, que a doutrina vem considerando "multiportas".

Buscando as raízes da expressão "modelo" ou "sistema multiportas", percebe-se que ela foi cunhada no direito norte-americano, fruto dos estudos do professor emérito da Faculdade de Direito de Harvard Frank Sander acerca dos métodos alternativos de solução dos conflitos. Em 1976, o mencionado professor apresentou em uma conferência (*Pound Conference*) um documento chamado, em tradução livre, de Variedades do Processamento de Conflitos, no qual desenvolveu o conceito Variedades do Processamento de Conflitos, no qual desenvolveu o conceito de Tribunal Multiportas, cuja nomenclatura inicial foi, na realidade, centro abrangente de justiça[2].

O Tribunal Multiportas "é um mecanismo para encaminhar os conflitos ao fórum mais apropriado para sua resolução"[3]: as partes são levadas a um fórum vinculado ao Poder Judiciário, no qual é feita uma espécie de triagem, com a participação de profissionais de diversas áreas e dos envolvidos, escolhendo-se o método de resolução do conflito mais adequado à demanda, priorizando-se a autocomposição. A finalidade do sistema, quanto aos métodos dito alternativos, é de que haja uma verdadeira construção (e não imposição) do consenso[4].

O denominado Fórum de Portas Múltiplas seria, assim, um local ao qual os cidadãos se dirigiriam para, após os devidos esclarecimentos

---

2. ALMEIDA, Rafael Alves de; ALMEIDA, Tânia; e CRESPO, Mariana Hernandez. Tribunal Multiportas: investindo no capital social para maximizar o sistema de solução de conflitos no Brasil. Rio de Janeiro: Editora FGV, 2012, p. 28, capturado em 15.06.2015, disponível em http://bibliotecadigital.fgv.br/dspace/bitstream/handle/10438/10361/Tribunal%20Multiportas.pdf?sequence=1.
3. ALMEIDA, Rafael Alves de; ALMEIDA, Tânia; e CRESPO, Mariana Hernandez. Tribunal Multiportas: investindo no capital social para maximizar o sistema de solução de conflitos no Brasil. Rio de Janeiro: Editora FGV, 2012, p. 28, capturado em 15.06.2015, disponível em http://bibliotecadigital.fgv.br/dspace/bitstream/handle/10438/10361/Tribunal%20Multiportas.pdf?sequence=1, p. 63/64.
4. ALMEIDA, Rafael Alves de; ALMEIDA, Tânia; e CRESPO, Mariana Hernandez. Tribunal Multiportas: investindo no capital social para maximizar o sistema de solução de conflitos no Brasil. Rio de Janeiro: Editora FGV, 2012, p. 28, capturado em 15.06.2015, disponível em http://bibliotecadigital.fgv.br/dspace/bitstream/handle/10438/10361/Tribunal%20Multiportas.pdf?sequence=1., p. 80/81.

e orientações, optarem, com ajuda profissional, pelo melhor método de solução do seu conflito[5].

Dentre as vantagens do sistema, apontam-se as seguintes: a) o cidadão assumiria o protagonismo da solução de seu problema, com maior comprometimento e responsabilização acerca dos resultados; b) estimulo à autocomposição; c) maior eficiência do Poder Judiciário, porquanto caberia à solução jurisdicional apenas os casos mais complexos, quando inviável a solução por outros meios ou quando as partes assim o desejassem; d) transparência, ante o conhecimento prévio pelas partes acerca dos procedimentos disponíveis para a solução do conflito[6].

Nancy Andrighi e Gláucia Falsarella Foley, em junho de 2008, opinando sobre o sistema multiportas na Folha de São Paulo[7], chamavam a atenção para o fato de que, àquela época, predominava, no Brasil, uma cultura excessivamente adversarial e que havia uma carência de espaços - públicos ou privados - destinados ao diálogo entre pessoas em litígio.

Embora já existam diversas práticas nos tribunais brasileiros destinadas à solução consensual dos conflitos, é certo que essa cultura da litigiosidade ainda prevalece. A fim de mitigá-la, foram votados e aprovados no Congresso Nacional diplomas legislativos como a nova Lei da Mediação e o CPC/2015, que buscam conferir maior relevância aos

5. A esse respeito, explicita Mariana Hernandes Crespo (ALMEIDA, Rafael Alves de; ALMEIDA, Tânia; e CRESPO, Mariana Hernandez. Tribunal Multiportas: investindo no capital social para maximizar o sistema de solução de conflitos no Brasil. Rio de Janeiro: Editora FGV, 2012, p. 28, capturado em 15.06.2015, disponível em http://bibliotecadigital.fgv.br/dspace/bitstream/handle/10438/10361/Tribunal%20Multiportas.pdf?sequence=1., p. 82) "Se, após conhecerem as opções de resolução de conflitos à sua disposição, as partes, juntamente com o responsável pela triagem, selecionarem o processo, não só o espectro de opções — excluídas a violência ou a passividade — se abriria diante delas, mas também a sua capacidade de tomar decisões bem fundamentadas seria ampliada. Ao incluir as partes litigantes nos processos decisórios que conduziriam à resolução de seu conflito, as partes podem adquirir um sentido de propriedade sobre o processo e o acordo, e construir um sentido de realização. Isso poderia transformar as expectativas dos cidadãos quanto ao que é possível obter com a colaboração no contexto da resolução de conflitos, tanto na esfera pública como na esfera privada".

6. ALMEIDA, Rafael Alves de; ALMEIDA, Tânia; e CRESPO, Mariana Hernandez. Tribunal Multiportas: investindo no capital social para maximizar o sistema de solução de conflitos no Brasil. Rio de Janeiro: Editora FGV, 2012, p. 28, capturado em 15.06.2015, disponível em http://bibliotecadigital.fgv.br/dspace/bitstream/handle/10438/10361/Tribunal%20Multiportas.pdf?sequence=1, p. 153/154.

7. ANDRIGUI, Nancy e FOLEY, Gláucia Falsarella. Sistema multiportas: o Judiciário e o consenso. Tendências e Debates. Folha de São Paulo, 24 de junho de 2008.

denominados meios alternativos de resolução de conflitos e preferência deles em relação à solução jurisdicional.

A doutrina processual brasileira vem afirmando que o CPC/2015 adotou o modelo ou sistema multiportas, a exemplo de Dierle Nunes, que, antes mesmo da sanção do CPC/2015, anunciava a convivência da solução jurisdicional com a consensual, a partir da conciliação e da mediação[8].

O escopo de instituir esse sistema multiportas pode ser extraído da norma fundamental contida no art. 3º, §3º do CPC, que dispõe: "A conciliação, a mediação e outros métodos de solução consensual de conflitos deverão ser estimulados por juízes, advogados, defensores públicos e membros do Ministério Público, inclusive no curso do processo judicial".

Segundo Humberto Dalla[9], analisando o art. 3º do CPC, tem-se uma ressignificação do conceito de jurisdição, ao afirmar que o princípio contido no art. 5º, inciso XXXV, da CF/88, entendido com a primeira via de solução do conflito, não condiz com a noção contemporânea do Estado Democrático de Direito. Nessa toada, ainda segundo o autor, a desjudicialização deve ser compreendida como ferramenta de racionalização da prestação jurisdicional, sendo a mediação e a arbitragem meios adequados de solução de conflitos e mecanismos de desjudicialização.

Observe-se que a intenção é a de que o modelo funcione extrajudicialmente (até mesmo porque há referência no novo texto às câmaras privadas de conciliação e mediação[10]), mas também no âmbito do próprio Poder Judiciário, a partir da criação dos centros judiciários de solução consensual de conflitos, responsáveis pela realização de sessões e audiências de conciliação e mediação e pelo desenvolvimento de programas destinados a auxiliar, orientar e estimular a autocomposição[11].

---

8. NUNES, Dierle. Novo CPC promove equilíbrio entre magistrados e advogados. Disponível em http://www.conjur.com.br/2014-dez-17/dierle-nunes-cpc-promove-equilibrio-entre-juizes-advogados, capturado em 15.06.2015.
9. PINHO, Humberto Dalla Bernardina de; STANCATI, Maria Martins Silva. A ressignificação do princípio do acesso à justiça à luz do art. 3º do CPC/2015. In https://sistemas.rj.def.br/publico/sarova.ashx/Portal/sarova/imagem-dpge/public/arquivos/Acesso_ressignificado_-_Dalla_e_Stancati_-_2018.pdf, acesso em 02 de maio de 2021.
10. Vide arts. 167, 168 e 169, §2º, do CPC/2015.
11. Art. 165.

Não há dúvidas de que a previsão contida no CPC/2015, da coexistência de núcleos públicos e privados destinados à solução consensual dos conflitos, pretende concretizar no Brasil a ideia do Fórum de Portas Múltiplas, inclusive porque os centros judiciários, além de responsáveis pela realização de sessões e audiências de conciliação e mediação, deverão desenvolver programas destinados a auxiliar, orientar e estimular a autocomposição, desempenhando suas atividades antes e durante a tramitação do processo.

Na pesquisa dos 100 maiores litigantes do país, divulgada pelo Conselho Nacional de Justiça em 2012[12], os números assustam em relação à participação do poder público, já que o setor público federal se encontra em primeiro lugar, o setor público estadual em terceiro lugar e o setor público municipal se encontra em quinto lugar.

Ainda em tal pesquisa, o Instituto Nacional do Seguro Social – INSS foi apontado como o maior litigante do país, com 4,38% dos processos entre janeiro e outubro de 2011, na primeira instância. Considerando-se os números dos Juizados Especiais, o percentual salta para 21,76% do total de processos.

Consoante Maurício Morais Tonin[13], o poder público contribui para a construção do ambiente de litigiosidade, seja por meio de práticas gerenciais, seja na criação ou na modificação das políticas públicas, ou ainda através da cobrança da dívida ativa, causa geradora do grande volume das execuções fiscais.

De fato, são estarrecedores os números das execuções fiscais no país. Conforme dados do Justiça em Números 2020[14], os processos de execução fiscal representavam 39% dos casos e 70% das execuções pendentes no Poder Judiciário, com taxa de congestionamento de 87%.

Esse estímulo à solução dos conflitos por meio da autocomposição certamente alcança a Fazenda Pública. Por muito tempo, o uso dos métodos adequados pelo Poder Público era rechaçado sob o genérico

12. https://www.cnj.jus.br/wp-content/uploads/2011/02/100_maiores_litigantes.pdf.
13. TONIN, Maurício Morais. Solução de Controvérsias e Poder Público: Negociação e Arbitragem. Tese de Doutorado. Universidade de São Paulo: 2016, p. 18.
14. https://www.cnj.jus.br/wp-content/uploads/2020/08/WEB-V3-Justi%C3%A7a-em-N%C3%BAme-ros-2020-atualizado-em-25-08-2020.pdf, acesso em 28 de abril de 2021.

argumento da indisponibilidade do interesse público, da legalidade estrita e da publicidade.

Não se afigura adequado utilizar a indisponibilidade do interesse e do patrimônio públicos para afirmar que a Fazenda não pode celebrar acordos.

A esse respeito, Eduardo Talamini analisa com propriedade o conceito da expressão "indisponibilidade do interesse público" para chegar a algumas importantes conclusões relacionadas à autocomposição e à arbitragem envolvendo o Poder Público, que merecem ser aqui reproduzidas: a) a Administração Pública, submetida que é constitucionalmente aos princípios da moralidade e da boa-fé (art. 37, *caput*, da CF/88), tem o dever de se submeter ao direito da parte contrária, quando constatar que não tem razão e isso não importa em "dispor" do interesse público, porquanto este não estará presente se não houver direito em favor da Administração; b) nas relações envolvendo o Poder Público não é sempre indispensável a intervenção do Poder Judiciário, cabendo à Administração, desse modo, compor conflitos extrajudicialmente; c) uma coisa é a indisponibilidade do direito material outra é a indisponibilidade da pretensão à tutela jurisdicional estatal; nesse segundo caso, se a Administração verificar que não tem razão, pode deixar de propor a demanda judicial, cumprindo a obrigação em favor do adversário extrajudicialmente; d) mesmo após a instauração do processo, cabe ao Poder Público cumprir suas obrigações e, se for o caso, reconhecer a procedência dos pleitos da parte adversa e compor o litígio; e) se a composição, entrementes, não se limitar ao reconhecimento do pedido da parte contrária, passando a envolver a necessidade de renúncia total ou parcial ao direito material da Administração Pública, tal prática dependerá de autorização legislativa[15].

Na mesma linha, Marco Antonio Rodrigues e Rodrigo Gismondi defendem que a indisponibilidade do interesse público não impede a autocomposição nos casos em que o Poder Público for parte. Ao contrário, o mecanismo é sobretudo recomendável como forma de realização

---

15. A (in)disponibilidade do interesse público: consequências processuais (composições em juízo, prerrogativas processuais, arbitragem, negócios processuais e ação monitória) – versão atualizada para o CPC/2015. In: Revista de Processo. Ano 42, vol. 264, ps. 85/94.São Paulo: Revista dos Tribunais, fev/2017.

do acesso à justiça e de efetivação da política pública de tratamento adequado dos conflitos[16].

Tampouco deve se colocar a legalidade administrativa como óbice à consensualidade. Segundo Marco Antonio Rodrigues, a legalidade administrativa exige uma releitura no direito contemporâneo, de juridicidade administrativa: o poder público pode realizar tudo o que o ordenamento jurídico como um todo o permita, e deve envidar seus esforços para cumprimento das missões que lhe foram atribuídas pelo ordenamento jurídico[17].

Aos poucos, profundas e estruturais alterações estão sendo implementadas, de modo a viabilizar a participação do poder público, quer a partir de modificações legislativas ou infralegais, quer – e em especial – com a mudança de mentalidade dos gestores públicos e dos dirigentes dos órgãos de advocacia pública.

A Administração Pública passa a constatar que, tanto em demandas mais complexas, como também em lides repetitivas, os métodos adequados de solução de conflitos podem se afigurar vantajosos também para o poder público, notadamente no que diz respeito aos custos de eventual condenação na esfera judicial.

Partindo-se dessa premissa de que a renúncia total ou parcial aos direitos pertencentes ao Poder Público depende de autorização legal específica, a Lei Federal nº 9.469/97 estabelece que o Advogado-Geral da União, diretamente ou mediante delegação, e os dirigentes máximos das empresas públicas federais, poderão autorizar a realização de acordos ou transações para prevenir ou terminar litígios, inclusive os judiciais, desde que observados determinados parâmetros e limites estabelecidos pela lei e pelos regulamentos editados para conferir cumprimento ao mencionado diploma legal.

A mesma lei autoriza, inclusive, a criação de "câmaras especializadas, compostas por servidores públicos ou empregados públicos efetivos, com

16. RODRIGUES, Marco Antonio; GISMONDI, Rodrigo. Métodos de Solução Consensual de Conflitos e a Fazenda Pública. In Mediação e Arbitragem na Administração Pública, vol. 2. Santa Cruz do Sul: Editora Essere nel Mondo, 2020, p. 108.

17. RODRIGUES, Marco Antonio. Curso de Processo Administrativo e Judicial Tributário. Salvador: Ed. Juspodivm, 2021, p. 366.

o objetivo de analisar e formular propostas de acordos ou transações" (art. 1º, §1º, com a redação que lhe foi dada pela Lei n.º 13.140/2015).

Desde 2007 (Ato Regimental n.º 05/2007 e Portaria n.º 1.281/2007), existe a Câmara de Mediação e de Conciliação da Administração Pública Federal, no âmbito da Advocacia-Geral da União, cuja missão principal é a de buscar a solução amigável de conflitos entre os órgãos da União e as entidades da Administração Federal Indireta, bem como com órgãos públicos estaduais ou municipais. Desde a criação, de 2007 aos dias atuais, foram 1308 procedimentos recebidos, 984 procedimentos encerrados, com 313 conflitos solucionados pelo CCAF[18].

A Lei n.º 13.140, de 26 de junho de 2015, que dispõe sobre a mediação entre particulares como meio de solução de controvérsias e sobre a autocomposição de conflitos no âmbito da administração pública, estabelece, em seu art. 32, que a União, os Estados, o Distrito Federal e os Municípios poderão criar câmaras de prevenção e resolução administrativa de conflitos, no âmbito dos respectivos órgãos da Advocacia Pública, com competência para, dentre outros, dirimir conflitos entre órgãos e entidades da administração pública, inclusive com suspensão do prazo prescricional tão logo seja instaurado o procedimento administrativo para a resolução consensual do conflito.

Tal previsão seguiu a linha do art. 174 do CPC, que já previa a necessidade de criação dessas câmaras. A Lei 13.140/2015, porém, deixou claro que as câmaras seriam criadas no âmbito dos órgãos de advocacia pública, onde houver.

Para a criação das câmaras, a lei 13.140/2015 prevê a necessidade de cada ente federado elaborar regulamento próprio, estatuindo o modo de composição e funcionamento da câmara.

Uma vez implementadas, o particular deve refletir sobre as vantagens de buscar a solução do conflito em tal câmara especializada, para buscar a via judicial somente em segunda hipótese.

A Lei 13.140/2015 preocupou-se ainda com a questão do prazo prescricional, ao prever, em seu art. 34, que a instauração de procedimento administrativo para a resolução consensual de conflito no âmbito da

---

18. https://powerbi.agu.gov.br/Reports/powerbi/DGE/Consultivo/CCAF?rs:Embed=true, acesso em 29 de abril de 2021.

administração pública suspende a prescrição. Considera-se instaurado o procedimento quando o órgão emitir juízo de admissibilidade, retroagindo a suspensão da prescrição à data de formalização do pedido de resolução consensual do conflito.

O art. 40 da Lei n.º 13.140/2015 tratou da responsabilidade do servidor que participar da mediação, ao indicar que somente pode ser responsabilizado civil, administrativa ou criminalmente quando, mediante dolo ou fraude, receberem qualquer vantagem patrimonial indevida, permitirem ou facilitarem sua recepção por terceiro, ou para tal concorrerem. Cuidou-se, como destacam Humberto Dalla e Marcelo Mazzola, de uma necessária blindagem ao servidor[19]. Sem essa garantia trazida no art. 40, como lembra Osmar Paixão Côrtes, tornar-se-ia desinteressante e poucos assumiriam o risco de conduzir ou participar[20].

Vários Estados da Federação já adotaram a criação das Câmaras Especializadas. Em Pernambuco, tem-se a Lei Complementar 417/2019, que criou a Câmara de Negociação, Conciliação e Mediação da Administração Pública Estadual, com competência para atuar em conflitos que versem sobre direitos disponíveis e sobre direitos indisponíveis que admitam transação.

No Rio de Janeiro, em 2016 foi criada a CASC – Câmara Administrativa de Solução de Conflitos da PGE/RJ (regulamentada pela Resolução PGE 4430/2019), que tem por objetivo a autocomposição de controvérsias administrativas ou judiciais que envolvam a Administração Pública Direta e Indireta do Estado do Rio de Janeiro. Prevê-se que a autocomposição pode se dar mediante a mediação, a conciliação ou a transação por adesão. A CASC atua de ofício ou por provocação.

Tem-se notícia também da criação de câmaras nos Estados de Goiás, Pará, Maranhão, Rio Grande do Sul, Alagoas, Santa Catarina, Paraíba, Ceará e Piauí. Nos municípios, pode ser apontado o exemplo a Câmara criada em Porto Alegre, fruto da Lei n.º 12.003/2016 e regulamentada pelo Decreto n.º 19.519/2016.

---

19. PINHO, Humberto Dalla Bernardina de. MAZZOLA, Marcelo. Manual de mediação e arbitragem. São Paulo: Saraiva Educação, 2019.

20. CÔRTES, Osmar Mendes da Paixão. Responsabilidade dos servidores e empregados públicos que participam de mediações. In PINHO, Humberto Dalla Bernadina de; RODRIGUES, Roberto de Aragão Ribeiro. Mediação e Arbitragem na Administração Pública. Curitiba: Editora CRV, 2018, p. 137.

Quando se estuda a consensualidade na Administração Pública, um dos mais instigantes debates é, sem dúvida, a compatibilização dos princípios da resolução consensual de conflitos com os princípios jurídicos que regem a atuação da Administração Pública.

A confidencialidade é, por exemplo, um dos princípios da mediação (positivado na Lei 13.140/2015), de modo a permitir que as partes fiquem mais à vontade nas sessões, sabedoras que não estão produzindo contra si provas. Para Humberto Dalla e Patrícia Elael Nunes, a confiança é o ponto central da mediação, de modo que a confidencialidade é o instrumento que confere este elevado grau de compartilhamento. É fator de garantia de funcionalidade da própria mediação[21].

No entanto, como lembra Luciana Moessa de Souza[22], quase toda a informação ali discutida já é pública por natureza, não se tornando confidencial em razão da mediação. Para ela, a publicidade deve ser a regra, salvo exceções legais, como segredo de Estado, sigilo comercial, industrial ou empresarial, proteção à intimidade e à vida privada[23].

O art. 30 da Lei n.º 13.140/2015 estabelece que toda e qualquer informação relativa ao procedimento de mediação será confidencial em relação a terceiros, não podendo ser revelada sequer em processo arbitral ou judicial, salvo se as partes expressamente decidirem de forma diversa ou quando sua divulgação for exigida por lei ou necessária para cumprimento de acordo obtido pela mediação. Informações relativas a crime de ação penal pública não estão abrangidas pela confidencialidade. Não se afasta também o dever de prestar informações à administração tributária após o termo final da mediação, aplicando-se aos seus servidores a obrigação de manterem sigilo das informações compartilhadas.

---

21. PINHO, Humberto Dalla Bernadina de; NUNES, Patrícia Elael. A confidencialidade e suas peculiaridades no procedimento de mediação envolvendo a Fazenda Pública. In PINHO, Humberto Dalla Bernadina de; RODRIGUES, Roberto de Aragão Ribeiro. Mediação e Arbitragem na Administração Pública. Curitiba: Editora CRV, 2018.

22. SOUZA, Luciana Moessa de. É viável a resolução consensual de conflitos com o poder público. In https://www.conjur.com.br/2018-jul-30/luciane-moessa-viavel-resolucao-consensual-poder-publico#:~:text=Tudo%20quanto%20foi%20exposto%20leva,sem%20considera%C3%A7%C3%A3o%20aos%20limites%20apontados., acesso em 02 de maio de 2021.

23. Há dois enunciados do Fórum Nacional do Poder Público acerca da questão: Enunciado 6 - confidencialidade na mediação com a Administração Pública observará os limites da lei de acesso à informação; Enunciado 36 - Durante o processo de mediação do particular com a Administração Pública, deve ser observado o princípio da confidencialidade previsto no artigo 30 da Lei 13.140/2015, ressalvando-se somente a divulgação da motivação da Administração Pública e do resultado alcançado.

Ainda de acordo com Humberto Dalla e Patrícia Elael Nunes, embora confidencial, a mediação não pode ser secreta, em especial quando presente a Fazenda Pública ou órgãos que defendem interesses coletivos em sentido amplo. Não se pode ilidir a transparência e a impessoalidade no uso da coisa pública[24].

Na linha do pensamento predominante na doutrina, também entendemos que, quando presente um ente público, o procedimento não deve seguir as regras da confidencialidade, em razão da prevalência do interesse público na publicidade das informações.

Consoante Marco Antonio Rodrigues[25], embora seja regra geral a superação da confidencialidade pela publicidade, tal não pode ser absoluta, devendo se fazer uma ponderação de princípios, de modo que é possível a existência de valores que justifiquem a não incidência da publicidade em situações específicas, por previsão legal ou judicial).

Poderia o legislador, como lembram Humberto Dalla e Patrícia Elael Nunes[26], ter sido mais claro na Lei 13.140/2015, como o foi na Lei que permitiu a arbitragem na Administração (Lei 13.129/2015), quando no art. 2º, §3º, indicou que a arbitragem que envolva a administração pública será sempre de direito e respeitará o princípio da publicidade. Da mesma forma, previu-se no art. 152 da nova lei de licitações (Lei n.º 14.133, de 01 de abril de 2021), que a arbitragem envolvendo o poder público observará o princípio da publicidade.

Não tendo sido, pois, explícito o legislador quanto à publicidade na mediação envolvendo o Poder Público, cumpre atualmente ao intérprete analisar em cada situação específica. A regra, na linha do que defende a maior parte da doutrina, deve ser a publicidade, a qual pode e deve ser restringida pontualmente, e desde que motivada e justificadamente, por razões de segurança nacional, sigilo legal ou proteção da intimidade ou da vida privada.

---

24. PINHO, Humberto Dalla Bernadina de; NUNES, Patrícia Elael. A confidencialidade e suas peculiaridades no procedimento de mediação envolvendo a Fazenda Pública. In PINHO, Humberto Dalla Bernadina de; RODRIGUES, Roberto de Aragão Ribeiro. Mediação e Arbitragem na Administração Pública. Curitiba: Editora CRV, 2018.
25. RODRIGUES, Marco Antonio. A Fazenda Pública no processo civil. 2. Ed. São Paulo: Atlas, 2016.
26. PINHO, Humberto Dalla Bernadina de; NUNES, Patrícia Elael. A confidencialidade e suas peculiaridades no procedimento de mediação envolvendo a Fazenda Pública. In PINHO, Humberto Dalla Bernadina de; RODRIGUES, Roberto de Aragão Ribeiro. Mediação e Arbitragem na Administração Pública. Curitiba: Editora CRV, 2018.

Parece-nos imprescindível que o cidadão ou a pessoa jurídica de direito privado que estiver por participar de procedimento autocompositivo com a Administração Pública tenha prévia ciência das condições, desde o início das tratativas, para que não se venha a alegar ter havido, por parte da Administração, qualquer tipo de violação à boa-fé.

Capítulo

10

Arbitragem e Fazenda Pública

Os limites e as relações entre a jurisdição estatal e a arbitragem sempre foram fruto de instigantes e duradouros debates na doutrina e na jurisprudência.

Como bem ensina João Luiz Lessa de Azevedo Neto[1], o aumento das trocas humanas decorrentes da globalização, o surgimento da internet, a comunicação instantânea, a facilidade para viajar e a circulação de pessoas, bens e serviços em escala mundial levaram a um redimensionamento do papel do Estado e, para muitos, a emergência de uma ordem globalizada, o que significa também uma demanda por novos serviços de resolução de disputas. Não se tem, segundo o autor, a perda da importância estatal, mas a busca do próprio Estado em responder às demandas sociais que surgem na modernidade tardia.

Na lição de Humberto Dalla e de Marcelo Mazzola, a arbitragem é uma forma alternativa de resolução de conflitos paralela à jurisdição estatal. São vias distintas, autônomas e independentes, mas que se interconectam em muitas situações. Para eles, embora a jurisdição seja una, o exercício jurisdicional pode ser compartilhado, o que permite falar em uma rede jurisdicional colaborativa[2].

1. AZEVEDO NETO, João Luiz Lessa. Arbitragem e Poder Judiciário: a definição da competência do árbitro. Salvador: Juspodivm, 2016, p. 27.

2. PINHO, Humberto Dalla Bernardina de; MAZZOLA, Marcelo. A convenção de arbitragem no sistema brasileiro – uma releitura a partir da obra de Sérgio La China. In https://www.cidp.pt/revistas/rjlb/2020/2/2020_02_0559_0586.pdf, acesso em 02 de maio de 2021.

A arbitragem dá-se quando as partes, por livre e espontânea vontade, elegem um terceiro, o árbitro ou o Tribunal Arbitral, para que esse resolva a controvérsia. Importante ressaltar que, não obstante inserida dentre os métodos adequados de resolução de conflitos, não deve ser confundida a arbitragem com a mediação e a conciliação, tratadas no capítulo anterior.

Nessas, apesar da presença de um terceiro, não há o exercício por ele do poder decisório, mas apenas de fomentador ou incentivador da quebra das resistências e do fim do litígio por acordo, revelando-se meios autocompositivos. Na arbitragem, de outra sorte, o terceiro (árbitro ou Tribunal Arbitral) exerce o poder decisório, com base legal, de modo que seu papel concretiza um método heterocompositivo de resolução de conflitos.

Entre nós, a arbitragem está regulada pela Lei n.º 9.307/96, mas seus institutos, princípios e efeitos estão presentes em várias passagens do Código de Processo Civil. Faz-se mister realçar que, o § 1º do art. 3º, do diploma processual, estatui que a arbitragem é permitida, nos termos da lei, em clara ressalva ao caput do artigo, que cuida da garantia de acesso à jurisdição ("não se excluirá da apreciação jurisdicional ameaça ou lesão a direito").

Como não poderia ser diferente, quando do início da aplicação da lei de arbitragem em nosso ordenamento, logo surgiram questionamentos acerca da sua constitucionalidade, tendo em conta que poderia vir, no entender de alguns, a representar afronta à previsão consagrada no art. 5º, XXXV, da CF/88, que cuida do livre acesso à jurisdição.

A questão chegou ao Supremo Tribunal Federal, quando de processo de homologação de sentença estrangeira[3]. A discussão findou em 2001, por sete votos a quatro, havendo o Supremo Tribunal Federal decidido que os mecanismos da Lei n.º 9.307/96 são constitucionais.

Assim, é de se dizer, dentre outros aspectos, como já se reiterou no CPC, que a renúncia à jurisdição estatal, externada pelas partes quando se submetem a uma cláusula compromissória de arbitragem, não ofende a garantia do livre acesso ao Judiciário, consagrada no inciso XXXV do art. 5º da CF/88[4].

---

3. SE 5206 AgR, Relator(a): SEPÚLVEDA PERTENCE, Tribunal Pleno, DJ 30/04/2004.
4. PEIXOTO, Marco Aurélio; BECKER, Rodrigo. Parque que dispensou arbitragem pode invocá-lo em outro processo sobre mesmo contrato? In https://www.jota.info/opiniao-e-analise/colunas/

A arbitragem assemelha-se, de algum modo, na consequência, portanto, a um processo judicial, só que ao invés de o processo ser administrado pelo Estado, o é por um tribunal ou câmara arbitral. Ademais, a sentença arbitral representa título executivo judicial, consoante a disposição do art. 515, VII, do CPC.

A rigor, conforme indica o art. 1º da Lei de Arbitragem, tal método está limitado à capacidade de contratar. Naturalmente, qualquer pessoa capaz tem aptidão para se submeter à arbitragem.

Não obstante, há vozes na doutrina que sustentam que, circunscritos aos limites de mera administração impostos à representação, tutela, curatela e tomada de decisão apoiada, os pais, tutores, curadores ou apoiadores podem representar, assistir ou apoiar os incapazes ou pessoas com deficiência, firmando cláusulas ou compromissos arbitrais que versem sobre direitos patrimoniais disponíveis[5].

No mesmo art. 1º, tem-se a limitação da arbitragem aos direitos patrimoniais e disponíveis. São patrimoniais os que versam sobre relações jurídicas obrigacionais, isto é, as que têm origem em contratos, atos ilícitos e declarações unilaterais de vontade. A disponibilidade dos direitos está relacionada à disponibilidade de alienação destes, bem como à possibilidade de serem objeto de transação.

Um dos mais basilares princípios aplicáveis à arbitragem é, sem dúvida, do da autonomia da vontade. Esta precisa ser livre de qualquer vício, sob pena de macular o ato compromissório e, por conseguinte, afastar a competência do juízo arbitral.

Segundo ressalta Fernando Gajardoni, a convenção de arbitragem, antes mesmo de instituído o juízo, já opera efeitos. Tendo as partes convencionado ser a arbitragem o foro para solução de suas controvérsias, o magistrado, mediante arguição da parte prejudicada, se declarará incompetente para a causa, julgando o feito extinto, sem resolução do mérito[6].

---

coluna-cpc-nos-tribunais/parte-que-dispensou-arbitragem-pode-invoca-la-em-outro-processo--sobre-mesmo-contrato-12022021, acesso em 01 de maio de 2021.

5. SCAVONE JÚNIOR, Luiz Antonio. Manual de Arbitragem. Mediação e Conciliação. 8. Ed. Rio de Janeiro: Forense, 2018, p. 28.

6. GAJARDONI, Fernando. Aspectos Fundamentais de processo arbitral e pontos de contato com a jurisdição estatal. In Revista de Processo, vol. 106, abril-junho/2002, p. 191.

Desde maio de 2015, por meio da inserção de um parágrafo no art. 1º da Lei nº 9.307/96, fruto da Lei nº 13.129, de 26.05.2015, passou a ser permitida a utilização do instituto da arbitragem por parte dos entes que compõem a administração pública direta e indireta, desde que os litígios sejam relativos a direitos patrimoniais disponíveis[7].

A rigor, conforme apontam Humberto Dalla, Murilo Strätz e Roberto de Aragão Ribeiro Rodrigues[8], o STF[9] já havia admitido a arbitragem em litígios que envolvessem a Administração Pública em precedente anterior à CF/88, assim como também o STJ[10], ao admitir o instituto em lides decorrentes de seus contratos e ajustes, mesmo à míngua de disposição legal específica.

A maior dificuldade, objeto dos mais calorosos debates, reside em saber quais são os direitos patrimoniais disponíveis da Administração Pública.

Segundo Eduardo Talamini, seria cabível a arbitragem, nesse caso, sempre que o conflito envolvendo o Poder Público pudesse ser resolvido diretamente entre as partes, sem necessidade de intervenção jurisdicional[11].

Além disso, os interesses em jogo devem ser patrimoniais. Para o autor, o interesse é patrimonial quando seu objeto tem "cunho econômico ou cujo inadimplemento possa ser reparado, compensado ou combatido por medidas com conteúdo econômico"[12].

---

7. Neste sentido, o Enunciado n.º 60, da Jornada de Prevenção e Solução de Conflitos do CJF, estabeleceu que as vias adequadas de solução de conflitos previstas em lei, como a conciliação, a arbitragem e a mediação, são plenamente aplicáveis à Administração Pública e não se incompatibilizam com a indisponibilidade do interesse público, diante do Novo Código de Processo Civil e das autorizações legislativas pertinentes aos entes públicos.
8. PINHO, Humberto Dalla Bernardina de; STRÄTZ, Murilo; RODRIGUES, Roberto de Aragão Ribeiro. Arbitragem Tributária: Perspectivas para o Direito Brasileiro. In PINHO, Humberto Dalla Bernardina de; RODRIGUES, Roberto de Aragão Ribeiro. Mediação e Arbitragem na Administração Pública, vol. 2. Santa Cruz do Sul: Editora Essere nel Mondo, 2020, pp. 68/69.
9. AI 52.181/GB, Rel. Min. Bilac Pinto, Tribunal Pleno, DJ 15.02.1974.
10. REsp 612.439/RS, rel. Min. João Otávio de Noronha, Segunda Turma, DJ 14.09.2006, p. 299; STJ, MS 11.308/DF, Rel. Min. Luiz Fux, Primeira Seção, DJe 19.05.2008. STJ. Rep nº 904.813/PR, Rel. Min. Nancy Andrighi, julg. 20.10.2011.
11. A (in)disponibilidade do interesse público: consequências processuais (composições em juízo, prerrogativas processuais, arbitragem, negócios processuais e ação monitória) – versão atualizada para o CPC/2015. In: Revista de Processo. Ano 42, vol. 264, p. 97.São Paulo: Revista dos Tribunais, fev/2017.
12. A (in)disponibilidade do interesse público: consequências processuais (composições em juízo, prerrogativas processuais, arbitragem, negócios processuais e ação monitória) – versão atualizada

Para Maria Sylvia Di Pietro, os bens dominicais são patrimoniais disponíveis, porquanto são passíveis de valoração econômica e não possuem uma destinação pública. Não que sejam de livre disposição, mas são bens que podem ser objeto de negociação por parte do Poder Público, inclusive por meio de institutos de direito privado.

Chama a atenção também a autora para a circunstância de que a disponibilidade de parcela do patrimônio público pode ser mais vantajosa para a coletividade do que a sua preservação[13]. Assim, os conflitos envolvendo os bens públicos dominicais poderiam ser solucionados por meio da arbitragem.

Desse modo, naquelas situações em que a Administração Pública se despe de suas prerrogativas de império, colocando-se em igualdade de condições com o particular - doutrinariamente conhecidos como contratos da administração –, não há de se falar em impossibilidade do uso da arbitragem. Ao contrário, é exatamente em tais hipóteses que terá plena aplicabilidade a regra disposta no § 1º do art. 1º da Lei de Arbitragem[14].

Evidentemente, quando se estiver diante do cenário em que o poder público está a celebrar avenças que cuidem de interesses sobre os quais não detém disponibilidade, como os alusivos ao planejamento e à execução das políticas públicas, não há como se conferir possibilidade ao uso da arbitragem[15].

Por assim dizer, as controvérsias emanadas dos atos de gestão, consagradas nos contratos administrativos, podem plenamente ser dirimidas por meio do juízo arbitral. A exclusão do escopo da arbitragem se daria,

---

para o CPC/2015. In: Revista de Processo. Ano 42, vol. 264, p. 99.São Paulo: Revista dos Tribunais, fev/2017.

13. As possibilidades de arbitragem em contratos administrativos. Disponível em: http://www.conjur.com.br/2015-set-24/interesse-publico-possibilidades-arbitragem-contratos-administrativos2, capturado em 01.02.2017.

14. PINHO, Humberto Dalla Bernardina de; STRÄTZ, Murilo; RODRIGUES, Roberto de Aragão Ribeiro. Arbitragem Tributária: Perspectivas para o Direito Brasileiro. In PINHO, Humberto Dalla Bernardina de; RODRIGUES, Roberto de Aragão Ribeiro. Mediação e Arbitragem na Administração Pública, vol. 2. Santa Cruz do Sul: Editora Essere nel Mondo, 2020, p. 70.

15. Há quem defenda, como é o caso de Kaline Ferreira, que há uma diferença entre a indisponibilidade do direito sobre o qual versa a ação e a indisponibilidade da via judicial como exclusiva para solucionar o litígio, para fundamentar a possibilidade de uso da arbitragem mesmo para situações em que, em tese, o direito patrimonial é indisponível. Cf. FERREIRA, Kaline. Arbitragem e os litígios envolvendo entes públicos no Brasil e na França. In PINHO, Humberto Dalla Bernadina de; RODRIGUES, Roberto de Aragão Ribeiro. Mediação e Arbitragem na Administração Pública. Curitiba: Editora CRV, 2018.

pois, para os atos da Administração de natureza política, legislativa ou executiva em sentido estrito[16].

Cumpre ainda tecer considerações sobre o princípio da publicidade, que deve nortear as situações em que a arbitragem for utilizada pela Administração Pública. É sabido que a confidencialidade é uma das mais fortes marcas da arbitragem, mas o legislador afastou tal características quando se tratar da participação do poder público.

Conforme o art. 1º, §3º, da Lei n.º 9.307/96, a partir da alteração levada a efeito pela Lei n.º 13.129/2015, a arbitragem que envolva a administração pública será sempre de direito e respeitará o princípio da publicidade. Se se critica a ausência de tal determinação na mediação de que participe a Administração, o mesmo não se pode dizer quando se trata da arbitragem. Assim, aquele que eventualmente vier a contratar com a Administração, estatuindo-se cláusula arbitral, já é plenamente sabedor que não poderá invocar a confidencialidade na eventual lide a ser dirimida pela via da arbitragem.

Na mesma linha, a Lei n.º 14.133, de 01 de abril de 2021 (nova lei de licitações e contratos administrativos) previu expressamente, em seu art. 151, a possibilidade de resolução de controvérsias mediante a arbitragem, com a expressa indicação, no art. 152, de que será sempre de direito e observará o princípio da publicidade.

Não há, pois, ao menos em se tratando dos procedimentos arbitrais envolvendo a Administração Pública, dúvidas acerca da plena aplicação do princípio da publicidade, tal qual se dá também na via judicial tradicional.

Por fim, é de se destacar que tramita no Senado Federal o Projeto de Lei n.º 4.257/2019, de autoria do Senador Antonio Anastasia, em que além de tratar da possibilidade de uma execução fiscal desjudicializada, que será objeto de análise em capítulo específico mais a frente, dispõe também sobre a possibilidade de uso da arbitragem nas questões atinentes à cobrança da dívida ativa da Fazenda Pública.

Dito projeto, acaso venha a ser objeto de aprovação, viabilizará a arbitragem tributária no ordenamento brasileiro. Estatui-se que, em ha-

---

16. PINHO, Humberto Dalla Bernardina de. MAZZOLA, Marcelo. Manual de mediação e arbitragem. São Paulo: Saraiva Educação, 2019, p. 113.

vendo a oposição de embargos à execução, garantidos por depósito em dinheiro, fiança bancária ou seguro-garantia, o contribuinte pode optar pela adoção de um juízo arbitral, respeitados os requisitos específicos da lei de arbitragem. Tal procedimento será dotado também de publicidade e será de direito – assim como já se previu nas Leis n.ºs 13.129/2015 e 14.133/2021, acima ressaltadas – e deverá ser conduzido por órgão arbitral institucional. Sem dúvidas, um enorme avanço, considerando que, há tempos atrás, revelar-se-ia inimaginável supor como possível a discussão sobre o crédito tributário fora da seara do Poder Judiciário.

Capítulo

11

Negócios Jurídicos Processuais e Fazenda Pública

Tradicionalmente, o conceito de negócio jurídico apresenta um viés liberal/individualista, no sentido de valorização da autonomia privada.

Atribui-se à Escola Pandectista (Alemanha, séc. XIX) o desenvolvimento da teoria do negócio jurídico, visto como uma declaração de vontade com finalidade imediata, visada pelo declarante, de constituir, modificar ou extinguir uma dada relação jurídica.

O negócio é interpretado como o ato por meio do qual se produziam efeitos jurídicos diretamente ligados ao querer externado pelo agente.

As teorias subjetivistas do negócio jurídico conferem importância à vontade do agente como elemento necessário à produção dos efeitos jurídicos desejados. O Código Civil de 1916 foi influenciado por essas teorias. Já o Código Civil de 2002 tratou o negócio jurídico como ato de vontade destinada a produzir efeitos jurídicos queridos pelo agente.

Para a teoria preceptiva/normativista/objetivista, o negócio jurídico contém e se configura num preceito ou disposição da autonomia privada, dirigido aos interesses próprios de quem o estabelece, destinados a realizar imediatamente os efeitos ordenativos correspondentes.

Conforme a teoria da autorregulação de interesses, ou do autorregramento da vontade, o negócio jurídico como ato de autonomia privada.

Assim, o negócio jurídico visto como ato de autonomia privada vincula o sujeito, ou os sujeitos que praticam, a ter conduta conforme o regulamento dos interesses que traçaram. O autorregramento da vontade não ficou restrito ao Direito Civil Material, mas se fez presente em outras áreas, como no Processo.

O Regulamento 737/1850, considerado o primeiro Código Processual Nacional, previu alguns atos que podem ser considerados embriões dos negócios processuais: conciliação prévia, convenção para estipular o foro, escolha do procedimento sumário, juízo arbitral voluntário.

CPC/1939 também previa alguns exemplos de negócios, como a transação, a desistência da demanda e a suspensão da instância por convenção das partes.

Já o CPC/1973 introduziu um regime geral dos atos processuais, com uma definição ampla dos atos das partes, apta a justificar a presença dos negócios processuais praticados pelas partes. Dentre os exemplos de negócios que eram celebrados mesmo antes do CPC atual, podemos apontar a cláusula de eleição de foro, a suspensão do processo por até 6 meses para buscar acordo e a renúncia aos prazos recursais.

O art. 190 do CPC atual prevê que, versando o processo sobre direitos que admitam autocomposição, é lícito às partes plenamente capazes estipular mudanças no procedimento para ajustá-lo às especificidades da causa e convencionar sobre os seus ônus, poderes, faculdades e deveres processuais, antes ou durante o processo.

As convenções processuais não representam verdadeiramente uma "inovação" do CPC/2015. O que se teve foi, aí sim, uma ampliação significativa da possibilidade de pactuações processuais.

Negócio jurídico processual, segundo Antônio do Passo Cabral[1], "é o ato que produz ou pode produzir efeitos no processo escolhidos em função da vontade do sujeito que o pratica".

Podem os negócios constituir declarações de vontade unilaterais ou plurilaterais, "admitidas pelo ordenamento jurídico como capazes de constituir, modificar e extinguir situações processuais, ou alterar o procedimento"[2].

---

1. Convenções processuais. Salvador: Juspodivm, 2006, pp. 48/49.
2. Convenções processuais. Salvador: Juspodivm, 2006, p. 49.

Fredie Didier Jr.[3], por seu turno, conceitua o negócio jurídico processual como "o fato jurídico voluntário, em cujo suporte fático confere-se ao sujeito o poder de escolher a categoria ou estabelecer, dentro dos limites fixados no próprio ordenamento jurídico, certas situações jurídicas processuais".

O elemento volitivo é, portanto, essencial à configuração dos negócios jurídicos, inclusive dos processuais. Por meio de uma manifestação de vontade, os sujeitos buscam a constituição, modificação ou extinção de situações processuais ou a alteração do procedimento, desde que obedeçam aos limites para tanto fixados pelo Direito.

Dentre as diversas classificações admitidas para os negócios jurídicos processuais, importa-nos fazer a distinção entre os negócios unilaterais, bilaterais ou plurilaterais, "conforme se exijam uma ou mais manifestações de vontade para a composição do seu suporte fático", na lição de Pedro Henrique Nogueira[4].

Assim, por exemplo, a renúncia ao direito de recorrer constitui negócio jurídico processual unilateral, enquanto a transação seria espécie de negócio jurídico processual bilateral ou plurilateral. O mesmo autor ainda explicita que, entre os negócios jurídicos bilaterais, há os contratos processuais, "quando as vontades manifestadas dizem respeito a interesses contrapostos"[5] e os acordos ou convenções processuais, "quando as vontades se dirigem a objetivo comum"[6].

Também relevante diferenciar os negócios processuais típicos dos atípicos: os primeiros são assim denominados porque a legislação autoriza a realização de um negócio jurídico processual específico, a exemplo da desistência do recurso (art. 998 do CPC/2015) e do calendário processual (art. 191)[7]; os negócios atípicos, que se caracterizam pela maior liberdade na definição dos termos e limites da negociação pelos

3. Curso de Direito Processual Civil: introdução ao direito processual civil, parte geral e processo de conhecimento. Salvador: Juspodivm, 2015, pp. 376/377.
4. Negócios jurídicos processuais. Salvador: Juspodivm, 2016, p. 175.
5. Negócios jurídicos processuais. Salvador: Juspodivm, 2016, p. 175.
6. Negócios jurídicos processuais. Salvador: Juspodivm, 2016, p. 175.
7. Art. 191. De comum acordo, o juiz e as partes podem fixar calendário para a prática dos atos processuais, quando for o caso. § 1º O calendário vincula as partes e o juiz, e os prazos nele previstos somente serão modificados em casos excepcionais, devidamente justificados. § 2º Dispensa-se a intimação das partes para a prática de ato processual ou a realização de audiência cujas datas tiverem sido designadas no calendário.

sujeitos processuais, podiam ser celebrados com base no art. 158 do CPC/73 e agora têm por fundamento o art. 190 do CPC/2015[8], que contém uma "cláusula geral de negociação sobre o processo", nas palavras de Fredie Didier Jr.[9]

Durante a vigência do CPC/73 já se admitia a realização de negócios jurídicos processuais típicos e atípicos[10], porém a negociação atípica ganha mais força com art. 190 do CPC/2015, que a regula de modo expresso e mais detalhado que o revogado art. 158 do CPC/73.

Como dito anteriormente, os negócios jurídicos processuais, típicos ou atípicos, podem ter por objeto a constituição, modificação ou extinção de situações jurídicas processuais (ônus, poderes, faculdades e deveres) ou a alteração procedimental.

Considerando o teor dos Enunciados 19, 21 e 490, do Fórum Permanente de Processualistas Civis, podem ser admitidos como negócios atípicos: pacto de impenhorabilidade; acordo de ampliação de prazos das partes de qualquer natureza; acordo de rateio de despesas processuais; dispensa consensual de assistente técnico; acordo para retirar o efeito suspensivo de recurso; acordo para não promover execução provisória; pacto de mediação ou conciliação extrajudicial prévia obrigatória, inclusive com a correlata previsão de exclusão da audiência de conciliação ou de mediação prevista no art. 334; pacto de exclusão contratual da audiência de conciliação ou de mediação prevista no art. 334; pacto de disponibilização prévia de documentação (pacto de *disclosure*), inclusive com estipulação de sanção negocial, sem prejuízo de medidas coercitivas, mandamentais, sub-rogatórias ou indutivas; previsão de meios alternativos de comunicação das partes entre si; acordo de produção antecipada de prova; a escolha consensual de depositário-administrador no caso do art. 866; convenção que permita a presença da parte contrária

---

8. Art. 190. Versando o processo sobre direitos que admitam autocomposição, é lícito às partes plenamente capazes estipular mudanças no procedimento para ajustá-lo às especificidades da causa e convencionar sobre os seus ônus, poderes, faculdades e deveres processuais, antes ou durante o processo. Parágrafo único. De ofício ou a requerimento, o juiz controlará a validade das convenções previstas neste artigo, recusando-lhes aplicação somente nos casos de nulidade ou de inserção abusiva em contrato de adesão ou em que alguma parte se encontre em manifesta situação de vulnerabilidade.
9. Curso de Direito Processual Civil: introdução ao direito processual civil, parte geral e processo de conhecimento. Salvador: Juspodivm, 2015, p. 377.
10. A desistência dos recursos, o acordo sobre a suspensão do processo, a renúncia aos honorários nos acordos celebrados em juízo, a cláusula de eleição de foro etc.

no decorrer da colheita de depoimento pessoal; acordo para realização de sustentação oral; acordo para ampliação do tempo de sustentação oral; julgamento antecipado do mérito convencional; convenção sobre prova; redução de prazos processuais; pacto de inexecução parcial ou total de multa coercitiva; pacto de alteração de ordem de penhora; pré-indicação de bem penhorável preferencial (art. 848, II); pré-fixação de indenização por dano processual prevista nos arts. 81, §3º, 520, inc. I, 297, parágrafo único (cláusula penal processual); negócio de anuência prévia para aditamento ou alteração do pedido ou da causa de pedir até o saneamento (art. 329, inc. II).

Compreendem-se como vedados, por outro lado, nos termos do Enunciado 20 do FPPC: acordo para modificação da competência absoluta; acordo para supressão da primeira instância; acordo para afastar motivos de impedimento do juiz; acordo para criação de novas espécies recursais; acordo para ampliação das hipóteses de cabimento de recursos.

Fredie Didier Jr.[11] chama a atenção para o fato de que não há negociação sobre o direito material em litígio, mas a respeito do processo, com a possível alteração de normas processuais.

Assim é que, a nosso ver, a limitação constante do *caput* do art. 190, que restringe a possibilidade de realização de negócios jurídicos processuais aos feitos que versem sobre direitos que admitam a autocomposição[12] não tem razão de ser, porquanto vincula a negociação sobre as normas processuais à viabilidade de solução consensual sobre o direito material, que não será, em regra, objeto do negócio processual.

As limitações que devem ser observadas são as que se relacionem à eventual impossibilidade de modificação das normas processuais, as quais constituirão o núcleo do negócio jurídico processual.

Inúmeros negócios jurídicos pré-processuais e processuais típicos são admitidos – e já o eram antes da vigência do CPC/2015 – sem que seja necessário fazer qualquer correlação com a viabilidade de solução consensual do litígio, a exemplo da cláusula de eleição de foro, a possibi-

11. Curso de Direito Processual Civil: introdução ao direito processual civil, parte geral e processo de conhecimento. Salvador: Juspodivm, 2015, p. 381.
12. A doutrina aplaude, de modo geral, a referência a "direitos que admitem a autocomposição" no lugar de "direitos disponíveis", visto que mesmo nos feitos que tratam sobre direitos indisponíveis é possível a autocomposição. Nesse sentido, por todos, Daniel Amorim Assumpção Neves (In: Manual de direito processual civil: volume único. Salvador: Juspodivm, 2016, p. 325.

lidade de desistência do recurso (art. 998) e da suspensão convencional do processo (art. 313, II).

Qual a razão para vincular a negociação atípica sobre normas processuais sempre à possibilidade de solução consensual a respeito do direito material, portanto? Para Fredie Didier Jr.[13],

> "Embora o negócio processual ora estudado não se refira ao objeto litigioso do processo, é certo que a negociação sobre as situações jurídicas processuais ou sobre a estrutura do procedimento pode acabar afetando a solução do mérito da causa. Um negócio sobre prova, por exemplo, pode dificultar as chances de êxito de uma das partes. Esse reflexo que o negócio processual possa vir a causar na resolução do direito litigioso justifica a proibição de sua celebração em processos cujo objeto não admita autocomposição".

Se o próprio autor considera que apenas algumas espécies de negócios processuais podem se refletir na resolução do direito em litígio (a exemplo daquele que verse sobre provas), por que considerar adequada a vedação legal generalizada à celebração de negócios processuais quando a demanda versar sobre direitos que não admitem autocomposição?

Não seria o caso de inadmitir, nessa linha de raciocínio, apenas os negócios processuais que possam atingir indevidamente tais direitos materiais (que não admitem autocomposição)? Não se pode olvidar, conforme afirmamos linhas atrás, que há diversos negócios processuais que podem ser realizados em qualquer tipo de processo, ainda que versem sobre direitos que não podem ser objeto de uma autocomposição.

Ademais, esse risco pode ser afastado por meio do controle judicial da validade dos negócios jurídicos processuais, que pode ocorrer, de ofício ou a requerimento, nos casos de nulidade ou de inserção abusiva em contrato de adesão ou em que alguma parte se encontre em manifesta situação de vulnerabilidade.

Ora, se um negócio jurídico sobre provas, por exemplo, puder dificultar as chances de êxito de uma das partes num feito que verse sobre direitos que não admitem a autocomposição, essa parte estará em situação

---

13. Curso de Direito Processual Civil: introdução ao direito processual civil, parte geral e processo de conhecimento. Salvador: Juspodivm, 2015, p. 387.

de vulnerabilidade, podendo, portanto, o magistrado recusar a aplicação do negócio processual celebrado.

Essa conclusão é fundamental para a análise da possibilidade de celebração de negócios jurídicos processuais pela Fazenda Pública. Ora, se não for possível, em nenhuma circunstância, a celebração de negócios jurídicos processuais quando os direitos em litígio não permitem a autocomposição, ter-se-ia que considerar inviável a negociação sobre normas processuais nas ações envolvendo o Poder Público em que não for admitida a solução consensual.

Como dito, os negócios processuais podem versar sobre alterações no procedimento que não se relacionam diretamente com o direito material em litígio e que, portanto, não lhe podem causar qualquer prejuízo, de modo que a regra constante do art. 190 do CPC/2015 deve ser flexibilizada, admitindo-se a negociação processual mesmo nos processos que versem sobre direitos que não admitam autocomposição, cabendo, nesses casos, um controle jurisdicional mais rigoroso de sua validade.

É de se ter em mente que a indisponibilidade do interesse público não representa a indisponibilidade da intervenção judicial no conflito de interesses que envolva a Fazenda Pública, de sorte que não há um óbice geral e abstrato que impeça a celebração de negócios processuais[14].

De acordo com o que ensina Leonardo Carneiro da Cunha, justificando o cabimento dos negócios processuais envolvendo o poder público, se o advogado público pode convencionar a suspensão do processo, escolher o procedimento a ser adotado, o meio de impugnação a ser utilizado, é porque pode celebrar negócio processual[15].

Na mesma linha, Pedro Henrique Nogueira sustenta que que a indisponibilidade do interesse público não pode ser vista como impedimento aos negócios, inclusive por ser possível a celebração de negócio que fortaleça as situações jurídicas processuais do ente público, permitindo-se ademais a autocomposição de direitos materiais da Fazenda Pública, condicionado a certos requisitos[16].

14. RODRIGUES, Marco Antonio. A Fazenda Pública no processo civil. 2. Ed. São Paulo: Atlas, 2016, p. 379.
15. CUNHA, Leonardo Carneiro da. A Fazenda Pública em Juízo. 13. Ed. Rio de Janeiro: Forense, 2016, p. 663.
16. NOGUEIRA, Pedro Henrique. Negócios Jurídicos Processuais. Salvador: Editora Juspodivm, 2016, p. 233.

Especificamente quanto às ações envolvendo a Fazenda Pública, não devem ser permitidos os negócios processuais que acarretem prejuízos concretos ao interesse e ao patrimônio público, como aqueles que importem renúncia aos bens e direitos pertencentes ao Poder Público, sem que haja autorização legislativa para tanto. Porém, se a negociação não acarretar qualquer restrição indevida aos bens e direitos pertencentes à Fazenda, nem violar o interesse público, deve ser admitida[17-18].

Segundo bem ressalta Lorena Miranda Santos Barreiros[19], há prerrogativas processuais que não podem ser objeto de negociação pelo ente público, como, por exemplo, o sistema de pagamento por precatório, a remessa necessária[20] , o juízo privativo outorgado aos entes públicos por leis estaduais de organização judiciária, a previsão de regras especiais para a fixação de honorários de sucumbência e a proibição legal de deferimento de medidas liminares em determinadas hipóteses.

Que consequências negativas poderiam advir ao interesse público, por exemplo, de um negócio processual em que a Fazenda concordasse em tornar os prazos processuais simples, afastando a incidência da regra da contagem em dobro prevista no art. 183 do CPC, ainda que o litígio não possa ser solucionado por meio da autocomposição?

Do mesmo modo, pensa-se ser possível a celebração de negócio processual pela Fazenda a fim de fixar calendário processual, nos termos do art. 191 do CPC[21], independentemente da natureza dos direitos em litígio e da possibilidade ou não de solução consensual. Nesta linha, o Fórum Nacional do Poder Público editou enunciado, admitindo inclusive a calendarização em sede de execução fiscal e embargos[22].

---

17. Enunciado 256 do Fórum Permanente de Processualistas Civis – FPPC: "A Fazenda Pública pode celebrar negócio jurídico processual".
18. Enunciado 17 das Jornadas de Direito Processual Civil do Conselho de Justiça Federal: "A Fazenda Pública pode celebrar convenção processual, nos termos do art. 190 do CPC".
19. BARREIROS, Lorena Miranda Santos. (I) negociabilidade de prerrogativas processuais da Fazenda Pública: tentativa de sistematização. In MARCATO, Ana; GALINDO, Beatriz; GÓES, Gisele Fernandes; BRAGA, Paula Sarno; APRIGLIANO, Ricardo; NOLASCO, Rita Dias. Negócios Processuais – Coletânea Mulheres no Processo Civil Brasileiro. Salvador: Editora Juspodivm, 2017, pp. 320/321.
20. Estritamente em relação à remessa necessária, discordamos do posicionamento de Lorena Miranda Santos Barreira, filiando-nos ao pensamento de Janaína Soares Noleto Castelo Branco, que defende ser possível convenção processual para dispensar a remessa necessária. Cf. CASTELO BRANCO, Janaína Soares Noleto. Advocacia Pública e solução consensual de conflitos. 2. Ed. Salvador: Editora Juspodivm, 2020.
21. "De comum acordo, o juiz e as partes podem fixar calendário para a prática dos atos processuais, quando for o caso".
22. Enunciado 10 do Fórum Nacional do Poder Público: "É possível a calendarização dos atos processuais em sede de execução fiscal e embargos". No FNPP realizado em junho de 2017 em São Paulo foi

Note-se que, mesmo durante a vigência do CPC/73, já se admitia a realização de negócios processuais, unilaterais e bilaterais, envolvendo a Fazenda Pública, tais como: a desistência de recursos e a renúncia ao direito de recorrer, a suspensão convencional do processo, a eleição de foro nos contratos administrativos etc., não havendo, nesses casos, uma necessária correlação entre a viabilidade da celebração dos referidos negócios processuais e a possibilidade de realização da autocomposição.

É certo que, relativamente a certas condutas, o representante judicial da Fazenda Pública deve seguir os ditames estabelecidos pela lei ou por instrumentos normativos internos, tais como as súmulas administrativas, os pareceres e as ordens de serviço, mas também é de se observar que mesmo essas restrições não precisam estar relacionadas à possibilidade de autocomposição a respeito do direito discutido na demanda.

Assim, como ressalta Murilo Avelino, o advogado público responsável pelo processo não poderá firmá-lo caso haja vedação em ato infralegal que regule sua atuação ou na hipótese em concreto de a convenção violar o interesse público, de modo a que o servidor público advogado é encarregado, dentro de sua autonomia técnica, pela avaliação, sem embargos de sua responsabilidade funcional[23].

Ademais, fazendo-se uma interpretação à luz do princípio constitucional da publicidade, tanto o Fórum Permanente de Processualistas Civis como o Fórum Nacional do Poder Público editaram enunciados, no sentido de que a Administração deve publicizar as hipóteses em que está autorizada a transacionar[24-25].

A Lei Federal nº 9.469/97 já permitia a celebração de diversos negócios jurídicos processuais pela União, suas autarquias, fundações e empresas públicas, todos condicionados à autorização dos dirigentes

---

também aprovado o seguinte enunciado: "O órgão de direção da Advocacia Pública pode estabelecer parâmetros para a fixação de calendário processual".

23. AVELINO, Murilo Teixeira. A Fazenda Pública e os negócios jurídicos processuais. In https://congressoemfoco.uol.com.br/opiniao/colunas/a-fazenda-publica-e-os-negocios-juridicos-processuais/, acesso em 07 de janeiro de 2020.
24. Enunciado 573 do Fórum Permanente de Processualistas Civis – FPPC: "As Fazendas Públicas devem dar publicidade às hipóteses em que seus órgãos de Advocacia Pública estão autorizados a aceitar autocomposição".
25. Enunciado 16 do Fórum Nacional do Poder Público – FNPP: "A Administração Pública deve publicizar as hipóteses em que está autorizada a transacionar".

máximos dos referidos entes (autorização que pode ser levada a efeito diretamente ou por delegação), quais sejam: a) a não-interposição de recursos, o requerimento de extinção das ações em curso ou de desistência dos recursos quando o custo da execução judicial for mais dispendioso que o valor que seria obtido na cobrança respectiva (art. 1º-A); b) a não interposição de recursos ou a sua desistência quando verificada a prescrição do crédito da Fazenda (art. 1º-C); c) a concordância da Fazenda com o pedido de desistência formulado pelo autor, desde que este renuncie expressamente ao direito sobre que se funda a ação (art. 3º), exigência que se revela inócua, posto que se a intenção do autor fosse renunciar ao direito, poderia fazê-lo sem a necessidade de concordância da parte contrária; d) a não interposição de recursos quando a controvérsia jurídica estiver sendo decidida de modo iterativo pelo Supremo Tribunal Federal ou pelos Tribunais Superiores (matéria que pode constar, inclusive, de súmulas administrativas do ente federal respectivo)[26-27].

Observe-se que a possibilidade de celebração dos negócios processuais acima referidos, diferentemente do que se supostamente se exige no art. 190 do CPC, não está vinculada à viabilidade de solução consensual acerca do direito objeto do litígio envolvendo o Poder Público.

Da leitura da Lei nº 9.469/97 também se pode verificar que, quando os negócios processuais se relacionam, de algum modo, ao direito material em litígio pertencente ao Poder Público, a própria lei limita, restringe ou condiciona a sua celebração à autorização do dirigente máximo do respectivo ente federativo e a outros requisitos que têm por escopo proteger o patrimônio e o interesse público.

Também há inúmeros instrumentos normativos internos das Fazendas Públicas que autorizam expressamente a celebração de negócios jurídicos processuais de caráter unilateral, tais como a abstenção de contestar e de recorrer e a desistência de recursos[28].

---

26. Art. 4º.

27. Enunciado 433 do Fórum Permanente de Processualistas Civis – FPPC: "Cabe à Administração Pública dar publicidade às suas orientações vinculantes, preferencialmente pela rede mundial de computadores".

28. No âmbito federal, há que se falar nas Portarias 487 e 488 da Advocacia Geral da União, e 502, da Procuradoria-Geral da Fazenda Nacional, todas do ano de 2016. A primeira "dispõe sobre os procedimentos a serem observados pelos Advogados da União para reconhecimento da procedência do pedido, abstenção de contestação e de recurso e desistência de recurso já interposto, nos casos em que especifica" (art. 1º). Em seu art. 2º, estabelece: "Os Advogados da União ficam autorizados

Na mesma linha, a Procuradoria-Geral da Fazenda Nacional editou a Portaria n.º 360, de 13 de junho de 2018, que autoriza a realização no âmbito da PGFN, de modalidades específicas de negócio jurídico processual, inclusive a calendarização. Dentre os negócios permitidos no instrumento, podem ser destacados: cumprimento de decisões judiciais, confecção ou conferência de cálculos, recursos (inclusive a desistência); e

---

a reconhecer a procedência do pedido, a abster-se de contestar e de recorrer e a desistir dos recursos já interpostos, quando a pretensão deduzida ou a decisão judicial estiver de acordo com: I – súmula da Advocacia-Geral da União ou parecer aprovado nos termos dos artigos 40 ou 41 da Lei Complementar nº 73, de 10 de fevereiro de 1993; II – súmula vinculante do Supremo Tribunal Federal; III – acórdão transitado em julgado, proferido em sede de controle concentrado de constitucionalidade; IV – acórdão transitado em julgado, proferido em sede de recurso extraordinário repetitivo, processado nos termos do artigo 1.036 do CPC; V – acórdão transitado em julgado, proferido pelo Supremo Tribunal Federal em sede de recurso extraordinário em incidente de resolução de demandas repetitivas, processado nos termos do artigo 987 do CPC; VI – acórdão transitado em julgado, proferido pelo Supremo Tribunal Federal em sede de incidente de assunção de competência, processado nos termos do artigo 947 do CPC; e VII – acórdão transitado em julgado, proferido pelo plenário do Supremo Tribunal Federal ou súmula do Supremo Tribunal Federal, desde que observados os parâmetros estabelecidos em orientações específicas, aprovadas pela Secretaria-Geral de Contencioso, referentes a cada objeto de direito material". Já em seu art. 3º, dispõe: Art. 3º Os Advogados da União ficam autorizados a reconhecer a procedência do pedido, a abster-se de contestar e de recorrer e a desistir dos recursos já interpostos, quando a pretensão deduzida ou a decisão judicial estiver de acordo com: I – acórdão transitado em julgado, proferido pelo Superior Tribunal de Justiça em sede de recurso especial repetitivo, processado nos termos do artigo 1.036 do CPC; II – acórdão transitado em julgado, proferido pelo Superior Tribunal de Justiça em sede de recurso especial em incidente de resolução de demandas repetitivas, processado nos termos do artigo 987 do CPC; III – acórdão transitado em julgado, proferido pelo Superior Tribunal de Justiça em sede de incidente de assunção de competência, processado nos termos do artigo 947 do CPC; IV – acórdão transitado em julgado, proferido pela Corte Especial do Superior Tribunal de Justiça; V – súmula do Superior Tribunal de Justiça; VI – acórdão transitado em julgado, proferido pelo Tribunal Superior do Trabalho em sede de recurso de revista repetitivo, processado nos termos do art. 896-C da Consolidação das Leis do Trabalho (CLT); VII – acórdão transitado em julgado, proferido pelo Tribunal Superior do Trabalho em sede de recurso de revista em incidente de resolução de demandas repetitivas, processado nos termos do artigo 987 do CPC, conforme o artigo 8º da Instrução Normativa nº 39/2016, aprovada pela Resolução nº 203, de 15 de março de 2016, do Pleno do TST; VIII – acórdão transitado em julgado, proferido pelo Tribunal Superior do Trabalho em sede de incidente de assunção de competência, processado nos termos do artigo 947 do CPC, conforme o artigo 3º, XXV, da Instrução Normativa nº 39/2016, aprovada pela Resolução nº 203, de 15 de março de 2016, do Pleno do Tribunal Superior do Trabalho; IX – acórdão transitado em julgado, proferido pelo Pleno do Tribunal Superior do Trabalho; X – súmula do Tribunal Superior do Trabalho; ou XI – acórdão transitado em julgado, proferido pela Turma Nacional de Uniformização dos Juizados Especiais Federais em sede de incidente repetitivo, processado nos termos do art. 17º, VII, a, do Regimento Interno da Turma Nacional de Uniformização, nos processos que tramitam nos Juizados Especiais Federais". A Portaria trata de outras hipóteses de abstenção e desistência, além de fazer referência a diversos dispositivos relacionados à temática dos precedentes vinculantes. A Portaria 488 da Advocacia-Geral da União regulamenta os mesmos procedimentos, sendo que em relação aos Procuradores Federais.A Portaria 502 da Procuradoria-Geral da Fazenda Nacional, por seu turno, trata da dispensa da apresentação de contestação, do oferecimento de contrarrazões, da interposição de recursos e recomendada a desistência dos recursos já interpostos relativamente aos Procuradores da Fazenda Nacional.

forma de inclusão do crédito fiscal e FGTS em quadro geral de credores, quando for o caso.

De outro lado, vedou-se a celebração de negócios cujo cumprimento dependa de outro órgão, sem que se demonstre a sua anuência prévia, expressa e inequívoca; que preveja penalidade pecuniária; que envolva qualquer disposição de direito material por parte da União, ressalvadas algumas hipóteses; que extrapole dos limites dos arts. 190 e 191 do CPC; ou que gere custos adicionais à União, a não ser se aprovado prévia e expressamente pela Procuradoria-Geral Adjunta competente.

Para a celebração, ainda segundo tal portaria, os negócios devem ser previamente autorizados pelo Procurador-Chefe de Defesa da respectiva Procuradoria-Regional e/ou pelo Procurador-Chefe da Dívida Ativa da respectiva Regional, a depender do objeto, podendo ainda – de modo facultativo – ser submetidos à prévia homologação do órgão jurisdicional competente[29].

Poucos meses depois, a mesma PGFN editou outra portaria, a de n.º 742, de 21 de dezembro de 2018 (alterada pela Portaria n.º 11.956, de 27 de novembro de 2019), em que disciplinou a celebração dos negócios jurídicos processuais em sede de execuções fiscais, para fins de equacionamento de débitos inscritos em dívida ativa da União e do FGTS.

No texto, permite-se a celebração de negócios que importem em calendarização da execução fiscal; plano de amortização do débito fiscal; aceitação, avaliação, substituição e liberação de garantias; e modo de constrição ou alienação de bens. Veda-se, de outra sorte, negócios que venham a reduzir o montante dos créditos inscritos ou que impliquem em renúncia às garantias e aos privilégios do crédito tributário.

A Procuradoria-Geral da União (PGU) editou a Portaria PGU n.º 011, de 08 de junho de 2020, que regulamenta o procedimento de celebração de acordos destinados a encerrar, mediante negociação, ações judiciais ou a prevenir a propositura delas, relativamente a débitos da União. Nesta portaria, estabelece-se procedimento de negociação preventiva (para prevenir o ingresso de demanda) ou acordo judicial (para

29. Observe-se que, neste caso, firmou-se no âmbito da PGFN entendimento com o qual concordamos, no sentido de que, a rigor, a celebração de negócios jurídicos não se submete a um controle prévio do órgão judicial, de modo a depender de homologação, sendo esta mera faculdade de quem o celebra, mas não uma condição de eficácia.

ocorrer em qualquer fase do processo, inclusive após o trânsito em julgado do processo de conhecimento).

No art. 4º da Portaria, permite-se ainda a celebração de NJP, que pode ter por objeto: a) calendarização; b) ordem de realização dos atos processuais, incluindo produção de prova; c) prazos processuais; d) cumprimento de ordens judiciais; e) delimitação consensual das questões controvertidas do processo. Veda-se, por outro lado, NJP que: a) esteja em desconformidade com os arts. 190 e 191 do CPC; b) cujo cumprimento dependa de ato a cargo de outro órgão ou ente, salvo expressa anuência; c) que preveja penalidade pecuniária não prevista em lei ou ato normativo; d) que viole princípios da Administração Pública.

As experiências acima referidas vem sendo, aos poucos, copiada por alguns Estados e Municípios. À guisa de exemplo, a Procuradoria-Geral do Estado de Pernambuco editou a Portaria n.º 24, de 14 de fevereiro de 2019, em que autoriza a realização de modalidades de negócio jurídico processual, no âmbito da PGE, em processos nos quais a Fazenda Pública Estadual seja parte, inclusive execuções fiscais, execuções contra a Fazenda Pública, e em relação a débitos tributários e não-tributários inscritos em dívida ativa, e passíveis de cobrança pela PGE. Dentre os objetos permitidos, fora os que já constam das portarias da PGFN, inegavelmente utilizadas como modelo, estão a ordem de realização de atos, inclusive a produção de prazos; a escolha do perito; e a delimitação consensual da questão controvertida. Saliente-se que outras Procuradorias-Gerais também já editaram suas respectivas portarias, como foi o caso da PGE/RJ (Resolução n.º 4.324/2019), AGE/MG (Resolução n.º 11/2019).

Há de se verificar, outrossim, que não obstante as portarias ora referidas, quer no âmbito federal, quer no âmbito de alguns Estados da Federação, autorizarem a celebração de negócios jurídicos processuais – que tem respaldo, por evidente, nos arts. 190 e 191 do CPC/2015 –, o conteúdo dos objetos passíveis de negócios jurídicos processuais envolve algumas questões que, a bem da verdade, abarcam negócios jurídicos de cunho material, como é o caso da amortização do débito fiscal.

A rigor, a nosso ver, um instrumento infralegal, como é o caso de uma portaria ou de uma resolução, não teria a possibilidade de exorbitar de seus limites, sendo tal possibilidade restrita à lei. De todo modo, há de se louvar a iniciativa e, mais que isso, a demonstração de comprometimento desses órgãos jurídicos que representam a Fazenda Pública em juízo para com a redução da litigiosidade, consequência inevitável das pactuações autorizadas.

Em resumo, entende-se que os negócios jurídicos processuais somente não serão permitidos relativamente à Fazenda Pública quando: a) houver vedação legal para tanto (a exemplo da concordância com o pedido de desistência formulado pelo autor, se este não renunciar ao direito); b) quando se verificar concretamente a violação ao interesse ou ao patrimônio público em decorrência do negócio jurídico processual.

Quem deverá fazer o controle dessas questões, em um primeiro momento, é o próprio representante judicial da Fazenda Pública, que deve se negar a celebrar negócios jurídicos processuais vedados pela lei, ou cujos termos sejam redigidos em desatendimento às restrições legais ou ainda quando violem o interesse público.

De qualquer modo, se o magistrado, de ofício ou mesmo após manifestação do Ministério Público (quando for o caso de sua intervenção), verificar que o negócio processual celebrado macula o interesse público, deverá intervir, inadmitindo-o ou decretando a sua nulidade.

No processo de execução ou na fase de cumprimento de sentença contra a Fazenda Pública, afigura-se viável, portanto, a celebração de negócios jurídicos processuais, desde que atendam aos parâmetros acima referidos, e verificados, no caso concreto, pelo procurador respectivo, a ausência de violação ao interesse ou ao patrimônio público.

Para tanto, podem ser mencionados como exemplos de negócios em sede de execução da qual seja parte a Fazenda Pública: a) a redução do prazo para oferecimento da impugnação ou dos embargos; b) a suspensão convencional do processo para viabilizar a realização de acordo entre o credor e a Fazenda; c) a pactuação sobre formas de intimação pessoal[30]; d) a desistência ou a renúncia à interposição de recursos, desde que observadas as restrições legais; e) o disciplinamento quanto à forma e prazo para cumprimento de obrigações de fazer e não fazer; f) a definição das provas a serem eventualmente produzidas nos embargos à execução ou na impugnação ao cumprimento de sentença; g) a escolha do perito; h) a delimitação consensual das questões objeto da controvérsia; i) a

30. Enunciado 30 do Fórum Nacional do Poder Público: "É cabível a celebração de negócio jurídico processual pela Fazenda Pública que disponha sobre formas de intimação pessoal".

distribuição diversa do ônus da prova; j) a calendarização do processo; k) a aceitação, a avaliação, a substituição e a liberação de garantias; j) o modo de constrição ou de alienação de bens etc.

Obviamente, não serão viáveis, em sede de execução, negócios processuais que afetem as normas constitucionais que regulam o pagamento das dívidas pelo Poder Público, podendo-se referir os seguintes exemplos: o adimplemento da dívida por meio de requisição de pequeno valor quando houve imposição de pagamento através de precatório; a alteração da ordem cronológica de pagamento; a compensação de débitos do exequente para com a Fazenda Pública quando do pagamento de precatórios, dentre outros. Também não devem ser admitidos negócios que: a) reduzam o montante dos créditos inscritos; b) impliquem em renúncia às garantias e aos privilégios do crédito tributário; c) acarretem custos adicionais ao respectivo ente; d) dependam, para o seu cumprimento, de ato de outro órgão ou ente não integrante da avença, salvo se houver anuência expressa e prévia; e) envolva disposições de direito material, a não ser que exista autorização legal para tanto etc.

Capítulo

12

Transação Tributária

O relacionamento entre o contribuinte e o Fisco historicamente sempre foi conflituoso. Em parte, as causas dos incontáveis conflitos encontram fundamento na complexidade do sistema tributário brasileiro e na ausência de reformas consistentes que possam dar mais segurança às relações jurídicas.

A omissão legislativa residia também na ausência de instrumentos que pudessem viabilizar a negociação com contribuintes devedores, em especial em momentos de crise econômica mais aguda.

Durante cinquenta anos, a doutrina defendeu modificações que permitissem uma maior negociação, evitando que os conflitos desaguassem no Poder Judiciário. Na ausência de um contencioso tributário estruturado no Brasil, o Judiciário acabava sendo o inevitável caminho para a resolução de conflitos, tendo como consequências a sobrecarga de processos e a falta de efetividade.

Antes mesmo de qualquer regulamentação por meio de lei federal, muitos estados e municípios publicaram leis, indicando a possibilidade de transação em matéria tributária. Na verdade, em sua maior parte, são leis que dispensam recursos em certas matérias, descontos para alguns parcelamentos ou antecipações de pagamento. São benefícios fiscais, mas não transações em sentido estrito.

Aos poucos, o relacionamento contribuinte X fisco foi sendo alterada e aperfeiçoada, passando-se a uma nova realidade. Podem ser apontados como exemplos a maior utilização dos negócios jurídicos processuais, amplamente admitidos no CPC e regulamentado por instrumentos infralegais dos mais diversos órgãos jurídicos, bem como a dispensa de recursos, abstenção de contestações e embargos e do ajuizamento de execuções fiscais, autorizadas por instrumentos legais e infralegais.

O art. 171 do Código Tributário Nacional prevê que a lei pode facultar aos sujeitos ativo e passivo da obrigação tributária celebrar transação que, mediante concessões mútuas, importe em determinação de litígio e consequente extinção de crédito tributário. Esse dispositivo carecia de regulamentação até o advento da Medida Provisória n.º 899, de 16 de outubro de 2019, a qual dispôs sobre a transação tributária, que é, como sabido, uma das causas de extinção do crédito tributário.

Tal Medida provisória foi objeto de intensos debates no Congresso Nacional, vindo a ser objeto de conversão com a Lei n.º 13.988, de 14 de abril de 2020.

A lei prevê requisitos e condições para que a União, suas autarquias e fundações, bem como os devedores ou as partes adversas realizem transação resolutiva de litígio relativo à cobrança de créditos da Fazenda Pública, de natureza tributária ou não tributária.

Aplica-se aos créditos tributários não judicializados; à dívida ativa e aos tributos da União, cuja inscrição, cobrança ou representação incumbam à PGFN; no que couber, à dívida ativa das autarquias e fundações públicas federais, cuja inscrição, cobrança e representação incumbam à PGF e aos créditos cuja cobrança seja competência da PGU, nos termos de ato do Advogado-Geral da União.

Dentre as modalidades de transação, que configuram um verdadeiro sistema multiportas, estão: proposta individual ou por adesão na cobrança da dívida ativa; adesão nos demais casos de contencioso judicial ou administrativo tributário; adesão no contencioso administrativo tributário de baixo valor.

A transação pode ser proposta pela Procuradoria-Geral da Fazenda Nacional, pela Procuradoria-Geral Federal ou pela Procuradoria-Geral da União.

Pode a transação dispor sobre: a) concessão de descontos em créditos inscritos em dívida ativa da União que, a exclusivo critério da autoridade fazendária, sejam classificados como irrecuperáveis ou de difícil recuperação, desde que inexistam indícios de esvaziamento patrimonial fraudulento; b) prazos e formas de pagamento, incluindo o diferimento e a moratória; c) oferecimento, substituição ou alienação de garantias e constrições.

Na transação da cobrança da dívida ativa, descontos podem ser de até 50% do valor total dos créditos. Se for pessoa natural, microempresa ou empresa de pequeno porte, redução pode ser de até 70%. Também pode ser de até 70% para instituições de ensino, santas casas, sociedades corporativas e demais organizações da sociedade civil constantes da Lei n.º 13.019/2014.

A Portaria PGFN n.º 9.917, de 14 de abril de 2020, regulamenta as disposições da lei[1]. Pode ser realizada com qualquer contribuinte em dívida ativa, de forma individual ou adesão. Pode envolver prazos e formas de pagamento, moratória e garantias. Os descontos somente podem ser dados nos casos de contribuintes em situação de crise econômica (créditos irrecuperáveis ou de difícil recuperação).

A transação envolve, além de prazos e condições, compromissos assumidos pelo contribuinte. O pagamento pode se dar em até 84 meses, sendo possível aumentar para 145 meses no caso de pessoas físicas, micro ou pequena empresa, instituições de ensino, santas casas, sociedades corporativas e demais organizações da sociedade civil constantes da Lei n.º 13.019/2014. Para dívida previdenciária, somente até 60 meses. As reduções se dão sobre as parcelas acessórias da dívida (juros, multas e encargos). Multas qualificadas tributárias e FGTS foram incluídos. No entanto, as multas criminais não podem ser objeto de transação.

1. Em razão da situação excepcional decorrente da pandemia relacionada ao coronavírus (COVID-19), foram editadas novas Portarias pela PGFN: a Portaria nº 14.402, de 16 de junho de 2020, que estabelece as condições para transação excepcional na cobrança da dívida ativa da União, em função dos efeitos da pandemia causada pelo coronavírus (COVID-19) na perspectiva de recebimento de créditos inscritos; a Portaria nº 18.731, de 6 de agosto de 2020 , que estabelece as condições para transação excepcional de débitos do Regime Especial Unificado de Arrecadação de Tributos e Contribuições devidos pelas Microempresas e Empresas de Pequeno Porte (Simples Nacional) e a Portaria nº 1.696, de 10 de fevereiro de 2021, que estabelece as condições para transação por adesão para tributos federais vencidos no período de março a dezembro de 2020 e não pagos em razão dos impactos econômicos decorrentes da pandemia relacionada ao coronavírus (COVID-19).

A transação no contencioso tributário pode se dar diante de relevante e disseminada controvérsia jurídica, isto é, aquela que trata de questões tributárias que ultrapassam os limites subjetivos da causa. Várias medidas prévias haviam alicerçado o caminho para isso, como a averbação pré-executória e o negócio jurídico processual. Não custa ressaltar que mais de 1/3 da pauta do STF diz respeito à matéria tributária, em grande parte porque não se era permitido transigir no contencioso tributário.

No contencioso de pequeno valor (até 60 salários-mínimos), o edital pode prever descontos de até 50%, inclusive sobre o principal, e prazo de até 60 meses para pagamento. Essas questões envolvem 2/3 dos processos em curso no Conselho Administrativo de Recursos Fiscais – CARF, órgão do Ministério da Economia, que tem por atribuição julgar em segunda instância administrativa os litígios em matéria tributária e aduaneira.

Como se pode observar da legislação atinente à transação tributária a nível federal, que aos poucos começa a se espalhar por Estados e grandes municípios, há grandes avanços para a solução das inúmeras controvérsias no relacionamento entre o fisco e os contribuintes.

No Estado de São Paulo, promulgou-se a Lei n.º 17.293, de 15 de outubro de 2020, autorizando a Procuradoria-Geral do Estado a celebrar transação tributária como forma de resolução de conflitos, relativamente a dívidas tributárias ou não, inscritas em dívida ativa, adotando-se um modelo bastante similar, em modalidades e descontos, ao previsto na legislação federal. Na linha do que destaca Danielle Eugenne Migoto Ferrari Fratini, o objetivo foi o de propiciar àquele que está em grave crise financeira, que não apresenta capacidade de pagamento, a possibilidade de se regularizar, excluindo, por sua vez, da benesse o devedor contumaz[2].

A transação tributária não deve ser analisada estritamente sob o enfoque tributário, mas também a partir de fins extrafiscais, de sorte a que a Administração Pública possa prover políticas públicas indutoras de comportamentos aos contribuintes.

Imprescindível, pois, que sejam utilizados critérios que permitam, ao fisco ou ao contribuinte o controle legítimo dessas medidas institucionais, para aferir a adequação, a necessidade e a proporcionalidade,

2. FRATINI, Danielle Eugenne Migoto Ferrari Fratini. A transação tributária no estado de São Paulo. In https://www.jota.info/opiniao-e-analise/colunas/pauta-fiscal/transacao-tributaria-sao-paulo-04032021, acesso em 01 de maio de 2021.

prestigiando um diálogo mais efetivo entre os participantes do regime democrático de direito[3].

De um lado, ganha a Administração, a partir da eficiência e da celeridade na cobrança e na recuperação de seus créditos. Por outro, o contribuinte de boa-fé, que efetivamente visa à satisfação de suas obrigações, tem a ganhar, com as garantias e descontos externados acima.

Como bem ressaltam José Guilherme Fontes de Azevedo costa, Rodrigo Tomiello da Silva e Paulo Henrique Garcia D´Angioli, aqueles que mais ganham hoje no jogo medieval de execuções e embargos não são Fazenda e nem contribuinte, mas os que oferecem meios de suportar o ônus de um processo demorado, caro e que, não raro, já termina com redução do crédito tributário, razão pela qual se afigura razoável se cortar esse longo e custoso processo e ir direto para a solução com concessões recíprocas[4].

---

3. BALTHAZAR, Ubaldo Cesar; PINHEIRO, Hendrick; BASSO, Bruno Bartelle. Transação Tributária e Extrafiscalidade: uma abordagem à luz do controle de proporcionalidade. In https://www.scielo.br/scielo.php?pid=S2177-70552020000200287&script=sci_arttext, acesso em 02 de maio de 2021.
4. COSTA, José Guilherme Fontes de Azevedo; SILVA, Rodrigo Tomiello da; D´ANGIOLI, Paulo Henrique Garcia. Transação Tributária – méritos, desafios e oportunidades. In https://www.migalhas.com.br/depeso/327341/transacao-tributaria---méritos--desafios-e-oportunidades, acesso em 01 de maio de 2021.

Capítulo

13

Execução Fiscal

13.1 EVOLUÇÃO HISTÓRICA DA EXECUÇÃO FISCAL NO BRASIL E APLICAÇÃO SUPLETIVA E SUBSIDIÁRIA DAS NORMAS DO CPC À LEI DE EXECUÇÃO FISCAL

A execução fiscal no Brasil é regida pela Lei n.º 6.830, de 22 de setembro de 1980, a qual dispõe sobre a cobrança judicial da dívida ativa da Fazenda Pública, e dá outras providências. Tal diploma, a bem da verdade, repetiu tendência que já havia sido verificada no passado, com a descodificação do procedimento de cobrança da dívida ativa da Fazenda Pública, bem como com a institucionalização de prerrogativas processuais para a atuação do poder público em juízo.

Antes da Lei n. 6.830/80, havia o Decreto-lei n. 960/38, que regulava a execução fiscal tal como ocorria no CPC/39, com um procedimento misto de execução e cognição. No CPC/73, a execução fiscal estava prevista, revogando vários dispositivos do Decreto-lei n. 960/38, e fazendo com que, durante 7 anos, até 1980, as execuções fiscais fossem reguladas quase que integralmente pelas disposições comuns das execuções no CPC.

A Lei n.º 6.830/80 instituiu normas de direito material e processual, permitindo assim o uso do CPC/73 tão somente como aplicação supletiva ou subsidiária, de modo a que, em caso de conflito, suas disposições prevalecessem sobre as do diploma processual então vigente.

Desse modo, o fato de os códigos de 1973 e de 2015 serem leis ordinárias, tanto quanto a Lei de Execução Fiscal, e posteriores no tempo, não significa que sobre esta prevaleçam. Pelo contrário, lei especial prevalece sobre lei geral naquilo que conflitar, somente se utilizando a lei geral para o suprimento de omissões.

Segundo Fredie Didier Jr.[1], a teoria geral do processo "é uma disciplina jurídica dedicada à elaboração, à organização e à articulação dos conceitos jurídicos fundamentais (lógico-jurídico) processuais", com pretensão de universalidade por servir à compreensão de qualquer processo, mas que não se confunde com o direito processual: este cuida das prescrições normativas[2], enquanto a teoria geral do processo ocupa-se das lições doutrinárias e filosóficas acerca do fenômeno processual.

Há, portanto, uma teoria geral do processo, que busca fornecer os subsídios teóricos para uma justa interpretação do direito processual[3] e para a fundamentação das decisões judiciais de qualquer natureza[4], mas que não tem a pretensão de conceber um direito processual único.

Há, evidentemente, uma nítida divisão entre os diversos ramos do direito processual, da qual resulta a autonomia científica e procedimental de cada um deles, de modo que pode e deve haver regramento específico para cada tipo de processo, que atenda às suas respectivas particularidades e ao objeto das demandas que visam solucionar.

Em razão disso, não se pode pretender aplicar, indistintamente, as normas do direito processual civil a outras espécies de processo. Inobstante, há diversos institutos comuns à maioria dos ramos do direito processual, cujas regras têm aplicabilidade idêntica ou semelhante, como as relativas à incompetência, ao impedimento e à suspeição do juiz, às nulidades e à fundamentação das decisões judiciais.

---

1. Sobre a teoria geral do processo, essa desconhecida. Salvador: Juspodivm, 2012, p. 64.
2. Sobre a teoria geral do processo, essa desconhecida. Salvador: Juspodivm, 2012, p. 82.
3. Sobre a teoria geral do processo, essa desconhecida. Salvador: Juspodivm, 2012, p. 174.
4. O autor exemplifica: a natureza da sentença que reconhece a extinção da punibilidade do réu com base em falso atestado de óbito é tida pela jurisprudência como ato inexistente, quando, na verdade, trata-se, segundo a teoria geral do direito e do processo, de decisão existente, válida e eficaz, porém injusta. Entretanto, como no processo penal apenas se admite a rescisão da coisa julgada para beneficiar o réu, construiu-se essa teoria de que se trata de ato inexistente, para justificar a rescisão em desfavor do réu. Para Didier, cuida-se de hipótese "de relativização atípica da coisa julgada penal em favor da sociedade, construída jurisdicionalmente". Sobre a teoria geral do processo, essa desconhecida. Salvador: Juspodivm, 2012, pp. 115/117.

Além disso, de modo geral, o regramento do direito processual civil é mais complexo e completo, servindo, por essa razão, ao preenchimento de lacunas encontradas em outros diplomas processuais. Também não se pode olvidar que algumas espécies de processo não têm disciplinamento próprio ou o têm de modo reduzido, os quais demandam a utilização das normas contidas no CPC, de modo complementar ou quase integral.

Não há dúvidas, portanto, acerca da possibilidade de utilização das normas do processo civil, de modo supletivo e subsidiário, no que concerne a outras espécies de processo.

Nada deveria impedir, contudo, a via reversa, ou seja, a aplicação de normas estatuídas em outros diplomas processuais ao processo civil. Em primeiro lugar, porque não há qualquer prevalência das normas do processo civil no que diz respeito a outras normas processuais.

O direito processual civil é considerado "comum" frente aos demais, por ser aplicável aos feitos em geral, de natureza não penal, e ao próprio processo penal, de modo supletivo e subsidiário, mas isso não lhe confere qualquer grau de superioridade.

Assim, havendo antinomia entre normas de uma mesma hierarquia, deve prevalecer o critério da especialidade, motivo pelo qual, sendo um determinado instituto disciplinado integralmente por um ramo específico do direito processual, não se deve, *a priori*, fazer uso das normas de outro, ainda que qualificado como "comum" ou "geral".

Entretanto, tomando-se por base a denominada teoria do diálogo das fontes[5], num sistema normativo complexo e plural como o brasileiro, não se afigura inviável a convivência harmônica entre as normas eventualmente em conflito[6], devendo-se buscar uma coordenação entre elas, evitando-se a exclusão da norma supostamente incompatível.

Além disso, reconhecendo-se que há, efetivamente, um sistema normativo, que pode conter lacunas ou regramentos incompletos, por meio desse "diálogo", viabiliza-se também uma "(...) aplicação conjunta das duas normas ao mesmo tempo e ao mesmo caso, seja complementariamente,

5. Teoria idealizada por Erick Jayme, na Alemanha (In: MARQUES, Cláudia Lima. Diálogo entre o Código de Defesa do Consumidor e o novo Código Civil: do "diálogo das fontes" no combate às cláusulas abusivas. Revista de Direito do Consumidor nº 45. Ano 12, janeiro/março de 2003, pp.71/93.

6. Art. 2º, §2º, da Lei de Introdução às Normas do Direito Brasileiro: A lei nova, que estabeleça disposições gerais ou especiais a par das já existentes, não revoga nem modifica a lei anterior.

seja subsidiariamente, seja permitindo a opção voluntária das partes sobre a fonte prevalente (...)", segundo explicita Cláudia Lima Marques[7].

As normas processuais devem, então, dialogar entre si e se harmonizar. Importante, nesse passo, chamar a atenção para a distinção entre aplicação supletiva e subsidiária: quando há omissão, ou seja, quando a matéria não encontra qualquer regramento num determinado ramo do direito, deve-se buscar a aplicação subsidiária de normas contidas em outro diploma legal; por outro lado, pode ser que o instituto seja disciplinado pela legislação específica, porém não de modo completo, caso em que se admitirá a incidência supletiva de normas previstas em outra legislação, ou seja, de modo complementar.

O mesmo raciocínio – possibilidade de incidência supletiva e subsidiária das normas gerais contidas no CPC – aplica-se aos procedimentos especiais, tanto àqueles constantes do próprio Código, como àqueles contidos na legislação esparsa.

É o caso da execução fiscal, regulamentada pela Lei nº 6.830/80. Embora contendo 42 artigos que buscam tratar de todo o procedimento da execução movida pela Fazenda Pública, há inúmeras lacunas no referido diploma legal que devem ser supridas ou complementadas pelas normas constantes do CPC.

O art. 1º da Lei 6.830/80 determina a aplicação subsidiária do CPC às execuções fiscais e o Superior Tribunal de Justiça reconhece a relação de complementaridade entre o CPC e a Lei de Execução Fiscal, admitindo a aplicação subsidiária das normas do CPC à execução fiscal, naquilo que não conflitem com a Lei 6.830/80[8]. Um dos mais claros exemplos disso

---

7. MARQUES, Cláudia Lima. Diálogo entre o Código de Defesa do Consumidor e o novo Código Civil: do "diálogo das fontes" no combate às cláusulas abusivas. Revista de Direito do Consumidor nº 45. Ano 12, janeiro/março de 2003, p. 74.

8. O Superior Tribunal de Justiça reconhece essa relação de complementaridade entre o CPC e a Lei de Execução Fiscal, admitindo a aplicação subsidiária das normas do CPC à execução fiscal, naquilo que não conflitem com a Lei 6.830/80, como se depreende do seguinte aresto: "AGRAVO REGIMENTAL NO RECURSO ESPECIAL. PROCESSUAL CIVIL E TRIBUTÁRIO. EMBARGOS À EXECUÇÃO FISCAL. ALEGAÇÃO DE EXCESSO DE EXECUÇÃO. DECLARAÇÃO DO VALOR ENTENDIDO COMO CORRETO E AUSÊNCIA DE APRESENTAÇÃO DA MEMÓRIA DE CÁLCULO. APLICAÇÃO SUBSIDIÁRIA DO ART. 739-A, § 5º, DO CPC. POSSIBILIDADE. REJEIÇÃO LIMINAR DA AÇÃO DESCONSTITUTIVA. EMENDA DA INICIAL. INVIABILIDADE
I – Diante da reforma no processo de execução civil, veiculada pela Lei n. 11.382/06, necessária sua compatibilização com o regime jurídico da cobrança da Dívida Ativa da União, dos Estados, do Distrito Federal, dos Municípios, e de suas respectivas autarquias (art. 1º da Lei n. 6.830/80).

é a contagem de prazos em dias úteis, que não conflita com nenhum dispositivo da lei de execuções fiscais[9].

Assim é que o CPC/2015 evidentemente trouxe impactos à Lei 6.830/80. Não foram poucas as previsões que acabaram por influenciar o procedimento da execução fiscal, alterando a rotina e a atuação dos operadores do Direito que militam em tal área, as quais serão analisadas nos tópicos a seguir.

13.2 AS NORMAS FUNDAMENTAIS DO CPC/2015 E A EXECUÇÃO FISCAL

Diversamente da legislação anterior, o CPC/2015 condensou, nos seus doze primeiros artigos, normas consideradas fundamentais que, para além de trazerem princípios e regras que consagram valores caros ao nosso sistema processual, indiscutivelmente influenciaram todo o disciplinamento constante do CPC em vigor, de modo a impactarem na atuação de todos os operadores do direito, especialmente dos juízes e membros dos tribunais, que passaram a ser mais exigidos no tocante à qualidade das decisões judiciais e à observância dos direitos e garantias constitucionais do processo.

Isso já se percebe da leitura do dispositivo inaugural do CPC/2015 que consagra a evidente submissão da legislação processual civil à CF/88.

II – Constatada uma relação de complementaridade entre ambos, e não de especialidade excludente, autorizada está a aplicação das normas do Código de Processo Civil naquilo que não conflitem com a Lei n. 6.830/80, em caráter subsidiário.

III – Com o advento da Lei n. 11.382/06, tornou-se regra geral, na execução civil por título extrajudicial, a obrigatoriedade do Embargante, quando a ação desconstitutiva estiver fundada em excesso de execução, declarar na petição inicial o valor que entende correto, apresentando memória do cálculo, sob pena de rejeição liminar dos embargos ou de não conhecimento desse fundamento (art. 739-A, § 5º, do CPC).

IV – A Lei de Execuções Fiscais (art. 16, § 2°) apenas traçou preceitos norteadores acerca dos Embargos do Executado, não exaurindo o regramento dessa ação. Diante da complementaridade dos sistemas de execução civil por título extrajudicial e fiscal vigentes, possível a aplicação do disposto no art. 739-A, § 5º, do estatuto processual civil aos Embargos à Execução Fiscal.

V – Incompatibilidade do disposto no art. 739-A, § 5º com o previsto no art. 284, ambos do Código de Processo Civil pois os comandos revelam-se antagônicos porque, ou rejeita-se de plano a petição inicial e, assim, não há que se falar em emenda, ou oportuniza-se a emenda e, por tal razão, a rejeição liminar não mais será possível.

Precedentes da Corte Especial deste Tribunal Superior em casos análogos.

VI – Agravo Regimental provido". (AgRg no REsp 1453745/MG, Rel. Ministro NAPOLEÃO NUNES MAIA FILHO, Rel. p/ Acórdão Ministra REGINA HELENA COSTA, PRIMEIRA TURMA, julgado em 19/03/2015, DJe 17/04/2015)

9. Enunciado 49 do Fórum Nacional do Poder Público: "Os prazos nos processos de execução fiscal serão contados em dias úteis".

A ideia da constitucionalização do processo civil – anunciada pela doutrina antes mesmo da CF/88 – termina por ser definitivamente incorporada à lei, embora já não houvesse, atualmente, qualquer controvérsia a respeito da imperiosa necessidade de interpretar e aplicar as normas processuais à luz das normas fundamentais contidas na Carta Maior.

Não apenas a atividade interpretativa deve tomar por base o texto constitucional. A própria estrutura organizacional do CPC e a sua disciplina foram empreendidas com esteio na CF/88.

Tais disposições seriam decerto desnecessárias para fins de sua observância pelos aplicadores do Direito, em função da indiscutível força normativa da CF/88. Inobstante, a intenção do legislador certamente foi a de explicitar a vinculação das normas processuais a esses vetores interpretativos, a fim de não deixar margem a dúvidas a respeito da posição ideológica adotada pelo CPC: um processo civil constitucionalizado, instrumento de efetivação dos valores e fundamentos constitucionais.

Note-se que algumas normas processuais previstas expressamente no texto constitucional foram reproduzidas no CPC/2015, a exemplo da inafastabilidade do controle jurisdicional (art. 3º), da razoável duração do processo (art. 4º) e da igualdade processual (art. 7º).

A igualdade processual já estava prevista no CPC/73 no art. 125, inciso I, como dever imposto ao magistrado, como decorrência de sua própria imparcialidade.

Considerada como princípio constitucional implícito, decorrente da igualdade prevista no art. 5º da CF/88, a igualdade processual já era tratada pela doutrina como princípio, impondo a paridade de "armas" durante toda a tramitação do processo.

O art. 7º explicita o conteúdo do princípio, ao dispor que essa igualdade deve ser garantida em relação a tudo o que acontece no processo no que atine às partes: ao exercício de seus direitos e faculdades; aos instrumentos de defesa; aos ônus e aos deveres; e também no que tange à aplicação de sanções.

Não se olvide que diferenças de tratamento são admitidas, como corolário da igualdade substancial, que permite, por exemplo, o estabelecimento de prerrogativas processuais em favor da Fazenda Pública.

Diversas dessas prerrogativas constam da Lei de Execução Fiscal e devem ser mantidas, por promoverem a referida igualdade substancial e por estarem de acordo com o princípio da indisponibilidade do interesse e do patrimônio público.

O art. 4º do CPC/2015 adota, além da razoável duração do processo, o princípio da primazia do julgamento do mérito – anunciada antes mesmo da vigência do CPC/2015 por diversos processualistas, como Fredie Didier Jr.[10] – no sentido de que se deve evitar a extinção do processo sem a resolução do conflito.

De fato, às partes o que interessa é a superação do problema que as levou ao Judiciário. Não há dúvidas de que a extinção do processo sem apreciação do mérito frustra as expectativas do jurisdicionado, que sequer compreende, geralmente, os motivos técnicos que ensejaram o não conhecimento da pretensão.

A primazia da tutela de mérito, extraída do art. 4º do CPC/2015, constitui norma fundamental a ser observada pelos juízes e tribunais no exame das questões de natureza processual, inclusive na execução fiscal, buscando-se prioritariamente a correção de defeitos sanáveis, evitando-se, em consequência, decisões terminativas.

Merecem também destaque, dentre as normas fundamentais, os princípios da boa-fé objetiva (art. 5º) e da cooperação (art. 6º).

A lealdade e a boa-fé objetiva já estavam previstas expressamente no CPC/73, em seu art. 14, II, incialmente como deveres das partes e de seus procuradores, ampliando-se, com a Lei de 10.358/2001, os destinatários da regra, a qual passou a vincular todos os que de qualquer forma participem do processo, inclusive auxiliares da justiça e testemunhas, por exemplo.

Assim é que não há nenhuma grande novidade no dispositivo aqui em estudo, porquanto a boa-fé objetiva já era exigida como dever comportamental dos atores do processo no CPC de 1973.

O que fez o CPC/2015, a nosso ver, foi melhor sistematizar a matéria.

Em primeiro lugar, inseriu a boa-fé objetiva como norma fundamental do direito processual, o que se afigura extremamente adequado, já que

10. Editorial 53 do sítio do Professor Fredie Didier Jr. na *internet*. Disponível em http://www.frediedidier.com.br/editorial/editorial-53/, capturado em 15.01.2015.

diversas outras normas dela decorrem, a exemplo do próprio princípio da colaboração.

Mais à frente, ao tratar dos deveres impostos aos diversos atores do processo, no art. 77, o legislador não incluiu a lealdade e a boa-fé, como fazia o art. 14 do CPC de 1973, já que, como dito alhures, os comportamentos ali contidos são consectários da boa-fé objetiva.

Além disso, com a previsão da boa-fé objetiva como norma fundamental do direito processual no CPC/2015, parece-nos que o princípio ganha os mesmos contornos daqueles presentes no Direito Privado.

No Código Civil de 2002, a boa-fé objetiva exerce uma tripla função: a) interpretativa dos negócios jurídicos (art. 113 do CC); b) limitadora, ante a possibilidade de abuso de direito em caso de sua violação (art. 187 do CC); c) e de integração, porquanto a boa-fé deve ser aplicada em todas as fases negociais (art. 422 do CC)[11].

Assim é que, *mutatis* mutandis, no processo, a boa-fé objetiva também deve exercer uma tripla função: a) interpretativa, em relação aos pedidos[12], às decisões judiciais[13], aos negócios e aos atos processuais em geral; b) limitadora, porquanto a violação da boa-fé objetiva também deve caracterizar abuso de direito no processo, devendo a conduta respectiva ser coibida e reprimida pelo juiz, que deve aplicar as sanções processuais cabíveis, a exemplo das multas por litigância de má-fé e por ato atentatório à dignidade da justiça; c) e de integração, vez que a boa-fé deve permear a atuação dos sujeitos processuais em todas as fases do processo.

Não se pode olvidar dos denominados deveres anexos à boa-fé objetiva, que também se aplicam ao processo: a) *supressio*[14] e *surrectio*[15]; b)

11. TARTUCE, Flávio. Manual de Direito Civil: volume único. Rio de Janeiro: Forense; São Paulo: Método, 2013, p. 551.
12. A função interpretativa quanto aos pedidos está expressamente prevista no art. 320, §2º do CPC/2015, *in verbis*: "A interpretação do pedido considerará o conjunto da postulação e observará o princípio da boa-fé".
13. Da mesma forma, no tocante às decisões judiciais também se impõe a interpretação com base na boa-fé objetiva. É o que consta do art. 486, §3º do Código de 2015: "A decisão judicial deve ser interpretada a partir da conjugação de todos os seus elementos e em conformidade com o princípio da boa-fé".
14. "(...) Supressão, por renúncia tácita, de um direito ou de uma posição jurídica, pelo seu não exercício com o passar dos tempos". (TARTUCE, Flávio. Manual de Direito Civil: volume único. Rio de Janeiro: Forense; São Paulo: Método, 2013, p. 555).
15. "Ao mesmo tempo em que o credor perde um direito por essa supressão, surge um direito a favor do devedor, por meio da *surrectio* (Erwirkung), direito este que não existia juridicamente até então,

tu quoque[16]; c) *exceptio doli*[17]; d) *venire contra factum proprium*[18]; e) *duty to mitigate the loss*[19].

Já quanto ao princípio da cooperação, de origem alemã, consagra a ideia de um juiz ativo e participativo[20], fundada na premissa de que o processo deve ser dialético, com a integração de todos os sujeitos processuais para que sua finalidade precípua – a solução da controvérsia – seja alcançada. A tradicional passividade do magistrado não encontra guarida em um sistema processual que busque a efetividade de suas decisões e, em consequência, a concreta tutela de direitos.

Em sua formulação teórica, o princípio voltava-se com maior intensidade à atuação dos juízes e tribunais, imprimindo-lhe determinados deveres, a fim de concretizar essa colaboração, voltada ao descobrimento da verdade e à adequada solução do litígio.

Um dos maiores estudiosos do princípio da cooperação no Brasil, Lúcio Grassi de Gouveia já anunciava os deveres adjacentes ao princípio da colaboração, extraídos do Código de Processo Civil Português, em artigo publicado no ano de 2007[21]: a) o dever de esclarecimento, no sentido de que o magistrado deve buscar clarificar os fatos do litígio, convocando as partes, sempre que necessário, a complementarem seus

---

mas que decorre da efetividade social, de acordo com os costumes" (TARTUCE, Flávio. Manual de Direito Civil: volume único. Rio de Janeiro: Forense; São Paulo: Método, 2013, p. 555). No processo, seria um direito a favor da parte contrária.

16. "(...) um contratante que violou uma norma jurídica não poderá, sem a caracterização do abuso de direito, aproveitar-se dessa situação anteriormente criada pelo desrespeito". O sujeito viola uma norma e, em seguida, tenta tirar proveito da situação em seu benefício. (TARTUCE, Flávio. Manual de Direito Civil: volume único. Rio de Janeiro: Forense; São Paulo: Método, 2013, p. 558).

17. É "(...) a defesa do réu contra ações dolosas, contrárias à boa-fé". É a boa-fé utilizada como meio de defesa. (TARTUCE, Flávio. Manual de Direito Civil: volume único. Rio de Janeiro: Forense; São Paulo: Método, 2013, p. 559).

18. "(...) determinada pessoa não pode exercer um direito próprio contrariando um comportamento anterior, devendo ser mantida a confiança e o dever de lealdade, decorrentes da boa-fé objetiva" (TARTUCE, Flávio. Manual de Direito Civil: volume único. Rio de Janeiro: Forense; São Paulo: Método, 2013, p. 561).

19. É o "(...) dever imposto ao credor de mitigar suas perdas, ou seja, o próprio prejuízo" (TARTUCE, Flávio. Manual de Direito Civil: volume único. Rio de Janeiro: Forense; São Paulo: Método, 2013, p. 563).

20. GOUVEIA, Lúcio Grassi de. Cognição Processual Civil: Atividade Dialética e Cooperação Intersubjetiva na Busca da Verdade Real. In: Fredie Didier Jr. (Org.). Leituras Complementares de Processo Civil. Salvador: Juspodivm, 2007.

21. GOUVEIA, Lúcio Grassi de. Cognição Processual Civil: Atividade Dialética e Cooperação Intersubjetiva na Busca da Verdade Real. In: Fredie Didier Jr. (Org.). Leituras Complementares de Processo Civil. Salvador: Juspodivm, 2007.

argumentos e provas, para fins de uma adequada solução do conflito. Se houver dúvidas, as partes devem ser chamadas a supri-las, para que o juiz tenha condições de julgar o mérito de forma satisfatória; b) o dever de prevenção, segundo o qual as partes devem ser advertidas acerca das deficiências ou insuficiências em suas alegações e provas, para que possam saná-las antes da decisão final; c) o dever de consulta, que busca prestigiar o contraditório efetivo e evitar as chamadas decisões-surpresa – aquelas proferidas sem que as partes tenham previamente se manifestado sobre o fundamento a ser acolhido pelo juiz ou tribunal – o que acontece tanto com relação às matérias cognoscíveis de ofício quanto nas situações em que o juiz ou tribunal entende por enquadrar juridicamente a situação apresentada em juízo de forma diversa da apresentadas pelas partes; d) o dever de auxiliar as partes, buscando-se remover as concretas e sérias dificuldades que coloquem em cheque o exercício dos direitos, faculdades, ônus ou deveres processuais, evitando-se que a decisão seja contrária à parte pelo fato de não ter conseguido obter determinado documento ou informação que seriam conseguidos se houvesse esse auxílio jurisdicional.

No CPC de 1973 não havia qualquer referência expressa ao princípio da cooperação, a não ser a regra genérica contida no art. 339, relativa às provas, que determinava que "ninguém se exime do dever de colaborar com o Poder Judiciário para o descobrimento da verdade". Os artigos 340 e 341 continham os deveres decorrentes dessa colaboração, como o da parte comparecer em juízo, respondendo ao que lhe fosse interrogado.

Obviamente o princípio não tinha os contornos que agora possui no CPC. Além da referência como norma fundamental do processo, há inúmeras outras regras no CPC que fazem referência à cooperação.

Além disso, o dispositivo em análise ampliou o conteúdo do princípio da cooperação, ao dispor que ele se aplica a todos os sujeitos processuais e não apenas ao juiz. A expressão "sujeitos do processo" é ampla, abrangendo, partes, juiz, terceiros intervenientes, auxiliares do juízo, Ministério Público.

Como dissemos linhas atrás, inicialmente o princípio buscava conferir uma dialeticidade ao processo, retirando o juiz da sua posição cômoda de passividade frente aos demais atores do processo, aguardando que produzissem suas alegações e provas e contentando-se com a verdade extraída do que as partes trouxessem aos autos.

Adotando uma postura cooperativa, o magistrado deve atuar em prol do descobrimento da verdade, da concreta e eficaz solução do litígio, esclarecendo, prevenindo, consultando e auxiliando as partes nesse caminho da busca pela efetividade do processo.

Da maneira como previsto no art. 6º, o princípio da cooperação impõe não apenas ao juiz, mas a todos os sujeitos do processo (conceito não restrito às partes, mas a todos os que atuem no processo) essa postura colaborativa, estimulando-se o diálogo constante durante toda a tramitação do processo até a sua decisão final.

Obviamente, não será suficiente a adoção do princípio pelo CPC. Para sua concreta implementação, será imprescindível uma mudança comportamental em relação a todos os sujeitos que participam do processo, o que somente se alcançará, a nosso ver, a longo prazo.

O avanço, no entanto, é extremamente relevante, além de que a cooperação, da forma como inserida no CPC, deixa de ser apenas uma promessa e passa ser de imperativa, devendo-se punir com as sanções correspondentes à litigância de má-fé aqueles que se negarem, injustificadamente, a cumprir os seus deveres anexos.

Na execução fiscal, os princípios da boa-fé e da colaboração ganham especial relevo, visto que os processos respectivos são os principais responsáveis pela alta taxa de congestionamento do Poder Judiciário, conforme pesquisa realizada pelo Conselho Nacional de Justiça[22].

Há uma grande dificuldade prática na finalização dos processos executivos fiscais, notadamente na Justiça Estadual, em razão da não localização dos devedores e/ou de bens passíveis de penhora, o que acaba por revelar comportamentos processuais pouco colaborativos e em desconformidade com a boa-fé objetiva, notadamente no que se refere aos devedores da Fazenda, os quais devem ser sancionados por constituírem litigância de má-fé.

22. Conforme dados extraídos da pesquisa "Justiça em Números", de 2019, do CNJ, a fase de execução acarreta um impacto negativo nos dados de litigiosidade do Poder Judiciário brasileiro. A taxa de congestionamento geral é de 72,1%, enquanto que a das execuções em geral chega ao alarmente número de 85,1%.. Ainda mais assustadores são os dados quando individualizados. A taxa de congestionamento da execução fiscal é de 89,7%; a de execução extrajudicial não fiscal é de 85,1%; a de execução judicial não criminal é de 70,8%. Dados disponíveis em: https://www.cnj.jus.br/wp-content/uploads/conteudo/arquivo/2019/08/justica_em_numeros20190919.pdf, acesso em 07 de janeiro de 2020.

Ademais, medidas mais agressivas, que têm sido denominadas atípicas, já estão sendo determinadas pelos juízes e tribunais para forçar o devedor a cumprir as decisões judiciais, inclusive de pagar quantia, com base no art. 139, IV do CPC, não obstante a já demonstrada resistência do STJ quanto à incidência dessas medidas aos feitos executivos fiscais.

De se mencionar, ainda sobre o tema da cooperação, a sua incidência em relação ao extrajudicial, revelando-se comum, por exemplo, a formulação de requerimento pela Fazenda Pública da expedição de certidões pelos cartórios extrajudiciais relativamente aos atos constitutivos da empresa devedora executada. Sobre o tema, fixou o STJ tese em sede de recurso repetitivo (REsp repetitivo nº 1107543/SP – tema 202)[23] no sentido de que a emissão de tais certidões deve ser levada a efeito pelos cartórios e o reembolso dos emolumentos respectivos será realizado pela Fazenda Pública, se vencida, ao final.

Dando continuidade à análise das normas fundamentais, tem-se que o princípio do contraditório foi bastante privilegiado no CPC/2015. Em primeiro lugar, consta do art. 7º, *in fine*, havendo referência ao dever do juiz de zelar pelo efetivo contraditório.

O princípio do contraditório, que decorre do devido processo legal e está contido na CF/88, em seu art. 5º, LV, contém dois aspectos fundamentais: um de natureza formal, que corresponde ao direito de participar do processo, de ter oportunidade de falar e de ser ouvido; outro de natureza substancial, que é a possibilidade de exercer influência sobre as decisões judiciais.

A referência à palavra efetivo não é sem razão. Na sistemática do CPC de 1973, admitiam-se as denominadas decisões-surpresa, ou seja, aquelas proferidas sem que as partes tivessem prévia oportunidade de apresentar argumentos e/ou provas hábeis a interferir no processo decisório do juiz ou tribunal.

De modo geral, nas hipóteses em que se permitia ao juiz atuar de ofício, havia sempre possibilidade de ser proferida uma decisão surpresa, a exemplo da imposição de multa por litigância de má-fé ou a extinção do processo pelo reconhecimento da prescrição.

---

23. Vide tópico 14.1.7.

O CPC/2015, referindo-se ao efetivo contraditório, quer que o referido princípio seja sempre observado como regra, vedando expressamente as denominadas decisões surpresa em seu art. 10.

No art. 10, o que não se permite são exatamente as chamadas decisões-surpresa, proferidas com esteio em fundamento sobre o qual as partes não tenham tido a chance de se pronunciar com antecedência, o que será aplicável com maior frequência em relação às questões cognoscíveis de ofício.

Em nosso ordenamento jurídico há normas cogentes, impositivas, que não podem ser modificadas pelas partes e devem ser aplicadas independentemente de sua vontade, as quais podem ser conhecidas de ofício por qualquer juiz ou tribunal, a qualquer tempo e em qualquer grau de jurisdição, como regra. É o caso, por exemplo, das regras pertinentes à competência absoluta e das nulidades absolutas.

Pela sistemática processual anterior, seria possível ao magistrado verificar tais questões *ex officio* e proferir decisão, sem que as partes soubessem dessa possibilidade, restando-lhes apenas a via recursal para reformar ou anular o decisum respectivo e reparar eventuais prejuízos.

Ressalte-se que, em algumas situações, o prejuízo à parte era inevitável, considerando-se as decisões-surpresa proferidas pelos tribunais quando esgotadas todas as instâncias recursais.

De acordo com o dispositivo em referência, essa prática não será mais possível, em absoluta observância do princípio do contraditório. Se o juiz ou tribunal antever a probabilidade de acolher fundamento novo, ainda não tratado pelas partes nos autos, deverá intimá-las para que se manifestem, a fim de que possam efetivamente contribuir para o debate e, assim, ter condições de exercer alguma influência na decisão do órgão julgador.

Note-se que, no caso de novo fundamento, haverá intimação de ambas as partes para que se manifestem, independentemente de quem eventualmente possa vir a sofrer algum prejuízo em face da decisão a ser proferida.

Essa norma aplica-se evidentemente à execução fiscal, de modo que não é mais possível ao magistrado decidir sobre fundamento novo sem ouvir as partes previamente. Assim, não poderá, por exemplo, decretar a prescrição intercorrente de ofício, sem a oitiva de ambas as partes, matéria que será tratada com mais especificidade no tópico seguinte.

Ainda como expressão do contraditório, no art. 9º veda-se ao juiz que decida contrariamente a uma das partes sem sua prévia oitiva. É o cuidado com o primeiro aspecto do contraditório – o direito de informação, dando-se à parte conhecimento a respeito da possibilidade de vir a sofrer os efeitos de uma decisão judicial que lhe seja desfavorável.

Note-se que a obrigatoriedade de oitiva prévia, nesse caso, é exclusivamente em relação à parte que poderá ser afetada pelos efeitos negativos da decisão.

A norma também se aplica, como regra, às execuções fiscais, porém há uma importante controvérsia a respeito da aplicabilidade (ou não) do incidente de desconsideração da personalidade jurídica, criado pelo CPC/2015, às execuções fiscais, notadamente no que tange à exigência de contraditório prévio contida no art. 135 do referido diploma legal[24], tema que será abordado mais adiante.

A ordem cronológica para julgamento, prevista no tão debatido art. 12 do CPC/2015 – que acabou sendo modificado pela Lei n.º 13.256/2016, passando a ser mais uma recomendação que um mandamento, dada a inserção da expressão preferencialmente – também impacta nas execuções fiscais, mas o entendimento que vem prevalecendo é o de que tal ordem deve se aplicar aos embargos e às ações de conhecimento correlatas, mas não às sentenças em execução fiscal, posicionamento este que foi adotado também pelo Fórum de Execuções Fiscais da 2ª Região, em seu Enunciado n.º 05[25].

13.3 A DÍVIDA ATIVA DA FAZENDA PÚBLICA

As dívidas da Fazenda Pública podem ser classificadas em ativa e passiva. A dívida passiva é também chamada de dívida pública, isto é, quando a Fazenda é devedora em relação a uma pessoa física, jurídica de direito privado ou até mesmo a uma outra pessoa jurídica de direito público.

A dívida ativa, por sua vez, constitui o conjunto de rendas da Fazenda Pública, relativas ao exercício financeiro findo, não arrecadadas

---

24. Instaurado o incidente, o sócio ou a pessoa jurídica será citado para manifestar-se e requerer as provas cabíveis no prazo de 15 (quinze) dias.
25. Enunciado 05 do Fórum de Execuções Fiscais da 2ª Região: "Com base no artigo 12, inciso VII do NCPC (Lei nº 13.105/2015), a ordem cronológica de conclusão para julgamentos não se aplica às sentenças em execuções fiscais, apenas às de ações de embargos e de conhecimento correlatas".

dentro dele, e que são escrituradas sob esse título, para serem posteriormente cobradas.

Na Lei n. 4.320, a dívida ativa tributária é o crédito da Fazenda Pública dessa natureza, proveniente de obrigação legal relativa a tributos e respectivos adicionais e multas. Já a dívida ativa não tributária engloba os demais créditos da FP, como os que são provenientes de empréstimos compulsórios, contribuições estabelecidas em lei e algumas espécies de multas.

A Lei n. 6.830/80 confirmou a previsão da Lei n. 4.320/64, estatuindo que a dívida ativa da FP é aquela definida como tributária ou não tributária nos termos da Lei n. 4.320/64. Na mesma linha de raciocínio, encontramos a previsão do art. 201 do Código Tributário Nacional.

Sendo a dívida ativa um crédito, está sujeita a alguns requisitos: a) existência de crédito tributário ou não tributário; b) decurso do prazo para pagamento; c) inscrição da dívida na repartição tributária competente.

Não basta a obrigação tributária estar vencida. Faz-se necessário que seja inscrita para que se torne exigível. A obrigação – tributária ou não – deve ser certa e líquida. Certa é quando há determinação precisa da existência do crédito; líquida é quando há o quantum apurado e verificado com exatidão.

A inscrição do crédito como dívida ativa é a providência que habilita a Fazenda Pública à cobrança executiva. É o procedimento administrativo que habilita a Fazenda a entrar em juízo.

No momento de se efetivar a inscrição em dívida ativa, deve-se verificar a certeza, a liquidez, a atualidade de obrigação, além do inadimplemento do sujeito passivo. O art. 204 do CTN prevê que a dívida regularmente inscrita goza de presunção de certeza e liquidez, tendo ainda o efeito de prova pré-constituída. A Lei n. 6.830 ressalva que tal presunção é relativa, e pode ser ilidida por prova inequívoca.

O termo de inscrição de dívida ativa, conforme o art. 2°, §5°, da LEF, deve conter: a) nome do devedor, corresponsáveis e, sempre que conhecido, o domicílio ou residência de um e de outros; b) o valor originário da dívida, bem como o termo inicial e a forma de calcular os juros de mora e demais encargos previstos em lei ou contrato; c) a origem, a natureza e o fundamento legal ou contratual da dívida; d) a indicação, se for o caso, de a dívida estar sujeita à atualização monetária; e) a data e o número de inscrição no registro da dívida ativa; f) o número do processo administrativo ou do auto de infração, se neles estiver apurado o valor da dívida.

A inscrição do crédito em dívida acarreta algumas consequências: a) contábil, porque facilita o controle da arrecadação e faculta que o débito conste da próxima previsão orçamentária como receita a realizar; b) material, porque abre à FP a possibilidade de criar um título executivo extrajudicial para demandar em ação executiva; c) processual, porque autoriza o ajuizamento de um procedimento específico chamado de execução fiscal.

13.4 LEGITIMIDADE NAS EXECUÇÕES FISCAIS

Regida pela Lei n. 6.830/80, a execução fiscal representa um procedimento especial que objetiva a execução de título extrajudicial, qual seja, a certidão de dívida ativa - CDA.

Na eventualidade de o devedor ser outro ente público, como por exemplo o Município executando a União por dívidas atinentes à taxa de limpeza pública, dita execução não se dará conforme os ditames da Lei de Execução Fiscal - LEF, mas sim pelo procedimento de execução de títulos extrajudiciais, nos termos do art. 910 do CPC.

Segundo prescreve o art. 2° da LEF, dívida ativa é qualquer valor assim definido, de natureza tributária ou não, pela Lei n. 4.320/64. Nos termos do §1°, qualquer valor cuja cobrança seja por lei atribuída às pessoas jurídicas de direito público também haverá de ser considerado como dívida ativa.

Além dos entes que integram o conceito de Fazenda Pública (União, Estados, Distrito Federal, Municípios e suas respectivas autarquias e fundações de direito público), há outros que possuem também legitimidade para promover execuções fiscais, como é o caso dos Conselhos de Fiscalização Profissional, em razão da já falada equiparação às autarquias.

A súmula 66 do STJ indica que compete à Justiça Federal processar e julgar execução fiscal promovida por conselho de fiscalização profissional. Há, no entanto, julgados do STJ entendendo que a OAB não pode se valer da execução fiscal, em razão da natureza especial da entidade e pela falta de natureza tributária de suas contribuições[26].

26. RESP 963.115/RS, RESP 786.736/RS e ERESP 503.252/SC.

A Lei 8.847/94 e Súmula 396 do STJ reconhecem à Confederação Nacional da Agricultura a legitimidade ativa para a cobrança da contribuição sindical rural, via execução fiscal, por delegação da União.

Não é dada atribuição às pessoas jurídicas de direito privado, ainda que integrantes da administração indireta, como é o caso das empresas públicas e das sociedades de economia mista, para o ajuizamento de execuções fiscais, salvo se atuarem por delegação do ente público, na condição de substitutos processuais, decorrente de negócio jurídico, como ocorre na hipótese da Caixa Econômica Federal para a execução de débitos de FGTS.

Quanto à legitimidade passiva, pertence ao devedor, seus sucessores, ao garantidor ou o responsável, ao espólio ou massa falida. O nome do legitimado passivo deve constar da CDA.

É possível que haja o fenômeno do redirecionamento da execução fiscal, a fim de que o responsável seja executado em nome do devedor, quando a execução não se revela frutífera em face deste último. O nome do sócio não precisa constar da CDA, já que esta indica o devedor; o sócio é o responsável direto.

A Súmula 435 do STJ entende legítimo o redirecionamento da execução fiscal para o sócio-gerente, na hipótese de dissolução irregular da sociedade executada, caracterizada pela circunstância da empresa deixar de funcionar no seu domicílio fiscal sem comunicação aos órgãos competentes. O mesmo entendimento foi fixado em tese de REsp repetitivo[27].

A respeito do redirecionamento da execução fiscal, cumpre realçar que o STJ, ao analisar, em sede de repetitivo, o REsp 1.201.993/SP[28], fixou teses sobre a prescrição para o redirecionamento da execução fiscal, fixando três teses.

Primeiramente, entendeu-se que o prazo de redirecionamento da execução fiscal, fixado em cinco anos, contados da citação da pessoa jurídica, é aplicável quando o referido ato ilícito, previsto no artigo 135, III do CTN, for precedente a esse ato processual.

---

27. REsp repetitivo nº 1371128/RS (tema 630). Vide tópico 14.1.38.
28. STJ, 1ª Seção, Rel. Ministro Herman Benjamin, julg. 08.05.2019, DJE 12.12.2019 (tema 444). Vide tópico 14.1.25.

Adiante, firmou-se o entendimento de que a citação positiva do sujeito passivo devedor original da obrigação tributária, por si só, não provoca o início do prazo prescricional quando o ato de dissolução irregular for a ela posterior, de sorte que o termo inicial do prazo prescricional para a cobrança do crédito dos sócios-gerentes infratores, nessa hipótese, é a data da prática de ato inequívoco indicador do intuito de inviabilizar a satisfação do crédito tributário já em curso de cobrança executiva promovida contra a empresa contribuinte, a ser demonstrado pelo Fisco.

Compreendeu-se que a decretação da prescrição para o redirecionamento impõe que seja demonstrada a existência de inércia da Fazenda Pública, no lustro que se seguiu à citação da empresa originalmente devedora ou ao ato inequívoco mencionado no item anterior (respectivamente, nos casos de dissolução irregular precedente ou superveniente à citação da empresa), cabendo às instâncias ordinárias o exame dos fatos e provas atinentes à demonstração da prática de atos concretos no sentido da cobrança do crédito tributário no decurso do prazo prescricional.

Ainda acerca da responsabilidade dos sócios, o STJ decidiu também, no REsp repetitivo nº 1.101.728/SP (temas 96 e 97)[29], que tão somente a falta de pagamento do tributo não configura, por si só, circunstância hábil a ensejar a responsabilidade subsidiária do sócio, prevista no art. 135 do CTN. Para que incida tal responsabilidade, é indispensável que tenha o sócio agido com excesso de poderes ou infração à lei, ao contrato social ou ao estatuto da empresa.

Já nos recursos especiais repetitivos nºs nº 1848993/SP e 1856403/SP (tema 1049)[30], fixou o STJ a seguinte tese:

> "A execução fiscal pode ser redirecionada em desfavor da empresa sucessora para cobrança de crédito tributário relativo a fato gerador ocorrido posteriormente à incorporação empresarial e ainda lançado em nome da sucedida, sem a necessidade de modificação da Certidão de Dívida Ativa, quando verificado que esse negócio jurídico não foi informado oportunamente ao fisco".

Por fim, cabe dizer que, nos termos do art. 28 da LEF, "o Juiz, a requerimento das partes, poderá, por conveniência da unidade da garantia

29. Vide tópico 14.1.2.
30. Vide tópico 14.1.52.

da execução, ordenar a reunião de processos contra o mesmo devedor". Segundo o STJ, essa reunião de processos é uma faculdade e não um dever do juiz. Esse entendimento restou consagrado no REsp repetitivo nº 1158766/RJ (tema 392) e também na Súmula 515 da referida Corte Superior[31].

13.5 CERTIDÃO DA DÍVIDA ATIVA E PETIÇÃO INICIAL

A Certidão da Dívida Ativa - CDA representa o título executivo que viabiliza o ingresso da execução fiscal, e goza das presunções de certeza e de liquidez, por previsão do art. 3° da Lei de Execução Fiscal.

É o instrumento através do qual é certificada a existência da dívida fiscal inscrita em livro próprio.

A CDA se constitui a partir de um procedimento prévio na seara administrativa, em que o devedor é notificado para que pague a dívida ou se defenda, de modo a que a inscrição somente se dá na hipótese de não haver se defendido ou de sua defesa ser rejeitada. A inscrição na dívida ativa não é o título hábil à propositura da execução fiscal, mas sim a CDA.

A CDA é então a reprodução textual e autêntica daquilo que consta no escrito original da inscrição da dívida ativa. A emissão da CDA encerra as vias administrativas, finalizando o comportamento da autoridade administrativa.

Basicamente, possui os mesmos elementos que o termo de inscrição da dívida contém, mas deverá ser devidamente autenticada (seja manual ou mecanicamente).

Há requisitos específicos, que devem estar presentes para se conferir regularidade à CDA, e que melhor auxiliam na identificação do débito. Havendo vício, pode ser emendada ou substituída, desde que se dê até a decisão de primeira instância.

A Súmula 392 do STJ (assim como o REsp repetitivo nº 1045472/BA – tema 166)[32], em razão de dúvida sobre o que seria o momento da decisão de primeira instância, dirimiu a controvérsia, ao indicar que a

31. Vide tópico 14.1.20.
32. Vide tópico 14.1.6.

sentença dos embargos à execução é o marco temporal limite para que se dê a alteração do título.

Segundo o tema 777 do STJ (REsp repetitivo nº 1686659/SP)[33]., "a Fazenda pública possui interesse e pode efetivar o protesto da CDA, documento de dívida, na forma do art. 1º, parágrafo único, da Lei 9.492/1997, com a redação dada pela Lei 12.767/2012".

No julgado, consignou-se que a existência de um procedimento específico para a cobrança judicial da dívida ativa da Fazenda Pública não pode servir de argumento para impedir a utilização de instrumentos alternativos de cobrança (tais como o protesto) ao Poder Público, impondo-lhe apenas a via judicial.

Também é relevante fazer menção ao entendimento firmado na Segunda Turma do STJ, no âmbito do REsp 1.311.899/RS[34], no sentido de que não há nenhum óbice a que o Procurador da Fazenda Nacional que vier a assinar a CDA possa atuar na mesma execução fiscal, em nome da Procuradoria-Geral da Fazenda Nacional.

Isto porque ambas as atividades estão prescritas no art. 12 da Lei Complementar n.º 73/93, quais sejam, a apuração da liquidez e certeza da dívida ativa da União de natureza tributária, com a correspondente inscrição para fins de cobrança, bem como a representação da União na execução de sua dívida ativa de caráter tributário. Outrossim, a Lei de Execução Fiscal prevê, em seu art. 2º, § 3º, que a dívida ativa da União será apurada e inscrita pela Procuradoria da Fazenda Nacional.

As únicas vedações legais à atuação de um Procurador da Fazenda Nacional seriam as que constam dos arts. 28 a 31 da já referida Lei Complementar n.º 73/93. A nosso ver, não há mesmo que se falar em incompatibilidade do Procurador da Fazenda Nacional para atuar no feito executivo, baseada no inciso VII do art. 28[35] do Estatuto da OAB (Lei n.º 8.906/94), porque esta vedação é direcionada aos que desempenham função típica de inspeção, controle e execução de trabalhos de

33. Vide tópico 14.1.44.
34. Relatoria da Ministra Assusete Magalhães, j. 23.02.2021, DJE 02.03.2021, trânsito em julgado em 24.03.2021.
35. Art. 28. A advocacia é incompatível, mesmo em causa própria, com as seguintes atividades: (...)
VII - ocupantes de cargos ou funções que tenham competência de lançamento, arrecadação ou fiscalização de tributos e contribuições parafiscais;

administração tributária, fiscalização de receitas e lavraturas de autos de infração, como se dá com os Auditores-Fiscais, por exemplo. Pretender estender a proibição, contida no inciso VII, para os ocupantes da carreira de Procurador da Fazenda Nacional, equivaleria, aí sim, a negar vigência ao contido no art. 12, I e II, da Lei Complementar n.º 73/93 e no art. 2, §3º, da Lei de Execução Fiscal[36].

Acerca dos requisitos da petição inicial, dispõe o art. 6º da LEF que haverá indicação: do juízo; do pedido; e do requerimento para a citação. A petição deve ser instruída com a CDA e ambas podem constituir um único documento, preparado inclusive por processo eletrônico. Não há obrigatoriedade de requerimento de produção de provas e o valor da causa será o da dívida constante da CDA, com os encargos legais.

Segundo o STJ (tema repetitivo 876)[37], não cabe indeferir a petição inicial sob o argumento da falta de indicação do CPF e/ou RG (se pessoa física) ou do CNPJ (se pessoa jurídica) da parte executada, porquanto tais requisitos não constam do sobredito art. 6º da LEF, que é lei especial e prevalece sobre a geral.

13.6 COMPETÊNCIA NAS EXECUÇÕES FISCAIS

O art. 5° da Lei n. 6.830/80 prevê que a competência para processar e julgar a execução da dívida ativa da Fazenda Pública exclui a de qualquer outro juízo, inclusive o de falência, concordata, liquidação, insolvência ou inventário.

Assim, ainda que o devedor venha a cair em falência, ou esteja em recuperação judicial, ou esteja em insolvência ou liquidação, a Fazenda Pública continua com a prorrogativa de executar sua dívida ativa no foro da execução fiscal, sem nenhuma sujeição ao juízo universal eventualmente instaurado.

Tampouco pode ser alegada a conexão ou a continência, pelo devedor, na hipótese de haver ajuizado ação anulatória, mandado de segurança, repetição de indébito ou ação declaratória.

36. PEIXOTO, Marco Aurélio; BECKER, Rodrigo. *Pode o procurador da Fazenda que assinou a CDA atuar na mesma execução fiscal?* In https://www.jota.info/opiniao-e-analise/colunas/coluna-cpc-nos-tribunais/pode-o-procurador-da-fazenda-que-assinou-a-cda-atuar-na-mesma-execucao-fiscal-01042021, acesso em 01 de maio de 2021.

37. Vide tópico 14.1.45.

Na hipótese de o débito a ser executado ser da União ou de outro ente integrante da Fazenda Pública a nível federal, competente será, nos termos do art. 109, I, da CF/88, a Justiça Federal.

Sendo crédito de conselho de fiscalização, igualmente será da Justiça Federal a competência, fruto da equiparação com as autarquias, conforme prescreve inclusive a Súmula 66 do STJ.

É possível que se tenham execuções fiscais na Justiça Eleitoral, quando for o caso de se executar multas eleitorais. O próprio Código Eleitoral, em seu art. 367, IV, prevê tal atribuição.

Quando se estiver diante de multa imposta pelo Ministério do Trabalho a empregador, a execução fiscal se dará na Justiça do Trabalho, por conta da prescrição do art. 114, VII, da CF/88.

Por outro lado, sendo a execução fiscal objeto de ajuizamento dos Estados, Municípios ou suas respectivas autarquias ou fundações públicas, a competência será da Justiça Estadual.

No que tange à competência territorial, o art. 46, §5° do CPC/2015 previu que a execução fiscal será proposta no foro do domicílio do executado, no de sua residência ou no do lugar em que for encontrado.

No CPC/73, havia a opção de propositura da ação de execução fiscal no foro do lugar em que se praticou o ato ou ocorreu o fato que deu origem à dívida, embora nele não mais residisse o réu, ou no foro de situação dos bens, quando a dívida deles se originar (como o IPTU)[38].

Essa previsão do CPC/15, da propositura da execução fiscal no for do domicílio do executado, no de sua residência ou no do lugar em que for encontrado é objeto de inúmeras críticas, por não observar a realidade de atuação das Procuradorias de Estados, do Distrito Federal e dos Municípios, em função da eventual necessidade de propositura da ação fora dos limites de atuação do respectivo corpo de procuradores.

13.7 CITAÇÃO E PENHORA

Nas execuções fiscais, a citação se dá para que, em cinco dias, o executado pague a dívida ou garanta a execução, nos termos do art. 8° da LEF.

38. Na vigência do CPC/73, o STJ havia fixado a seguinte tese em REsp repetitivo (nº 1120276/PA, tema 317): "O devedor não tem assegurado o direito de ser executado no foro de seu domicílio, salvo se nenhuma das espécies do parágrafo único se verificar" (vide tópico 14.1.19).

A citação se faz pela via postal, e já era assim mesmo antes das alterações que o CPC/2015 trouxe à sistemática da citação nas execuções em geral. Importa registrar, neste aspecto que, quando da vigência do CPC/73, restava vedado, nas execuções comuns, a citação pela via postal, a qual se fazia permitida nas execuções fiscais, por previsão em lei especial, no caso, na LEF. Quando do CPC/2015, que trouxe a permissão para que mesmo nas execuções comuns se faça a citação pela via postal, uniformizou-se a regra, portanto, de modo que, quer pelo CPC, quer pela LEF, a citação postal é permitida.

A citação será considerada como feita quando da entrega da carta, ou no prazo de dez dias da entrega da carta aos Correios, caso a data tenha sido omitida no aviso de recebimento. Assim, distingue-se do CPC, visto que neste a citação se concretiza no momento da juntada aos autos do aviso de recebimento. Diante do claro conflito entre a regra estabelecida no CPC e na LEF, prevalece a lei especial, isto é, a citação se concretiza na data da entrega ao citando, e não na data da juntada aos autos do aviso de recebimento.

Caso o aviso de recebimento não chegue em quinze dias da entrega da carta aos Correios, far-se-á a citação por oficial de justiça. Não se concretizando por oficial de justiça, poderá ser utilizada a via editalícia.

A Fazenda Pública detém a prerrogativa de ser intimada pessoalmente de todos os atos, mediante vista, de acordo com o previsto no art. 25 da LEF, e corroborado pelo art. 183 do CPC.

O executado pode oferecer garantia em dinheiro, fiança bancária ou seguro garantia, bem como nomear bens à penhora ou mesmo indicar outros bens oferecidos por terceiros.

Há uma ordem de preferência estabelecida na LEF para a penhora[39], no art. 11, que é distinta da ordem contida no art. 835 do CPC/2015. Logicamente, admite-se a relativização desse rol, em obediência ao princípio da menor onerosidade da execução.

De todo modo, no REsp repetitivo nº 1337790/PR (tema 578)[40], o STJ entendeu que, em regra, nos termos do art. 9°, III, da LEF, cabe ao

39. Segundo a súmula 497 do STJ (e também o REsp repetitivo nº 957.836/SP, "os créditos das autarquias federais preferem aos créditos da Fazenda estadual desde que coexistam penhoras sobre o mesmo bem" (vide tópico 14.1.21).

40. Vide tópico 14.1.32.

executado nomear bens à penhora de acordo com a ordem legal prevista no art. 11. A relativização desse rol depende da comprovação, pelo executado, da imperiosa necessidade de afastar a referida ordem legal, não sendo suficiente, para tanto, a mera invocação do princípio da menor onerosidade.

É cabível o uso da penhora de aplicações financeiras (penhora on line), nos termos do art. 854 do CPC e, segundo o STJ, tal medida prescinde de outras diligências extrajudiciais levadas a efeito pela Fazenda Pública para procurar outros bens penhoráveis[41]. Feita a penhora, o executado deve ser intimado, em regra por publicação na imprensa oficial, direcionada ao advogado do executado.

É possível que haja a substituição da penhora, como prevê o art. 15 da LEF, a requerimento do executado, para que seja trocada por dinheiro, fiança bancária ou seguro garantia, independentemente de concordância da Fazenda Pública. A substituição pode se dar ainda a requerimento da exequente.

Segundo decidiu o STJ no REsp repetitivo nº 1.090.898/SP (tema 120)[42], a Fazenda Pública pode recusar a substituição do bem penhorado por precatório (súmula 406). Isso porque, no entendimento da referida Corte, o precatório corresponde a direito de crédito e não a dinheiro. Como o art. 15 da LEF, ao tratar da substituição da penhora, menciona apenas dinheiro, fiança bancária e seguro garantia, a penhora do crédito correspondente a precatório pode ser recusada pela Fazenda Pública.

Também em sede de REsp repetitivo (nº 1127815/SP- tema 260)[43], fixou o STJ tese no sentido de que "o reforço da penhora não pode ser deferido *ex officio*, a teor dos artigos 15, II, da LEF e 685 do CPC [art. 874 do CPC/2015]". É que pela interpretação do art. 15, inciso II da LEF depreende-se que o reforço da penhora depende de requerimento da Fazenda Pública, o que se coaduna com o disposto no art. 685 do CPC/73 e no art. 847 do CPC/2015, que expressamente exigem requerimento do interessado.

Se o executado, regularmente citado, não pagar o débito, não nomear bens à penhora ou não forem encontrados bens passíveis de penhora, é

41. REsp repetitivo nº 1184765/PA, tema 425 (vide tópico 14.1.24.
42. Vide tópico 14.1.3.
43. Vide tópico 14.1.12.

cabível a indisponibilidade de bens e direitos do réu no limite do valor total exequendo, com a comunicação aos órgãos e entidades que promovem registros de transferência de bens, especialmente ao registro público de imóveis e às autoridades supervisoras do mercado bancário e de capitais.

Importante referir que o Superior Tribunal de Justiça, no julgamento de diversos recursos repetitivos (Tema 1026)[44], fixou tese no sentido da possibilidade de inscrição do nome do executado nas execuções fiscais nos cadastros de inadimplentes, sem necessidade de prévio esgotamento de outras medidas executivas, com base no art. 782, §3º do CPC. Segue teor da referida tese:

> "O art. 782, §3º do CPC é aplicável às execuções fiscais, devendo o magistrado deferir o requerimento de inclusão do nome do executado em cadastros de inadimplentes, preferencialmente pelo sistema SERASAJUD, independentemente do esgotamento prévio de outras medidas executivas, salvo se vislumbrar alguma dúvida razoável à existência do direito ao crédito previsto na Certidão de Dívida Ativa - CDA."

No voto do Relator, o Min. Og Fernandes consignou, dentre os fundamentos determinantes do julgado, que: a) o art. 782 está inserido no Capítulo III ("Da competência"), do Título I ("Da execução em geral"), do Livro II (Do processo de execução") do CPC e o art. 771, que inicia o Livro II, determina expressamente que as disposições daquele Livro se aplicam também aos procedimentos especiais de execução, o que evidencia a aplicabilidade da referida regra às execuções de títulos extrajudiciais[45]; b) a Lei 6.830/1980 prevê, em seu art. 1º, a aplicação do CPC de modo subsidiário às execuções fiscais; c) não havendo regulamentação sobre o tema na LEF, aplica-se o art. 782, §3º do CPC às execuções fiscais, que configura medida coercitiva que "(...) promove no subsistema os valores da efetividade da execução, da economicidade, da razoável duração do

44. REsp 1814310/RS, REsp 1812449/SC, REsp 1807923/SC, REsp 1807180/PR e REsp 1809010/RJ, Rel. Min. Og Fernandes, julgados no dia 24.02.2021 e publicados no dia 11.03.2021. Vide tópico 14.1.50.

45. No voto há, inclusive, referência a enunciados doutrinários interpretativos: o Enunciado nº 99 da I Jornada de Direito Processual Civil do Conselho da Justiça Federal - CJF: "A inclusão do nome do executado em cadastros de inadimplentes poder-se-á dar na execução definitiva de título judicial ou extrajudicial" e o Enunciado nº 190 do Fórum Permanente de Processualistas Civis - FPPC: "O art. 782, § 3º, não veda a inclusão extrajudicial do nome do executado em cadastros de inadimplentes, pelo credor ou diretamente pelo órgão de proteção ao crédito.".

processo e da menor onerosidade para o devedor (art. 5º, inc. LXXVIII, da Constituição Federal; arts. 4º, 6º, 139, inc. IV, e 805 do CPC)".

Conforme bem pontuou o Min. Og Fernandes, o ideal é que os próprios entes públicos firmem convênios com os órgãos de proteção ao crédito para que possam alcançar a efetividade de suas cobranças antes mesmo do ajuizamento das execuções fiscais, responsáveis estas que são pelas maiores taxas de congestionamento do Poder Judiciário.

Entretanto, isso não pode ser utilizado como argumento para a inaplicabilidade do art. 782, §3º do CPC às execuções fiscais, ou seja, a possibilidade de o próprio credor providenciar a negativação do nome do executado não impede tal providência por determinação judicial. E mais: a atuação judicial não depende de comprovação, pelo exequente, de dificuldade ou impossibilidade de promover a negativação do nome do executado por seus próprios meios.

Considerou-se, ainda, que a anotação do nome do executado nos cadastros de inadimplentes pode ser determinada antes do exaurimento da busca por bens penhoráveis, porquanto se trata de medida menos onerosa, em atendimento ao princípio constante do art. 805 do CPC.

13.8 INCIDENTE DE DESCONSIDERAÇÃO DA PERSONALIDADE JURÍDICA E EXECUÇÃO FISCAL

O CPC/2015 promoveu importantes alterações no que toca às modalidades típicas de intervenção de terceiros. Ao tempo em que se houve por eliminar, dentre tais modalidades, a oposição e a nomeação à autoria, foram incluídas três novas figuras, quais sejam, a assistência (que já existia no CPC/1973, mas não enquanto espécie de intervenção de terceiros), o amicus curiae e o incidente de desconsideração da personalidade jurídica.

A busca do patrimônio pessoal das pessoas físicas, que integram empresas, quer individual ou em sociedades, sempre foi um imenso problema nas execuções, inclusive nas execuções fiscais.

Pela regra tradicional de não responder o sócio pelas obrigações da sociedade, sempre foi muito comum se observar situações de verdadeiras fraudes, em que as sociedades devedoras nada possuíam para saldar seus débitos, ao passo em que os sócios tinham seus patrimônios recheados de bens.

Aos poucos, surgiu a teoria da desconsideração da personalidade jurídica, de construção doutrinária e aplicação jurisprudencial, que acabou por ser positivada em diversos diplomas legais, dentre os quais o Código de Defesa do Consumidor (Lei 8.078/90, art. 28) e o Código Civil/2002 (art. 50), mas que carecia de regulamentação e disciplinamento na lei processual, o que somente veio a ocorrer com os arts. 133/137 do CPC/2015.

Conforme a lição de Daniel Colnago Rodrigues, o que fez o CPC foi processualizar o tema da desconsideração da personalidade jurídica, que necessitava, de fato, de uma disciplina procedimental, haja vista as inúmeras polêmicas e divergências que tomaram conta da doutrina e da jurisprudência ao longo dos anos[46].

A desconsideração se configura em incidente processual que pode ser iniciado por requerimento da parte ou do Ministério Público. A instauração é dispensável caso seja requerido na inicial, mas, quando instaurado, o incidente suspende o andamento do processo.

Dita modalidade de intervenção de terceiros é cabível em qualquer tipo e momento do processo, inclusive se o processo estiver em fase de recurso.

O contraditório se faz imprescindível nesse incidente, valendo tal regra também no que pertine à necessidade de citação de todos os sócios da pessoa jurídica.

Sendo requerido o incidente na inicial, deverão ser citados os demais sócios, se for o caso. Assim ocorrendo, o contraditório será exercido na contestação, dispensando-se a realização de incidente autônomo. Caso seja pleiteado em momento posterior, será instaurado o incidente, suspendendo o processo até a decisão, mas se fazendo necessária, da mesma forma, a citação dos eventuais sócios.

A decisão que resolve o incidente tem natureza interlocutória, passível de recurso de agravo de Instrumento, conforme previsão do art. 1015, IV, do CPC/2015.

Importante realçar que o pedido de instauração do incidente é ainda possível em fase recursal, competindo ao relator decidir, cabendo para tanto agravo Interno, nos termos do art. 1.021 do CPC/2015.

46. RODRIGUES, Daniel Colnago. *Intervenção de terceiros*. São Paulo: Editora Revista dos Tribunais, 2017, p. 97.

O art. 137 do CPC/2015 estabelece que, em sendo acolhido o pedido de desconsideração, a alienação ou a oneração de bens, que houver ocorrido em fraude de execução, será tida por ineficaz em relação ao requerente.

A positivação no CPC do incidente de desconsideração da personalidade jurídica revela grande relevância, e já tem sido objeto de larga utilização desde os primeiros meses de vigência.

Em se tratando das execuções fiscais, a aplicação do incidente de desconsideração da personalidade jurídica guarda forte polêmica. Há muitos que defendem a sua não aplicação[47], notadamente entre aqueles que defendem a Fazenda Pública em juízo.

Dentre os argumentos que se colocam, destacam-se: a) o legislador não houve por estabelecer previsão expressa de sua aplicação, como fez em relação aos juizados especiais, no art. 1.062 do CPC/2015; b) o incidente, nos moldes previstos no CPC, suspende o processo e a suspensão da execução fiscal só pode ocorrer após garantia do juízo; c) nos termos da súmula 435 do Superior Tribunal de Justiça, presume-se dissolvida irregularmente a empresa que deixar de funcionar em seu domicílio fiscal, sem comunicação aos órgãos competentes, legitimando o redirecionamento ao sócio-gerente; desse modo, a presunção de dissolução irregular, a verossimilhança da sujeição passiva tributária e o risco de ineficácia do provimento final justificam o contraditório postergado na hipótese; d) no caso do art. 135 do Código Tributário Nacional, a responsabilidade tributária dos sócios é subjetiva, pessoal e direta, de modo que não há, na hipótese, desconsideração da personalidade jurídica nos moldes previstos no Código Civil.

O enunciado n.º 53 da Escola Nacional de Formação e Aperfeiçoamento de Magistrados – ENFAM prevê, acerca do tema, que o redirecionamento da execução fiscal para o sócio-gerente prescinde do incidente de desconsideração da personalidade jurídica previsto no art. 133 do CPC/2015. Assim, firmou-se o entendimento de que a instauração se dispensa para que venha a ocorrer o redirecionamento da execução fiscal[48].

---

47. Por todos, pode-se mencionar o texto de Ricardo de Lima Souza Queiroz: Incidente de desconsideração da PJ deve ser afastado em execução fiscal. Disponível em: http://www.conjur.com.br/2016-fev-08/ricardo-queiroz-desconsideracao-pj-nao-cabe-execucao- fiscal. Capturado em 10.10.2016.

48. Enunciado 53 do Encontro Nacional de Formação e Aperfeiçoamento de Magistrados – ENFAM: "O redirecionamento da execução fiscal para o sócio-gerente prescinde do incidente de desconsideração da personalidade jurídica previsto no art. 133 do CPC/2015".

Já o Enunciado n.º 06 do Fórum de Execuções Fiscais da 2ª Região[49] estabeleceu que a responsabilidade tributária regulada no art. 135 do Código Tributário Nacional não constitui hipótese de desconsideração da personalidade jurídica, não se submetendo ao incidente previsto no art. 133 do CPC/2015. Aqui, tem-se que o incidente não é de se aplicar às situações do art. 135 do CTN, já que para a sua incidência, a obrigação tributária há de ter sido fruto da prática de infração à lei, contrato social ou estatutos.

Há, no entanto, quem defenda a possibilidade de instauração do incidente de desconsideração da personalidade jurídica nas execuções fiscais, a exemplo de Leonardo Carneiro da Cunha[50], que o faz com esteio nos seguintes fundamentos: a) o incidente se aplica em todas as fases do processo de conhecimento, no cumprimento de sentença e na execução fundada em título extrajudicial, enquadrando-se nesta última a execução fiscal; b) o executado na execução fiscal também tem direito ao contraditório; c) o incidente revela-se obrigatório, nos termos do art. 795, §4º, do CPC; d) mesmo no caso do art. 135 do Código Tributário Nacional deve ser aplicado o incidente, ainda que não haja propriamente desconsideração: se o sujeito não está no título e sua responsabilidade depende de comprovação de elementos subjetivos é necessário o incidente para garantir o contraditório; e) o incidente não frustra a efetividade da execução, pela possibilidade do executado esvaziar suas contas e desviar seus bens: qualquer alienação será ineficaz com o reconhecimento da fraude e é possível a concessão da tutela provisória (bloqueio de ativos ou sua indisponibilidade).

Os tribunais pátrios já têm se manifestado sobre a possibilidade ou não de aplicação dos arts. 133 a 137 do CPC à execução fiscal.

Os Tribunais Regionais Federais da 1ª, 2ª e 3ª Região têm afastado a incidência das regras previstas nos arts. 133 a 137 do CPC nas execuções fiscais, visto que "(...) a responsabilidade tributária dos sócios, nesse caso, tem regramentos específicos previstos na Lei n.º 6.830/80 (artigo 4º, inciso

---

49. Enunciado 06 do Fórum de Execuções Fiscais da 2ª Região: "responsabilidade tributária regulada no art. 135 do CTN não constitui hipótese de desconsideração da personalidade jurídica, não se submetendo ao incidente previsto no art. 133 do CPC/2015".

50. CUNHA, Leonardo José Carneiro da. A Fazenda Pública em juízo. 13. Ed. Rio de Janeiro: Forense, 2016, p. 411 a 416.

V, §2º) e no CTN (artigos 121/138), o que afasta a aplicação dos artigos 50 do CC e 133 a 137 do CPC"[51].

Já no Tribunal Regional Federal da 5ª Região há julgados que evidenciam a possibilidade de instauração do incidente, nos moldes previstos no CPC[52].

---

51. Vide, por todos, a seguinte ementa de julgado do TRF da 3ª Região: PROCESSUAL CIVIL E TRIBUTÁRIO. AGRAVO DE INSTRUMENTO. EXECUÇÃO FISCAL. DESCONSIDERAÇÃO DA PERSONALIDADE JURÍDICA. ARTIGO 50 DO CC. INCIDENTE. ARTIGOS 133 A 137 DO CPC. RESPONSABILIDADE TRIBUTÁRIA. NORMA ESPECIAL. LEI N.º 6.830/80 E ARTIGOS 121/138 DO CTN. RECURSO PROVIDO. – Estabelecem os artigos 50 do CC e 133/134, caput, do CPC, verbis: Art. 50. Em caso de abuso da personalidade jurídica, caracterizado pelo desvio de finalidade, ou pela confusão patrimonial, pode o juiz decidir, a requerimento da parte, ou do Ministério Público quando lhe couber intervir no processo, que os efeitos de certas e determinadas relações de obrigações sejam estendidos aos bens particulares dos administradores ou sócios da pessoa jurídica. Art. 133. O incidente de desconsideração da personalidade jurídica será instaurado a pedido da parte ou do Ministério Público, quando lhe couber intervir no processo. § 1º O pedido de desconsideração da personalidade jurídica observará os pressupostos previstos em lei. § 2º Aplica-se o disposto neste Capítulo à hipótese de desconsideração inversa da personalidade jurídica. Art. 134. O incidente de desconsideração é cabível em todas as fases do processo de conhecimento, no cumprimento de sentença e na execução fundada em título executivo extrajudicial. – A personalidade jurídica quando exercida com abuso, caracterizado pelo desvio de finalidade, ou pela confusão patrimonial pode ser desconsiderada pelo juiz, a requerimento da pela parte ou do Ministério Público, quando lhe couber intervir no processo, para que os efeitos de certas e determinadas relações obrigacionais sejam estendidos aos bens particulares dos administradores ou sócios da empresa. Sobre a matéria, a Lei n.º 13.105/2015 inovou ao prever um incidente processual, para fins de desconsideração da personalidade jurídica, cabível em todas as fases do processo de conhecimento, no cumprimento de sentença e na execução fundada em título executivo extrajudicial, cuja instauração depende, necessariamente, de pedido da parte ou do Ministério Público, quando lhe couber intervir no processo. Saliente-se que, propositalmente, as execuções fiscais não foram abrangidas pela norma instituidora desse incidente processual, uma vez que a responsabilidade tributária dos sócios, nesse caso, tem regramentos específicos previstos na Lei n.º 6.830/80 (artigo 4º, inciso V, §2º) e no CTN (artigos 121/138), o que afasta a aplicação dos artigos 50 do CC e 133 a 137 do CPC. – A exequente pleiteou o redirecionamento do feito contra o sócio administrador da devedora, em razão de se tratar de empresa individual que, mesmo citada, não procedeu ao pagamento, tampouco nomeou bem à penhora. Ao analisar o requerimento, o magistrado a quo determinou a instauração de incidente de desconsideração da personalidade jurídica, com a suspensão da ação e a citação dos sócios. No entanto, de acordo com a fundamentação e os dispositivos anteriormente explicitados, é descabida a instauração em execução fiscal, em virtude da regra especial do CTN afastar a geral prevista no CPC. – Agravo de instrumento provido, para afastar a instauração do incidente de desconsideração da personalidade jurídica, bem como determinar o regular prosseguimento da execução fiscal, com a análise do pleito de redirecionamento do feito contra o sócio administrador indicado. (AI 00180941520164030000, Relator Juiz Convocado Sidmar Martins, 4ª Turma, e-DJF3 de 21/02/2017).
52. PROCESSUAL CIVIL. AGRAVO DE INSTRUMENTO. EXECUÇÃO FISCAL. CRÉDITO NÃO-TRIBUTÁRIO. INAPLICABILIDADE DO ART. 135 DO CTN. AUSÊNCIA DE DEMONSTRAÇÃO DO ABUSO DA PERSONALIDADE JURÍDICA. REDIRECIONAMENTO. IMPOSSIBILIDADE. 1. Agravo de instrumento interposto pela Agência Nacional de Transporte Terrestre – ANTT contra decisão que, em sede de Execução Fiscal, indeferiu o redirecionamento do feito para os sócios. 2. Em que pese o entendimento firmado pelo STJ, quando do julgamento do REsp repetitivo 1.371.128, a Segunda Turma deste Tribunal tem entendido que a possibilidade de redirecionamento em face de dissolução irregular é típica do crédito

O TRF da 3ª Região julgou, em fevereiro de 2021, incidente de resolução de demandas repetitivas no processo de nº 0017610-97.2016.4.03.0000 para definir se o redirecionamento de execução de crédito tributário da pessoa jurídica para os sócios deve ser levado a efeito nos próprios autos da execução fiscal ou através de incidente de desconsideração da personalidade jurídica, o qual ainda não havia sido ainda julgado até o fechamento da presente edição.

Na tese fixada pelo órgão especial daquele TRF, firmou-se entendimento de que "não cabe instauração de incidente de desconsideração da personalidade jurídica nas hipóteses de redirecionamento da execução fiscal desde que fundada, exclusivamente, em responsabilidade tributária nas hipóteses dos artigos 132, 133, I e II, 134 do CTN, sendo o IDPJ indispensável para a comprovação de responsabilidade em decorrência de confusão patrimonial, dissolução irregular, formação de grupo econômico, abuso de direito, excesso de poderes ou infração à lei, ao contrato ou ao estatuto social (CTN, art. 135, incisos I, II e III), e para a inclusão das pessoas que tenham interesse comum na situação que constitua o fato gerador da obrigação principal, desde que não incluídos na CDA, tudo sem prejuízo do regular andamento da execução fiscal em face dos demais coobrigados.".

O STJ, por sua 2ª Turma, quando do REsp 1.786.311/PR[53], não afetado pela sistemática dos repetitivos, compreendeu que a instauração do incidente não é necessária no caso de execuções fiscais, porque há incompatibilidade entre o regime geral do CPC e o da LEF. Naquele acórdão,

tributário da Fazenda Pública. 3. Extrai-se dos autos que a presente execução fiscal visa a cobrança de multa administrativa, restando descaracterizada a aplicação do art. 135 do CTN, em razão da natureza não tributária da dívida. 4. Nada obstante, certo é que pode haver a despersonalização da pessoa jurídica e a responsabilização dos seus sócios nos moldes do art. 50 do Código Civil. No caso concreto, no entanto, não restou demonstrada a existência de abuso da personalidade jurídica, caracterizado pelo desvio de finalidade e/ou pela confusão patrimonial. 5. A desconsideração da personalidade jurídica é medida excepcional, devendo a parte exequente demonstrar a presença dos requisitos que a ensejam, não bastando simplesmente a não localização da pessoa jurídica em seu endereço cadastral para que possa ser reconhecido o abuso da personalidade jurídica. 6. Ademais, o Código de Processo Civil de 2015 prevê em seus arts. 133 e 135 a instauração de um incidente de desconsideração da personalidade jurídica e a citação do sócio para manifestar-se ou requerer as provas cabíveis no prazo de 15 dias, de maneira que ainda que se entendesse cabível o redirecionamento para os sócios, seria imprescindível, na hipótese, a instauração do incidente de desconsideração para oportunizar ao redirecionado o contraditório e a ampla defesa. 7. Agravo de Instrumento desprovido.(AG 00012685420164050000, Relator Desembargador Federal Paulo Roberto de Oliveira Lima, Segunda Turma, DJE de 16/12/2016).

53. STJ, 2ª Turma, Rel. Ministro Francisco Falcão, julg. 09.05.2019, DJE 14.05.2019.

o relator argumentou que o CPC foi expresso no sentido da aplicação da regra do art. 134 para um microssistema (o dos juizados especiais), o que não ocorreu em relação ao sistema especial que envolve o regime jurídico da execução fiscal.

Entendemos que, nas hipóteses previstas no art. 135 do CTN, de fato, não há propriamente desconsideração da personalidade jurídica, posto que a responsabilidade ali prevista é subjetiva, pessoal e direta, não se configurando a hipótese prevista no art. 50 do Código Civil, revelando-se, portanto, inaplicáveis as regras previstas nos arts. 133/137 do CPC às execuções fiscais em que o redirecionamento da cobrança em relação aos sócios se dá com fundamento no pré-falado art. 135 do CTN. Desse modo, não há que se falar, no caso, em incidente de desconsideração da personalidade jurídica.

Inobstante, é de se concordar com Leonardo Carneiro da Cunha quanto ao argumento de que o contraditório prévio é também essencial nas execuções fiscais[54], ainda que haja presunção de dissolução irregular da empresa (súmula 435 do STJ), de modo que, a nosso ver, afigura-se mais adequada a aplicação, na espécie, do art. 9º do CPC/2015, devendo-se determinar a citação dos sócios para se manifestarem acerca da possibilidade de redirecionamento da execução fiscal em seu desfavor, antes da decisão ser proferida pelo magistrado.

13.9 OS EMBARGOS DO DEVEDOR NA EXECUÇÃO FISCAL E OUTROS MEIOS DE DEFESA DO EXECUTADO APÓS A VIGÊNCIA DO CPC/2015

A defesa na execução fiscal se dará por meio de embargos à execução, previstos no art. 16 da LEF, a serem interpostos no prazo de 30 (trinta) dias. Esse prazo será contado a partir do depósito em dinheiro, caso o devedor tenha se valido desta garantia; a partir da juntada da prova da fiança bancária; ou a partir da intimação da penhora.

Para Fredie Didier Jr., Leonardo Carneiro da Cunha, Paula Sarno Braga e Rafael Alexandria de Oliveira, os embargos à execução fiscal teriam deixado de ter como requisito a garantia da execução, aplicando-se

54. CUNHA, Leonardo José Carneiro da. A Fazenda Pública em juízo. 13. Ed. Rio de Janeiro: Forense, 2016,p. 411.

a mesma regra da execução por quantia certa contra devedor solvente prevista no CPC[55].

De outra sorte, pode-se entender que a lei geral posterior não pode alterar norma especial anterior, permanecendo vigente a exigência de garantia como requisito para a admissibilidade dos embargos[56].

A 1ª Turma do STJ enfrentou o tema, por via oblíqua, nos autos do REsp 1.487.772/SE[57]. Naquele julgado, entendeu-se que deve ser afastada a exigência de garantia do juízo para a oposição de embargos à execução fiscal, caso comprovado inequivocamente que o devedor não possui patrimônio para a garantia do crédito em execução. Assim, a nosso ver, ao se esposar tal entendimento, deixou-se claro que tal colegiado não concorda com o posicionamento de parte da doutrina, no sentido de que, com o CPC/2015, tal exigência de garantia da execução teria deixado de existir.

Quanto ao efeito suspensivo, é de se dizer que a LEF não trata expressamente da existência ou não nos embargos.

Na vigência do CPC/73, o STJ fixou tese no REsp repetitivo nº 1272827/PE (tema 526)[58] no sentido de que a Lei n. 6.830/80 – LEF e o art. 53, §4º da Lei n. 8.212/91 são compatíveis com a atribuição de efeito suspensivo aos embargos do devedor, de modo a permitir a aplicação do art. 739-A do CPC revogado. Assim, para a atribuição do efeito suspensivo, ficaria condicionada ao cumprimento de três requisitos: oferecimento de garantia; relevância da fundamentação e perigo de dano irreparável ou de difícil reparação.

O entendimento continua atual – possibilidade de atribuição de efeito suspensivo aos embargos à execução fiscal – de modo que, com a vigência do CPC/2015, é de se aplicar o art. 919 do CPC/2015, podendo

55. DIDIER JR., Fredie; CUNHA, Leonardo Carneiro da; BRAGA, Paula Sarno; OLIVEIRA, Rafael Alexandria de. Curso de Direito Processual Civil: execução. 8. Ed. Salvador: Ed. Juspodivm, 2018, pp. 1046/1047.

56. Mary Elbe Queiroz e Antonio Carlos F. de Souza Júnior (In: Embargos à Execução Fiscal: um contributo para um modelo mais eficiente. In: Gisele Barra Bossa, Eduardo Perez Salusse, Tathiane Piscitelli, Juliana Furtado Costa Araújo. (Org.). Medidas de redução do contencioso tributário e o CPC/2015: contributos práticos para ressignificar o processo administrativo e judicial tributário. São Paulo: Almedina, 2017, v., p. 183-210), defendem a simetria entre os embargos do devedor na execução fiscal e nas demais execuções no que concerne à garantia do juízo, a qual deveria ser dispensada na LEF.

57. STJ, 1ª Turma, Rel. Ministro Gurgel de Faria, julg. 28.05.2019, DJE 12.06.2019.

58. Vide tópico 14.1.29.

então ser concedido tal efeito desde que objeto de requerimento, garantia da execução e estando presentes os requisitos para a tutela provisória.

Caso a execução fiscal se processe por meio de carta, o art. 20 da LEF prevê que os embargos serão oferecidos no juízo deprecado, que os remeterá ao juízo deprecante, para instrução e julgamento. O juízo deprecado somente atuará caso os embargos estejam a atacar vícios ou irregularidades do próprio juízo deprecado.

Da leitura do art. 918, parágrafo único, c/c o art. 77, §2º, ambos do Código, fala-se em conduta atentatória à dignidade da justiça o oferecimento de embargos manifestamente protelatórios, com multa de até 20% (vinte por cento) do valor do débito.

Evidentemente, tal regra é extensiva à execução fiscal, mas imaginar o uso indiscriminado de tal prescrição pode importar em um sério e perigoso cerceamento ao direito de defesa do devedor/contribuinte, quando das execuções que lhe são movidas pela Fazenda Pública.

Também se detectou outra contrariedade entre dispositivos do CPC/2015 e a Lei de Execução Fiscal: o art. 876, §4º do diploma processual e o art. 24, parágrafo único, da Lei 8.030/80.

Nos termos do art. 24, parágrafo único, da Lei de Execução Fiscal, se o preço da avaliação ou o valor da melhor oferta for superior aos créditos da Fazenda Pública, a adjudicação somente será deferida pelo juiz se a diferença for depositada, pelo exequente, à ordem do juiz, no prazo de trinta dias.

Por outro lado, o CPC, em seu art. 876, §4º, previu que se o valor do crédito for inferior ao dos bens, o requerente da adjudicação depositará de imediato a diferença, que ficará então à disposição do executado.

Nesse caso, também em razão da especialidade, é de se fazer prevalecer o contido na LEF, de modo que persiste o prazo de trinta dias para o depósito da diferença. Esse também foi o entendimento do Fórum de Execuções Fiscais da 2ª Região, expressado pelo Enunciado n.º 09[59].

59. Enunciado 09 do Fórum de Execuções Fiscais da 2ª Região: "O prazo de que dispõe a Fazenda, como exequente, para depositar o valor da diferença em caso de adjudicação de bem de valor superior ao crédito é de 30 dias conforme art. 24, parágrafo único, da LEF, e não de imediato conforme a previsão do art. 876, § 4º do Novo Código de Processo Civil".

Em sede de REsp repetitivo (nº 1115501/SP – tema 249)[60], o STJ decidiu sobre a possibilidade de alteração do valor constante na CDA, quando reconhecido o excesso de execução na sentença dos embargos, desde que a operação importe meros cálculos aritméticos, sem necessidade de emenda ou substituição do respectivo título, inclusive porque a sentença proferida nos embargos à execução – que reconhece o excesso – é título executivo que pode ser liquidado para fins de prosseguimento da execução fiscal. A tese fixada foi a seguinte:

> O prosseguimento da execução fiscal (pelo valor remanescente daquele constante do lançamento tributário ou do ato de formalização do contribuinte fundado em legislação posteriormente declarada inconstitucional em sede de controle difuso) revela-se forçoso em face da suficiência da liquidação do título executivo, consubstanciado na sentença proferida nos embargos à execução, que reconheceu o excesso cobrado pelo Fisco, sobressaindo a higidez do ato de constituição do crédito tributário, o que, *a fortiori*, dispensa a emenda ou substituição da certidão de dívida ativa (CDA).

Ainda acerca dos embargos, deve-se mencionar o REsp repetitivo nº 1008343/SP (tema 294)[61], no qual se discutiu a possibilidade da compensação ser alegada no bojo dos embargos à execução fiscal como argumento capaz afastar a presunção de liquidez e certeza da CDA.

Segundo o STJ, a compensação tributária tem natureza de direito subjetivo do contribuinte e, desde a vigência da Lei 8.383/91[62], pode ser deduzida nos embargos à execução fiscal com a finalidade de afastar a presunção de liquidez e certeza da CDA, desde que presentes três elementos essenciais: a existência de crédito tributário compensável; a configuração do indébito tributário e a existência de lei específica, editada pelo ente competente, que autorize a compensação.

Outro meio de defesa do executado é a exceção de pré-executividade é também vista como outro meio de defesa do executado. Apesar da ausência de previsão legal, foi acolhida pela jurisprudência, para que sejam levantadas questões que não dependem de dilação probatória. A súmula 393 do STJ acolhe a possibilidade de uso da exceção de pré-executividade.

---

60. Vide tópico 14.1.11.
61. Vide tópico 14.1.17.
62. A referida lei autorizou a compensação entre tributos da mesma espécie sem exigir prévia autorização da Secretaria da Receita Federal.

A exceção de pré-executividade não exige garantia da execução, não está sujeita a prazo e se dará por meio de mera petição, provocando o juízo a conhecer de questões que deveria conhecer de ofício.

A decisão que rejeitar a exceção de pré-executividade tem natureza interlocutória, cabendo contra ela agravo de instrumento.

Quanto aos honorários advocatícios na exceção de pré-executividade, o Superior Tribunal de Justiça, no julgamento do Recurso Especial Repetitivo nº 1.185.036/PE (Tema 421)[63], estabeleceu a tese de que "é possível a condenação da Fazenda Pública ao pagamento de honorários advocatícios em decorrência da extinção da Execução Fiscal pelo acolhimento de Exceção de Pré-Executividade". Segundo o voto do Relator, Min. Herman Benjamin, o princípio da simetria impõe a condenação em honorários no caso de acolhimento da exceção. De um lado, a rejeição da exceção não acarreta a condenação em honorários, que são devidos na própria execução fiscal; de outro, extinta a cobrança em face do acolhimento da exceção, passam a ser devidos os honorários em virtude do indevido ajuizamento da execução fiscal.

Sobre o tema, indispensável também referir o julgamento dos Recursos Especiais Repetitivos nºs 1358837/SP, 1764349/SP e 1764405/SP (Tema 961)[64], no qual se fixou a seguinte tese: "Observado o princípio da causalidade, é cabível a fixação de honorários advocatícios, em exceção de pré-executividade, quando o sócio é excluído do polo passivo da execução fiscal, que não é extinta". Segue abaixo trecho da ementa, que contém um dos fundamentos determinantes da referida tese, extraído do voto da Relatora, Min. Assusete Magalhães:

> "As hipóteses de acolhimento, ainda que parcial, da impugnação ao cumprimento de sentença e de acolhimento da Exceção de Pré-Executividade, para reduzir o montante exequendo, são em tudo análogas à hipótese ora em julgamento, ou seja, acolhimento da Exceção de Pré-Executividade, para excluir determinado executado do polo passivo da execução fiscal, que não é extinta, prosseguindo, em relação à sociedade executada e aos demais sócios. Nenhuma delas põe fim ao processo, ou seja, a natureza dos pronunciamentos não é outra senão a de decisão interlocutória. A rigor,

63. Relator Min. Herman Benjamin, julgado em 08.09.2010 e publicado no dia 01.10.2010.

64. Relator Assusete Magalhães, julgado em 10.03.2021 e publicado no dia 29.03.2021. Vide tópico 14.1.48.

> o que difere as primeiras hipóteses do caso em análise é o objeto sobre o qual recaem. O caso em julgamento opera a extinção parcial subjetiva do processo, aqueles, a extinção parcial objetiva. Sendo as hipóteses espécies de extinção parcial do processo, clara está a adequação de tratá-las por igual: *ubi eadem ratio ibi idem jus*".

No voto da Relatora, Min. Assusete Magalhães, constam ainda, de modo expresso, três observações, a título de *obter dictum*: a) a matéria objeto do repetitivo é objeto de dispensa de recurso no âmbito da Procuradoria-Geral da Fazenda Nacional (Portaria PGFN 502/2016); b) o CPC/2015 confirma essa tese ao tratar da decisão parcial de mérito (art. 356) e da decisão de extinção parcial do processo sem resolução do mérito (art. 354, parágrafo único), que são pronunciamentos interlocutórios com conteúdo de sentença; e também ao estabelecer, no art. 90, §1º que são cabíveis honorários em caso de desistência, renúncia ou reconhecimento da procedência do pedido parciais; e c) o art. 19, § 1º, da Lei 10.522/2002 contém uma exceção a esse entendimento, porquanto isenta a Fazenda Nacional de honorários de advogado, quando, intimada para apresentar resposta à exceção de pré-executividade, reconhece a procedência do pedido.

Finalmente, também é possível atacar a execução fiscal por meio de ações autônomas, como a ação anulatória de débito fiscal. Sendo procedente, levará à necessidade de extinção da execução fiscal.

A propositura da ação anulatória não tem o condão de suspender o curso da execução, sendo possível, no entanto, que se requeira uma tutela provisória com tal finalidade.

Destaque-se que, nos termos do art. 38 da LEF, a ação anulatória do ato declarativo da dívida deve ser precedida do depósito preparatório do valor do débito, monetariamente corrigido e acrescido dos juros e multa de mora e demais encargos. Porém, segundo o STJ (REsp repetitivo nº 962838/BA – tema 241), tal depósito prévio não constitui condição de procedibilidade da ação anulatória, mas mera faculdade do autor, com a finalidade de suspender a exigibilidade do crédito tributário (art. 151 do CTN), inibindo o ajuizamento da ação executiva fiscal[65].

65. Vide tópico 14.1.10.

Também decidiu o STJ em REsp repetitivo (nº 1140956/SP- tema 271)[66] que a realização do depósito integral do crédito exequendo em ação anulatória, em ação declaratória de inexistência de relação jurídico-tributária ou em mandado de segurança, desde que ajuizados anteriormente à execução fiscal, suspende a exigibilidade do crédito de tributário, cujos efeitos têm o condão de impedir a lavratura do auto de infração, assim como de coibir o ato de inscrição em dívida ativa e o ajuizamento da execução fiscal. E se esta for proposta, deverá ser extinta.

13.10 O LEILÃO NO CPC/2015 E A EXECUÇÃO FISCAL

O art. 882 do CPC/2015 indica que o leilão presencial somente haverá de ser realizado quando não for possível a sua realização por meio eletrônico. Como não contrasta com nenhum dispositivo da LEF, é de se dizer que dita previsão do CPC deve ser aplicada também às execuções fiscais, de modo que também nesses processos o leilão na forma eletrônica seja a regra.

Defende-se, por igual, que nas execuções fiscais a alienação por iniciativa particular possa ser utilizada em detrimento do leilão público, mas desde que haja para tanto interesse do exequente, como restou inclusive consagrado em enunciado do Fórum Nacional do Poder Público[67].

Discutiu-se também se o CPC/2015 teria alterado o prazo de antecedência para a publicação do edital de leilão nas execuções fiscais.

Isso porque o art. 22, §1º, da Lei 6.830/80 estabelece que o prazo entre as datas de publicação do edital e do leilão não pode ser superior a trinta dias e nem inferior a dez dias.

Já o CPC, no art. 887, §1º, prevê que a publicação do edital deve ocorrer pelo menos cinco dias antes da data marcada para o leilão.

No caso, deve-se respeitar também a especialidade da Lei de Execução Fiscal, de modo que o prazo continua sendo o mínimo de dez dias e

66. Vide tópico 14.1.13.

67. Enunciado 46 do Fórum Nacional do Poder Público – FNPP: "Na execução fiscal, a alienação por iniciativa particular poderá ser utilizada em detrimento do leilão público se for de interesse do exequente".

o máximo de trinta dias, conforme consagrado inclusive no Enunciado n.º 15 do Fórum de Execuções Fiscais da 2ª Região[68].

O art. 23 da Lei de Execução Fiscal prevê que a alienação de quaisquer bens penhorados deve ser feita em leilão público. Já o art. 879, I, do CPC/2015, prevê que a alienação pode ser feita por iniciativa particular.

Aqui não é de se falar em contrariedade, mas sim em omissão quanto ao ponto na Lei de Execução Fiscal, de modo que nada obsta a aplicação supletiva da regra contida no CPC na hipótese. Assim, pode a Fazenda requerer que a alienação se dê por sua iniciativa, de modo a imprimir maior celeridade e efetividade ao procedimento.

13.11 SUSPENSÃO DA EXECUÇÃO FISCAL

A suspensão da execução fiscal está prevista no art. 40 da LEF, e pode ocorrer quando não for localizado o devedor ou quando não encontrados bens a serem penhorados.

Suspenso o curso da execução, será aberta vista dos autos ao representante judicial da Fazenda Pública.

Decorrido o prazo máximo de 1 (um) ano, sem que seja localizado o devedor ou encontrados bens penhoráveis, o Juiz ordenará o arquivamento dos autos.

Encontrados que sejam, a qualquer tempo, o devedor ou os bens, serão desarquivados os autos para prosseguimento da execução.

Se da decisão que ordenar o arquivamento tiver decorrido o prazo prescricional, o juiz, depois de ouvida a Fazenda Pública, poderá, de ofício, reconhecer a prescrição intercorrente e decretá-la de imediato.

13.12 A PRESCRIÇÃO NAS EXECUÇÕES FISCAIS

A respeito da prescrição, o CPC/2015 previu, no art. 487, parágrafo único, que, ressalvada a hipótese de improcedência liminar do pedido, a prescrição e a decadência não serão reconhecidas sem que antes seja

68. Enunciado 15 do Fórum de Execuções Fiscais da 2ª Região: "O prazo de antecedência da publicação do edital de leilão nas execuções fiscais permanece sendo aquele previsto no art. 22, § 1º, da LEF, e não o previsto no art. 887, §1º, do NCPC".

dada às partes oportunidade de manifestação, a fim de se evitar uma decisão-surpresa.

Tal previsão parece contrariar o que está indicado no §5º do art. 40 da Lei de Execuções Fiscais, que prevê que a manifestação da Fazenda será dispensada no caso de cobranças judiciais cujo valor seja inferior ao mínimo fixado por ato do Ministro de Estado da Fazenda.

É de se respeitar, diante de tal contrariedade, o regramento contido na lei especial, no caso, a Lei de Execuções Fiscais, de modo que é o caso de se dispensar a oitiva prévia da Fazenda para se decretar a prescrição intercorrente nesses casos. Tal entendimento restou consagrado no Enunciado n.º 01 do Fórum de Execuções Fiscais da 2ª Região[69].

No que concerne à prescrição intercorrente, a matéria foi regulamentada pelo CPC, no art. 921, §§1º ao 5º[70], cujas regras são similares às previstas no art. 40 da Lei de Execução Fiscal. Há, no entanto, algumas distinções relevantes.

Na execução fiscal, após a determinação de suspensão do processo por não ter sido localizado o devedor ou por não terem sido encontrados bens penhoráveis, será aberta vista dos autos ao representante judicial da Fazenda Pública para manifestação.

Decorrido o prazo de um ano, o juiz determinará o arquivamento dos autos e a partir da decisão de arquivamento começa a correr o prazo da prescrição intercorrente. Decorrido o prazo prescricional, o juiz poderá decretar a reconhecer a prescrição de ofício, mas deve ouvir previamente a Fazenda Pública.

De acordo com as regras constantes do CPC/2015, também haverá suspensão do processo pelo prazo de um ano, caso não seja o executado

---

69. Em razão do princípio da especialidade, a sistemática dos parágrafos 4° e 5° do artigo 40 da Lei n° 6.830/1980 permanecerá, em causas de valor inferior ao mínimo fixado por ato do Ministro da Fazenda, dispensando a oitiva prévia da Fazenda para o decreto de prescrição intercorrente.

70. Art. 921. Suspende-se a execução: (...) III – quando o executado não possuir bens penhoráveis; § 1º Na hipótese do inciso III, o juiz suspenderá a execução pelo prazo de 1 (um) ano, durante o qual se suspenderá a prescrição. § 2º Decorrido o prazo máximo de 1 (um) ano sem que seja localizado o executado ou que sejam encontrados bens penhoráveis, o juiz ordenará o arquivamento dos autos. § 3º Os autos serão desarquivados para prosseguimento da execução se a qualquer tempo forem encontrados bens penhoráveis. § 4º Decorrido o prazo de que trata o § 1º sem manifestação do exequente, começa a correr o prazo de prescrição intercorrente. § 5º O juiz, depois de ouvidas as partes, no prazo de 15 (quinze) dias, poderá, de ofício, reconhecer a prescrição de que trata o § 4º e extinguir o processo.

localizado ou caso não sejam encontrados bens penhoráveis, ficando, nesse período, suspenso o prazo prescricional. Ocorre que não há intimação do exequente após a determinação de suspensão do processo e do prazo prescricional.

Na verdade, nos termos do art. 921, §4º, se não houver manifestação do exequente no prazo da suspensão (um ano), terá início o curso da prescrição intercorrente, o qual, portanto, inicia-se automaticamente.

Gerou enorme polêmica se essas normas, inseridas do CPC/2015, poderiam ou não ser aplicadas às execuções fiscais, porquanto conflitariam com o regramento próprio previsto na Lei 6.830/80, devendo prevalecer o critério da especialidade.

O tema chegou ao STJ, em sede de recurso repetitivo (temas 566 a 571)[71], firmando-se algumas teses. Primeiramente, entendeu-se que o prazo de suspensão do processo e do prazo prescricional previsto no art. 40, §§ 1º e 2º da LEF tem início automaticamente na data da ciência da Fazenda Pública sobre a não localização do devedor ou da inexistência de bens penhoráveis no endereço fornecido, havendo, sem prejuízo dessa contagem automática, o dever de o magistrado declarar ter ocorrido a suspensão da execução.

Ademais, havendo ou não petição da Fazenda e havendo ou não pronunciamento judicial nesse sentido, findo o prazo de 1 (um) ano de suspensão, inicia-se automaticamente o prazo prescricional aplicável durante o qual o processo deveria estar arquivado sem baixa na distribuição, na forma do art. 40, §§ 2º, 3º e 4º da Lei n. 6.830/80 - LEF. Encerrado esse prazo, o Juiz, depois de ouvida a Fazenda Pública, poderá, de ofício, reconhecer a prescrição intercorrente e decretá-la de imediato.

Ainda naquele repetitivo, entendeu-se que a efetiva constrição patrimonial e a efetiva citação (ainda que por edital) são aptas a interromper o curso da prescrição intercorrente, não bastando para tal o mero peticionamento em juízo, requerendo, por exemplo, a feitura da penhora sobre ativos financeiros ou sobre outros bens. Os requerimentos feitos pelo exequente, dentro da soma do prazo máximo de 1 (um) ano de suspensão mais o prazo de prescrição aplicável (de acordo com a natureza

---

71. REsp 1340553/RS, Relator Ministro Mauro Campbell Marques, Primeira Seção STJ, julg. 12.09.2018, DJE 16.10.2018). Vide tópico. 14.1.31.

do crédito exequendo) deverão ser processados, ainda que para além da soma desses dois prazos, pois, citados (ainda que por edital) os devedores e penhorados os bens, a qualquer tempo - mesmo depois de escoados os referidos prazos -, considera-se interrompida a prescrição intercorrente, retroativamente, na data do protocolo da petição que requereu a providência frutífera.

Também em tal precedente, indicou-se que a Fazenda Pública, em sua primeira oportunidade de falar nos autos (art. 245 do CPC/73, correspondente ao art. 278 do CPC/2015), ao alegar nulidade pela falta de qualquer intimação dentro do procedimento do art. 40 da LEF, deverá demonstrar o prejuízo que sofreu (exceto a falta da intimação que constitui o termo inicial, onde o prejuízo é presumido), por exemplo, deverá demonstrar a ocorrência de qualquer causa interruptiva ou suspensiva da prescrição. O magistrado, ao reconhecer a prescrição intercorrente, deverá fundamentar o ato judicial por meio da delimitação dos marcos legais que foram aplicados na contagem do respectivo prazo, inclusive quanto ao período em que a execução ficou suspensa.

Cumpre realçar outra diferença entre o tratamento da prescrição intercorrente no CPC e na Lei 6.830/80: nas execuções comuns, antes da decretação da prescrição intercorrente de ofício, o juiz deve ouvir ambas as partes no prazo de 15 dias, enquanto na Lei de Execução Fiscal exige-se apenas a oitiva da Fazenda Pública.

Ou seja, no art. 40, §4º, da Lei nº 6.830/80, há a exigência de contraditório prévio apenas em relação à Fazenda Pública antes da decretação *ex officio* da prescrição intercorrente pelo juiz, exceto nas hipóteses de cobranças judiciais cujo valor seja inferior ao mínimo fixado por ato do Ministro de Estado da Fazenda (§5º).

Com as previsões contidas nos arts. 10 e 921, §5º, do CPC/2015, entende-se que o executado também deve ser ouvido antes do reconhecimento da prescrição intercorrente, posto que as normas em questão não se excluem, mas se complementam, devendo-se privilegiar o contraditório efetivo e permitir também a manifestação do executado na hipótese.

Por sua vez, nas disposições finais e transitórias, o art. 1.056 estabelece que é de se considerar como termo inicial do prazo prescricional, inclusive para as execuções em curso, a data de vigência do CPC/2015, qual fosse, o dia 18 de março de 2016.

Essa previsão gerou, já nos primeiros meses de aplicação do novo diploma, certa confusão sobre como agir em relação aos processos em andamento, com prazo prescricional já em andamento.

No julgamento do REsp 1620919/PR, a 4ª Turma do STJ decidiu que o novo regramento sobre a prescrição intercorrente se aplica apenas às execuções propostas após a entrada em vigor do CPC/2015 e, quanto aos feitos em andamento, a partir da suspensão da execução, determinada com base no art. 921 do CPC[72]. Relativamente aos demais feitos

---

72. RECURSO ESPECIAL. CIVIL. PROCESSUAL CIVIL. EXECUÇÃO. AUSÊNCIA DE BENS PASSÍVEIS DE PENHORA. SUSPENSÃO DO PROCESSO. INÉRCIA DO EXEQUENTE. PRESCRIÇÃO INTERCORRENTE. INOCORRÊNCIA. ATO PROCESSUAL ANTERIOR AO NOVO CÓDIGO DE PROCESSO CIVIL. MANUTENÇÃO DA SEGURANÇA JURÍDICA. NECESSIDADE DE PRÉVIA INTIMAÇÃO DO EXEQUENTE PARA DAR ANDAMENTO AO FEITO PARA INÍCIO DA CONTAGEM DO PRAZO PRESCRICIONAL. 1. A prescrição intercorrente ocorre no curso do processo e em razão da conduta do autor que, ao não prosseguir com o andamento regular ao feito, se queda inerte, deixando de atuar para que a demanda caminhe em direção ao fim colimado.

2. No tocante ao início da contagem desse prazo na execução, vigente o Código de Processo Civil de 1973, ambas as Turmas da Seção de Direito Privado sedimentaram a jurisprudência de que só seria possível o reconhecimento da prescrição intercorrente se, antes, o exequente fosse devidamente intimado para conferir andamento ao feito.

3. O Novo Código de Processo Civil previu regramento específico com relação à prescrição intercorrente, estabelecendo que haverá a suspensão da execução "quando o executado não possuir bens penhoráveis" (art. 921, III), sendo que, passado um ano desta, haverá o início (automático) do prazo prescricional, independentemente de intimação, podendo o magistrado decretar de ofício a prescrição, desde que, antes, ouça as partes envolvidas. A sua ocorrência incorrerá na extinção da execução (art. 924, V).

4. O novel estatuto trouxe, ainda, no "livro complementar" (arts. 1.045-1.072), disposições finais e transitórias a reger questões de direito intertemporal, com o fito de preservar, em determinadas situações, a disciplina normativa já existente, prevendo, com relação à prescrição intercorrente, regra transitória própria: "considerar-se-á como termo inicial do prazo da prescrição prevista no art. 924, inciso V [prescrição intercorrente], inclusive para as execuções em curso, a data de vigência deste Código" (art. 1.056).

5. A modificação de entendimento com relação à prescrição intercorrente acabaria por, além de surpreender a parte, trazer-lhe evidente prejuízo, por transgredir a regra transitória do NCPC e as situações já consolidadas, fragilizando a segurança jurídica, tendo em vista que o exequente, com respaldo na jurisprudência pacífica do STJ, estaria ciente da necessidade de sua intimação pessoal, para fins de início do prazo prescricional.

6. Assim, seja em razão da segurança jurídica, seja pelo fato de o novo estatuto processual estabelecer dispositivo específico regendo a matéria, é que, em interpretação lógico-sistemática, tem-se que o atual regramento sobre prescrição intercorrente deve incidir apenas para as execuções ajuizadas após a entrada em vigor do CPC/2015 e, nos feitos em curso, a partir da suspensão da execução, com base no art. 921.

7. Na hipótese, como o deferimento da suspensão da execução ocorreu sob a égide do CPC/1973 (ago/1998), há incidência do entendimento jurisprudencial consolidado no sentido de que não tem curso o prazo de prescrição intercorrente enquanto a execução estiver suspensa com base na ausência de bens penhoráveis (art. 791, III), exigindo-se, para o seu início, a intimação do exequente para dar andamento ao feito.

(a exemplo daqueles em que a suspensão foi determinada com esteio no CPC/73), deve ser mantida a orientação jurisprudencial anterior, no sentido de que fica suspenso o curso do prazo da prescrição enquanto a execução estiver suspensa pela ausência de bens penhoráveis (art. 791, III, do CPC/73), exigindo-se, para o início do referido prazo, a intimação do exequente para dar andamento ao feito.

A 3ª Turma do STJ, no entanto, vinha firmando orientação no sentido de que não há necessidade de intimação do exequente para dar andamento ao feito, evidenciando-se indispensável o contraditório apenas para fins de decretação da prescrição intercorrente, para que o exequente possa alegar causas interruptivas ou suspensivas da prescrição[73].

Tendo em vista a relevância da matéria e a necessidade de uniformização do entendimento do STJ a seu respeito, a referida Corte Superior admitiu, com base no art. 947 do CPC, a instauração de incidente de assunção de competência[74] com a finalidade de definir o entendimento sobre "o cabimento de prescrição intercorrente e eventual imprescin-

---

8. Recurso especial provido.

(REsp 1620919/PR, Rel. Ministro LUIS FELIPE SALOMÃO, QUARTA TURMA, julgado em 10/11/2016, DJe 14/12/2016)

73. RECURSO ESPECIAL. CIVIL. PROCESSUAL CIVIL. EXECUÇÃO. CÉDULA DE CRÉDITO RURAL. AUSÊNCIA DE BENS PASSÍVEIS DE PENHORA. SUSPENSÃO DO PROCESSO. INÉRCIA DO EXEQUENTE POR SETE DE ANOS. PRESCRIÇÃO INTERCORRENTE. OCORRÊNCIA. SÚMULA 150/STF. 1. Controvérsia acerca da prescrição intercorrente no curso de execução de título extrajudicial. 2. "Prescreve a execução no mesmo prazo da prescrição da ação" (Súmula 150/STF). 3. "Suspende-se a execução: [...] quando o devedor não possuir bens penhoráveis" (art. 791, inciso III, do CPC/73). 4. Ocorrência de prescrição intercorrente, se o exequente permanecer inerte por prazo superior ao de prescrição do direito material vindicado. 5. Hipótese em que a execução permaneceu suspensa por sete anos sem que o exequente tenha adotado qualquer providência para a localização de bens penhoráveis. 6 . Distinção entre abandono da causa, fenômeno processual, e prescrição, instituto de direito material. 7. Possibilidade, em tese, de se declarar de ofício a prescrição intercorrente no caso concreto, pois a pretensão de direito material prescreve em três anos. 8. Desnecessidade de prévia intimação do exequente para dar andamento ao feito. 9. Necessidade apenas de intimação do exequente, concedendo-lhe oportunidade de demonstrar causas interruptivas ou suspensivas da prescrição. 10. "O contraditório é princípio que deve ser respeitado em todas as manifestações do Poder Judiciário, que deve zelar pela sua observância, inclusive nas hipóteses de declaração de ofício da prescrição intercorrente, devendo o credor ser previamente intimado para opor algum fato impeditivo à incidência da prescrição" (REsp 1.589.753/PR, Rel. Ministro MARCO AURÉLIO BELLIZZE, TERCEIRA TURMA, DJe 31/05/2016). 11. Entendimento em sintonia com o disposto no novo Código de Processo Civil (art. 921, §§ 4º e 5º, CPC/2015). 12. RECURSO ESPECIAL PARCIALMENTE PROVIDO. (REsp 1593786/SC, Rel. Ministro PAULO DE TARSO SANSEVERINO, TERCEIRA TURMA, julgado em 22/09/2016, DJe 30/09/2016)

74. REsp n.º 1604412/SC (IAC tema 1, julgado na Segunda Seção do STJ, com acórdão publicado em 22.08.2018). Houve embargos de declaração nos embargos de declaração no agravo interno nos embargos de divergência no recurso especial. Rejeitados os últimos embargos de declaração em

dibilidade de intimação prévia do credor" e acerca da "necessidade de oportunidade para o autor dar andamento ao processo paralisado por prazo superior àquele previsto para a prescrição da pretensão veiculada na demanda"[75].

O incidente foi admitido pela Segunda Seção do STJ no dia 08 de fevereiro de 2017 e o julgamento se deu em 27 de junho de 2018, com a fixação da tese de que incide a prescrição intercorrente, nas causas regidas pelo CPC/73, quando o exequente permanece inerte por prazo superior ao de prescrição do direito material vindicado, conforme interpretação extraída do art. 202, parágrafo único, do Código Civil de 2002.

Entendeu-se ainda que o termo inicial do prazo prescricional, na vigência do CPC/1973, conta-se do fim do prazo judicial de suspensão do processo ou, inexistindo prazo fixado, do transcurso de 1 (um) ano (aplicação analógica do art. 40, § 2º, da Lei 6.830/1980), ao passo em que o termo inicial do art. 1.056 do CPC/2015 tem incidência apenas nas hipóteses em que o processo se encontrava suspenso na data da entrada em vigor da novel lei processual, uma vez que não se pode extrair interpretação que viabilize o reinício ou a reabertura de prazo prescricional ocorridos na vigência do revogado CPC/1973 (aplicação irretroativa da norma processual).

Por fim, firmou-se a tese de que o contraditório é princípio que deve ser respeitado em todas as manifestações do Poder Judiciário, que deve zelar pela sua observância, inclusive nas hipóteses de declaração de ofício da prescrição intercorrente, devendo o credor ser previamente intimado para opor algum fato impeditivo à incidência da prescrição

Ademais, diante do disposto expressamente no art. 40, §1º, da Lei de Execução Fiscal, a Fazenda deve ser intimada para se manifestar quando

---

julgamento ocorrido em 17.03.2021, e pendente de admissibilidade de recurso extraordinário até o fechamento desta edição.

75. PROPOSTA DE ASSUNÇÃO DE COMPETÊNCIA. RECURSO ESPECIAL. INCIDENTE INSTAURADO DE OFÍCIO. DIREITO PROCESSUAL CIVIL. PRESCRIÇÃO INTERCORRENTE. INTIMAÇÃO PRÉVIA DO CREDOR. ANDAMENTO DO PROCESSO.

RELEVANTE QUESTÃO DE DIREITO. DIVERGÊNCIA ENTRE AS TURMAS DA SEGUNDA SEÇÃO. 1. Delimitação da controvérsia: 1.1. Cabimento, ou não, da prescrição intercorrente nos processos anteriores ao atual CPC; 1.2. Imprescindibilidade de intimação e de oportunidade prévia para o credor dar andamento ao processo. 2. Recurso especial afetado ao rito do art. 947 do CPC/2015. (IAC no REsp 1604412/SC, Rel. Ministro MARCO AURÉLIO BELLIZZE, SEGUNDA SEÇÃO, julgado em 08/02/2017, DJe 13/02/2017)

da determinação da suspensão do feito ante a não localização do devedor ou de bens penhoráveis para, querendo, dar andamento ao feito, antes do curso do prazo da prescrição intercorrente.

No que se refere à prescrição verificada antes da propositura da execução fiscal, no REsp repetitivo nº 1100156/RJ (tema 134), fixou o STJ tese no sentido de que é possível a sua decretação de ofício com base no art. 219, § 5º, do CPC, independentemente da prévia oitiva da Fazenda Pública. Isso porque o a regra do § 4º do art. 40 da Lei 6.830/80, que determina a prévia oitiva da exequente, somente incide nas hipóteses de prescrição intercorrente[76].

Finalmente, cabe destacar a questão da incidência da verba honorária quando se dá o reconhecimento da prescrição intercorrente. A Quarta Turma do STJ possui entendimento[77] no sentido de que, sendo ela declarada em razão da ausência de localização de bens, incabível a fixação de verba honorária em favor do executado, já que, diante dos princípios da efetividade do processo, da boa-fé processual e da cooperação, o devedor não pode se beneficiar do não cumprimento de sua obrigação, de modo a não atrair a sucumbência para o exequente.

Ainda que tal acórdão não tenha se dado em sede de execução fiscal, é de se ter em conta a viabilidade desta tese também para tais processos. Isto porque a condenação em honorários é regida por dois pontos vetoriais, quais sejam, a causalidade e a sucumbência. Quem deu causa à execução foi o devedor, sendo ele também o responsável pela extinção, por não ter pagado, oferecido bens à penhora ou por tê-los sonegado[78].

Coerentemente, essa vem sendo a argumentação de vários entes públicos, valendo-se do julgado do STJ, para tentar evitar a condenação na verba honorária. Nessa linha de raciocínio, a Primeira Turma do Tribunal Regional Federal da Quarta Região acolheu tese da PGFN, no sentido de que, quando a Fazenda Nacional vier a reconhecer a prescrição intercorrente nos autos de uma execução de dívidas tributárias, fruto da não localização de bens, não significa que tenha a obrigação de pagar honorários de sucumbência ao contribuinte executado. Interpretou-se,

---

76. Vide tópico 14.1.4.
77. REsp 1769201/SP, STJ, 4ª Turma, Rel. Ministra Isabel Gallotti, julg. 12.03.2019, DJE 20.03.2019.
78. DUQUE, Felipe. Prescrição intercorrente e honorários advocatícios. In https://www.jota.info/opiniao-e-analise/colunas/contraditorio/prescricao-intercorrente-e-honorarios-advocaticios-08072019, acesso em 08 de janeiro de 2020.

naquele caso, que o princípio da causalidade deveria ser compatibilizado com o princípio da legalidade, já que a Fazenda Pública tem a obrigação de executar os seus créditos[79].

13.13 RECURSOS NA EXECUÇÃO FISCAL

Na execução fiscal, admitem-se todos os recursos que estão previstos no CPC, cabendo inclusive agravo de instrumento das decisões interlocutórias, com base no art. 1.015, parágrafo único, do CPC.

Cabe apelação – sem efeito suspensivo – da sentença que rejeitar os embargos de devedor.

Pela Lei n. 6.830/80, das sentenças de primeiro grau proferidas em execuções fiscais de valor igual ou inferior a 50 ORTN (STJ entende que são 311,59 UFIR´s), só se admitirão embargos infringentes ou de declaração, no prazo de dez dias, perante o mesmo juízo, que os decidirão. Nesses casos, não cabe apelação.

É bom destacar que o CPC/2015 decretou o fim dos embargos infringentes enquanto espécie recursal, prevendo apenas uma técnica de julgamento prolongado ou ampliado, no art. 942, quando o resultado da apelação não for unânime, ou quando não for unânime a procedência da ação rescisória ou a reforma da decisão parcial de mérito em agravo de instrumento.

Isso não significou, por outro lado, o fim dos embargos infringentes na execução fiscal, visto que este recurso na Lei 6.830/80 (art. 34) tem características próprias, que não se confundem com aquele recurso antes existente no CPC, mais se assemelhando a uma apelação para atacar as sentenças de primeiro grau de valor baixo.

13.14 OS HONORÁRIOS ADVOCATÍCIOS NA EXECUÇÃO FISCAL

Na Lei de Execução Fiscal não há nenhuma regra específica relativa aos honorários advocatícios, a não ser o art. 26, segundo o qual "se, antes da decisão de primeira instância, a inscrição de Dívida Ativa for, a

79. AC 5006402-16.2017.4.04.7001/PR, TRF/4ª Região, 1ª Turma, Relator para acórdão Desembargador Federal Alexandre Rossato da Silva Ávila, julg. 04.04.2019.

qualquer título, cancelada, a execução fiscal será extinta, sem qualquer ônus para as partes".

Discordamos dessa previsão contida no art. 26 da LEF, porque tal previsão genérica não respeita o princípio da causalidade, motivador da condenação na verba honorária.

No REsp repetitivo nº 1111002/SP (tema 143)[80], fixou o STJ tese no sentido de que nos casos de extinção da execução fiscal em razão de cancelamento do débito pela Fazenda Pública, deve-se verificar quem deu causa à demanda a fim de imputar-lhe o ônus pelo pagamento dos honorários advocatícios, em respeito ao princípio da causalidade.

Nesse mesmo julgado, decidiu-se que se o contribuinte erra no preenchimento da Declaração de Débitos e Créditos Tributários Federais - DCTF deve arcar com o pagamento dos honorários advocatícios, porém, se protocolar documento retificador a tempo de evitar a execução fiscal, não pagará os honorários quando verificada demora da própria administração em analisar seu pedido.

Como se vê, a tese estabelece a necessidade de verificação da causalidade e assim o caso concreto foi julgado.

Já no que diz respeito ao cabimento da condenação em honorários advocatícios naquelas situações em que o devedor, após o ajuizamento da execução, mas antes da citação, realiza o pagamento da dívida, há discussões, tanto na doutrina quanto na jurisprudência.

O STJ, por sua 2ª Turma, já esposou entendimento no sentido de que é devida a condenação ao pagamento de honorários advocatícios quando a quitação extrajudicial do débito ocorrer após o ajuizamento da ação executiva, mesmo antes de efetivada a citação, em homenagem ao princípio da causalidade, não devendo incidir a exceção prevista no art. 26 da LEF[81].

A 1ª Turma do STJ[82], seguindo a mesma linha de raciocínio da 2ª Turma e enfrentando a discussão quanto ao cabimento da verba ho-

80. Vide tópico 14.1.5.

81. AgInt no AREsp 1067906/PE, STJ, 2ª Turma, Relator Ministro Og Fernandes, julg. 05/12/2017, DJE 13.12.2017, REsp 1802663/PA, 2ª Turma, Relator Ministro Herman Benjamin, julg. 14/05/2019, DJE 29/05/2019. No mesmo sentido, REsp 1854592/SC, Rel. Ministro HERMAN BENJAMIN, SEGUNDA TURMA, julgado em 05/03/2020, DJe 31/08/2020.

82. AgInt no AREsp 1630476/SP, Rel. Ministro Benedito Gonçalves, julg. 10/08/2020, DJE 13/08/2020.

norária, em desfavor da Fazenda, quando o pagamento do débito se dá após o ajuizamento do feito, entendeu que não são devidos honorários advocatícios pela Fazenda Pública, porquanto, à época do ajuizamento da execução fiscal, era legítima a persecução do crédito.

Não se tratando os acórdãos acima referidos de precedentes com força obrigatória, e detectando divergência interpretativa entre as suas duas câmaras de Direito Público, o Tribunal de Justiça do Estado de Pernambuco admitiu Incidente de Assunção de Competência[83], a fim de que se defina sobre o cabimento ou não da condenação da parte executada ao pagamento de honorários advocatícios sucumbenciais em ação de execução fiscal extinta em virtude da quitação do débito tributário na via administrativa após o ajuizamento da demanda, mas antes da citação.

Esse IAC não foi objeto de julgamento, em seu mérito, até o fechamento desta edição[84]. De todo modo, é de se realçar que, quando o mérito for decidido, segundo ensina Vinícius Lemos, as câmaras ou turmas do referido tribunal, ao julgarem casos futuros análogos, devem utilizar o precedente judicial firmado, numa horizontalidade e, ainda, verticalmente, quando forem os julgamentos em decisões ou sentenças, pelas varas de primeiro grau[85].

No que diz respeito ao percentual dos honorários sucumbenciais, dada a ausência de previsão na LEF, considerava-se aplicável, no que se refere à Fazenda Nacional, o disposto no art. 1º do Decreto-Lei nº 1.025, de 21 de outubro de 1969[86], de modo que na Certidão de Dívida Ativa já era acrescido o percentual de 20% a título do retromencionado encargo, o qual deveria substituir, nos embargos, a condenação do devedor em honorários[87]. Quanto aos Estados e Municípios, as regras utilizadas eram as do CPC/73.

---

83. IAC (tema 7), no Processo n.º 0001601-66.2018.8.17.0000, TJPE, Seção de Direito Público, Relator Desembargador Francisco dos Anjos Bandeira de Mello, admitido em 12.09.2018.
84. Conforme consulta realizada no banco de IAC do TJPE (http://www.tjpe.jus.br/web/vice-presidencia/nugep).
85. LEMOS, Vinícius Silva. O incidente de assunção de competência: da conceituação à procedimentalidade. Salvador: Editora Juspodivm, 2018, p. 180.
86. É declarada extinta a participação de servidores públicos na cobrança da Dívida da União, a que se referem os artigos 21 da Lei nº 4.439, de 27 de outubro de 1964, e 1º, inciso II, da Lei nº 5.421, de 25 de abril de 1968, passando a taxa, no total de 20% (vinte por cento), paga pelo executado, a ser recolhida aos cofres públicos, como renda da União.
87. Súmula 168 do Tribunal Federal de Recursos: "O encargo de 20% do Decreto-lei 1.025/69, é sempre devido nas execuções fiscais da União e substitui, nos embargos, a condenação do devedor em honorários advocatícios."

Com a entrada em vigor do CPC/2015, iniciou-se um debate se deveriam incidir, em qualquer hipótese, as regras do art. 85 do CPC, notadamente o seu §3º, porquanto há regra específica a regular a fixação dos honorários nos feitos em que a Fazenda Pública é parte.

Para alguns, como na execução fiscal não há qualquer norma relativa ao percentual de honorários advocatícios, deveriam os §§2º e 3º art. 85 ser utilizados nas execuções fiscais, seja a Fazenda Pública vencedora ou vencida[88].

Para outros, a previsão de verba sucumbencial diferenciada para advogados públicos e privados ofende a paridade de armas necessária ao devido processo legal, pois os benefícios processuais oferecidos ao advogado de uma das partes - e, consequentemente, os riscos da demanda a uma das partes - seria evidentemente maior do que o da outra, implicando um tratamento não isonômico sem qualquer fundamento[89].

Sob a nossa ótica, não há dúvida quanto à constitucionalidade dos encargos estabelecidos no art. 1º do Decreto n.º 1.025/69, inclusive porque absolutamente sedimentado na jurisprudência de nossa Corte Suprema.

Assim versa o art. 1º acima referido:

> Art 1º É declarada extinta a participação de servidores públicos na cobrança da Dívida da União, a que se referem os artigos 21 da Lei nº 4.439, de 27 de outubro de 1964, e 1º, inciso II, da Lei nº 5.421, de 25 de abril

88. É o entendimento de Tércio Chiavassa e Leonardo A. B. Battilana (In: Aplicação do CPC/15 na condenação de honorários de sucumbência em execuções fiscais. Disponível em https://www.jota.info/opiniao-e-analise/artigos/aplicacao-do-cpc-15-na-condenacao-de-honorarios-de-sucumbencia-em-execucoes-fiscais-23022019, capturado em 20.02.2020: Assim, com o advento do CPC/15, que (dentre outras alterações) modificou o critério de cobrança de honorários da Fazenda Pública, verifica-se que o encargo legal de 20% previsto no Decreto-Lei nº 1.025/69 se tornou indevido e inaplicável ante a superveniência do §3º do artigo 85 do CPC/155, que deu nova regulamentação à matéria. O CPC/15 estabelece uma forma específica de cobrança de honorários advocatícios, nos casos em que a Fazenda Pública for parte. Além disso, o §19 do artigo 85 do CPC ainda estabelece que: "os advogados públicos perceberão honorários de sucumbência, nos termos da lei." Nesse sentido, vale lembrar que a redação do antigo CPC (1973) estabelecia a aplicação de um critério equitativo na fixação dos honorários naqueles se a Fazenda Pública restasse vencida. Por outro lado, o CPC/15 estabelece agora que a fixação de honorários em causas envolvendo a Fazenda Pública deverá sempre observar os novos critérios de escalonamento, independentemente da parte vencida ou vencedora na demanda concreta.
89. PRESGRAVE, Ana Beatriz Ferreira Rebello; OGUSUKU, Alexandre. Dos honorários de sucumbência na execução fiscal. In https://www.migalhas.com.br/depeso/331552/dos-honorarios-de-sucumbencia-na-execucao-fiscal, acesso em 01 de maio de 2021.

de 1968, passando a taxa, no total de 20% (vinte por cento), paga pelo executado, a ser recolhida aos cofres públicos, como renda da União.

Por seu turno, o art. 3º do Decreto-lei n.º 1.645/78 assim previu:

> Art 3º Na cobrança executiva da Dívida Ativa da União, a aplicação do encargo de que tratam o art. 21 da lei nº 4.439, de 27 de outubro de 1964, o art. 32 do Decreto-lei nº 147, de 3 de fevereiro de 1967, o art. 1º, inciso II, da Lei nº 5.421, de 25 de abril de 1968, o art. 1º do Decreto-lei nº 1.025, de 21 de outubro de 1969, e o art. 3º do Decreto-lei nº 1.569, de 8 de agosto de 1977, substitui a condenação do devedor em honorários de advogado e o respectivo produto será, sob esse título, recolhido integralmente ao Tesouro Nacional.

Dessa forma, como é de se ver, o Decreto-lei n.º 1.645/78 estatuiu que o encargo de 20%, previsto no art. 1º do Decreto-lei n.º 1.025/69, viria a substituir a condenação do devedor em honorários advocatícios, passando, portanto, a se ter a natureza jurídica dos encargos legais, sem qualquer sombra de dúvidas, como sendo de honorários sucumbenciais.

A matéria foi objeto de enfrentamento por parte do Supremo Tribunal Federal. Anteriormente ao Decreto-lei n.º 1.645/78 (vide exemplo RE 80.305/SP, DJ 21.03.1975), interpretava-se o encargo como sendo receita da União. Após, passou-se a considerar, nos termos previstos, como verba honorária (vide exemplo RE 95.146/RS, DJ 03.05.1985).

Anote-se ainda que o fato de os advogados públicos federais não participarem, até o CPC/2015 e sua respectiva regulamentação (Lei n.º 13.327/2016), da percepção da verba honorária, não retirava o seu caráter como tal. Verba honorária sim, mas cujos destinatários não eram os membros das carreiras da advocacia pública federal.

Como se não bastasse, e eis um fato novo, superveniente aos pareceres da Comissão Especial de Direito Tributário e da Comissão Nacional de Estudos Constitucionais, em junho de 2020, o Supremo Tribunal Federal julgou a Ação Direta de Inconstitucionalidade n.º 6053[90], movida

90. O acórdão foi objeto de embargos de declaração, rejeitados à unanimidade (acórdão publicado em 17.03.2021 e transitado em julgado em 26.03.2021)

pela Procuradoria-Geral da República, contra os artigos 23 da Lei nº 8.906/1994 – Estatuto da Advocacia –, 85, § 19, da Lei nº 13.105/2015 – Código de Processo Civil –, 27 e 29 a 36 da Lei nº 13.327/2016. Tratou-se naquela ADI, portanto, dos honorários sucumbenciais da advocacia pública federal. Por 10 votos a 1, vencido o relator (Ministro Marco Aurélio Mello), na linha do voto condutor do Ministro Alexandre de Moraes, o Pleno considerou constitucional o recebimento da verba honorária de honorários sucumbenciais pelos advogados públicos, apenas limitando-os ao teto constitucional dos Ministros do STF:

> EMENTA:CONSTITUCIONAL E ADMINISTRATIVO. INTERDEPENDÊNCIA E COMPLEMENTARIDADE DAS NORMAS CONSTITUCIONAIS PREVISTAS NOS ARTIGOS 37, CAPUT, XI, E 39, §§4º E 8º, E DAS PREVISÕES ESTABELECIDAS NO TÍTULO IV, CAPÍTULO IV, SEÇÕES II E IV, DO TEXTO CONSTITUCIONAL. POSSIBILIDADE DO RECEBIMENTO DE VERBA DE HONORÁRIOSDE SUCUMBÊNCIA POR ADVOGADOS PÚBLICOS CUMULADA COMSUBSÍDIO. NECESSIDADE DE ABSOLUTO RESPEITO AO TETOCONSTITUCIONAL DO FUNCIONALISMO PÚBLICO.1. A natureza constitucional dos serviços prestados pelos advogados públicos possibilita o recebimento da verba de honorários sucumbenciais, nos termos da lei. A CORTE, recentemente, assentou que "o artigo 39, §4º, da Constituição Federal, não constitui vedação absoluta de pagamento de outras verbas além do subsídio" (ADI 4.941, Rel. Min. TEORIZAVASCKI, Relator p/ acórdão, Min. LUIZ FUX, DJe de 7/2/2020).2. Nada obstante compatível com o regime de subsídio, sobretudo quando estruturado como um modelo de remuneração por performance, com vistas à eficiência do serviço público, a possibilidade de advogados públicos perceberem verbas honorárias sucumbenciais não afasta a incidência do teto remuneratório estabelecido pelo art. 37, XI, da Constituição Federal. 3. AÇÃO PARCIALMENTE PROCEDENTE. (DJE 30.07.2020)

Não há, nem do voto do Ministro Alexandre de Moraes, nem dos demais Ministros, inclusive do próprio Ministro Marco Aurélio, vencido no julgamento, sequer uma vírgula que afirme a inconstitucionalidade do art. 1º do Decreto-lei n.º 1.025/69. Dúvidas não há, portanto, quanto à plena constitucionalidade do art. 1º do Decreto-lei n.º 1.025/69.

Mas teria sido tacitamente revogado pela Lei de Execução Fiscal, ou pelo CPC/2015? A nosso ver, não há que se falar em revogação tácita desse dispositivo, que permanece integralmente em vigor. A revogação tácita se daria quando uma lei posterior no tempo, não obstante não extirpe tal ou qual previsão da ordem jurídica de modo expresso, estatui novas previsões que, a *contrario sensu*, indicariam contrariedade a ponto de que se subentenda a norma anterior como não mais vigente.

Há que se atentar para o fato de que o §19 do art. 85 previu que os advogados públicos perceberiam honorários de sucumbência, nos termos da lei. E a lei que veio a dar eficácia, no âmbito da advocacia pública federal, a esse parágrafo, foi exatamente a Lei n.º 13.327/2016, que indicou nestes termos:

> Art. 30. Os honorários advocatícios de sucumbência incluem:
>
> I - o total do produto dos honorários de sucumbência recebidos nas ações judiciais em que forem parte a União, as autarquias e as fundações públicas federais;
>
> II - até 75% (setenta e cinco por cento) do produto do encargo legal acrescido aos débitos inscritos na dívida ativa da União, previsto no art. 1º do Decreto-Lei nº 1.025, de 21 de outubro de 1969;
>
> III - o total do produto do encargo legal acrescido aos créditos das autarquias e das fundações públicas federais inscritos na dívida ativa da União, nos termos do § 1º do art. 37-A da Lei nº 10.522, de 19 de julho de 2002.
>
> Parágrafo único. O recolhimento dos valores mencionados nos incisos do caput será realizado por meio de documentos de arrecadação oficiais.

Ora, como se falar em revogação tácita, se uma lei, regularmente aprovada pelo Congresso Nacional e sancionada pelo Vice-Presidente da República, no exercício do cargo de Presidente da República, claramente faz remissão ao aludido dispositivo do Decreto-lei n.º 1.025/69? Não houve, claramente, revogação. Se houvesse, certamente o Congresso Nacional não teria permitido que uma lei, aprovada em 2016, remetesse a dispositivos já revogados.

Para tanto, sustentamos que, ao menos no tocante aos feitos em que o exequente é a Fazenda Nacional, permanece adequada a aplicação do Decreto-lei n.º 1.025/69.

De outra sorte, no tocante aos Estados e Municípios, a se entender por aplicar o CPC/2015 como base para a aplicação dos honorários sucumbenciais nas execuções fiscais, seria de se aplicar os parâmetros do art. 85, §3º ou o art. 827[91]?

Em se partindo, portanto, da premissa de que, sendo a Certidão da Dívida Ativa um título executivo extrajudicial, e de que os honorários sejam fixados em acordo com o CPC, afigurar-se-ia mais coerente, do ponto de vista da manutenção da isonomia, ainda que dela se possa academicamente discordar, a aplicação do art. 827 do que propriamente do art. 85, §3º.

Esse raciocínio decorre do fato de que o art. 827 cuida do despacho inicial da execução por quantia certa, decorrente de títulos executivos extrajudiciais. Nos termos do art. 784, inciso IX, a CDA está inserida no rol dos títulos executivos extrajudiciais. Desse modo, partindo-se do pressuposto de que a aplicação subsidiária do CPC viria a suprir eventual omissão da LEF, aplicar-se-ia tal previsão – e não os parâmetros do art. 85, §3º, em tais procedimentos, quer considerando a vitória do ente público, quer considerando a vitória do executado.

Vale lembrar ainda que, nos termos do art. 85, §8º, nas causas em que for inestimável ou irrisório o proveito econômico ou, ainda, quando o valor da causa for muito baixo, o juiz poderá fixar o valor dos honorários por apreciação equitativa.

Embora o CPC/2015 estabeleça um regramento próprio e objetivo para fixação dos honorários nos feitos em que a Fazenda Pública é parte, qual seja, uma faixa escalonada de percentuais, não deixando margem para qualquer interpretação em sentido diverso, exceto nas hipóteses do §8º, é certo que há decisões do STJ estabelecendo o percentual de honorários com esteio em outros critérios, especialmente levando em conta

91. Art. 827. Ao despachar a inicial, o juiz fixará, de plano, os honorários advocatícios de dez por cento, a serem pagos pelo executado.§ 1º No caso de integral pagamento no prazo de 3 (três) dias, o valor dos honorários advocatícios será reduzido pela metade.§ 2º O valor dos honorários poderá ser elevado até vinte por cento, quando rejeitados os embargos à execução, podendo a majoração, caso não opostos os embargos, ocorrer ao final do procedimento executivo, levando-se em conta o trabalho realizado pelo advogado do exequente.

o trabalho efetivamente desempenhado pelo advogado, sem declaração de inconstitucionalidade do §3º[92-93].

---

92. Pela relevância, segue íntegra da ementa do julgado correspondente: PROCESSUAL CIVIL E TRIBUTÁRIO. EXECUÇÃO FISCAL. EXTINÇÃO. INSCRIÇÃO EM DÍVIDA ATIVA. CANCELAMENTO. HONORÁRIOS ADVOCATÍCIOS. PERCENTUAL SOBRE O VALOR DA CAUSA. DESPROPORCIONALIDADE EVIDENCIADA. JUÍZO DE EQUIDADE. POSSIBILIDADE. 1. O Código de Processo Civil de 2015, em seu art. 85, dedicou amplo capítulo para os honorários advocatícios sucumbenciais, estabelecendo novos parâmetros objetivos para a fixação da verba, com a estipulação de percentuais mínimos e máximos sobre a dimensão econômica da demanda (§ 2º), inclusive nas causas envolvendo a Fazenda Pública (§ 3º), de modo que, na maioria dos casos, a avaliação subjetiva dos critérios legais a serem observados pelo magistrado servirá apenas para que ele possa justificar o percentual escolhido dentro do intervalo permitido. 2. Não é possível exigir do legislador que a tarifação dos honorários advocatícios por ele criada atenda com razoabilidade todas as situações possíveis, sendo certo que a sua aplicação em alguns feitos pode gerar distorções. 3. Não obstante a literalidade do art. 26 da LEF, que exonera as partes de quaisquer ônus, a jurisprudência desta Corte Superior, sopesando a necessidade de remunerar a defesa técnica apresentada pelo advogado do executado em momento anterior ao cancelamento administrativo da CDA, passou a admitir a fixação da verba honorária, pelo princípio da causalidade. Inteligência da Súmula 153 do STJ. 4. A necessidade de deferimento de honorários advocatícios em tais casos não pode ensejar ônus excessivo ao Estado, sob pena de esvaziar, com completo, o disposto no art. 26 da LEF, o que poderá resultar na demora no encerramento de feitos executivos infundados, incentivando, assim, a manutenção do estado de litigiosidade, em prejuízo dos interesses do executado. 5. O trabalho que justifica a percepção de honorários em conformidade com a tarifação sobre a dimensão econômica da causa contida no art. 85, § 3º, do CPC é aquele que de alguma forma tenha sido determinante para o sucesso na demanda, sendo certo que, nos casos de extinção com base no art. 26 da LEF, não é a argumentação contida na petição apresentada pela defesa do executado que respalda a sentença extintiva da execução fiscal, mas sim o cancelamento administrativo da CDA, o qual, segundo esse dispositivo, pode se dar "a qualquer título". 6. Hipótese em que a aplicação do § 3º do art. 85 do CPC permitiria, em tese, que a apresentação de uma simples petição na execução, de caráter meramente informativo (suposta causa de suspensão da exigibilidade do crédito tributário), cujo teor nem sequer foi mencionado na sentença extintiva, a qual se fundou no cancelamento administrativo da inscrição em Dívida Ativa (art. 26 da LEF), ensejaria verba honorária mínima exorbitante em desfavor da Fazenda Pública municipal. 7. Da sentença fundada no art. 26 da LEF, não é possível identificar objetiva e direta relação de causa e efeito entre a atuação do advogado e o proveito econômico obtido pelo seu cliente, a justificar que a verba honorária seja necessariamente deferida com essa base de cálculo, de modo que ela deve ser arbitrada por juízo de equidade do magistrado, critério que, mesmo sendo residual, na específica hipótese dos autos, encontra respaldo nos princípios da razoabilidade e da proporcionalidade preconizados no art. 8º do CPC/2015. 8. A aplicação do juízo de equidade na hipótese vertente não caracteriza declaração de inconstitucionalidade ou negativa de vigência do § 3º do art. 85 do CPC/1973, mas interpretação sistemática de regra do processo civil orientada conforme os princípios constitucionais da razoabilidade e da proporcionalidade, tal como determina hoje o art. 1º do CPC/2015, pois fugiria do alcance dos referidos princípios uma interpretação literal que implicasse evidente enriquecimento sem causa de um dos sujeitos do processo, sobretudo, no caso concreto, em detrimento do erário municipal, já notoriamente insuficiente para atender as necessidades básicas da população. 9. Recurso especial não provido. (REsp 1795760/SP, Rel. Ministro GURGEL DE FARIA, PRIMEIRA TURMA, julgado em 21/11/2019, DJe 03/12/2019).

93. Na mesma linha, REsp 1789913/DF, Rel. Min. Herman Benjamin, Segunda Turma, julgado em 12/02/2019, DJe 11/03/2019; REsp 1771147/SP, Rel. Ministro Napoleão Nunes Maia Filho, Primeira Turma, Dje 25/09/2019, AgInt no AREsp 1487778/SP, Rel. Min. Mauro Campbell Marques, DJe 26/9/2019.

Sob a nossa ótica, são decisões *contra legem*, como tantas outras que vêm sendo prolatadas pela referida Corte Superior, postura que indubitavelmente vem dificultando a efetividade de várias disposições do CPC/2015[94].

Ademais, a regra do art. 85, §3º do CPC, ao estabelecer critérios objetivos para a fixação dos honorários em que a Fazenda Pública é parte, terminou por estimular a ampliação de medidas voltadas à redução da litigiosidade pelo próprio Poder Público, tais como os instrumentos normativos que estabelecem hipóteses de dispensa de contestação e de interposição de recursos.

Conforme ressaltam Breno Ferreira Martins Vasconcelos e Maria Raphaela Dadona Matthiesen[95],

> "se mantida a lógica inaugurada pelo CPC/15, o custo do processo passa a ter relevância na avaliação de risco para ajuizamento de execuções fiscais, incentivando a Administração tributária a aprimorar seu filtro de controle da legalidade das inscrições em dívida ativa e de pedidos de responsabilização tributária".

---

94. Ravi Peixoto, em texto intitulado "Honorários nos processos que envolvem a Fazenda e a não aplicação da lei pelo STJ", publicado no Conjur (disponível em www.conjur.com.br/2019-abr-22/ravi-peixoto-honorariosnos-processos-envolvem-fazenda, capturado em 02.02.2020), ao analisar decisão do STJ no REsp 1.789.913/DF, bem analisa a postura contra legem do STJ: "O que o STJ parece ter simplesmente ignorado, fazendo menção a uma suposta interpretação integrativa do ordenamento jurídico, são os limites semânticos do texto normativo e o simples fato de que a única forma de não aplicar o texto normativo em um caso no qual ele obviamente incide é por meio do reconhecimento de sua inconstitucionalidade. Afinal, se o texto normativo supostamente viola a separação de poderes e a isonomia processual, ele é inconstitucional e caberia ao tribunal, ao menos, utilizar-se da instauração do incidente de arguição de inconstitucionalidade. A questão não se resolve por meio de interpretação conforme, eis que é apenas por meio do afastamento do artigo 85, parágrafo 3º, do CPC, que a conclusão do STJ torna-se possível. Em síntese, o intérprete não pode simplesmente escolher qualquer norma a partir do texto normativo, uma vez que ela traz consigo um conteúdo que precisa ser compreendido pelo juiz[2]. A interpretação do STJ, no sentido de ampliar as hipóteses de utilização por equidade, também ignora dispositivo bastante importante do CPC: o artigo 140, parágrafo único, é expresso em afirmar que "o juiz só decidirá por equidade nos casos previstos em lei", o que obviamente não é o caso. A única forma de utilizar a equidade no caso concreto é por meio do reconhecimento de inconstitucionalidade dos artigos 85, parágrafo 3º, e 140, parágrafo único, do CPC, o que sequer foi suscitado no acórdão. Tem-se, ainda, uma estranha utilização do princípio da boa-fé processual para afirmar que o Poder Legislativo não poderia legislar em sentido contrário ao entendimento do Poder Judiciário. Tal afirmativa parece ignorar, por completo, a própria função da existência dos três poderes e dos mecanismos de freios e contrapesos".
95. A Fazenda Pública pode litigar sem riscos? Disponível em https://www.jota.info/opiniao-e-analise/artigos/a-fazenda-publica-pode-litigar-sem-riscos-12012021, acesso em 18.05.2021.

Ao revés, se prevalecer o entendimento de que é possível a fixação dos honorários por equidade, afastando-se a regra contida no art. 85, §3º do CPC, pode haver um aumento da litigiosidade, inclusive para discussão das hipóteses excepcionais que justificam a incidência do art. 85, §8º, ao invés dos critérios objetivos delineados no art. 85, §3º.

Trata-se de consequência similar, *mutatis mutandis,* àquela que pode ser notada na jurisprudência do STJ após a fixação do tema repetitivo 988, que estabeleceu a tese do rol taxativo mitigado do agravo de instrumento. Inúmeros recursos são interpostos em todos os tribunais com a finalidade de debater se há ou não exceção hábil a justificar a interposição do referido recurso.

A questão – definição do alcance da norma inserta no § 8º do artigo 85 do Código de Processo Civil nas causas em que o valor da causa ou o proveito econômico da demanda forem elevados – foi afetada em sede de recurso especial repetitivo (REsp 1850512/SP e 1877883/SP), sob a relatoria do Ministro Og Fernandes, e não havia sido objeto de julgamento até o fechamento desta edição.

Há também recurso especial em tramitação na Corte Especial do STJ, no qual se discute a aplicação do art. 85, §8º do CPC em demanda envolvendo a Fazenda Pública. Até o fechamento desta edição, haviam sido proferidos dois votos: um pelo Relator, o Min. Herman Benjamin, e outro pela Min. Nancy Andrighi, ambos no sentido da redução dos honorários advocatícios com base no art. 85, §8º do CPC. Segundo a Min. Nancy Andrighi, possibilitar a fixação dos honorários por apreciação equitativa evita distorções e enriquecimento sem causa. Os ministros Og Fernandes e Raul Araújo pediram vista dos autos.

Registre-se, ainda, a respeito do tema, que o Conselho Federal da OAB ingressou com Ação Declaratória de Constitucionalidade no STF (ADC 71, sob a relatoria do Ministro Nunes Marques), também pendente de julgamento até o fechamento desta edição. Para a OAB, as decisões judiciais que aplicam o §8º fora das hipóteses lá contidas violam o princípio da legalidade e da segurança jurídica e ofendem o direito à justa remuneração dos advogados[96].

---

96. http://www.stf.jus.br/portal/cms/verNoticiaDetalhe.asp?idConteudo=442678, acesso em 01 de maio de 2021.

13.15 A EFICIÊNCIA NA COBRANÇA DA DÍVIDA ATIVA

Conforme ensina Eduardo Luiz Cavalcanti Campos, o princípio da eficiência, decorrente do princípio democrático, estrutura as atividades do Estado, determinando que elas sejam prestadas de forma eficiente[97].

Enquanto não surgem medidas legislativas, há outras iniciativas *interna corporis* que merecem registro, na tentativa de propiciar a sonhada eficiência na cobrança dos créditos da Fazenda.

A Portaria 396/2016 da Procuradoria-Geral da Fazenda Nacional criou o RDCC (Regime Diferenciado de Cobrança de Créditos), que consiste em um conjunto de medidas, administrativas ou judiciais, voltadas à otimização dos processos de trabalho relativos à cobrança da Dívida Ativa da União, observados critérios de economicidade e racionalidade.

Pela portaria, os devedores com execuções não garantidas por depósito, seguro garantia ou carta de fiança serão submetidos a procedimento especial de diligenciamento patrimonial (PEDP), isto é, uma consulta sistemática e periódica às bases de dados patrimoniais, com vistas à localização de bens e direitos passíveis de expropriação judicial ou identificação de eventuais hipóteses de responsabilidade tributária ou não tributária.

Além disso, as Certidões da Dívida Ativa dos devedores incluídos no RDCC passaram a poder ser encaminhadas para protesto extrajudicial em cartório, por falta de pagamento.

Na mesma portaria, restaram suspensas, com base no art. 40, caput, da LEF, as execuções fiscais cujo valor consolidado fosse igual ou inferior a um milhão de reais, desde que não constasse dos autos garantia útil à satisfação, integral ou parcial, do crédito executado.

Outro importante instrumento, na busca da eficiência na cobrança da dívida ativa, foi a Portaria n.º 33/2018, também da Procuradoria-Geral da Fazenda Nacional, que foi editada após a Lei nº 13.606/18, a qual incluiu os artigos 20-B, 20-C e 20-E na Lei nº 10.522/02.

Dentre as previsões, caso o contribuinte não pague ou oferte garantia antecipada após a inscrição do débito em dívida ativa, a PGFN

97. CAMPOS, Eduardo Luiz Cavalcanti. O princípio da eficiência no processo civil brasileiro. 1. Ed. Rio de Janeiro: Forense, 2018, p. 76.

poderá adotar 17 (dezessete) sanções, dentre elas: protesto da CDA; inscrição no CADIN e registro em outros serviços de proteção ao crédito; averbação pré-executória, inclusive por meio eletrônico; cobrança da dívida por meio de instituições financeiras públicas; cancelamento de benefícios e/ou incentivos fiscais, inclusive os vinculados ao Comércio Exterior; representação junto a agências reguladoras para revogação de concessões e permissões de prestação de serviços públicos; revogação de contratos públicos.

A averbação pré-executória foi definida na portaria como o ato pelo qual se anota nos órgãos de registros de bens e direitos sujeitos a arresto ou penhora para conhecimento de terceiros a existência de débitos inscritos em dívida ativa da União, visando a prevenir a fraude à execução[98].

13.16 DESJUDICIALIZAÇÃO DA EXECUÇÃO FISCAL

Segundo aqui já se abordou em diversas oportunidades, não são poucas as dificuldades que a Administração Pública enfrenta para reaver seus créditos, tributários ou não. Dentre várias, é possível que sejam destacados: cadastros de contribuintes desatualizados ou com informações incompletas; poucos servidores nos quadros para atuação nas fases anteriores ao ajuizamento das demandas; natural dificuldade na capacitação dos servidores que atuam na matéria; restrições orçamentárias; e sistemas lentos, ruins e atrasados.

Diante disso, há uma demora que extrapola o razoável para a adoção das providências administrativas, que podem levar ao ajuizamento das execuções fiscais, o que não raras vezes gera a prescrição.

Chega-se ao cúmulo de haver, em determinadas empresas, a opção pela sonegação, pela fraude ou pelo débito, diante da ineficiência estatal em recuperar o que lhe é de direito, razão pela qual se faz um "cálculo de risco", optando-se pela conduta reprovável e negativa de dever, sob a perspectiva de nunca ser cobrada a dívida ou de já estar prescrita.

98. Sobre a fraude à execução, o STJ, no julgamento do REsp repetitivo nº 1141990/PR (tema 290), definiu a seguinte tese: "Se o ato translativo foi praticado a partir de 09.06.2005, data de início da vigência da Lei Complementar n.º 118/2005, basta a efetivação da inscrição em dívida ativa para a configuração da figura da fraude". Vide tópico 14.1.15.

As críticas se ampliam à morosidade da execução como um todo. É inquestionável que isso acaba prejudicando a própria economia do país, e dificultando a circulação de riquezas e afastando investimentos, já que as partes acabam tendo que se submeter a procedimentos burocráticos que levam anos para alcançar um fim no Judiciário.

Vários países europeus vivem, há mais ou menos tempo, uma experiência de execução civil desjudicializada, de modo a escapar do modelo alemão/italiano, cuja tramitação em via judicial é a regra. Experiências na França, Espanha e Suécia apresentam o agente de execução como um ente privado, havendo outros ordenamentos que caminham no mesmo sentido, dentre os quais Portugal, Romênia, Letônia, Lituânia, República Checa e Eslováquia.

Para se ter uma ideia, em Portugal, os agentes de execução, chamados de solicitadores, praticam várias diligências executivas, como citações, intimações, penhoras e hastas públicas, tendo sua remuneração estabelecida levando em conta a produtividade e a agilidade no trâmite das execuções, de modo a fazer que, quão mais célere o processo, maiores sejam os honorários.

Segundo nos ensina Flávia Hill[99], em Portugal o agente de execução assume papel central, tanto no procedimento pré-executivo (PEPEX) como na própria execução extrajudicial, visto que a ele incumbem a realização de busca de bens do patrimônio do devedor, a elaboração de relatório contemplando seus resultados, a inclusão do requerido na lista pública de devedores e a emissão da respectiva certidão de insatisfação da dívida.

Relativamente à execução comum, tramita no Congresso Nacional o Projeto de Lei n.º 6.204/2019, de autoria da Senadora Soraya Thronicke (PSL/MS), que dispõe sobre a desjudicialização da execução civil de título judicial e extrajudicial, alterando inclusive o atual CPC. Referida proposta tomou por base a tese de doutorado de Flávia Pereira Ribeiro, defendida em 2012 na PUC/SP.

---

99. HILL, Flávia Pereira. O procedimento extrajudicial pré-executivo (PEPEX): reflexões sobre o modelo português em busca da efetividade da execução no Brasil. In MEDEIROS NETO, Elias Marques de; RIBEIRO, Flávia Pereira (coord). Reflexões sobre a Desjudicialização da Execução Civil. Juruá: 2020, p. 309/310.

Pela proposta, sugere-se a delegação a um agente privado (tabelião de protestos)[100] a tarefa de verificar os pressupostos da execução, realizar a citação, penhorar, vender, receber pagamentos e dar quitação, reservando-se ao juiz estatal a eventual solução de litígios, quando provocado por intermédio dos competentes embargos do devedor.

Tal projeto, em curso no Senado Federal, não afeta, no entanto, os procedimentos executivos fiscais, regidos, como se sabe, por lei própria.

Acerca da execução fiscal, já no final da década de 2000, começaram a se intensificar os debates acerca da possibilidade de, adotando algumas boas iniciativas praticadas em países europeus, desjudicializar os feitos executivos fiscais, como forma de gerar a desburocratização, aumentar a celeridade e a eficiência na recuperação de créditos.

A ideia de uma execução fiscal desjudicializada poderia acarretar algum tipo de violação à CF/88? Estaríamos diante de uma ofensa à reserva de jurisdição? Parece-nos que não, porque os atos meramente executivos não são necessariamente dotados de natureza jurisdicional. Seria uma ofensa ao princípio da separação dos poderes? Também não, porque o juiz não estaria de todo afastado da atividade executiva, de modo que atuaria naquelas situações em que surgisse o conflito ou que houvesse uma questão relevante a ser dirimida[101].

Em 2007, o então Deputado Federal Régis de Oliveira apresentou o Projeto de Lei n. 2.412, apontado como o primeiro registro significativo de uma proposta de execução administrativa da dívida ativa.

Dois anos depois, surgiu o Projeto de Lei n. 5.080/2009, este de autoria do próprio Poder Executivo, que visava a alterar a Lei n. 6.830/80, também com claros sinais – estes oriundos do Governo Federal – de se desjudicializar uma parte da execução fiscal.

Nesse projeto apresentado pelo Executivo, há a previsão de que os atos de constrição preparatória passarão a ser praticados pela Fazenda credora, cabendo o seu controle ao Judiciário. Sendo concluída a inscrição

100. RIBEIRO, Flávia Pereira. Proposta de Desjudicialização da Execução Civil para o Brasil com base na experiência portuguesa. In MEDEIROS NETO, Elias Marques de; RIBEIRO, Flávia Pereira (coord). Reflexões sobre a Desjudicialização da Execução Civil. Juruá: 2020, p. 346.

101. PEIXOTO, Marco Aurélio; BECKER, Rodrigo. *Desjudicialização da execução fiscal – promessa ou realidade?* In https://www.jota.info/opiniao-e-analise/colunas/coluna-cpc-nos-tribunais/desjudicializacao-da-execucao-fiscal-promessa-ou-realidade-06122018, acesso em 01 de maio de 2021.

em dívida, a investigação patrimonial dos devedores passa a ser feita pela própria Fazenda Pública.

Pelo texto, esses atos preparatórios, apelidados de "pré-penhora", compreenderão a notificação do devedor pela Fazenda do interior teor da Certidão da Dívida Ativa para, em 60 (sessenta) dias, solicitar o parcelamento ou prestar garantia. Ultrapassado o prazo sem qualquer atitude do devedor, a Fazenda estará autorizada à prática desses atos de constrição preparatória, inclusive com avaliação dos bens, intimação do devedor e registro da constrição. Tal constrição pode se dar, em havendo bens passíveis de penhora, com a averbação da CDA no cadastro pertinente, inclusive por meio eletrônico. Na sequência, o ente público deverá promover, em até 30 dias da primeira constrição, o ajuizamento da execução fiscal.

Na Câmara dos Deputados, o PL 5.080/2009 foi apensado ao PL 2.412/2007, havendo, ainda, atualmente vários outros projetos apensados, dificultando a tramitação (5081/2009, 5488/2013, 5015/2016, 5591/2016, 7631/2017, 7630/2017, 441/2019, 573/2019, 5447/2019), mas a grande verdade é que a falta de vontade política, após sucessivas mudanças de governo, também contribuiu para que a tramitação tenha sido estancada. Chegou a ser criada uma Comissão Especial, em 2015, no âmbito da Câmara dos Deputados, com várias entidades ouvidas, mas sem votações até o momento.

Já em 2019, no Senado Federal, o Senador Antonio Anastasia (PSDB/MG) ofereceu o Projeto de Lei n.º 4.257[102], que modifica a Lei de Execução Fiscal, a fim de instituir a execução fiscal administrativa e a arbitragem tributária. Numa linha parecida com o Projeto de Lei n.º 5.080/2009, este projeto entrega à Administração e, consequentemente, às procuradorias, a prática de atos meramente instrumentais que, caso excessivos, poderiam ser objeto de questionamentos judiciais, como qualquer ato administrativo, mantendo-se a competência ao Poder Judiciário para a análise dos embargos à execução fiscal, quando se der a impugnação da validade da dívida ou quando se questionar a avaliação do bem.

Dito projeto avança ainda mais porque propõe a adoção de um juízo arbitral para julgar os embargos ofertados, a critério do executado, sendo o procedimento público, de direito e conduzido por órgão arbitral

102. https://www25.senado.leg.br/web/atividade/materias/-/materia/137914, acesso em 01 de maio de 2021.

institucional. Referido rito arbitral somente seria possível quando garantida a execução por meio de depósito em dinheiro, fiança bancária ou seguro-garantia.

Outrossim, sugere a opção da Fazenda Pública pela execução extrajudicial, com a formalização administrativa da execução da dívida mediante notificação do executado, instruída com a CDA.

Segundo bem aponta Juliano Oliveira Brandis[103], ao analisar o projeto do Senador Anastasia, não se entende como medida contrária à CF/88 conferir à Administração Pública a prática de atos como penhora, avaliação e adjudicação, desde que seja resultado de um processo administrativo regulado por lei, em que se garanta o contraditório e a ampla defesa, assim como seja possibilitado ao executado ou corresponsável se socorrer da tutela jurisdicional para questionar a validade da certidão ou do seu valor.

Nos modelos desjudicializados propostos nos projetos de lei, há uma descaracterização de parte da atividade executiva como jurisdicional. Não se pode dizer que o administrador passe a ser um substituto do juiz, na medida em que não haverá julgadores administrativos. A atuação jurisdicional passará a se dar em situações como as que o devedor resiste à pretensão executiva.

Quando são analisados dados estatísticos, é de se ter otimismo quanto aos resultados que poderão advir de uma eventual aprovação do projeto. Em 2010, conforme dados do CNJ[104], apenas 4,4% dos devedores opunham exceção de pré-executividade, enquanto 6,5% apresentavam embargos à execução. Assim, a considerar a baixa resistência dos devedores, de fato haveria um enorme desafogamento dos feitos que tramitam na via judicial.

Não se pode, por outro lado, ignorar o abismo existente entre a eventual utilização dessa sistemática apresentada no projeto de lei, pela União, pelos Estados e pelos grandes Municípios, quando compararmos com a maioria esmagadora dos pequenos Municípios brasileiros. Isto

103. BRANDIS, Juliano Oliveira. A premente necessidade de desjudicialização da execução fiscal. In https://www.conjur.com.br/2020-nov-02/brandis-necessidade-desjudicializacao-execucao-fiscal, acesso em 01 de maio de 2021.

104. http://www.cnj.jus.br/files/conteudo/arquivo/2016/03/2d53f36cdc1e27513af9868de9d072dd.pdf, acesso em 01 de maio de 2021.

porque é de se convir que, se não há estrutura para se levar adiante as ações, tampouco – ou ainda menos – haverá para procedimentos administrativos desjudicializado.

Sob a nossa ótica, considerando os intensos debates que se tem travado sobre a desjudicialização da execução comum, importante que seja incluída na discussão a pauta da desjudicialização da execução fiscal.

Aperfeiçoados os instrumentos e os modelos legislativos propostos, quem ganhará – espera-se – é o próprio jurisdicionado, primeiro porque, a médio ou longo prazo, haverá um incremento arrecadatório pelos entes públicos nas mais variadas esferas, revertendo em benefícios para toda a sociedade, e em segundo lugar porque essa atuação mais racional e organizada da Administração impedirá o desnecessário dispêndio de recursos financeiros para ajuizar execuções sem viabilidade.

Capítulo

14

Os Precedentes Vinculantes, a Execução contra a Fazenda Pública e a Execução Fiscal

Em razão da instabilidade da jurisprudência brasileira, foram incluídas disposições no CPC/2015 que têm o nítido escopo de promover uma profunda mudança na atuação dos juízes e tribunais no que diz respeito à uniformização de seus entendimentos, numa tentativa de impor-lhes a prática de seguir seus próprios precedentes e também aqueles provenientes de tribunais que lhe sejam hierarquicamente superiores.

Até a entrada em vigor da Lei nº 13.105/2105, produziam efeito vinculante, nos termos da CF/88, as decisões do Supremo Tribunal Federal em controle concentrado de constitucionalidade e as súmulas vinculantes (na realidade, a *ratio decidendi* dos precedentes que ensejaram a sua edição, segundo se pensa), editadas pela mesma Corte Superior.

O CPC/2015 amplia o rol das hipóteses de efeito vinculante proveniente de decisões do Poder Judiciário em seu art. 927[1].

1. "Art. 927. Os juízes e os tribunais observarão:

I – as decisões do Supremo Tribunal Federal em controle concentrado de constitucionalidade;

II – os enunciados de súmula vinculante;

III – os acórdãos em incidente de assunção de competência ou de resolução de demandas repetitivas e em julgamento de recursos extraordinário e especial repetitivos;

IV – os enunciados das súmulas do Supremo Tribunal Federal em matéria constitucional e do Superior Tribunal de Justiça em matéria infraconstitucional;

V – a orientação do plenário ou do órgão especial aos quais estiverem vinculados".

Primeiramente, deve-se fazer um esclarecimento. No artigo acima referido, o legislador não atribuiu às decisões, acórdãos, orientações e enunciados sumulares que especifica a qualidade de precedentes[2], os quais não estão contidos na conclusão das decisões judiciais e tampouco nos concisos verbetes sumulares, mas no inteiro teor da decisão ou do conjunto das decisões que ensejou a edição da súmula.

O precedente, identificável, em tese, pelo órgão jurisdicional que busca aplicar, a um caso futuro, a conclusão generalizável (norma geral) extraída de um julgado anterior, que lhe é similar, continua sendo formado pelos elementos fáticos e pela *ratio decidendi* contidos na decisão pretérita, de modo que não teve seu conceito alterado pelo CPC/2015.

Por isso é que se evidencia imprescindível contextualizar os enunciados sumulares e demais decisões explicitadas pelo art. 927 do CPC/2015 ao caso concreto, identificando-se e comparando-se os elementos fáticos e jurídicos da decisão paradigma e do caso a ser julgado, a fim de constatar a aplicação ou não da *ratio decidendi* do caso anterior ao caso posterior, de modo obrigatório.

Não há como admitir a aplicação mecânica dessas teses e enunciados, o que, inclusive, é vedado pelo CPC/2015, em seu art. 489, §1º, incisos V e VI, que reputa sem fundamentação qualquer decisão judicial que "se limitar a invocar precedente ou enunciado de súmula, sem identificar seus fundamentos determinantes nem demonstrar que o caso sob julgamento se ajusta àqueles fundamentos" ou que "deixar de seguir enunciado de súmula, jurisprudência ou precedente invocado pela parte, sem demonstrar a existência de distinção no caso em julgamento ou a superação do entendimento".

Aliás, a leitura do art. 489, §1º, inciso V também deixa claro que as súmulas não se destacam dos precedentes que lhes originaram, porquanto determina a identificação de seus fundamentos determinantes e

---

2. Como bem esclarece Luís Manoel Borges do Vale (In: Precedentes vinculantes no processo civil brasileiro e a razoável duração do processo. Rio de Janeiro: LMJ Mundo Jurídico, 2019, p. 147), "(...) no Brasil, ao revés do que se verificou nas nações de Commonwealth, a adoção da técnica de vinculatividade decisória não foi fruto do amadurecimento do sistema, voltado à necessidade de se conferir maior integridade ao labor do Poder Jurisdicional, mas sim de uma imposição legislativa que, aos poucos, foi ampliando os espaços dos precedentes vinculantes". A forma impositiva pela qual se estabeleceu tal vinculatividade, com a enunciação de provimentos e enunciados com força vinculante, terminou por permitir a equivocada terminologia, qualificando-os como precedentes.

a demonstração da incidência da *ratio* contida no precedente ao caso sob julgamento, a partir da similitude fático-jurídica entre ambos.

Assim é que o art. 927 não enumera os precedentes vinculantes, mas especifica as decisões a partir das quais eles podem ser identificados. As teses e enunciados de súmula provenientes de tais decisões devem ser utilizados como método de trabalho para agilizar os julgamentos e como fonte de pesquisa dos precedentes cuja *ratio decidendi* apresenta efeito vinculante, a qual somente terá incidência nos processos judiciais se houver similitude fático-jurídica entre os elementos da decisão paradigma e do caso a ser julgado, extraídos de seu inteiro teor e não do resultado do julgamento ou do verbete sumular.

De qualquer sorte, é certo que a predefinição, pelo legislador, de decisões com aptidão para formar precedentes vinculantes termina por conferir aos tribunais a função de estabelecer, no julgamento dos casos individuais, a norma geral que poderá ser aplicável aos casos futuros (que corresponde à *ratio decidendi*).

Nesse sentido, esclarece Paula Pessoa Pereira[3]:

> "O tribunal, ao deliberar de forma colegiada acerca da interpretação e aplicação de uma determinada norma jurídica sobre um delimitado substrato fático, acaba por resolver a disputa para além do caso individual, na medida em que as justificações de um julgamento colegiado imprimem a forma de uma regra de conduta, afirmando o parâmetro de resolução para os casos semelhantes futuros".

Assim é que o precedente, que deveria ser encontrado pelo segundo juiz – o que pretende aplicá-lo – terminará sendo pré-determinado pelo primeiro. Essa parece ser uma tendência indiscutível e inevitável da jurisprudência brasileira, que diverge absolutamente do modo de aplicação dos precedentes nos sistemas da *common law*[4].

3. *Op. Cit.*, p. 118.

4. A *ratio* pode ser construída paulatinamente, inclusive. Nesse sentido, adverte Dierle José Coelho Nunes (In: Processualismo constitucional democrático e o dimensionamento da técnicas para a litigiosidade repetitiva. A litigância de interesse público e as tendências "não compreendidas" de padronização decisória. Revista de Processo. São Paulo, Ano 38, n. 199, set. 2011) que "(...) se percebe muito difícil a formação de um precedente (padrão decisório a ser repetido) a partir de um único julgado, salvo se em sua análise for procedido um esgotamento discursivo de todos os aspectos relevantes suscitados pelos interessados".

Apesar do efeito vinculante decorrente do art. 927, somente cabe reclamação, segundo para garantir a observância da *ratio* relativa a: enunciado de súmula vinculante; de decisão do Supremo Tribunal Federal em controle concentrado de constitucionalidade; e de acórdão proferido em julgamento de incidente de resolução de demandas repetitivas ou de incidente de assunção de competência.

Embora se considere também é cabível a reclamação proposta para garantir a observância de acórdão de recurso extraordinário com repercussão geral reconhecida ou de acórdão proferido em julgamento de recursos extraordinário ou especial repetitivos, desde que haja esgotamento das instâncias ordinárias (art. 988, §5º, II), a Corte Especial do Superior Tribunal de Justiça extinguiu por maioria a Reclamação n.º 36476/SP[5], por entender que a reclamação não pode ser utilizada para controlar a aplicação de precedentes do STJ firmados no julgamento de recursos especiais repetitivos[6].

---

5. Até a finalização desta edição, o acórdão ainda não havia sido publicado. O julgamento ocorreu no dia 05.02.2020 e a Relatora é a Min. Nancy Andrighi. De acordo com a Ministra, na redação original, o inciso IV do art. 988 do CPC/2015 previa o cabimento do instituto para garantir a observância de enunciado de súmula vinculante e de precedente proferido em julgamento de casos repetitivos ou em incidente de assunção de competência. No entanto, a Lei n.º 13.256/2016, que alterou o CPC antes mesmo de este entrar em vigor, alterou a redação do inciso IV, de modo a excluir os casos repetitivos das hipóteses de cabimento. De outra sorte, segundo a Ministra, o §5º do mesmo artigo teria estabelecido a inadmissão da reclamação proposta para garantir a observância de acórdão de recurso especial repetitivo, mas apenas quando não esgotadas as instâncias ordinárias. A Ministra fez menção ainda à Exposição de Motivos do Projeto de Lei n.º 2.468/2015, que resultou na lei que alterou o CPC, em que teria restado clara a intenção de não sobrecarregar os tribunais superiores, dispensando-os do julgamento de reclamações e agravos que tivessem por objeto temas decididos em recursos repetitivos e em repercussão geral. Na linha de raciocínio da relatora, se um precedente fruto de um recurso repetitivo foi aplicado erroneamente, a revisão está assegurada pela via recursal ordinária, até culminar no julgamento do agravo interno no tribunal local, de modo que se a reclamação fosse recebida, estar-se-ia atentando contra a própria finalidade da instituição de um regime próprio dos repetitivos. Acompanharam a Ministra Relatora os Ministros Humberto Martins, Laurita Vaz, Maria Thereza de Assis Moura, Jorge Mussi, Luís Felipe Salomão, Benedito Gonçalves, Paulo de Tarso Sanseverino e Francisco Falcão. Com a divergência, aberta pelo Ministro Og Fernandes – que defendeu o processamento da reclamação e a remessa dos autos à Segunda Seção para apreciar o mérito -, votaram os ministros Herman Benjamim, Napoleão Nunes Maria Filho e Raul Araújo.
6. No âmbito do Supremo Tribunal Federal, felizmente não parece ser esse o entendimento, visto que várias reclamações - contra a desobediência aos precedentes formados em recurso extraordinário com repercussão geral - têm chegado àquela Corte Superior, as quais, via de regra, são admitidas, desde que esgotadas as vias recursais ordinárias. Do contrário, quando há a extinção da reclamação sem resolução do mérito, o fundamento não é o utilizado pelo STJ, mas exatamente a indicação de que, nos termos do inciso II do §5º do art. 988, exige-se o esgotamento da via recursal ordinária (Neste sentido, Rcl 29664/SP (Relator Ministro Roberto Barroso), Rcl 29987/ES (Relator Ministro Dias Toffoli), Rcl 30344/SP (Relator Ministro Roberto Barroso), Rcl 33419/ES (Relator Ministro Roberto Barroso), Rcl 26674/SP (Relator Ministro Roberto Barroso), Rcl 32101/SP (Relator Ministro Luiz Fux).

Nas demais hipóteses, não cabe, segundo o CPC, reclamação, nada impedindo que os regimentos internos dos tribunais de segundo grau prevejam o seu cabimento no que concerne à violação de seus precedentes vinculantes.

No mais, cabe sempre recurso, com a possibilidade de decisão monocrática do relator, para garantir a observância dos precedentes obrigatórios definidos pelo CPC/2015[7].

Há outros institutos que podem ser utilizados com o fito de antecipar a prestação da tutela jurisdicional quando o pedido estiver baseado em precedentes vinculantes ou de agilizar os julgamentos na hipótese do pedido os contrariar, como a tutela da evidência (no primeiro caso) e a improcedência liminar do pedido (no segundo), contidas, respectivamente, nos arts. 311, II[8] e 332[9] do CPC.

Dada a relevância da temática relativa aos precedentes, notadamente dos vinculantes, no presente capítulo, mencionaremos as súmulas e recursos repetitivos dos tribunais superiores que tratam de cumprimento de sentença e execução contra a Fazenda Pública e, bem assim, daqueles que tratam da execução fiscal. Mencionaremos também as teses firmadas nos recursos em que houve reconhecimento de repercussão geral pelo

---

7. Art. 932. Incumbe ao relator: IV – negar provimento a recurso que for contrário a: a) súmula do Supremo Tribunal Federal, do Superior Tribunal de Justiça ou do próprio tribunal; b) acórdão proferido pelo Supremo Tribunal Federal ou pelo Superior Tribunal de Justiça em julgamento de recursos repetitivos; c) entendimento firmado em incidente de resolução de demandas repetitivas ou de assunção de competência; V – depois de facultada a apresentação de contrarrazões, dar provimento ao recurso se a decisão recorrida for contrária a:

   a) súmula do Supremo Tribunal Federal, do Superior Tribunal de Justiça ou do próprio tribunal; b) acórdão proferido pelo Supremo Tribunal Federal ou pelo Superior Tribunal de Justiça em julgamento de recursos repetitivos; c) entendimento firmado em incidente de resolução de demandas repetitivas ou de assunção de competência; VI – decidir o incidente de desconsideração da personalidade jurídica, quando este for instaurado originariamente perante o tribunal.

8. Art. 311, II: A tutela da evidência será concedida, independentemente da demonstração de perigo de dano ou de risco ao resultado útil do processo, quando: II – as alegações de fato puderem ser comprovadas apenas documentalmente e houver tese firmada em julgamento de casos repetitivos ou em súmula vinculante.

9. Art. 332. Nas causas que dispensem a fase instrutória, o juiz, independentemente da citação do réu, julgará liminarmente improcedente o pedido que contrariar: I – enunciado de súmula do Supremo Tribunal Federal ou do Superior Tribunal de Justiça; II – acórdão proferido pelo Supremo Tribunal Federal ou pelo Superior Tribunal de Justiça em julgamento de recursos repetitivos; III – entendimento firmado em incidente de resolução de demandas repetitivas ou de assunção de competência; IV – enunciado de súmula de tribunal de justiça sobre direito local.

Supremo Tribunal Federal. Nesta edição, reproduziremos as questões de direito controvertidas objeto dos recursos repetitivos, as teses fixadas e eventuais súmulas originadas dos referidos recursos, conforme constam no site do STJ e do STF, para facilitar o estudo e a compreensão dos referidos precedentes.

14.1 TESES FIRMADAS EM RECURSOS ESPECIAIS REPETITIVOS DO STJ

14.1.1 Tema 04 (REsp repetitivo nº 1086944/SP): percentual dos juros moratórios devidos nas condenações impostas à Fazenda Pública - pagamento de verbas remuneratórias de servidores públicos[10]

Questão de direito controvertida	"Questão referente ao percentual de juros moratórios devido nas condenações impostas à Fazenda Pública para pagamento de verbas remuneratórias a servidores públicos, nos termos do artigo 1º-F da Lei nº 9.494/97, acrescentado pela Medida Provisória nº 2.180/2001".
Tese	" O art. 1º-F, da Lei 9.494/97, que fixa os juros moratórios nas ações ajuizadas contra a Fazenda Pública no patamar de 6%, é de ser aplicado tão somente às demandas ajuizadas após a sua entrada em vigor.".
Tese 435 Repercussão Geral	É compatível com a Constituição a aplicabilidade imediata do art. 1º-F da Lei 9.494/97, com alteração pela Medida Provisória nº 2.180-35/2001, ainda que em relação às ações ajuizadas antes de sua entrada em vigor.
Observação	Dispositivo teve redação alterada pela Lei nº 11.960/2009. Verificar Tese 810 de repercussão geral e ADI 5348 do STF. Verificar, ainda, teses 491 e 492.

10. Vide tópico 7.4.

Segue abaixo transcrita a ementa do julgado:

RECURSO ESPECIAL REPRESENTATIVO DA CONTROVÉRSIA. ADMINISTRATIVO. JUROS MORATÓRIOS. FAZENDA PÚBLICA. DÉBITO EM RELAÇÃO À REMUNERAÇÃO DOS SERVIDORES PÚBLICOS. AÇÃO AJUIZADA APÓS À EDIÇÃO DA MP Nº 2.180/01. FIXAÇÃO NO PATAMAR DE 6% AO ANO.

1. O art. 1º-F, da Lei 9.494/97, que fixa os juros moratórios nas ações ajuizadas contra a Fazenda Pública no patamar de 6%, é de ser aplicado tão somente às demandas ajuizadas após a sua entrada em vigor. Inaplicabilidade do art. 406 do Código Civil de 2002. Precedentes.

2. Constitucionalidade do art. 1º-F, da Lei 9.494/97 declarada pelo Supremo Tribunal Federal. Ressalva do ponto de vista da relatora.

3. Recurso especial provido.

- (REsp 1086944/SP, Rel. Ministra MARIA THEREZA DE ASSIS MOURA, TERCEIRA SEÇÃO, julgado em 11/03/2009, DJe 04/05/2009)

14.1.2 Temas 96 e 97 (REsp repetitivo nº 1101728/SP): responsabilidade dos sócios para responder por débitos da pessoa jurídica devedora em execução fiscal[11]

Questão de direito controvertida	"Questiona-se a responsabilidade dos sócios para responder por débitos da pessoa jurídica devedora em execução fiscal".
Tese Tema 96	"A entrega de declaração pelo contribuinte reconhecendo débito fiscal constitui o crédito tributário, dispensada qualquer outra providência por parte do fisco.".
Súmula correspondente: 436	"A entrega de declaração pelo contribuinte reconhecendo débito fiscal constitui o crédito tributário, dispensada qualquer outra providência por parte do fisco

11. Vide tópico 13.4.

Tese Tema 97	"A simples falta de pagamento do tributo não configura, por si só, nem em tese, circunstância que acarreta a responsabilidade subsidiária do sócio, prevista no art. 135 do CTN. É indispensável, para tanto, que tenha agido com excesso de poderes ou infração à lei, ao contrato social ou ao estatuto da empresa".

Segue abaixo transcrita a ementa do julgado:

TRIBUTÁRIO. RECURSO ESPECIAL. EXECUÇÃO FISCAL. TRIBUTO DECLARADO PELO CONTRIBUINTE. CONSTITUIÇÃO DO CRÉDITO TRIBUTÁRIO. PROCEDIMENTO ADMINISTRATIVO. DISPENSA. RESPONSABILIDADE DO SÓCIO. TRIBUTO NÃO PAGO PELA SOCIEDADE.

1. A jurisprudência desta Corte, reafirmada pela Seção inclusive em julgamento pelo regime do art. 543-C do CPC, é no sentido de que "a apresentação de Declaração de Débitos e Créditos Tributários Federais? DCTF, de Guia de Informação e Apuração do ICMS? GIA, ou de outra declaração dessa natureza, prevista em lei, é modo de constituição do crédito tributário, dispensando, para isso, qualquer outra providência por parte do Fisco" (REsp 962.379, 1ª Seção, DJ de 28.10.08).

2. É igualmente pacífica a jurisprudência do STJ no sentido de que a simples falta de pagamento do tributo não configura, por si só, nem em tese, circunstância que acarreta a responsabilidade subsidiária do sócio, prevista no art. 135 do CTN. É indispensável, para tanto, que tenha agido com excesso de poderes ou infração à lei, ao contrato social ou ao estatuto da empresa (EREsp 374.139/RS, 1ª Seção, DJ de 28.02.2005).

3. Recurso especial parcialmente conhecido e, nessa parte, parcialmente provido. Acórdão sujeito ao regime do art. 543-C do CPC e da Resolução STJ 08/08.

- (REsp 1101728/SP, Rel. Ministro TEORI ALBINO ZAVASCKI, PRIMEIRA SEÇÃO, julgado em 11/03/2009, DJe 23/03/2009)

14.1.3 Tema 120 (REsp repetitivo nº 1090898/SP): inviabilidade de substituição do bem penhorado por precatório na execução fiscal[12]

Questão de direito controvertida	"Questiona-se a inadmissibilidade da substituição de penhora já realizada por precatórios emitidos pela Fazenda do Estado exequente".
Tese	"A Fazenda Pública pode recusar a substituição do bem penhorado por precatório".
Súmula correspondente: 406	"A Fazenda Pública pode recusar a substituição do bem penhorado por precatório".

Segue abaixo transcrita a ementa do julgado:

PROCESSUAL CIVIL. RECURSO ESPECIAL REPRESENTATIVO DE CONTROVÉRSIA. ART. 543-C DO CPC. RESOLUÇÃO STJ N.º 08/2008. EXECUÇÃO FISCAL. SUBSTITUIÇÃO DE BEM PENHORADO POR PRECATÓRIO. INVIABILIDADE.

1. "O crédito representado por precatório é bem penhorável, mesmo que a entidade dele devedora não seja a própria exequente, enquadrando-se na hipótese do inciso XI do art. 655 do CPC, por se constituir em direito de crédito" (EREsp 881.014/RS, 1ª Seção, Rel. Min. Castro Meira, DJ de 17.03.08).

2. A penhora de precatório equivale à penhora de crédito, e não de dinheiro.

3. Nos termos do art. 15, I, da Lei 6.830/80, é autorizada ao executado, em qualquer fase do processo e independentemente da aquiescência da Fazenda Pública, tão somente a substituição dos bens penhorados por depósito em dinheiro ou fiança bancária.

4. Não se equiparando o precatório a dinheiro ou fiança bancária, mas a direito de crédito, pode o Fazenda Pública recusar a substituição por quaisquer das causas previstas no art. 656 do CPC ou nos arts. 11 e 15 da LEF.

5. Recurso especial representativo de controvérsia não provido. Acórdão sujeito à sistemática do art. 543-C do CPC e da Resolução STJ n.º 08/2008.

- (REsp 1090898/SP, Rel. Ministro CASTRO MEIRA, PRIMEIRA SEÇÃO, julgado em 12/08/2009, DJe 31/08/2009)

12. Vide tópico 13.7.

14.1.4 Tema 134 (REsp repetitivo nº 1100156/RJ): possibilidade de decretação de ofício da prescrição ocorrida antes da propositura da execução fiscal[13]

Questão de direito controvertida	"Questão referente às providências indicadas no § 4º do art. 40 da Lei 6.830/80 que somente se aplicam em caso de prescrição intercorrente, razão pela qual se revela possível a decretação de ofício da prescrição verificada antes do ajuizamento, com base no § 5º do art. 219 do CPC".
Tese	"Em execução fiscal, a prescrição ocorrida antes da propositura da ação pode ser decretada de ofício (art. 219, § 5º, do CPC)".

Segue abaixo transcrita a ementa do julgado:

TRIBUTÁRIO E PROCESSO CIVIL. EXECUÇÃO FISCAL. IPTU. PRESCRIÇÃO. DECLARAÇÃO DE OFÍCIO. VIABILIDADE.

1. Em execução fiscal, a prescrição ocorrida antes da propositura da ação pode ser decretada de ofício, com base no art. 219, § 5º do CPC (redação da Lei 11.051/04), independentemente da prévia ouvida da Fazenda Pública. O regime do § 4º do art. 40 da Lei 6.830/80, que exige essa providência prévia, somente se aplica às hipóteses de prescrição intercorrente nele indicadas. Precedentes de ambas as Turmas da 1ª Seção.

2. Recurso especial desprovido. Acórdão sujeito ao regime do art. 543-C do CPC e da Resolução STJ 08/08.

- (REsp 1100156/RJ, Rel. Ministro TEORI ALBINO ZAVASCKI, PRIMEIRA SEÇÃO, julgado em 10/06/2009, DJe 18/06/2009)

13. Vide tópico 13.12.

14.1.5 Tema 143 (REsp repetitivo nº 1111002/SP): Extinção da execução fiscal pelo cancelamento do débito pela Fazenda Pública - causalidade e pagamento de honorários advocatícios[14]

Questão de direito controvertida	"Questão referente à contrariedade aos artigos 535, I e II, do CPC, por entender não ter sido apurada a culpa do insucesso da execução fiscal; art. 26, da Lei n. 6.830/80, que prevê a extinção da execução antes da decisão de primeira instância sem qualquer ônus para as partes; e art. 1º-D, da Lei n. 9.494/97, que considera indevidos os honorários advocatícios pela Fazenda Pública também nas execuções fiscais não embargadas. Considera inaplicável ao caso a Súmula n. 153, do STJ".
Tese	"Em casos de extinção de execução fiscal em virtude de cancelamento de débito pela exequente, define a necessidade de se perquirir quem deu causa à demanda a fim de imputar-lhe o ônus pelo pagamento dos honorários advocatícios".

Segue abaixo transcrita a ementa do julgado:

PROCESSUAL CIVIL. RECURSO ESPECIAL REPRESENTATIVO DE CONTROVÉRSIA. ART. 543-C, DO CPC. EXECUÇÃO FISCAL. EXTINÇÃO. CANCELAMENTO DO DÉBITO PELA EXEQUENTE. ERRO DO CONTRIBUINTE NO PREENCHIMENTO DA DECLARAÇÃO DE DÉBITOS E CRÉDITOS TRIBUTÁRIOS FEDERAIS - DCTF. HONORÁRIOS ADVOCATÍCIOS. APLICAÇÃO DO PRINCÍPIO DA CAUSALIDADE. IMPRESCINDIBILIDADE DA VERIFICAÇÃO DA DATA DE APRESENTAÇÃO DA DECLARAÇÃO RETIFICADORA, SE HOUVER, EM COTEJO COM A DATA DO AJUIZAMENTO DA EXECUÇÃO FISCAL.

1. Não viola o art. 535, do CPC, o acórdão que vem dotado de fundamentação suficiente para sustentar o decidido.

14. Vide tópico 13.14.

2. Em sede de execução fiscal é impertinente a invocação do art. 1º-D, da Lei n. 9.494/97, tendo em vista que o Plenário do STF, em sessão de 29.09.2004, julgando o RE 420.816/PR (DJ 06.10.2004) declarou incidentemente a constitucionalidade da MP n. 2180-35, de 24.08.2001 restringindo-lhe, porém, a aplicação à hipótese de execução, por quantia certa, contra a Fazenda Pública (CPC, art. 730).

3. É jurisprudência pacífica no STJ aquela que, em casos de extinção de execução fiscal em virtude de cancelamento de débito pela exequente, define a necessidade de se perquirir quem deu causa à demanda a fim de imputar-lhe o ônus pelo pagamento dos honorários advocatícios. Precedentes: AgRg no REsp. Nº 969.358 - SP, Segunda Turma, Rel. Min. Mauro Campbell Marques, julgado em 6.11.2008; EDcl no AgRg no AG Nº 1.112.581 - SP, Segunda Turma, Rel. Min. Mauro Campbell Marques, julgado em 23.7.2009; REsp Nº 991.458 - SP, Segunda Turma, Rel. Min. Mauro Campbell Marques, julgado em 2.4.2009; REsp. Nº 626.084 - SC, Primeira Turma, Rel. Min. Denise Arruda, julgado em 7.8.2007; AgRg no REsp 818.522/MG, 1ª Turma, Rel. Min. José Delgado, DJ de 21.8.2006; AgRg no REsp 635.971/RS, 1ª Turma, Rel. Min. Luiz Fux, DJ de 16.11.2004.

4. Tendo havido erro do contribuinte no preenchimento da Declaração de Débitos e Créditos Tributários Federais - DCTF, é imprescindível verificar a data da apresentação do documento retificador, se houver, em cotejo com a data do ajuizamento da execução fiscal a fim de, em razão do princípio da causalidade, se houver citação, condenar a parte culpada ao pagamento dos honorários advocatícios.

5. O contribuinte que erra no preenchimento da Declaração de Débitos e Créditos Tributários Federais - DCTF deve ser responsabilizado pelo pagamento dos honorários advocatícios, por outro lado, o contribuinte que a tempo de evitar a execução fiscal protocola documento retificador não pode ser penalizado com o pagamento de honorários em execução fiscal pela demora da administração em analisar seu pedido.

6. Hipótese em que o contribuinte protocolou documento retificador antes do ajuizamento da execução fiscal e foi citado para resposta com a consequente subsistência da condenação da Fazenda Nacional em honorários.

7. Recurso especial parcialmente conhecido e, nessa parte, não provido. Acórdão submetido ao regime do art. 543-C do CPC e da Resolução STJ 08/2008.

- (REsp 1111002/SP, Rel. Ministro MAURO CAMPBELL MARQUES, PRIMEIRA SEÇÃO, julgado em 23/09/2009, DJe 01/10/2009)

14.1.6 Tema 166 (REsp repetitivo nº 1045472/BA): possibilidade de substituição da CDA pela Fazenda Pública até a prolação da sentença dos embargos para fins de correção de erro material ou formal e vedação da modificação do sujeito passivo da execução[15].

Questão de direito controvertida	"Questão referente à possibilidade de substituição da CDA antes da sentença de mérito, na forma do disposto no § 8º, do artigo 2º, da Lei 6.830/80, na hipótese de mudança de titularidade do imóvel sobre o qual incide o IPTU".
Tese	"A Fazenda Pública pode substituir a certidão de dívida ativa (CDA) até a prolação da sentença de embargos, quando se tratar de correção de erro material ou formal, vedada a modificação do sujeito passivo da execução".
Súmula correspondente: 392	A Fazenda Pública pode substituir a certidão de dívida ativa (CDA) até a prolação da sentença de embargos, quando se tratar de correção de erro material ou formal, vedada a modificação do sujeito passivo da execução.

Segue abaixo transcrita a ementa do julgado:

PROCESSO CIVIL. RECURSO ESPECIAL REPRESENTATIVO DE CONTROVÉRSIA. ARTIGO 543-C, DO CPC. PROCESSO JUDICIAL TRIBUTÁRIO. EXECUÇÃO FISCAL. IPTU. CERTIDÃO DE DÍVIDA ATIVA (CDA). SUBSTITUIÇÃO, ANTES DA PROLAÇÃO DA SENTENÇA, PARA INCLUSÃO DO NOVEL PROPRIETÁRIO. IMPOSSIBILIDADE. NÃO CARACTERIZAÇÃO ERRO FORMAL OU MATERIAL. SÚMULA 392/STJ.

15. Vide tópico 13.5.

1. A Fazenda Pública pode substituir a certidão de dívida ativa (CDA) até a prolação da sentença de embargos, quando se tratar de correção de erro material ou formal, vedada a modificação do sujeito passivo da execução (Súmula 392/STJ).

2. É que: "Quando haja equívocos no próprio lançamento ou na inscrição em dívida, fazendo-se necessária alteração de fundamento legal ou do sujeito passivo, nova apuração do tributo com aferição de base de cálculo por outros critérios, imputação de pagamento anterior à inscrição etc., será indispensável que o próprio lançamento seja revisado, se ainda viável em face do prazo decadencial, oportunizando-se ao contribuinte o direito à impugnação, e que seja revisada a inscrição, de modo que não se viabilizará a correção do vício apenas na certidão de dívida. A certidão é um espelho da inscrição que, por sua vez, reproduz os termos do lançamento. Não é possível corrigir, na certidão, vícios do lançamento e/ou da inscrição. Nestes casos, será inviável simplesmente substituir-se a CDA." (Leandro Paulsen, René Bergmann Ávila e Ingrid Schroder Sliwka, in "Direito Processual Tributário: Processo Administrativo Fiscal e Execução Fiscal à luz da Doutrina e da Jurisprudência", Livraria do Advogado, 5ª ed., Porto Alegre, 2009, pág. 205).

3. Outrossim, a apontada ofensa aos artigos 165, 458 e 535, do CPC, não restou configurada, uma vez que o acórdão recorrido pronunciou-se de forma clara e suficiente sobre a questão posta nos autos. Saliente-se, ademais, que o magistrado não está obrigado a rebater, um a um, os argumentos trazidos pela parte, desde que os fundamentos utilizados tenham sido suficientes para embasar a decisão, como de fato ocorreu na hipótese dos autos.

4. Recurso especial desprovido. Acórdão submetido ao regime do artigo 543-C, do CPC, e da Resolução STJ 08/2008.

- (REsp 1045472/BA, Rel. Ministro LUIZ FUX, PRIMEIRA SEÇÃO, julgado em 25/11/2009, DJe 18/12/2009)

14.1.7 Tema 202 (REsp repetitivo nº 1107543/SP): deferimento imediato da certidão requerida pela Fazenda Pública a cartório extrajudicial, sem necessidade de pagamento antecipado das custas correspondentes[16]

Questão de direito controvertida	" Questão referente à obrigatoriedade ou não de a Fazenda Pública, em sede de execução fiscal, proceder ao adiantamento dos valores relativos à expedição de ofício ao Cartório competente, para fornecimento de cópias dos atos constitutivos da executada".
Tese	"O cartório extrajudicial deve expedir certidão sobre os atos constitutivos da empresa devedora executada requerida pela Fazenda Pública, cabendo-lhe, se vencida, reembolsar o valor das custas ao final".

Segue abaixo transcrita a ementa do julgado:

PROCESSUAL CIVIL. TRIBUTÁRIO. RECURSO ESPECIAL REPRESENTATIVO DE CONTROVÉRSIA. ART. 543-C, DO CPC. EXECUÇÃO FISCAL. PAGAMENTO ANTECIPADO PARA EXPEDIÇÃO DE OFÍCIO AO CARTÓRIO DE TÍTULOS E DOCUMENTOS E CIVIL DE PESSOAS JURÍDICAS PELA FAZENDA PÚBLICA. DESNECESSIDADE. ART. 39, DA LEI Nº 6.830/80. ART. 27, DO CPC. DIFERENÇA ENTRE OS CONCEITOS DE CUSTAS E DESPESAS PROCESSUAIS. PRECEDENTES.

1. A certidão requerida pela Fazenda Pública ao cartório extrajudicial deve ser deferida de imediato, diferindo-se o pagamento para o final da lide, a cargo do vencido. (Precedentes: AgRg no REsp 1013586/SP, Rel. Ministro MAURO CAMPBELL MARQUES, SEGUNDA TURMA, julgado em 21/05/2009, DJe 04/06/2009; REsp 1110529/SP, Rel. Ministra ELIANA CALMON, SEGUNDA TURMA, julgado em 05/05/2009, DJe 21/05/2009; AgRg no REsp 1034566/SP, Rel. Ministro LUIZ FUX, PRIMEIRA TURMA, julgado em 10/02/2009, DJe 26/03/2009; REsp 1036656/

16. Vide tópico 13.2.

SP, Rel. Ministra ELIANA CALMON, PRIMEIRA SEÇÃO, julgado em 11/03/2009, DJe 06/04/2009; REsp 1015541/SP, Rel. Ministro CASTRO MEIRA, SEGUNDA TURMA, julgado em 22/04/2008, DJe 08/05/2008)

2. O Sistema Processual exonera a Fazenda Pública de arcar com quaisquer despesas, pro domo sua, quando litiga em juízo, suportando, apenas, as verbas decorrentes da sucumbência (artigos 27 e 1.212, parágrafo único, do CPC). Tratando-se de execução fiscal, é textual a lei quanto à exoneração, consoante se colhe dos artigos 7º e 39, da Lei nº 6.830/80, por isso que, enquanto não declarada inconstitucional a lei, cumpre ao STJ velar pela sua aplicação.

3. A isenção de que goza a Fazenda Pública, nos termos do art. 39, da Lei de Execuções Fiscais, está adstrita às custas efetivamente estatais, cuja natureza jurídica é de taxa judiciária, consoante posicionamento do Pretório Excelso (RE 108.845), sendo certo que os atos realizados fora desse âmbito, cujos titulares sejam pessoas estranhas ao corpo funcional do Poder Judiciário, como o leiloeiro e o depositário, são de responsabilidade do autor exequente, porquanto essas despesas não assumem a natureza de taxa, estando excluídas, portanto, da norma insculpida no art. 39, da LEF. Diferença entre os conceitos de custas e despesas processuais.

4. Ressalte-se ainda que, de acordo com o disposto no parágrafo único art. 39 da Lei 6.830/80, a Fazenda Pública, se vencida, é obrigada a reembolsar a parte vencedora no que houver adiantado a título de custas, o que se coaduna com o art. 27, do Código de Processo Civil, não havendo, desta forma, riscos de se criarem prejuízos à parte adversa com a concessão de tal benefício isencional.

5. Mutatis mutandis, a exoneração participa da mesma ratio essendi da jurisprudência da Corte Especial que imputa a despesa extrajudicial da elaboração de planilha do cálculo àquele que pretende executar a Fazenda Pública.

6. Recurso especial provido, para determinar a expedição da certidão requerida pela Fazenda Pública, cabendo-lhe, se vencida, efetuar o pagamento das custas ao final. Acórdão submetido ao regime do art. 543-C do CPC e da Resolução STJ 08/2008.

- (REsp 1107543/SP, Rel. Ministro LUIZ FUX, PRIMEIRA SEÇÃO, julgado em 24/03/2010, DJe 26/04/2010)

14.1.8 Tema 202 (REsp repetitivo nº 1107543/SP): deferimento imediato da certidão requerida pela Fazenda Pública a cartório extrajudicial, sem necessidade de pagamento antecipado das custas correspondentes

Questão de direito controvertida	" Questão referente à obrigatoriedade ou não de a Fazenda Pública, em sede de execução fiscal, proceder ao adiantamento dos valores relativos à expedição de ofício ao Cartório competente, para fornecimento de cópias dos atos constitutivos da executada".
Tese	"O cartório extrajudicial deve expedir certidão sobre os atos constitutivos da empresa devedora executada requerida pela Fazenda Pública, cabendo-lhe, se vencida, reembolsar o valor das custas ao final".

Segue abaixo transcrita a ementa do julgado:

PROCESSUAL CIVIL. TRIBUTÁRIO. RECURSO ESPECIAL REPRESENTATIVO DE CONTROVÉRSIA. ART. 543-C, DO CPC. EXECUÇÃO FISCAL. PAGAMENTO ANTECIPADO PARA EXPEDIÇÃO DE OFÍCIO AO CARTÓRIO DE TÍTULOS E DOCUMENTOS E CIVIL DE PESSOAS JURÍDICAS PELA FAZENDA PÚBLICA. DESNECESSIDADE. ART. 39, DA LEI Nº 6.830/80. ART. 27, DO CPC. DIFERENÇA ENTRE OS CONCEITOS DE CUSTAS E DESPESAS PROCESSUAIS. PRECEDENTES.

1. A certidão requerida pela Fazenda Pública ao cartório extrajudicial deve ser deferida de imediato, diferindo-se o pagamento para o final da lide, a cargo do vencido. (Precedentes: AgRg no REsp 1013586/SP, Rel. Ministro MAURO CAMPBELL MARQUES, SEGUNDA TURMA, julgado em 21/05/2009, DJe 04/06/2009; REsp 1110529/SP, Rel. Ministra ELIANA CALMON, SEGUNDA TURMA, julgado em 05/05/2009, DJe 21/05/2009; AgRg no REsp 1034566/SP, Rel. Ministro LUIZ FUX, PRIMEIRA TURMA, julgado em 10/02/2009, DJe 26/03/2009; REsp 1036656/SP, Rel. Ministra ELIANA CALMON, PRIMEIRA SEÇÃO, julgado em 11/03/2009, DJe 06/04/2009; REsp 1015541/SP, Rel. Ministro CASTRO MEIRA, SEGUNDA TURMA, julgado em 22/04/2008, DJe 08/05/2008)

2. O Sistema Processual exonera a Fazenda Pública de arcar com quaisquer despesas, pro domo sua, quando litiga em juízo, suportando, apenas, as verbas decorrentes da sucumbência (artigos 27 e 1.212, parágrafo único, do CPC). Tratando-se de execução fiscal, é textual a lei quanto à exoneração, consoante se colhe dos artigos 7º e 39, da Lei nº 6.830/80, por isso que, enquanto não declarada inconstitucional a lei, cumpre ao STJ velar pela sua aplicação.

3. A isenção de que goza a Fazenda Pública, nos termos do art. 39, da Lei de Execuções Fiscais, está adstrita às custas efetivamente estatais, cuja natureza jurídica é de taxa judiciária, consoante posicionamento do Pretório Excelso (RE 108.845), sendo certo que os atos realizados fora desse âmbito, cujos titulares sejam pessoas estranhas ao corpo funcional do Poder Judiciário, como o leiloeiro e o depositário, são de responsabilidade do autor exequente, porquanto essas despesas não assumem a natureza de taxa, estando excluídas, portanto, da norma insculpida no art. 39, da LEF. Diferença entre os conceitos de custas e despesas processuais.

4. Ressalte-se ainda que, de acordo com o disposto no parágrafo único art. 39 da Lei 6.830/80, a Fazenda Pública, se vencida, é obrigada a reembolsar a parte vencedora no que houver adiantado a título de custas, o que se coaduna com o art. 27, do Código de Processo Civil, não havendo, desta forma, riscos de se criarem prejuízos à parte adversa com a concessão de tal benefício isencional.

5. Mutatis mutandis, a exoneração participa da mesma ratio essendi da jurisprudência da Corte Especial que imputa a despesa extrajudicial da elaboração de planilha do cálculo àquele que pretende executar a Fazenda Pública.

6. Recurso especial provido, para determinar a expedição da certidão requerida pela Fazenda Pública, cabendo-lhe, se vencida, efetuar o pagamento das custas ao final. Acórdão submetido ao regime do art. 543-C do CPC e da Resolução STJ 08/2008.

- (REsp 1107543/SP, Rel. Ministro LUIZ FUX, PRIMEIRA SEÇÃO, julgado em 24/03/2010, DJe 26/04/2010)

14.1.9 Tema 228 (REsp repetitivos nºs 1114404/MG e 937890/SP): Possibilidade do contribuinte optar entre receber por precatório ou por compensação o indébito tributário certificado por sentença transitada em julgado[17].

Questão de direito controvertida	"Questiona-se se é facultado ao contribuinte que detém crédito contra a Fazenda Pública por tributo indevidamente pago optar pela restituição via precatório ou compensação, conforme previsão legal do ente tributante.".
Tese	"O contribuinte pode optar por receber, por meio de precatório ou por compensação, o indébito tributário certificado por sentença declaratória transitada em julgado".
Súmula correspondente: 461	O contribuinte pode optar por receber, por meio de precatório ou por compensação, o indébito tributário certificado por sentença declaratória transitada em julgado.

Segue abaixo transcrita a ementa do julgado:

PROCESSUAL CIVIL E TRIBUTÁRIO. SENTENÇA DECLARATÓRIA DO DIREITO À COMPENSAÇÃO DE INDÉBITO TRIBUTÁRIO. POSSIBILIDADE DE REPETIÇÃO POR VIA DE PRECATÓRIO OU REQUISIÇÃO DE PEQUENO VALOR. FACULDADE DO CREDOR. RECURSO ESPECIAL REPRESENTATIVO DE CONTROVÉRSIA. ART. 543-C, DO CPC.

1."A sentença declaratória que, para fins de compensação tributária, certifica o direito de crédito do contribuinte que recolheu indevidamente o tributo, contém juízo de certeza e de definição exaustiva a respeito de todos os elementos da relação jurídica questionada e, como tal, é título executivo para a ação visando à satisfação, em dinheiro, do valor devido" (REsp n. 614.577/SC, Ministro Teori Albino Zavascki).

2. A opção entre a compensação e o recebimento do crédito por precatório ou requisição de pequeno valor cabe ao contribuinte credor pelo indébito tributário, haja vista que constituem, todas as modalidades,

17. Vide tópico 7.7.

formas de execução do julgado colocadas à disposição da parte quando procedente a ação que teve a eficácia de declarar o indébito. Precedentes da Primeira Seção: REsp.796.064 - RJ, Primeira Seção, Rel. Min. Luiz Fux, julgado em 22.10.2008; EREsp. Nº 502.618 - RS, Primeira Seção, Rel. Min. João Otávio de Noronha, julgado em 8.6.2005; EREsp. N. 609.266 - RS, Primeira Seção, Rel. Min. Teori Albino Zavascki, julgado em 23.8.2006.

3. Recurso especial provido. Acórdão submetido ao regime do art. 543-C do CPC e da Resolução STJ 08/2008.

- (REsp 1114404/MG, Rel. Ministro MAURO CAMPBELL MARQUES, PRIMEIRA SEÇÃO, julgado em 10/02/2010, DJe 01/03/2010)

14.1.10 Tema 241 (REsp repetitivo nº 962838/BA): Depósito prévio (art. 38, da LEF) não constitui condição de procedibilidade da ação anulatória[18].

Questão de direito controvertida	"Questão referente à ilegitimidade da exigência de depósito prévio como condição de procedibilidade da ação anulatória de crédito tributário (art. 38 da Lei 6.830/80)".
Tese	"O depósito prévio previsto no art. 38, da LEF, não constitui condição de procedibilidade da ação anulatória, mas mera faculdade do autor, para o efeito de suspensão da exigibilidade do crédito tributário, nos termos do art. 151 do CTN, inibindo, dessa forma, o ajuizamento da ação executiva fiscal".

Segue abaixo transcrita a ementa do julgado:

PROCESSUAL CIVIL. EMBARGOS DE DECLARAÇÃO. OMISSÃO. OCORRÊNCIA. (RECURSO ESPECIAL REPRESENTATIVO DE CONTROVÉRSIA. ART. 543-C, DO CPC. AJUIZAMENTO DE AÇÃO ANULATÓRIA DO CRÉDITO FISCAL. CONDICIONAMENTO AO DEPÓSITO PRÉVIO DO MONTANTE INTEGRAL. IMPOSSIBILIDADE. VIOLAÇÃO DO ART. 535, II, DO CPC. INOCORRÊNCIA).

1. Os embargos de declaração são cabíveis quando houver no acórdão ou sentença, omissão, contrariedade, obscuridade ou erro material, nos termos do art. 535, I e II, do CPC.

18. Vide tópico 13.9.

2. Deveras, verifica-se omissão no acórdão embargado, porquanto não constou do dispositivo a determinação de retorno dos autos ao Tribunal de origem, em decorrência do afastamento de causa de extinção do processo, qual seja, a exigência do depósito prévio previsto no art. 38 da Lei de Execuções Fiscais como condicionante à propositura da ação anulatória de débito fiscal.

3. Embargos de declaração acolhidos, tão-somente para sanar o erro material, fazendo constar do dispositivo: "Ex positis, DOU PROVIMENTO ao recurso especial, determinando o retorno dos autos ao Tribunal a quo para análise de mérito."

- (EDcl no REsp 962.838/BA, Rel. Ministro LUIZ FUX, PRIMEIRA SEÇÃO, julgado em 24/03/2010, DJe 09/04/2010)

14.1.11 Tema 249 (REsp repetitivo nº 1115501/SP): Possibilidade de prosseguimento da execução fiscal em caso de reconhecimento de excesso de execução nos embargos, pelo valor remanescente - dispensa de emenda ou substituição da CDA[19].

Questão de direito controvertida	"Questão referente à possibilidade de alteração do valor constante na Certidão da Dívida Ativa, quando configurado o excesso de execução, desde que a operação importe meros cálculos aritméticos, sendo certa a inexistência de mácula à liquidez do título executivo".
Tese	"O prosseguimento da execução fiscal (pelo valor remanescente daquele constante do lançamento tributário ou do ato de formalização do contribuinte fundado em legislação posteriormente declarada inconstitucional em sede de controle difuso) revela-se forçoso em face da suficiência da liquidação do título executivo, consubstanciado na sentença proferida nos embargos à execução, que reconheceu o excesso cobrado pelo Fisco, sobressaindo a higidez do ato de constituição do crédito tributário, o que, a fortiori, dispensa a emenda ou substituição da certidão de dívida ativa (CDA)".

19. Vide tópico 13.9.

Segue abaixo transcrita a ementa do julgado:

PROCESSUAL CIVIL. RECURSO ESPECIAL REPRESENTATIVO DE CONTROVÉRSIA. ARTIGO 543-C, DO CPC. EMBARGOS À EXECUÇÃO FISCAL. CERTIDÃO DE DÍVIDA ATIVA (CDA) ORIGINADA DE LANÇAMENTO FUNDADO EM LEI POSTERIORMENTE DECLARADA INCONSTITUCIONAL EM SEDE DE CONTROLE DIFUSO (DECRETOS-LEIS 2.445/88 E 2.449/88). VALIDADE DO ATO ADMINISTRATIVO QUE NÃO PODE SER REVISTO. INEXIGIBILIDADE PARCIAL DO TÍTULO EXECUTIVO. ILIQUIDEZ AFASTADA ANTE A NECESSIDADE DE SIMPLES CÁLCULO ARITMÉTICO PARA EXPURGO DA PARCELA INDEVIDA DA CDA. PROSSEGUIMENTO DA EXECUÇÃO FISCAL POR FORÇA DA DECISÃO, PROFERIDA NOS EMBARGOS À EXECUÇÃO, QUE DECLAROU O EXCESSO E QUE OSTENTA FORÇA EXECUTIVA. DESNECESSIDADE DE SUBSTITUIÇÃO DA CDA.

1. O prosseguimento da execução fiscal (pelo valor remanescente daquele constante do lançamento tributário ou do ato de formalização do contribuinte fundado em legislação posteriormente declarada inconstitucional em sede de controle difuso) revela-se forçoso em face da suficiência da liquidação do título executivo, consubstanciado na sentença proferida nos embargos à execução, que reconheceu o excesso cobrado pelo Fisco, sobressaindo a higidez do ato de constituição do crédito tributário, o que, a fortiori, dispensa a emenda ou substituição da certidão de dívida ativa (CDA).

2. Deveras, é certo que a Fazenda Pública pode substituir ou emendar a certidão de dívida ativa (CDA) até a prolação da sentença de embargos (artigo 2º, § 8º, da Lei 6.830/80), quando se tratar de correção de erro material ou formal, vedada, entre outras, a modificação do sujeito passivo da execução (Súmula 392/STJ) ou da norma legal que, por equívoco, tenha servido de fundamento ao lançamento tributário (Precedente do STJ submetido ao rito do artigo 543-C, do CPC: REsp 1.045.472/BA, Rel. Ministro Luiz Fux, Primeira Seção, julgado em 25.11.2009, DJe 18.12.2009).

3. *In casu*, contudo, não se cuida de correção de equívoco, uma vez que o ato de formalização do crédito tributário sujeito a lançamento por homologação (DCTF), encampado por desnecessário ato administrativo de lançamento (Súmula 436/STJ), precedeu à declaração incidental de inconstitucionalidade formal das normas que alteraram o critério quantitativo da regra matriz de incidência tributária, quais sejam, os Decretos-Leis 2.445/88 e 2.449/88.

4. O princípio da imutabilidade do lançamento tributário, insculpido no artigo 145, do CTN, prenuncia que o poder-dever de autotutela da Administração Tributária, consubstanciado na possibilidade de revisão do ato administrativo constitutivo do crédito tributário, somente pode ser exercido nas hipóteses elencadas no artigo 149, do Codex Tributário, e desde que não ultimada a extinção do crédito pelo decurso do prazo decadencial qüinqüenal, em homenagem ao princípio da proteção à confiança do contribuinte (encartado no artigo 146) e no respeito ao ato jurídico perfeito.

5. O caso sub judice amolda-se no disposto no caput do artigo 144, do CTN ("O lançamento reporta-se à data da ocorrência do fato gerador da obrigação e rege-se pela lei então vigente, ainda que posteriormente modificada ou revogada."), uma vez que a autoridade administrativa procedeu ao lançamento do crédito tributário formalizado pelo contribuinte (providência desnecessária por força da Súmula 436/STJ), utilizando-se da base de cálculo estipulada pelos Decretos-Leis 2.445/88 e 2.449/88, posteriormente declarados inconstitucionais pelo Supremo Tribunal Federal, em sede de controle difuso, tendo sido expedida a Resolução 49, pelo Senado Federal, em 19.10.1995.

6. Consequentemente, tendo em vista a desnecessidade de revisão do lançamento, subsiste a constituição do crédito tributário que teve por base a legislação ulteriormente declarada inconstitucional, exegese que, entretanto, não ilide a inexigibilidade do débito fiscal, encartado no título executivo extrajudicial, na parte referente ao quantum a maior cobrado com espeque na lei expurgada do ordenamento jurídico, o que, inclusive, encontra-se, atualmente, preceituado nos artigos 18 e 19, da Lei 10.522/2002, verbis:

"Art. 18. Ficam dispensados a constituição de créditos da Fazenda Nacional, a inscrição como Dívida Ativa da União, o ajuizamento da respectiva execução fiscal, bem assim cancelados o lançamento e a inscrição, relativamente: (...) VIII - à parcela da contribuição ao Programa de Integração Social exigida na forma do Decreto-Lei no 2.445, de 29 de junho de 1988, e do Decreto-Lei no 2.449, de 21 de julho de 1988, na parte que exceda o valor devido com fulcro na Lei Complementar no 7, de 7 de setembro de 1970, e alterações posteriores; (...) § 2º Os autos das execuções fiscais dos débitos de que trata este artigo serão arquivados mediante despacho do juiz, ciente o Procurador da Fazenda Nacional, salvo a existência de valor remanescente relativo a débitos legalmente exigíveis. (...)"

Art. 19. Fica a Procuradoria-Geral da Fazenda Nacional autorizada a não contestar, a não interpor recurso ou a desistir do que tenha sido interposto, desde que inexista outro fundamento relevante, na hipótese de a decisão versar sobre: (Redação dada pela Lei nº 11.033, de 2004) I - matérias de que trata o art. 18; (...). § 5º Na hipótese de créditos tributários já constituídos, a autoridade lançadora deverá rever de ofício o lançamento, para efeito de alterar total ou parcialmente o crédito tributário, conforme o caso. (Redação dada pela Lei nº 11.033, de 2004)".

7. Assim, ultrapassada a questão da nulidade do ato constitutivo do crédito tributário, remanesce a exigibilidade parcial do valor inscrito na dívida ativa, sem necessidade de emenda ou substituição da CDA (cuja liquidez permanece incólume), máxime tendo em vista que a sentença proferida no âmbito dos embargos à execução, que reconhece o excesso, é título executivo passível, por si só, de ser liquidado para fins de prosseguimento da execução fiscal (artigos 475-B, 475-H, 475-N e 475-I, do CPC).

8. Consectariamente, dispensa-se novo lançamento tributário e, a fortiori, emenda ou substituição da certidão de dívida ativa (CDA).

9. Recurso especial desprovido. Acórdão submetido ao regime do art. 543-C do CPC e da Resolução STJ 08/2008.

- (REsp 1115501/SP, Rel. Ministro LUIZ FUX, PRIMEIRA SEÇÃO, julgado em 10/11/2010, DJe 30/11/2010)

14.1.12 Tema 260 (REsp repetitivo nº 1127815/SP): impossibilidade de determinação ex officio pelo juiz de reforço da penhora[20].

Questão de direito controvertida	"Questiona-se a impossibilidade de deferimento ex officio de reforço da penhora realizada validamente no executivo fiscal, a teor dos artigos 15, II, da LEF e 667 e 685 do CPC".
Tese	"O reforço da penhora não pode ser deferido ex officio, a teor dos artigos 15, II, da LEF e 685 do CPC".

20. Vide tópico 13.7.

Segue abaixo transcrita a ementa do julgado:

TRIBUTÁRIO. PROCESSUAL CIVIL. RECURSO ESPECIAL REPRESENTATIVO DE CONTROVÉRSIA. ART. 543-C, DO CPC. EMBARGOS À EXECUÇÃO FISCAL. DETERMINAÇÃO DE REFORÇO DE PENHORA PELO JUIZ EX OFFICIO. IMPOSSIBILIDADE. EXISTÊNCIA DE REQUERIMENTO PELA FAZENDA EXEQUENTE, IN CASU. INSUFICIÊNCIA DA PENHORA. ADMISSIBILIDADE DOS EMBARGOS. VIOLAÇÃO DO ART. 535 DO CPC NÃO CONFIGURADA.

1. O reforço da penhora não pode ser deferido ex officio, a teor dos artigos 15, II, da LEF e 685 do CPC. (Precedentes: REsp 958.383/PR, Rel. Ministro LUIZ FUX, PRIMEIRA TURMA, julgado em 18/11/2008, DJe 17/12/2008; REsp 413.274/SC, Rel. Ministro JOÃO OTÁVIO DE NORONHA, SEGUNDA TURMA, julgado em 01.06.2006, DJ 03.08.2006; REsp 394.523/SC, Rel. Ministro JOÃO OTÁVIO DE NORONHA, SEGUNDA TURMA, julgado em 06.04.2006, DJ 25.05.2006; REsp 475.693/RS, Rel. Ministro LUIZ FUX, PRIMEIRA TURMA, julgado em 25.02.2003, DJ 24.03.2003; REsp nº 396.292/SC, Rel. Ministro GARCIA VIEIRA, DJ de 03.06.2002; REsp nº 53.652/SP, Rel. Ministro CESAR ASFOR ROCHA, DJ de 06.02.1995; REsp nº 53.844/SP, Rel. Ministro HÉLIO MOSIMANN, DJ de 12.12.1994).

2. O artigo 15, da Lei nº 6.830/80, dispõe que: Art. 15 – Em qualquer fase do processo, será deferida pelo Juiz: I – ao executado, a substituição da penhora por depósito em dinheiro ou fiança bancária; e II – à Fazenda Pública, a substituição dos bens penhorados por outros, independentemente da ordem enumerada no artigo 11, bem como o reforço da penhora insuficiente. (grifo nosso)

3. A seu turno, o art. 685 do CPC prevê, verbis: "Art. 685. Após a avaliação, poderá mandar o juiz, a requerimento do interessado e ouvida a parte contrária: I – reduzir a penhora aos bens suficientes, ou transferi-la para outros, que bastem à execução, se o valor dos penhorados for consideravelmente superior ao crédito do exeqüente e acessórios; Il – ampliar a penhora, ou transferi-la para outros bens mais valiosos, se o valor dos penhorados for inferior ao referido crédito.

4. Destarte, consoante a dicção dos artigos 15, II, da LEF e 685 do CPC, não é facultada ao Juízo a determinação de substituição ou reforço da penhora, ao fundamento de insuficiência do bem constrito.

5. É que o princípio do dispositivo, que vigora no Processo Civil, pressupõe que as atividades que o juiz pode engendrar ex officio não inibem a iniciativa da parte de requerê-las, não sendo verdadeira a recíproca. Em consequência, por influxo desse princípio, nas atividades que exigem a iniciativa da parte, o juiz não pode agir sem provocação.

6. In casu, verifica-se que o Juízo singular não determinou o reforço da penhora ex officio, mas motivado por requerimento expresso da Fazenda Estadual nas alegações preliminares da impugnação aos embargos à execução (fls. e-STJ 309), litteris: "Antes de refutar os argumentos que embasam os embargos à execução opostos, cumpre ressaltar que o Juízo não está garantido, ante a patente insuficiência da penhora. Isto porque o valor do bem penhorado (R$ 15.000,00) é nitidamente inferior ao valor do débito (R$ 77.033,42), conforme se depreende dos anexos extratos. Por outro lado, a ausência de depositário nomeado também configura irregularidade que obsta o recebimento dos embargos à execução, vez que a constrição é imperativa a autorizar a oposição daqueles. E, se o auto de penhora não está regular, não se pode considerar o Juízo garantido. Assim, os Embargos à execução não deveriam ter sido recebidos, com fundamento no artigo 16, § 1º da Lei 6.830/80. Entretanto, considerando a atual fase processual, requer a ampliação da penhora, até o limite do débito atualizado, bem como a nomeação de depositário, sob pena de rejeição dos Embargos à Execução com base no dispositivo legal indicado."

7. Outrossim, em face do auto de penhora e avaliação (fls. e-STJ 226), bem como da ocorrência de intimação do executado acerca da penhora efetivada, ressoa inequívoco o preenchimento dos requisitos do art. 685 do CPC, a legitimar a decisão de ampliação da penhora. O voto condutor do aresto recorrido consignou que: "A execução teve seu trâmite normal até a fase de embargos, onde a MMª Juíza a quo verificou que a penhora não havia se aperfeiçoado diante da ausência de nomeação de depositário, bem como a divergência entre o montante do débito e o valor do bem penhorado, determinando a regularização da penhora efetivada e a intimação dos executados para reforço da penhora, sob pena de rejeição dos embargos. Como o executado foi intimado da penhora e recusou o encargo de fiel depositário, uma vez ter alienado o imóvel há mais de 5 (cinco) anos, circunstância que impossibilitou qualquer reforço da penhora –, outra alternativa não restou senão a corresponsabilização dos sócios."

8. O art. 667 do CPC é inaplicável ao caso sub judice, o qual não versa sobre segunda penhora, mas mera e simplesmente sobre reforço da primeira penhora, obviamente insuficiente, ante a divergência entre o valor do bem constrito – cerca de R$ 15.000,00 – e o do crédito exequendo – em torno de R$ 77.000,00. É cediço que somente se procede a uma segunda penhora se a primeira for anulada; se executados os bens; o produto da alienação não bastar para o pagamento do credor; se o exequente desistir da primeira penhora, por serem litigiosos os bens, ou por estarem penhorados, arrestados ou onerados, nos termos do art. 656 do CPC, sendo certo que o caso sub examine não se amolda a qualquer dessas hipóteses.

9. A insuficiência de penhora não é causa bastante para determinar a extinção dos embargos do devedor, cumprindo ao magistrado, antes da decisão terminativa, conceder ao executado prazo para proceder ao reforço, à luz da sua capacidade econômica e da garantia pétrea do acesso à justiça. (Precedentes: REsp 973.810/RS, Rel. Ministra ELIANA CALMON, SEGUNDA TURMA, julgado em 28/10/2008, DJe 17/11/2008; REsp 739.137/CE, Rel. Ministra DENISE ARRUDA, PRIMEIRA TURMA, julgado em 23/10/2007, DJ 22/11/2007; AgRg no Ag 635829/PR, Rel. Ministro CASTRO MEIRA, DJ 18/04/2005; REsp 758266/MG, Rel. Ministro TEORI ALBINO ZAVASCKI, DJ 22/08/2005)

10. In casu, contrariamente ao alegado pelos recorrentes, o Juízo singular não procedeu à extinção da ação de embargos à execução; ao revés, fundamentando o decisum nos princípios da economia processual e da instrumentalidade das formas, determinou, a requerimento da exequente, o reforço da penhora e a regularização de atos processuais, tão logo verificada a ausência de nomeação do depositário, bem assim a divergência entre o montante do débito e o valor do bem penhorado (fls e-STJ 349/350).

11. O pleito de imediato prosseguimento dos embargos, à revelia da referida decisão judicial, não merece acolhimento, haja vista que, conquanto a insuficiência patrimonial do devedor seja justificativa plausível à apreciação dos embargos à execução sem que o executado proceda ao reforço da penhora, deve ser a mesma comprovada inequivocamente. Nesse sentido, in verbis: "Caso o devedor não disponha de patrimônio suficiente para a garantia integral do crédito exequendo, cabe-lhe comprovar inequivocamente tal situação. Neste caso, dever-se-á admitir os

embargos, excepcionalmente, sob pena de se violar o princípio da isonomia sem um critério de discrímen sustentável, eis que dar seguimento à execução, realizando os atos de alienação do patrimônio penhorado e que era insuficiente para garantir toda a dívida, negando ao devedor a via dos embargos, implicaria restrição dos seus direitos apenas em razão da sua situação de insuficiência patrimonial. Em palavras simples, poder-se-ia dizer que tal implicaria em garantir o direito de defesa ao "rico", que dispõe de patrimônio suficiente para segurar o Juízo, e negar o direito de defesa ao "pobre", cujo patrimônio insuficiente passaria a ser de pronto alienado para a satisfação parcial do crédito. Não trato da hipótese de inexistência de patrimônio penhorável pois, em tal situação, sequer haveria como prosseguir com a execução, que restaria completamente frustrada." (Leandro Paulsen, in Direito Processual Tributário, Processo Administrativo Fiscal e Execução Fiscal à luz da Doutrina e da Jurisprudência, Ed. Livraria do Advogado, 5ª ed.; p. 333/334)

12. À míngua de menção, nas instâncias ordinárias acerca da comprovação de insuficiência patrimonial a justificar a recusa dos recorrentes à ampliação da penhora determinada pelo Juízo da execução, impõe-se-lhes a regularização dos atos processuais tendentes ao prosseguimento dos embargos à execução, máxime em face do consignado no acórdão recorrido (fls. e-STJ 433), litteris: "(...) Outrossim, a execução fiscal tem por objetivo a cobrança de ICMS declarado e não pago; ao que consta, o agravado, além de ter sido sócio fundador da empresa executada, ficou à testa do negócio, de modo que evidentemente teve proveito decorrente do não repasse do valor correspondente ao tributo aos cofres públicos. E, além do mais, dissolvida irregularmente a empresa, foram seus sócios incluídos na lide e penhorados bens de sua propriedade. A pretensão da agravada encontra fundamento nos artigos 135, inciso III, do Código Tributário Nacional e 4º, inciso V, da Lei de Execução Fiscal. E, em tese, cabível é a responsabilização dos sócios pelas obrigações fiscais da empresa resultantes de atos praticados com infração da lei, considerando-se como tal a dissolução irregular da sociedade sem o pagamento dos impostos devidos, hipótese que é a dos autos."

13. O art. 535 do CPC resta incólume se o Tribunal de origem, embora sucintamente, pronuncia-se de forma clara e suficiente sobre a questão posta nos autos. Ademais, o magistrado não está obrigado a rebater, um a um, os argumentos trazidos pela parte, desde que os fundamentos utilizados tenham sido suficientes para embasar a decisão.

14. Recurso a que se nega provimento. Acórdão submetido ao regime do art. 543-C do CPC e da Resolução STJ 08/2008.

- (REsp 1127815/SP, Rel. Ministro LUIZ FUX, PRIMEIRA SEÇÃO, julgado em 24/11/2010, DJe 14/12/2010)

14.1.13 Tema 271 (REsp repetitivo nº 1140956/SP): impossibilidade de ajuizamento da execução fiscal quando houver o depósito do montante integral do débito (art. 151, II, do CTN), que suspende a exigibilidade do crédito tributário[21]

Questão de direito controvertida	"Questão referente à impossibilidade de ajuizamento de executivo fiscal enquanto pendente de julgamento ação anulatória de lançamento fiscal, em face da suspensão da exigibilidade do crédito tributário pelo depósito do montante integral do débito, nos termos do artigo 151, inciso II, do CTN".
Tese	"Os efeitos da suspensão da exigibilidade pela realização do depósito integral do crédito exequendo, quer no bojo de ação anulatória, quer no de ação declaratória de inexistência de relação jurídico-tributária, ou mesmo no de mandado de segurança, desde que ajuizados anteriormente à execução fiscal, têm o condão de impedir a lavratura do auto de infração, assim como de coibir o ato de inscrição em dívida ativa e o ajuizamento da execução fiscal, a qual, acaso proposta, deverá ser extinta".

Segue abaixo transcrita a ementa do julgado:

PROCESSUAL CIVIL E TRIBUTÁRIO. RECURSO ESPECIAL REPRESENTATIVO DE CONTROVÉRSIA. ART. 543-C, DO CPC. AÇÃO ANTIEXACIONAL ANTERIOR À EXECUÇÃO FISCAL. DEPÓSITO INTEGRAL DO DÉBITO. SUSPENSÃO DA EXIGIBILIDADE DO CRÉDITO TRIBUTÁRIO (ART. 151, II, DO CTN). ÓBICE À PROPOSITURA DA EXECUÇÃO FISCAL, QUE, ACASO AJUIZADA, DEVERÁ SER EXTINTA.

21. Vide tópico 13.9.

1. O depósito do montante integral do débito, nos termos do artigo 151, inciso II, do CTN, suspende a exigibilidade do crédito tributário, impedindo o ajuizamento da execução fiscal por parte da Fazenda Pública. (Precedentes: REsp 885.246/ES, Rel. Ministro MAURO CAMPBELL MARQUES, SEGUNDA TURMA, julgado em 22/06/2010, DJe 06/08/2010; REsp 1074506/SP, Rel. Ministro LUIZ FUX, PRIMEIRA TURMA, julgado em 06/08/2009, DJe 21/09/2009; AgRg nos EDcl no REsp 1108852/RJ, Rel. Ministro MAURO CAMPBELL MARQUES, SEGUNDA TURMA, julgado em 18/08/2009, DJe 10/09/2009; AgRg no REsp 774.180/RS, Rel. Ministro HUMBERTO MARTINS, SEGUNDA TURMA, julgado em 16/06/2009, DJe 29/06/2009; REsp 807.685/RJ, Rel. Ministro TEORI ALBINO ZAVASCKI, PRIMEIRA TURMA, julgado em 04/04/2006, DJ 08/05/2006; REsp 789.920/MA, Rel. Ministro FRANCISCO FALCÃO, PRIMEIRA TURMA, julgado em 16/02/2006, DJ 06/03/2006; REsp 601.432/CE, Rel. Ministro FRANCISCO PEÇANHA MARTINS, SEGUNDA TURMA, julgado em 27/09/2005, DJ 28/11/2005; REsp 255.701/SP, Rel. Ministro FRANCIULLI NETTO, SEGUNDA TURMA, julgado em 27/04/2004, DJ 09/08/2004; REsp 174.000/RJ, Rel. Ministra ELIANA CALMON, SEGUNDA TURMA, julgado em 08/05/2001, DJ 25/06/2001; REsp 62.767/PE, Rel. Ministro ANTÔNIO DE PÁDUA RIBEIRO, SEGUNDA TURMA, julgado em 03/04/1997, DJ 28/04/1997; REsp 4.089/SP, Rel. Ministro GERALDO SOBRAL, Rel. p/ Acórdão MIN. JOSÉ DE JESUS FILHO, PRIMEIRA TURMA, julgado em 27/02/1991, DJ 29/04/1991; AgRg no Ag 4.664/CE, Rel. Ministro GARCIA VIEIRA, PRIMEIRA TURMA, julgado em 22/08/1990, DJ 24/09/1990).

2. É que as causas suspensivas da exigibilidade do crédito tributário (art. 151 do CTN) impedem a realização, pelo Fisco, de atos de cobrança, os quais têm início em momento posterior ao lançamento, com a lavratura do auto de infração.

3. O processo de cobrança do crédito tributário encarta as seguintes etapas, visando ao efetivo recebimento do referido crédito: a) a cobrança administrativa, que ocorrerá mediante a lavratura do auto de infração e aplicação de multa: exigibilidade-autuação; b) a inscrição em dívida ativa: exigibilidade-inscrição; c) a cobrança judicial, via execução fiscal: exigibilidade-execução.

4. Os efeitos da suspensão da exigibilidade pela realização do depósito integral do crédito exequendo, quer no bojo de ação anulatória, quer no de ação declaratória de inexistência de relação jurídico-tributária, ou mesmo no de mandado de segurança, desde que ajuizados anteriormente à execução fiscal, têm o condão de impedir a lavratura do auto de infração, assim como de coibir o ato de inscrição em dívida ativa e o ajuizamento da execução fiscal, a qual, acaso proposta, deverá ser extinta.

5. A improcedência da ação antiexacional (precedida do depósito do montante integral) acarreta a conversão do depósito em renda em favor da Fazenda Pública, extinguindo o crédito tributário, consoante o comando do art. 156, VI, do CTN, na esteira dos ensinamentos de abalizada doutrina, verbis: "Depois da constituição definitiva do crédito, o depósito, quer tenha sido prévio ou posterior, tem o mérito de impedir a propositura da ação de cobrança, vale dizer, da execução fiscal, porquanto fica suspensa a exigibilidade do crédito. (...) Ao promover a ação anulatória de lançamento, ou a declaratória de inexistência de relação tributária, ou mesmo o mandado de segurança, o autor fará a prova do depósito e pedirá ao Juiz que mande cientificar a Fazenda Pública, para os fins do art. 151, II, do Código Tributário Nacional. Se pretender a suspensão da exigibilidade antes da propositura da ação, poderá fazer o depósito e, em seguida, juntando o respectivo comprovante, pedir ao Juiz que mande notificar a Fazenda Pública. Terá então o prazo de 30 dias para promover a ação. Julgada a ação procedente, o depósito deve ser devolvido ao contribuinte, e se improcedente, convertido em renda da Fazenda Pública, desde que a sentença de mérito tenha transitado em julgado" (MACHADO, Hugo de Brito. Curso de Direito Tributário. 27ª ed., p. 205/206).

6. In casu, o Tribunal a quo, ao conceder a liminar pleiteada no bojo do presente agravo de instrumento, consignou a integralidade do depósito efetuado, às fls. 77/78: "A verossimilhança do pedido é manifesta, pois houve o depósito dos valores reclamados em execução, o que acarreta a suspensão da exigibilidade do crédito tributário, de forma que concedo a liminar pleiteada para o fim de suspender a execução até o julgamento do mandado de segurança ou julgamento deste pela Turma Julgadora."

7. A ocorrência do depósito integral do montante devido restou ratificada no aresto recorrido, consoante dessume-se do seguinte excerto do voto condutor, in verbis: "O depósito do valor do débito impede o

ajuizamento de ação executiva até o trânsito em julgado da ação. Consta que foi efetuado o depósito nos autos do Mandado de Segurança impetrado pela agravante, o qual encontra-se em andamento, de forma que a exigibilidade do tributo permanece suspensa até solução definitiva. Assim sendo, a Municipalidade não está autorizada a proceder à cobrança de tributo cuja legalidade está sendo discutida judicialmente."

8. *In casu*, o Município recorrente alegou violação do art. 151, II, do CTN, ao argumento de que o depósito efetuado não seria integral, posto não coincidir com o valor constante da CDA, por isso que inapto a garantir a execução, determinar sua suspensão ou extinção, tese insindicável pelo STJ, mercê de a questão remanescer quanto aos efeitos do depósito servirem à fixação da tese repetitiva.

9. Destarte, ante a ocorrência do depósito do montante integral do débito exequendo, no bojo de ação antiexacional proposta em momento anterior ao ajuizamento da execução, a extinção do executivo fiscal é medida que se impõe, porquanto suspensa a exigibilidade do referido crédito tributário.

10. Recurso especial desprovido. Acórdão submetido ao regime do art. 543-C do CPC e da Resolução STJ 08/2008.

- (REsp 1140956/SP, Rel. Ministro LUIZ FUX, PRIMEIRA SEÇÃO, julgado em 24/11/2010, DJe 03/12/2010)

14.1.14 Tema 273 (REsp repetitivo nº 1123306/SP): possibilidade de expedição de certidão de regularidade fiscal em favor da Fazenda Pública

Questão de direito controvertida	"Questão referente à possibilidade de expedição de certidão de regularidade fiscal a pessoa jurídica de direito público quando ajuizada ação antiexacional (embargos à execução fiscal ou ação anulatória), na ausência de penhora ou causa de suspensão de exigibilidade prevista no art. 151 do CTN".
Tese	"A Fazenda Pública, quer em ação anulatória, quer em execução embargada, faz jus à expedição da certidão positiva de débito com efeitos negativos, independentemente de penhora, posto inexpropriáveis os seus bens".

Segue abaixo transcrita a ementa do julgado:

TRIBUTÁRIO. RECURSO ESPECIAL REPRESENTATIVO DE CONTROVÉRSIA. ART. 543-C, DO CPC. EXECUÇÃO FISCAL CONTRA A FAZENDA MUNICIPAL. INEXISTÊNCIA DE PENHORA. ARTIGO 206, DO CTN. CERTIDÃO POSITIVA COM EFEITOS DE NEGATIVA. EXPEDIÇÃO. ADMISSIBILIDADE.

1. O artigo 206 do CTN dispõe: "Tem os mesmos efeitos previstos no artigo anterior a certidão de que conste a existência de créditos não vencidos, em curso de cobrança executiva em que tenha sido efetivada a penhora, ou cuja exigibilidade esteja suspensa." 2. A Fazenda Pública, quer em ação anulatória, quer em execução embargada, faz jus à expedição da certidão positiva de débito com efeitos negativos, independentemente de penhora, posto inexpropriáveis os seus bens. (Precedentes: Ag 1.150.803/PR, Rel. Min. CASTRO MEIRA, DJ. 05.08.2009; REsp 1.074.253/MG, Rel. Min. BENEDITO GONÇALVES, DJ. 10.03.2009; AgRg no Ag 936.196/BA, Rel. Ministra ELIANA CALMON, SEGUNDA TURMA, julgado em 15/04/2008, DJe 29/04/2008; REsp 497923/SC, Rel. Ministro JOÃO OTÁVIO DE NORONHA, SEGUNDA TURMA, julgado em 16/05/2006, DJ 02/08/2006; AgRg no REsp 736.730/SC, Rel. Ministro FRANCISCO FALCÃO, PRIMEIRA TURMA, julgado em 16/08/2005, DJ 17/10/2005; REsp 601.313/RS, Rel. Min. CASTRO MEIRA, DJ de 20.9.2004; REsp 381.459/SC, Rel. Min. HUMBERTO GOMES DE BARROS, DJ de 17.11.03; REsp 443.024/RS, Rel. Min. LUIZ FUX, DJ de 02.12.02; REsp 376.341/SC, Rel. Min. GARCIA VIEIRA, DJU de 21.10.02) 3. "Proposta ação anulatória pela Fazenda Municipal, "está o crédito tributário com a sua exigibilidade suspensa, porquanto as garantias que cercam o crédito devido pelo ente público são de ordem tal que prescindem de atos assecuratórios da eficácia do provimento futuro", sobressaindo o direito de ser obtida certidão positiva com efeitos de negativa." (REsp n. 601.313/RS, relator Ministro CASTRO MEIRA, DJ de 20.9.2004).

4. Recurso especial desprovido. Acórdão submetido ao regime do art. 543-C do CPC e da Resolução STJ 08/2008.

- (REsp 1123306/SP, Rel. Ministro LUIZ FUX, PRIMEIRA SEÇÃO, julgado em 09/12/2009, DJe 01/02/2010)

14.1.15 Tema 290 (REsp repetitivo nº 1141990/PR): momento para caracterização da fraude à execução fiscal antes e após a vigência da Lei Complementar n.º 118/2005, que alterou o art. 185 do Código Tributário Nacional

Questão de direito controvertida	"Questiona-se a configuração ou não de fraude à execução fiscal diante da boa-fé do terceiro adquirente, em face da inexistência de registro de penhora do bem alienado, tendo em vista a Súmula 375 do STJ".
Tese	"Se o ato translativo foi praticado a partir de 09.06.2005, data de início da vigência da Lei Complementar n.º 118/2005, basta a efetivação da inscrição em dívida ativa para a configuração da figura da fraude".

Segue abaixo transcrita a ementa do julgado:

PROCESSUAL CIVIL. RECURSO ESPECIAL REPRESENTATIVO DE CONTROVÉRSIA. ART. 543-C, DO CPC. DIREITO TRIBUTÁRIO. EMBARGOS DE TERCEIRO. FRAUDE À EXECUÇÃO FISCAL. ALIENAÇÃO DE BEM POSTERIOR À CITAÇÃO DO DEVEDOR. INEXISTÊNCIA DE REGISTRO NO DEPARTAMENTO DE TRÂNSITO – DETRAN. INEFICÁCIA DO NEGÓCIO JURÍDICO. INSCRIÇÃO EM DÍVIDA ATIVA. ARTIGO 185 DO CTN, COM A REDAÇÃO DADA PELA LC N.º 118/2005. SÚMULA 375/STJ. INAPLICABILIDADE.

1. A lei especial prevalece sobre a lei geral (lex specialis derrogat lex generalis), por isso que a Súmula n.º 375 do Egrégio STJ não se aplica às execuções fiscais.

2. O artigo 185, do Código Tributário Nacional – CTN, assentando a presunção de fraude à execução, na sua redação primitiva, dispunha que: "Art. 185. Presume-se fraudulenta a alienação ou oneração de bens ou rendas, ou seu começo, por sujeito passivo em débito para com a Fazenda Pública por crédito tributário regularmente inscrito como dívida ativa em fase de execução. Parágrafo único. O disposto neste artigo não se aplica na hipótese de terem sido reservados pelo devedor bens ou rendas suficientes ao total pagamento da dívida em fase de execução."

3. A Lei Complementar n.º 118, de 9 de fevereiro de 2005, alterou o artigo 185, do CTN, que passou a ostentar o seguinte teor: "Art. 185. Presume-se fraudulenta a alienação ou oneração de bens ou rendas, ou seu começo, por sujeito passivo em débito para com a Fazenda Pública, por crédito tributário regularmente inscrito como dívida ativa. Parágrafo único. O disposto neste artigo não se aplica na hipótese de terem sido reservados, pelo devedor, bens ou rendas suficientes ao total pagamento da dívida inscrita."

4. Consectariamente, a alienação efetivada antes da entrada em vigor da LC n.º 118/2005 (09.06.2005) presumia-se em fraude à execução se o negócio jurídico sucedesse a citação válida do devedor; posteriormente à 09.06.2005, consideram-se fraudulentas as alienações efetuadas pelo devedor fiscal após a inscrição do crédito tributário na dívida ativa.

5. A diferença de tratamento entre a fraude civil e a fraude fiscal justifica-se pelo fato de que, na primeira hipótese, afronta-se interesse privado, ao passo que, na segunda, interesse público, porquanto o recolhimento dos tributos serve à satisfação das necessidades coletivas.

6. É que, consoante a doutrina do tema, a fraude de execução, diversamente da fraude contra credores, opera-se in re ipsa, vale dizer, tem caráter absoluto, objetivo, dispensando o concilium fraudis. (FUX, Luiz. O novo processo de execução: o cumprimento da sentença e a execução extrajudicial. 1. ed. Rio de Janeiro: Forense, 2008, p. 95-96 / DINAMARCO, Cândido Rangel. Execução civil. 7. ed. São Paulo: Malheiros, 2000, p. 278-282 / MACHADO, Hugo de Brito. Curso de direito tributário. 22. ed. São Paulo: Malheiros, 2003, p. 210-211 / AMARO, Luciano. Direito tributário brasileiro. 11. ed. São Paulo: Saraiva, 2005. p. 472-473 / BALEEIRO, Aliomar. Direito Tributário Brasileiro. 10. ed. Rio de Janeiro: Forense, 1996, p. 604).

7. A jurisprudência hodierna da Corte preconiza referido entendimento consoante se colhe abaixo: "O acórdão embargado, considerando que não é possível aplicar a nova redação do art. 185 do CTN (LC 118/05) à hipótese em apreço (tempus regit actum), respaldou-se na interpretação da redação original desse dispositivo legal adotada pela jurisprudência do STJ". (EDcl no AgRg no Ag 1.019.882/PR, Rel. Ministro Benedito Gonçalves, Primeira Turma, julgado em 06/10/2009, DJe 14/10/2009) "Ressalva do ponto de vista do relator que tem a seguinte compreensão sobre o tema: [...] b) Na redação atual do art. 185 do CTN, exige-se

apenas a inscrição em dívida ativa prévia à alienação para caracterizar a presunção relativa de fraude à execução em que incorrem o alienante e o adquirente (regra aplicável às alienações ocorridas após 9.6.2005);". (REsp 726.323/SP, Rel. Ministro Mauro Campbell Marques, Segunda Turma, julgado em 04/08/2009, DJe 17/08/2009) "Ocorrida a alienação do bem antes da citação do devedor, incabível falar em fraude à execução no regime anterior à nova redação do art. 185 do CTN pela LC 118/2005". (AgRg no Ag 1.048.510/SP, Rel. Ministra Eliana Calmon, Segunda Turma, julgado em 19/08/2008, DJe 06/10/2008) "A jurisprudência do STJ, interpretando o art. 185 do CTN, até o advento da LC 118/2005, pacificou-se, por entendimento da Primeira Seção (EREsp 40.224/SP), no sentido de só ser possível presumir-se em fraude à execução a alienação de bem de devedor já citado em execução fiscal". (REsp 810.489/RS, Rel. Ministra Eliana Calmon, Segunda Turma, julgado em 23/06/2009, DJe 06/08/2009).

8. A inaplicação do art. 185 do CTN implica violação da Cláusula de Reserva de Plenário e enseja reclamação por infringência da Súmula Vinculante n.º 10, verbis: "Viola a cláusula de reserva de plenário (cf, artigo 97) a decisão de órgão fracionário de tribunal que, embora não declare expressamente a inconstitucionalidade de lei ou ato normativo do poder público, afasta sua incidência, no todo ou em parte."

9. Conclusivamente: (a) a natureza jurídica tributária do crédito conduz a que a simples alienação ou oneração de bens ou rendas, ou seu começo, pelo sujeito passivo por quantia inscrita em dívida ativa, sem a reserva de meios para quitação do débito, gera presunção absoluta (jure et de jure) de fraude à execução (lei especial que se sobrepõe ao regime do direito processual civil); (b) a alienação engendrada até 08.06.2005 exige que tenha havido prévia citação no processo judicial para caracterizar a fraude de execução; se o ato translativo foi praticado a partir de 09.06.2005, data de início da vigência da Lei Complementar n.º 118/2005, basta a efetivação da inscrição em dívida ativa para a configuração da figura da fraude; (c) a fraude de execução prevista no artigo 185 do CTN encerra presunção jure et de jure, conquanto componente do elenco das "garantias do crédito tributário"; (d) a inaplicação do artigo 185 do CTN, dispositivo que não condiciona a ocorrência de fraude a qualquer registro público, importa violação da Cláusula Reserva de Plenário e afronta à Súmula Vinculante n.º 10, do STF.

10. In casu, o negócio jurídico em tela aperfeiçoou-se em 27.10.2005, data posterior à entrada em vigor da LC 118/2005, sendo certo que a inscrição em dívida ativa deu-se anteriormente à revenda do veículo ao recorrido, porquanto, consoante dessume-se dos autos, a citação foi efetuada em data anterior à alienação, restando inequívoca a prova dos autos quanto à ocorrência de fraude à execução fiscal.

11. Recurso especial conhecido e provido. Acórdão submetido ao regime do artigo 543-C do CPC e da Resolução STJ n.º 08/2008.

- (REsp 1141990/PR, Rel. Ministro LUIZ FUX, PRIMEIRA SEÇÃO, julgado em 10/11/2010, DJe 19/11/2010)

14.1.16 Temas 291 e 292 (REsp 1665599/RS e REsp - Superação do REsp repetitivo nº 1143677/RS): Cabimento de juros de mora e correção monetária no período compreendido entre a data de elaboração da conta de liquidação e o efetivo pagamento da requisição de pequeno valor - TESE SUPERADA/REVISADA

A tese firmada no REsp repetitivo nº 1143677/RS acha-se superada. Houve, na verdade, revisão do entendimento, em razão da fixação de tese pelo STF sobre o tema, com repercussão geral. Segue abaixo quadro explicativo:

Questões de direito controvertidas	"Questão referente à incidência de juros moratórios entre a data da expedição da Requisição de Pequeno Valor - RPV e seu efetivo pagamento.". "Questão referente à incidência de correção monetária entre a data da expedição da Requisição de Pequeno Valor - RPV e seu efetivo pagamento".
Tese anterior do STJ	"Não incide juros moratórios entre a elaboração dos cálculos e o efetivo pagamento da requisição de pequeno valor - RPV".
Repercussão Geral (STF)	"Tema 96/STF - Incidência de juros de mora no período compreendido entre a data da conta de liquidação e a expedição do requisitório". "Tema 1037/STF - Incidência de juros da mora no período compreendido entre a data da expedição do precatório ou da requisição de pequeno valor (RPV) e o efetivo pagamento".

Tese firmada pelo STJ no Tema 291	"Incidem os juros da mora no período compreendido entre a data da realização dos cálculos e a da requisição ou do precatório".
Tese firmada pelo STJ no Tema 292	"Incide correção monetária no período compreendido entre a elaboração dos cálculos e o efetivo pagamento da RPV, ressalvada a observância dos critérios de atualização porventura fixados na sentença de liquidação".

Segue abaixo transcrita a ementa do julgado:

QUESTÃO DE ORDEM. REVISÃO DE ENTENDIMENTO CONSOLIDADO EM TEMA REPETITIVO. TEMA 291/STJ. TERMO FINAL DA INCIDÊNCIA DOS JUROS MORATÓRIOS CONTRA A FAZENDA PÚBLICA. ENTENDIMENTO FIXADO PELO STF, EM REPERCUSSÃO GERAL, TEMA 96/STF, QUE SOLUCIONA, DE FORMA SUFICIENTE, A CONTROVÉRSIA POSTA EM DISCUSSÃO. ADEQUAÇÃO DO TEMA REPETITIVO 291/STJ À NOVA ORIENTAÇÃO FIXADA PELO STF EM REPERCUSSÃO GERAL. TEMA 96/STF. QUESTÃO DE ORDEM ACOLHIDA, PARA DAR NOVA REDAÇÃO AO TEMA 291. PARECER FAVORÁVEL DO MPF.

1. Esta Corte Especial, por ocasião do julgamento do REsp 1.143.

677/RS (DJe 4.2.2010), sob a Relatoria do ilustre Ministro LUIZ FUX, fixou a tese (Tema Repetitivo 291/STJ) no sentido de que não incidem juros moratórios entre a elaboração dos cálculos e o efetivo pagamento da Requisição de Pequeno Valor-RPV. Transcorridos aproximadamente sete anos, o Supremo Tribunal Federal, em 19.4.2017, julgou o Recurso Extraordinário 579.431/RS, sob a relatoria do ilustre Ministro MARCO AURÉLIO (DJe 30.6.2017), com Repercussão Geral reconhecida, quando fixou a tese de que incidem os juros da mora no período compreendido entre a data da realização dos cálculos e a da requisição ou do precatório (Tema 96/STF da Repercussão Geral). As duas orientações são claramente oposta, como se vê sem esforço. A partícula não no início do Tema Repetitivo 291/STJ não deixa margem à dúvida.

2. Considerando os princípios da segurança jurídica, da proteção da confiança e da isonomia, nos termos do art. 927, §4º. do Código Fux,

é patente e evidente a necessidade de revisão do entendimento consolidado no enunciado de Tema Repetitivo 291/STJ, a fim de adequá-lo à nova orientação fixada pelo egrégio Supremo Tribunal Federal quando do julgamento do RE 579.431/RS (Repercussão Geral - Tema 96/STF).

3. Nova redação que se dá ao enunciado de Tema Repetitivo 291/STJ: incidem os juros da mora no período compreendido entre a data da realização dos cálculos e a da requisição ou do precatório.

4. Questão de ordem acolhida a fim de dar nova redação ao Tema 291/STJ, em conformidade com Parecer favorável do MPF e em estrita observância da redação conferida ao tema pelo STF.

- (QO no REsp 1665599/RS, Rel. Ministro NAPOLEÃO NUNES MAIA FILHO, CORTE ESPECIAL, julgado em 20/03/2019, DJe 02/04/2019)

14.1.17 Tema 294 (REsp repetitivo nº 1008343/SP): compensação antes do ajuizamento da execução fiscal como fundamento dos embargos para afastar a presunção de liquidez e certeza da CDA[22]

Questão de direito controvertida	"Questão referente à possibilidade de alegação da compensação nos embargos à execução, em decorrência do advento da Lei n.º 8.383/91, desde que se trate de crédito líquido e certo, como o resultante de declaração de inconstitucionalidade da exação, bem como quando existente lei específica permissiva da compensação".
Tese	"A compensação efetuada pelo contribuinte, antes do ajuizamento do feito executivo, pode figurar como fundamento de defesa dos embargos à execução fiscal, a fim de ilidir a presunção de liquidez e certeza da CDA, máxime quando, à época da compensação, restaram atendidos os requisitos da
Tese	existência de crédito tributário compensável, da configuração do indébito tributário, e da existência de lei específica autorizativa da citada modalidade extintiva do crédito tributário".

22. Vide tópico 13.9.

Segue abaixo transcrita a ementa do julgado:

PROCESSO CIVIL. RECURSO ESPECIAL REPRESENTATIVO DE CONTROVÉRSIA. ARTIGO 543-C, DO CPC. PROCESSO JUDICIAL TRIBUTÁRIO. EMBARGOS À EXECUÇÃO FISCAL. COMPENSAÇÃO TRIBUTÁRIA PRETÉRITA ALEGADA COMO MATÉRIA DE DEFESA. POSSIBILIDADE. ARTIGO 16, § 3º, DA LEF, C/C ARTIGOS 66, DA LEI 8.383/91, 73 E 74, DA LEI 9.430/96.

1. A compensação tributária adquire a natureza de direito subjetivo do contribuinte (oponível em sede de embargos à execução fiscal), em havendo a concomitância de três elementos essenciais: (i) a existência de crédito tributário, como produto do ato administrativo do lançamento ou do ato-norma do contribuinte que constitui o crédito tributário; (ii) a existência de débito do fisco, como resultado: (a) de ato administrativo de invalidação do lançamento tributário, (b) de decisão administrativa, (c) de decisão judicial, ou (d) de ato do próprio administrado, quando autorizado em lei, cabendo à Administração Tributária a fiscalização e ulterior homologação do débito do fisco apurado pelo contribuinte; e (iii) a existência de lei específica, editada pelo ente competente, que autorize a compensação, ex vi do artigo 170, do CTN.

2. Deveras, o § 3º, do artigo 16, da Lei 6.830/80, proscreve, de modo expresso, a alegação do direito de compensação do contribuinte em sede de embargos do executado.

3. O advento da Lei 8.383/91 (que autorizou a compensação entre tributos da mesma espécie, sem exigir prévia autorização da Secretaria da Receita Federal) superou o aludido óbice legal, momento a partir do qual passou a ser admissível, no âmbito de embargos à execução fiscal, a alegação de extinção (parcial ou integral) do crédito tributário em razão de compensação já efetuada (encartada em crédito líquido e certo apurado pelo próprio contribuinte, como sói ser o resultante de declaração de inconstitucionalidade da exação), sem prejuízo do exercício, pela Fazenda Pública, do seu poder-dever de apurar a regularidade da operação compensatória (Precedentes do STJ: EREsp 438.396/RS, Rel.

Ministro Humberto Martins, Primeira Seção, julgado em 09.08.2006, DJ 28.08.2006; REsp 438.396/RS, Rel. Ministro José Delgado, Primeira Turma, julgado em 07.11.2002, DJ 09.12.2002; REsp 505.535/RS, Rel.

Ministro Luiz Fux, Primeira Turma, julgado em 07.10.2003, DJ 03.11.2003; REsp 395.448/PR, Rel. Ministro Teori Albino Zavascki, Primeira Turma, julgado em 18.12.2003, DJ 16.02.2004; REsp 613.757/RS, Rel. Ministro Castro Meira, Segunda Turma, julgado em 10.08.2004, DJ 20.09.2004; REsp 426.663/RS, Rel. Ministra Denise Arruda, Primeira Turma, julgado em 21.09.2004, DJ 25.10.2004; e REsp 970.342/RS, Rel. Ministro Luiz Fux, Primeira Turma, julgado em 04.11.2008, DJe 01.12.2008).

4. A alegação da extinção da execução fiscal ou da necessidade de dedução de valores pela compensação total ou parcial, respectivamente, impõe que esta já tenha sido efetuada à época do ajuizamento do executivo fiscal, atingindo a liquidez e a certeza do título executivo, o que se dessume da interpretação conjunta dos artigos 170, do CTN, e 16, § 3º, da LEF, sendo certo que, ainda que se trate de execução fundada em título judicial, os embargos do devedor podem versar sobre causa extintiva da obrigação (artigo 714, VI, do CPC).

5. Ademais, há previsão expressa na Lei 8.397/92, no sentido de que: "O indeferimento da medida cautelar fiscal não obsta a que a Fazenda Pública intente ação judicial da Dívida Ativa, nem influi no julgamento desta, salvo se o juiz, no procedimento, cautelar fiscal, acolher a alegação de pagamento, de compensação, de transação, de remissão, de prescrição ou decadência, de conversão do depósito em renda, ou qualquer outra modalidade de extinção da pretensão deduzida." (artigo 15).

6. Conseqüentemente, a compensação efetuada pelo contribuinte, antes do ajuizamento do feito executivo, pode figurar como fundamento de defesa dos embargos à execução fiscal, a fim de ilidir a presunção de liquidez e certeza da CDA, máxime quando, à época da compensação, restaram atendidos os requisitos da existência de crédito tributário compensável, da configuração do indébito tributário, e da existência de lei específica autorizativa da citada modalidade extintiva do crédito tributário.

7. In casu, o contribuinte, em sede de embargos à execução fiscal, alegou a inexigibilidade do crédito tributário, em virtude de compensação sponte propria efetuada ante o pagamento indevido de CSSL (artigo 8º, da Lei 7.689/88) declarada inconstitucional pelo Supremo Tribunal Federal, tendo sido ajuizada ação ordinária para ver reconhecido seu direito à liquidação da obrigação tributária por meio da compensação efetuada. De acordo com o embargante, "compensou 87.021,95 UFIR's relativos aos créditos tributários oriundos da CONTRIBUIÇÃO SOCIAL SOBRE O LUCRO, do exercício de 1988, pagos indevidamente, com 87.021,95 UFIR's relativas a créditos tributários líquidos e certos, concernente à mesma CONTRIBUIÇÃO SOCIAL SOBRE O LUCRO do exercício de 1992".

8. O Juízo Singular procedeu ao julgamento antecipado da lide, pugnando pelo inoponibilidade da alegação de compensação em sede de embargos à execução (em virtude do disposto no artigo 16, § 3º, da Lei de Execução Fiscal), e consignando que: "... a embargante deveria produzir a prova documental de suas alegações na inicial dos embargos, uma vez que a prova do recolhimento indevido é documento essencial para provar suas alegações (art. 16, § 2º, da Lei 6.830/80 e art. 283, do CPC). No entanto, a embargante nada provou, não se desincumbindo do ônus que lhe atribui o artigo 333, inc. I, do CPC, negligenciando a prova documental de suas alegações."

9. Destarte, a indevida rejeição da compensação como matéria de defesa argüível em sede de embargos à execução fiscal, conjugada ao julgamento antecipado da lide, resultou em prematura extinção da ação antiexacional, razão pela qual merece prosperar a pretensão recursal.

10. Recurso especial provido. Acórdão submetido ao regime do artigo 543-C, do CPC, e da Resolução STJ 08/2008.

- (REsp 1008343/SP, Rel. Ministro LUIZ FUX, PRIMEIRA SEÇÃO, julgado em 09/12/2009, DJe 01/02/2010)

14.1.18 Tema 314 (REsp repetitivo nº 1120097/SP): extinção da execução fiscal não embargada ex ofício, quando evidenciada a inércia da Fazenda após intimação para promover o andamento do feito[23]

Questão de direito controvertida	"Questão referente à viabilidade da extinção ex officio do processo de execução fiscal não embargada, com base no art. 267, III, do CPC, restando afastado o Enunciado Sumular 240 do STJ".
Tese	"A inércia da Fazenda exequente, ante a intimação regular para promover o andamento do feito e a observância dos artigos 40 e 25 da Lei de Execução Fiscal, implica a extinção da execução fiscal não embargada ex officio, afastando-se o Enunciado Sumular 240 do STJ, segundo o qual 'A extinção do processo, por abandono da causa pelo autor, depende de requerimento do réu'. Matéria impassível de ser alegada pela exequente contumaz".

23. Esse tema tem sido aplicado atualmente no STJ relativamente a recursos julgados sob a égide do CPC/73, como no seguinte julgado: "PROCESSUAL CIVIL E TRIBUTÁRIO. RECURSO ORDINÁRIO EM MANDADO DE SEGURANÇA. EXECUÇÃO FISCAL. INÉRCIA DA EXEQUENTE. ABANDONO DE CAUSA. EXTINÇÃO DE OFÍCIO. POSSIBILIDADE. ENTENDIMENTO DA PRIMEIRA SEÇÃO NOS RECURSOS ESPECIAIS REPETITIVOS 1.120.097/SP E 1.352.882/MS. 1. Na origem, trata-se de Mandado de Segurança impetrado pelo Município da Estância Hidromineral de Águas de Santa Bárbara contra o Juiz de Direito da 1ª Vara Cível da Comarca de Cerqueira César - SP, que extinguiu a execução por abandono de causa (art. 267, III, CPC/1973). 2. A compreensão esposada pela Corte de origem está em consonância com o entendimento firmado pela Primeira Seção no julgamento do Recurso Especial repetitivo REsp 1.120.097/SP, no sentido de que "a inércia da Fazenda exequente, ante a intimação regular para promover o andamento do feito e a observância dos artigos 40 e 25 da Lei de Execução Fiscal, implica a extinção da execução fiscal não embargada ex officio, afastando-se o Enunciado Sumular 240 do STJ (...)" (Rel. Min. Luiz Fux, DJe 26.10.2010). 3. No julgamento do Recurso Especial repetitivo 1.352.882/MS, a Primeira Seção consignou: "É válida a intimação do representante da Fazenda Nacional por carta com aviso de recebimento (art. 237, II, do CPC) quando o respectivo órgão não possui sede na Comarca de tramitação do feito. Precedentes do STJ" (Rel. Min. Herman Benjamin, DJe 28.6.2013). 4. Recurso Ordinário não provido. (RMS 59.936/SP, Rel. Ministro HERMAN BENJAMIN, SEGUNDA TURMA, julgado em 21/05/2019, DJe 14/06/2019)". Após a definição da interpretação do art. 40 da LEF por meio dos temas 566 a 571, o tema 314 parece-nos não mais ter aplicabilidade, visto que a suspensão da execução fiscal ocorre de forma automática.

Segue abaixo transcrita a ementa do julgado:

PROCESSUAL CIVIL. TRIBUTÁRIO. RECURSO ESPECIAL REPRESENTATIVO DE CONTROVÉRSIA. ART. 543-C, DO CPC. EXECUÇÃO FISCAL. AUSÊNCIA DE CITAÇÃO. INÉRCIA DA EXEQUENTE. ABANDONO DA CAUSA. EXTINÇÃO DE OFÍCIO. EXECUÇÃO NÃO EMBARGADA. EXIGÊNCIA DE REQUERIMENTO DO EXECUTADO. DESNECESSIDADE NAS HIPÓTESES DE NÃO FORMAÇÃO DA RELAÇÃO BILATERAL. SÚMULA 240/STJ. INAPLICABILIDADE.

1. A inércia da Fazenda exequente, ante a intimação regular para promover o andamento do feito e a observância dos artigos 40 e 25 da Lei de Execução Fiscal, implica a extinção da execução fiscal não embargada ex officio, afastando-se o Enunciado Sumular 240 do STJ, segundo o qual "A extinção do processo, por abandono da causa pelo autor, depende de requerimento do réu". Matéria impassível de ser alegada pela exequente contumaz. (Precedentes: AgRg nos EDcl no Ag 1259575/AP, Rel. Ministro HAMILTON CARVALHIDO, PRIMEIRA TURMA, julgado em 23/03/2010, DJe 15/04/2010; AgRg no Ag 1093239/RS, Rel. Ministro MAURO CAMPBELL MARQUES, SEGUNDA TURMA, julgado em 01/10/2009, DJe 15/10/2009; REsp 1057848/SP, Rel. Ministro TEORI ALBINO ZAVASCKI, PRIMEIRA TURMA, julgado em 18/12/2008, DJe 04/02/2009; EDcl no AgRg no REsp 1033548/SP, Rel. Ministro CASTRO MEIRA, SEGUNDA TURMA, julgado em 02/12/2008, DJe 17/12/2008; AgRg no REsp 885.565/PB, Rel. Ministra DENISE ARRUDA, PRIMEIRA TURMA, julgado em 21/10/2008, DJe 12/11/2008; REsp 820.752/PB, Rel. Ministro CASTRO MEIRA, SEGUNDA TURMA, julgado em 19/08/2008, DJe 11/09/2008; REsp 770.240/PB, Rel. Ministro LUIZ FUX, PRIMEIRA TURMA, julgado em 08/05/2007, DJ 31/05/2007; REsp 781.345/MG, Rel. Ministro FRANCISCO FALCÃO, PRIMEIRA TURMA, julgado em 29/06/2006, DJ 26/10/2006 ; REsp 688.681/CE, Rel. Ministro JOSÉ DELGADO, PRIMEIRA TURMA, julgado em 17/02/2005, DJ 11/04/2005)

2. É que a razão para se exigir o requerimento de extinção do processo pela parte contrária advém primacialmente da bilateralidade da ação, no sentido de que também assiste ao réu o direito à solução do conflito. Por isso que o não aperfeiçoamento da relação processual impede pre-

sumir-se eventual interesse do réu na continuidade do processo, o qual, "em sua visão contemporânea, é instrumento de realização do direito material e de efetivação da tutela jurisdicional, sendo de feição predominantemente pública, que não deve prestar obséquios aos caprichos de litigantes desidiosos ou de má-fé". (REsp 261789/MG, Rel. Ministro SÁLVIO DE FIGUEIREDO TEIXEIRA, QUARTA TURMA, julgado em 13/09/2000, DJ 16/10/2000)

3. In casu, a execução fiscal foi extinta sem resolução de mérito, em virtude da inércia da Fazenda Nacional ante a intimação do Juízo a quo para que desse prosseguimento ao feito, cumprindo o que fora ordenado no despacho inicial, razão pela qual é forçoso concluir que a execução não foi embargada e prescindível, portanto, o requerimento do devedor.

4. Recurso especial desprovido. Acórdão submetido ao regime do art. 543-C do CPC e da Resolução STJ 08/2008.

- (REsp 1120097/SP, Rel. Ministro LUIZ FUX, PRIMEIRA SEÇÃO, julgado em 13/10/2010, DJe 26/10/2010)

14.1.19 Tema 317 (REsp repetitivo nº 1120276/PA): competência para ajuizamento da execução fiscal[24]

Questão de direito controvertida	"Questão referente à definição do foro competente para o ajuizamento da execução fiscal, à luz do art. 578 do CPC.".
Tese	"O devedor não tem assegurado o direito de ser executado no foro de seu domicílio, salvo se nenhuma das espécies do parágrafo único se verificar".

Segue abaixo transcrita a ementa do julgado:

RECURSO ESPECIAL REPRESENTATIVO DE CONTROVÉRSIA. ART. 543-C, DO CPC. EXECUÇÃO FISCAL. ART. 578, § ÚNICO DO CPC. MU-

24. Vide tópico 13.6.

DANÇA DE DOMICÍLIO ANTERIOR AO AJUIZAMENTO DA AÇÃO. FORO COMPETENTE. RESSALVA DO PONTO DE VISTA DO RELATOR.

1. A competência para a propositura da execução fiscal subsume-se aos foros concorrentes explicitados no art. 578 do CPC, verbis: "Art. 578. A execução fiscal (art. 585, Vl) será proposta no foro do domicílio do réu; se não o tiver, no de sua residência ou no do lugar onde for encontrado.

Parágrafo Único. Na execução fiscal, a Fazenda Pública poderá escolher o foro de qualquer um dos devedores, quando houver mais de um, ou o foro de qualquer dos domicílios do réu; a ação poderá ainda ser proposta no foro do lugar em que se praticou o ato ou ocorreu o fato que deu origem à dívida, embora nele não mais resida o réu, ou, ainda, no foro da situação dos bens, quando a dívida deles se originar."

2. Consectariamente, o devedor não tem assegurado o direito de ser executado no foro de seu domicílio, salvo se nenhuma das espécies do parágrafo único se verificar. (ERESP n.º 787.977/SE, Primeira Seção, DJ. 25.02.2008).

(Precedentes: REsp 1128139/MS, Rel. Ministra ELIANA CALMON, SEGUNDA TURMA, julgado em 01/10/2009, DJe 09/10/2009; REsp 1062121/SP, Rel. Ministro LUIZ FUX, PRIMEIRA TURMA, julgado em 25/08/2009, DJe 21/09/2009; REsp 905.943/MS, Rel. Ministra DENISE ARRUDA, PRIMEIRA TURMA, julgado em 03/02/2009, DJe 26/02/2009; REsp 460.606/SE, Rel. Ministro CASTRO MEIRA, SEGUNDA TURMA, DJ 23/05/2005; REsp 254.199/MS, Rel. Ministro FRANCIULLI NETTO, SEGUNDA TURMA, DJ 24/06/2002)

3. A Súmula 58 do E. STJ não se aplica em data anterior à propositura da ação fiscal, oportunidade em que vige a regra do art. 578 do CPC.

4. In casu, restou assentado no acórdão recorrido que, não obstante o domicílio atual da recorrida seja em Santa Cruz do Sul/RS, fora antes, à época do processo administrativo fiscal, o Município de São Félix do Xingu, no Estado do Pará, local em que situado o imóvel objeto da dívida tributária em tela, in verbis: "Ao que se vê, à época da discussão do crédito no PA 10218.000248/2001-78, a agravada possuía domicílio em Belém/PA.

Porém, antes do ajuizamento da EF, alterou seu domicílio para Santa Cruz do Sul-RS.

4 - Os documentos apresentados pela agravante não são suficientes para comprovar que a executada tenha, atualmente, domicílio em Belém/PA. Ademais, consta na decisão agravada que o domicílio da executada no auto de infração (não apresentado neste agravo) é Santa Cruz do Sul/RS, nestes termos: ?No caso em análise, a excipiente alega que tem domicílio no município de Santa Cruz do Sul/RS e que tal informação constou do auto de infração lavrado em face do não recolhimento do ITR incidente sobre a propriedade Fazenda Santa Cruz.

Com efeito, conforme se verifica do referido documento juntado às fl. 07/14, há indicação de que o endereço do excipiente era o mesmo por ele informado na inicial desse incidente, isto é, Rua 28 de Setembro, n. 1.808, Centro, Santa Cruz do Sul/RS, sendo que ali também consta outro endereço, este porém do imóvel tributado, localizado no município de São Félix do Xingu, neste Estado? (grifei).

5. Recurso especial provido. Acórdão submetido ao regime do art. 543-C do CPC e da Resolução STJ 08/2008.

- (REsp 1120276/PA, Rel. Ministro LUIZ FUX, PRIMEIRA SEÇÃO, julgado em 09/12/2009, DJe 01/02/2010)

14.1.20 Tema 392 (REsp repetitivo nº 1158766/RJ): facultatividade da reunião de execuções fiscais contra o mesmo devedor, por conveniência da unidade da garantia da execução[25]

Questão de direito controvertida	"Estabelecer se consubstancia uma faculdade do Juiz a reunião de processos contra o mesmo devedor por conveniência da unidade da garantia da execução, nos termos do art. 28 da Lei 6.830/80".
Tese	"A reunião de processos contra o mesmo devedor, por conveniência da unidade da garantia da execução, nos termos do art. 28 da Lei 6.830/80, é uma faculdade outorgada ao juiz, e não um dever".
Súmula correspondente: 515	A reunião de execuções fiscais contra o mesmo devedor constitui faculdade do Juiz

25. Vide tópico 13.4.

Segue abaixo transcrita a ementa do julgado:

PROCESSUAL CIVIL. TRIBUTÁRIO. RECURSO ESPECIAL REPRESENTATIVO DE CONTROVÉRSIA. ART. 543-C, DO CPC. CUMULAÇÃO SUPERVENIENTE. REUNIÃO DE VÁRIAS EXECUÇÕES FISCAIS CONTRA O MESMO DEVEDOR. ART. 28 DA LEI 6.830/80. FACULDADE DO JUIZ.

1. A reunião de processos contra o mesmo devedor, por conveniência da unidade da garantia da execução, nos termos do art. 28 da Lei 6.830/80, é uma faculdade outorgada ao juiz, e não um dever. (Precedentes: REsp 1125387/SP, Rel. Ministro LUIZ FUX, PRIMEIRA TURMA, julgado em 08/09/2009, DJe 08/10/2009; AgRg no REsp 609.066/PR, Rel. Ministra DENISE ARRUDA, PRIMEIRA TURMA, julgado em 21/09/2006, DJ 19/10/2006; EDcl no AgRg no REsp 859.661/RS, Rel. Ministro HUMBERTO MARTINS, SEGUNDA TURMA, julgado em 02/10/2007, DJ 16/10/2007; REsp 399657/SP, Rel. Ministro JOÃO OTÁVIO DE NORONHA, SEGUNDA TURMA, julgado em 16/02/2006, DJ 22/03/2006; AgRg no Ag 288.003/SP, Rel. Ministra ELIANA CALMON, SEGUNDA TURMA, julgado em 18/05/2000, DJ 01/08/2000 ; REsp 62.762/RS, Rel. Ministro ADHEMAR MACIEL, SEGUNDA TURMA, julgado em 21/11/1996, DJ 16/12/1996)

2. O artigo 28, da lei 6.830/80, dispõe: "Art. 28 – 0 Juiz, a requerimento das partes, poderá, por conveniência da unidade da garantia da execução, ordenar a reunião de processos contra o mesmo devedor."

3. A cumulação de demandas executivas é medida de economia processual, objetivando a prática de atos únicos que aproveitem a mais de um processo executivo, desde que preenchidos os requisitos previstos no art. 573 do CPC c/c art. 28, da Lei 6.830/80, quais sejam: (i) identidade das partes nos feitos a serem reunidos; (ii) requerimento de pelo menos uma das partes (Precedente: Resp 217948/SP, Rel. Min. Franciulli Netto, DJ 02/05/2000); (iii) estarem os feitos em fases processuais análogas; (iv) competência do juízo.

4. Outrossim, a Lei de Execução Fiscal impõe como condição à reunião de processos a conveniência da unidade da garantia, vale dizer, que haja penhoras sobre o mesmo bem efetuadas em execuções contra o mesmo devedor, vedando, dessa forma, a cumulação sucessiva de procedimentos executórios, de modo que é defeso à Fazenda Pública requerer

a distribuição de uma nova execução, embora contra o mesmo devedor, ao juízo da primeira.

5. Não obstante a possibilidade de reunião de processos, há que se distinguir duas situações, porquanto geradoras de efeitos diversos: (i) a cumulação inicial de pedidos (títulos executivos) em uma única execução fiscal, por aplicação subsidiária das regras dos arts. 292 e 576 do CPC, em que a petição inicial do executivo fiscal deve ser acompanhada das diversas certidões de dívida ativa; (ii) a cumulação superveniente, advinda da cumulação de várias ações executivas (reunião de processos), que vinham, até então, tramitando isoladamente, consoante previsão do art. 28, da Lei 6.830/80.

6. A cumulação de pedidos em executivo fiscal único revela-se um direito subjetivo do exequente, desde que atendidos os pressupostos legais. (Precedentes: REsp 1110488/SP, Rel. Ministro BENEDITO GONÇALVES, PRIMEIRA TURMA, julgado em 25/08/2009, DJe 09/09/2009; REsp 988397/SP, Rel. Ministra ELIANA CALMON, SEGUNDA TURMA, julgado em 05/08/2008, DJe 01/09/2008; REsp 871.617/SP, Rel. Ministro LUIZ FUX, PRIMEIRA TURMA, julgado em 25/03/2008, DJe 14/04/2008)

7. Ao revés, a reunião de diversos processos executivos, pela dicção do art. 28, da LEF, ressoa como uma faculdade do órgão jurisdicional, não se tratando de regra cogente, máxime em face do necessário juízo de conveniência ou não da medida, o que é aferível casuisticamente.

8. O Sistema Processual Brasileiro, por seu turno, assimila esse poder judicial de avaliação da cumulação de ações, como se observa no litisconsórcio recusável ope legis (art. 46, parágrafo único do CPC) e na cumulação de pedidos (art. 292 e parágrafos do CPC).

9. In casu, restou assentada, no voto condutor do acórdão recorrido, a inobservância aos requisitos autorizadores da cumulação de demandas executivas, verbis: "O julgador de piso fundamentou sua decisão no fato de que o número excessivo de executivos fiscais, em fases distintas, importará em tumulto no processamento dos mesmos, verbis: "Tendo em vista o número excessivo de executivos fiscais com fases distintas, conforme informação de fl. 37/44, indefiro o pedido de reunião dos feitos pela dificuldade que causaria ao processamento dos mesmos." Não há qualquer demonstração, por parte da exequente, de que todas as ações

se encontram na mesma fase procedimental, de modo que, em juízo de cognição sumária, se afigura correta a decisão do magistrado." 10. Recurso Especial desprovido. Acórdão submetido ao regime do art. 543-C do CPC e da Resolução STJ 08/2008.

- (REsp 1158766/RJ, Rel. Ministro LUIZ FUX, PRIMEIRA SEÇÃO, julgado em 08/09/2010, DJe 22/09/2010)

14.1.21 Tema 393 (REsp repetitivo nº 957.836/SP): direito de preferência do crédito tributário de autarquia federal relativamente ao crédito da Fazenda Estadual[26]

Questão de direito controvertida	"Questão referente à possibilidade ou não de, em concurso de credores, o crédito tributário de uma autarquia federal, in casu, o INSS, preferir os créditos da Fazenda Estadual, considerando-se a coexistência de execuções e penhoras, nos termos dos arts. 187, do CTN, e 29, da LEF".
Tese	" O crédito tributário de autarquia federal goza do direito de preferência em relação àquele de que seja titular a Fazenda Estadual, desde que a penhora recaia sobre o mesmo bem".
Súmula correspondente: 497	"Os créditos das autarquias federais preferem aos créditos da Fazenda estadual desde que coexistam penhoras sobre o mesmo bem".

Segue abaixo transcrita a ementa do julgado:

PROCESSUAL CIVIL. TRIBUTÁRIO. RECURSO ESPECIAL REPRESENTATIVO DE CONTROVÉRSIA. ART. 543-C, DO CPC. EXECUÇÃO FISCAL. EXISTÊNCIA DE PENHORAS SOBRE O MESMO BEM. DIREITO DE PREFERÊNCIA. CRÉDITO TRIBUTÁRIO ESTADUAL E CRÉDITO DE AUTARQUIA FEDERAL. ARTS. 187 DO CTN E 29, I, DA LEI 6.830/80. PREFERÊNCIA DO CRÉDITO TRIBUTÁRIO FEDERAL.

26. Vide tópico 13.7.

1. O crédito tributário de autarquia federal goza do direito de preferência em relação àquele de que seja titular a Fazenda Estadual, desde que coexistentes execuções e penhoras. (Precedentes: REsp 131.564/SP, Rel. Ministro CASTRO MEIRA, SEGUNDA TURMA, julgado em 14/09/2004, DJ 25/10/2004; EREsp 167.381/SP, Rel. Ministro FRANCISCO FALCÃO, PRIMEIRA SEÇÃO, julgado em 09/05/2002, DJ 16/09/2002; EDcl no REsp 167.381/SP, Rel. Ministro GARCIA VIEIRA, PRIMEIRA TURMA, julgado em 22/09/1998, DJ 26/10/1998; REsp 8.338/SP, Rel. MIN. PEÇANHA MARTINS, SEGUNDA TURMA, julgado em 08/09/1993, DJ 08/11/1993)

2. A instauração do concurso de credores pressupõe pluralidade de penhoras sobre o mesmo bem, por isso que apenas se discute a preferência quando há execução fiscal e recaia a penhora sobre o bem excutido em outra demanda executiva. (Precedentes: REsp 1175518/SP, Rel. Ministro HUMBERTO MARTINS, SEGUNDA TURMA, julgado em 18/02/2010, DJe 02/03/2010; REsp 1122484/PR, Rel. Ministra ELIANA CALMON, SEGUNDA TURMA, julgado em 15/12/2009, DJe 18/12/2009; REsp 1079275/SP, Rel. Ministro LUIZ FUX, PRIMEIRA TURMA, julgado em 17/09/2009, DJe 08/10/2009; REsp 922.497/SC, Rel. Ministro JOSÉ DELGADO, PRIMEIRA TURMA, julgado em 11/09/2007, DJ 24/09/2007)

3. In casu, resta observada a referida condição à análise do concurso de preferência, porquanto incontroversa a existência de penhora sobre o mesmo bem tanto pela Fazenda Estadual como pela autarquia previdenciária.

4. O art. 187 do CTN dispõe que, verbis: "Art. 187. A cobrança judicial do crédito tributário não é sujeita a concurso de credores ou habilitação em falência, recuperação judicial, concordata, inventário ou arrolamento. (Redação dada pela Lcp nº 118, de 2005) Parágrafo único. O concurso de preferência somente se verifica entre pessoas jurídicas de direito público, na seguinte ordem: I – União; II – Estados, Distrito Federal e Territórios, conjuntamente e pró rata; III – Municípios, conjuntamente e pró rata."

5. O art. 29, da Lei 6.830/80, a seu turno, estabelece que: "Art. 29 – A cobrança judicial da Dívida Ativa da Fazenda Pública não é sujeita a concurso de credores ou habilitação em falência, concordata, liquidação, inventário ou arrolamento Parágrafo Único – O concurso de preferência somente se verifica entre pessoas jurídicas de direito público, na seguinte ordem: I – União e suas autarquias; II – Estados, Distrito Federal e Ter-

ritórios e suas autarquias, conjuntamente e pro rata; III – Municípios e suas autarquias, conjuntamente e pro rata."

6. Deveras, verificada a pluralidade de penhoras sobre o mesmo bem em executivos fiscais ajuizados por diferentes entidades garantidas com o privilégio do concurso de preferência, consagra-se a prelação ao pagamento dos créditos tributários da União e suas autarquias em detrimento dos créditos fiscais dos Estados, e destes em relação aos dos Municípios, consoante a dicção do art. 187, § único c/c art. 29, da Lei 6.830/80.

7. O Pretório Excelso, não obstante a título de obiter dictum, proclamou, em face do advento da Constituição Federal de 1988, a subsistência da Súmula 563 do STF: "O concurso de preferência a que se refere o parágrafo único do art. 187 do Código Tributário Nacional é compatível com o disposto no art. 9º, I, da Constituição Federal", em aresto assim ementado: AGRAVO REGIMENTAL NO AGRAVO DE INSTRUMENTO. AUSÊNCIA DE PREQUESTIONAMENTO. MATÉRIA INFRACONSTITUCIONAL. OFENSA INDIRETA. CONCURSO DE PREFERÊNCIA. ARTIGO 187 CTN. 1. O Tribunal a quo não se manifestou explicitamente sobre o tema constitucional tido por violado. Incidência das Súmulas ns. 282 e 356 do Supremo Tribunal Federal. 2. Controvérsia decidida à luz de legislação infraconstitucional. Ofensa indireta à Constituição do Brasil. 3. A vedação estabelecida pelo artigo 19, III, da Constituição (correspondente àquele do artigo 9º, I, da EC n. 1/69) não atinge as preferências estabelecidas por lei em favor da União. Agravo regimental a que se nega provimento. (AI 608769 AgR, Relator(a): Min. EROS GRAU, Segunda Turma, julgado em 18/12/2006, DJ 23-02-2007) 8. Recurso especial desprovido. Acórdão submetido ao regime do art. 543-C do CPC e da Resolução STJ 08/2008.

- (REsp 957.836/SP, Rel. Ministro LUIZ FUX, PRIMEIRA SEÇÃO, julgado em 13/10/2010, DJe 26/10/2010)

14.1.22 Tema 396 (REsp repetitivo nº 1144687/RS): possibilidade de citação mediante carta precatória dirigida à Justiça Estadual na execução fiscal ajuizada perante a Justiça Federal e cabimento da antecipação das despesas com o deslocamento do oficial de justiça para cumprimento da carta precatória

Questão de direito controvertida	"Discute-se a possibilidade de expedição de carta precatória de penhora e avaliação e conseqüente determinação de pagamento de custas e/ou despesas com o deslocamento do oficial de justiça estadual, no âmbito de execução fiscal ajuizada na Justiça Federal, à luz dos artigos 42 e 46, da Lei 5.010/66 e da Súmula 190/STJ".
Tese	"Ainda que a execução fiscal tenha sido ajuizada na Justiça Federal (o que afasta a incidência da norma inserta no artigo 1º, § 1º, da Lei 9.289/96), cabe à Fazenda Pública Federal adiantar as despesas com o transporte/condução/deslocamento dos oficiais de justiça necessárias ao cumprimento da carta precatória de penhora e avaliação de bens (processada na Justiça Estadual), por força do princípio hermenêutico ubi eadem ratio ibi eadem legis dispositio".

Segue abaixo transcrita a ementa do julgado:

PROCESSUAL CIVIL. RECURSO ESPECIAL REPRESENTATIVO DE CONTROVÉRSIA. ARTIGO 543-C, DO CPC. EXECUÇÃO FISCAL PROPOSTA NO JUÍZO FEDERAL. PENHORA E AVALIAÇÃO DE BENS DO EXECUTADO. EXPEDIÇÃO DE CARTA PRECATÓRIA. POSSIBILIDADE. AUTARQUIA FEDERAL. ANTECIPAÇÃO DAS DESPESAS COM O DESLOCAMENTO/CONDUÇÃO DO OFICIAL DE JUSTIÇA PARA CUMPRIMENTO DE CARTA PRECATÓRIA. CABIMENTO.

1. A citação, no âmbito de execução fiscal ajuizada perante a Justiça Federal, pode ser realizada mediante carta precatória dirigida à Justiça Estadual, ex vi do disposto no artigo 1.213, do CPC, verbis: "As cartas precatórias, citatórias, probatórias, executórias e cautelares, expedidas pela Justiça Federal, poderão ser cumpridas nas comarcas do interior pela Justiça Estadual."

2. O artigo 42, da Lei 5.010/66, determina que os atos e diligências da Justiça Federal podem ser praticados em qualquer Comarca do Estado ou Território pelos Juízes locais ou seus auxiliares, mediante a exibição

de ofício ou mandado em forma regular, sendo certo que a carta precatória somente deve ser expedida quando for mais econômica e expedita a realização do ato ou diligência.

3. O parágrafo único do artigo 15, da Lei 5.010/66, com a redação dada pela Lei 10.772/2003, dispõe que: "Sem prejuízo do disposto no art. 42 desta Lei e no art. 1.213 do Código de Processo Civil, poderão os Juízes e auxiliares da Justiça Federal praticar atos e diligências processuais no território de qualquer dos Municípios abrangidos pela seção, subseção ou circunscrição da respectiva Vara Federal".

4. Consequentemente, revela-se cabível a expedição de carta precatória, pela Justiça Federal, a ser cumprida pelo Juízo Estadual, uma vez configurada a conveniência do ato processual, devidamente fundamentada pelo juízo deprecante.

5. A União e suas autarquias são isentas do pagamento de custas dos serviços forenses que sejam de sua responsabilidade, ex vi do disposto no caput do artigo 39, da Lei 6.830/80, verbis: "Art. 39 – A Fazenda Pública não está sujeita ao pagamento de custas e emolumentos. A prática dos atos judiciais de seu interesse independerá de preparo ou de prévio depósito. Parágrafo Único – Se vencida, a Fazenda Pública ressarcirá o valor das despesas feitas pela parte contrária."

6. O artigo 27, do CPC, por seu turno, estabelece que "as despesas dos atos processuais, efetuados a requerimento do Ministério Público ou da Fazenda Pública, serão pagas ao final, pelo vencido".

7. Entrementes, a isenção do pagamento de custas e emolumentos e a postergação do custeio das despesas processuais (artigos 39, da Lei 6.830/80, e 27, do CPC), privilégios de que goza a Fazenda Pública, não dispensam o pagamento antecipado das despesas com o transporte dos oficiais de justiça ou peritos judiciais, ainda que para cumprimento de diligências em execução fiscal ajuizada perante a Justiça Federal.

8. É que conspira contra o princípio da razoabilidade a imposição de que o oficial de justiça ou o perito judicial arquem, em favor do Erário, com as despesas necessárias para o cumprimento dos atos judiciais.

9. A Súmula 190/STJ, ao versar sobre a execução fiscal processada perante a Justiça Estadual, cristalizou o entendimento de que: "Na exe-

cução fiscal, processada perante a justiça estadual, cumpre a fazenda publica antecipar o numerário destinado ao custeio das despesas com o transporte dos oficiais de justiça."

10. O aludido verbete sumular teve por fundamento tese esposada no âmbito de incidente de uniformização de jurisprudência, segundo a qual: "Na execução fiscal, a Fazenda Pública não está sujeita ao pagamento de custas e emolumentos; já as despesas com transporte dos oficiais de justiça, necessárias para a prática de atos fora do cartório, não se qualificam como custas ou emolumentos, estando a Fazenda Pública obrigada a antecipar o numerário destinado ao custeio dessas despesas. Uniformização de jurisprudência acolhida no sentido de que, na execução fiscal, a Fazenda Pública está obrigada a antecipar o valor destinado ao custeio de transporte dos oficiais de justiça." (IUJ no RMS 1.352/SP, Rel. Ministro Ari Pargendler, Primeira Seção, julgado em 26.02.1997)

11. A Primeira Seção, em sede de recurso especial representativo de controvérsia, consolidou jurisprudência no sentido de que: (i) "A isenção de que goza a Fazenda Pública, nos termos do art. 39, da Lei de Execuções Fiscais, está adstrita às custas efetivamente estatais, cuja natureza jurídica é de taxa judiciária, consoante posicionamento do Pretório Excelso (RE 108.845), sendo certo que os atos realizados fora desse âmbito, cujos titulares sejam pessoas estranhas ao corpo funcional do Poder Judiciário, como o leiloeiro e o depositário, são de responsabilidade do autor exequente, porquanto essas despesas não assumem a natureza de taxa, estando excluídas, portanto, da norma insculpida no art. 39, da LEF. Diferença entre os conceitos de custas e despesas processuais."; e que (ii) "de acordo com o disposto no parágrafo único art. 39 da Lei 6.830/80, a Fazenda Pública, se vencida, é obrigada a ressarcir a parte vencedora no que houver adiantado a título de custas, o que se coaduna com o art. 27, do Código de Processo Civil, não havendo, desta forma, riscos de se criarem prejuízos à parte adversa com a concessão de tal benefício isencional." (REsp 1.107.543/SP, julgado em 24.03.2010).

12. Ocorre que, malgrado o oficial de justiça integre o corpo funcional do Poder Judiciário, a ausência de depósito prévio do valor atinente às despesas com o deslocamento necessário ao cumprimento do ato judicial implica na oneração de terceiro estranho à relação jurídica processual instaurada entre a Fazenda Pública e o devedor, o que, notadamente, não se coaduna com o princípio constitucional da legalidade (artigo 5º, II, da

Constituição da República Federativa do Brasil: "ninguém será obrigado a fazer ou deixar de fazer alguma coisa senão em virtude de lei").

13. Precedentes do STJ exarados no âmbito de execuções fiscais ajuizadas pela Fazenda Nacional e por autarquias federais: EREsp 22.661/SP, Rel. Ministro Milton Luiz Pereira, julgado em 22.03.1994, DJ 18.04.1994; EREsp 23.337/SP, Rel. Ministro Garcia Vieira, Rel. p/ Acórdão Min. Hélio Mosimann, julgado em 18.05.1993, DJ 16.08.1993; REsp 113.194/SP, Rel. Ministro Ari Pargendler, Segunda Turma, julgado em 03.04.1997, DJ 22.04.1997; REsp 114.666/SC, Rel. Ministro Adhemar Maciel, Segunda Turma, julgado em 03.04.1997, DJ 28.04.1997; REsp 126.131/PR, Rel. Ministro Antônio de Pádua Ribeiro, Segunda Turma, julgado em 12.06.1997, DJ 04.08.1997; REsp 109.580/PR, Rel. Ministro Demócrito Reinaldo, Primeira Turma, julgado em 03.04.1997, DJ 16.06.1997; REsp 366.005/RS, Rel. Ministra Eliana Calmon, Segunda Turma, julgado em 17.12.2002, DJ 10.03.2003; AgRg no Ag 482778/RJ, Rel. Ministro Castro Meira, Segunda Turma, julgado em 02.10.2003, DJ 17.11.2003; AgRg no REsp 653.135/SC, Rel. Ministra Eliana Calmon, Segunda Turma, julgado em 27.02.2007, DJ 14.03.2007; REsp 705.833/SC, Rel. Ministro Mauro Campbell Marques, Segunda Turma, julgado em 07.08.2008, DJe 22.08.2008; REsp 821.462/SC, Rel. Ministro Teori Albino Zavascki, Primeira Turma, julgado em 16.10.2008, DJe 29.10.2008; e REsp 933.189/PB, Rel. Ministro Luiz Fux, Primeira Turma, julgado em 20.11.2008, DJe 17.12.2008).

14. Precedentes das Turmas de Direito Público exarados no âmbito de execuções fiscais ajuizadas pela Fazenda Pública Estadual: REsp 250.903/SP, Rel. Ministro Franciulli Netto, Segunda Turma, julgado em 01.10.2002, DJ 31.03.2003; REsp 35.541/SP, Rel. Ministro Milton Luiz Pereira, Primeira Turma, julgado em 13.09.1993, DJ 04.10.1993; REsp 36.914/SP, Rel. Ministro Hélio Mosimann, Segunda Turma, julgado em 13.10.1993, DJ 22.11.1993; e REsp 50.966/SP, Rel. Ministro Garcia Vieira, Primeira Turma, julgado em 17.08.1994, DJ 12.09.1994).

15. Destarte, ainda que a execução fiscal tenha sido ajuizada na Justiça Federal (o que afasta a incidência da norma inserta no artigo 1º, § 1º, da Lei 9.289/96), cabe à Fazenda Pública Federal adiantar as despesas com o transporte/condução/deslocamento dos oficiais de justiça necessárias ao cumprimento da carta precatória de penhora e avaliação de bens (processada na Justiça Estadual), por força do princípio hermenêutico *ubi eadem ratio ibi eadem legis dispositio.*

16. Recurso especial desprovido. Acórdão submetido ao regime do artigo 543-C, do CPC, e da Resolução STJ 08/2008.

- (REsp 1144687/RS, Rel. Ministro LUIZ FUX, PRIMEIRA SEÇÃO, julgado em 12/05/2010, DJe 21/05/2010)

14.1.23 Tema 421 (REsp repetitivo nº 1185036/PE): possibilidade de condenação da Fazenda Pública em honorários advocatícios em razão do acolhimento de exceção de pré-executividade em execução fiscal[27]

Questão de direito controvertida	"EXECUÇÃO FISCAL. EXCEÇÃO DE PRÉ-EXECUTIVIDADE. CONDENAÇÃO EM HONORÁRIOS".
Tese	"É possível a condenação da Fazenda Pública ao pagamento de honorários advocatícios em decorrência da extinção da Execução Fiscal pelo acolhimento de Exceção de Pré-Executividade".

Segue abaixo transcrita a ementa do julgado:

PROCESSUAL CIVIL. EXECUÇÃO FISCAL. EXCEÇÃO DE PRÉ-EXECUTIVIDADE. FAZENDA PÚBLICA SUCUMBENTE. CONDENAÇÃO EM HONORÁRIOS ADVOCATÍCIOS. POSSIBILIDADE.

1. É possível a condenação da Fazenda Pública ao pagamento de honorários advocatícios em decorrência da extinção da Execução Fiscal pelo acolhimento de Exceção de Pré-Executividade.

2. Recurso Especial parcialmente conhecido e, nessa parte, provido. Acórdão sujeito ao regime do art. 543-C do CPC e ao art. 8º da Resolução STJ 8/2008.

- (REsp 1185036/PE, Rel. Ministro HERMAN BENJAMIN, PRIMEIRA SEÇÃO, julgado em 08/09/2010, DJe 01/10/2010)

27. Vide tópico 13.9.

14.1.24 Tema 425 (REsp repetitivo nº 1184765/PA): utilização do Sistema BACEN-JUD, no período posterior à vacatio legis da Lei 11.382/2006 (21.01.2007) e exaurimento de diligências extrajudiciais[28]

Questão de direito controvertida	"Discute-se a quebra do sigilo bancário em execução fiscal, por meio do sistema BACEN-JUD, viabilizadora do bloqueio de ativos financeiros do executado (Lei Complementar 105/2001)".
Tese	"A utilização do Sistema BACEN-JUD, no período posterior à vacatio legis da Lei 11.382/2006 (21.01.2007), prescinde do exaurimento de diligências extrajudiciais, por parte do exequente, a fim de se autorizar o bloqueio eletrônico de depósitos ou aplicações financeiras".

Segue abaixo transcrita a ementa do julgado:

RECURSO ESPECIAL REPRESENTATIVO DE CONTROVÉRSIA. ARTIGO 543-C, DO CPC. PROCESSO JUDICIAL TRIBUTÁRIO. EXECUÇÃO FISCAL. PENHORA ELETRÔNICA. SISTEMA BACEN-JUD. ESGOTAMENTO DAS VIAS ORDINÁRIAS PARA A LOCALIZAÇÃO DE BENS PASSÍVEIS DE PENHORA. ARTIGO 11, DA LEI 6.830/80. ARTIGO 185-A, DO CTN. CÓDIGO DE PROCESSO CIVIL. INOVAÇÃO INTRODUZIDA PELA LEI 11.382/2006. ARTIGOS 655, I, E 655-A, DO CPC. INTERPRETAÇÃO SISTEMÁTICA DAS LEIS. TEORIA DO DIÁLOGO DAS FONTES. APLICAÇÃO IMEDIATA DA LEI DE ÍNDOLE PROCESSUAL.

1. A utilização do Sistema BACEN-JUD, no período posterior à vacatio legis da Lei 11.382/2006 (21.01.2007), prescinde do exaurimento de diligências extrajudiciais, por parte do exeqüente, a fim de se autorizar o bloqueio eletrônico de depósitos ou aplicações financeiras (Precedente da Primeira Seção: EREsp 1.052.081/RS, Rel. Ministro Hamilton Carvalhi-

---

28. Entendimento firmado durante a vigência do CPC/73, mas que continua sendo aplicado em julgados recentes (vide tópico 13.7).

do, Primeira Seção, julgado em 12.05.2010, DJe 26.05.2010. Precedentes das Turmas de Direito Público: REsp 1.194.067/PR, Rel. Ministra Eliana Calmon, Segunda Turma, julgado em 22.06.2010, DJe 01.07.2010; AgRg no REsp 1.143.806/SP, Rel. Ministro Humberto Martins, Segunda Turma, julgado em 08.06.2010, DJe 21.06.2010; REsp 1.101.288/RS, Rel. Ministro Benedito Gonçalves, Primeira Turma, julgado em 02.04.2009, DJe 20.04.2009; e REsp 1.074.228/MG, Rel. Ministro Mauro Campbell Marques, Segunda Turma, julgado em 07.10.2008, DJe 05.11.2008. Precedente da Corte Especial que adotou a mesma exegese para a execução civil: REsp 1.112.943/MA, Rel. Ministra Nancy Andrighi, julgado em 15.09.2010).

2. A execução judicial para a cobrança da Dívida Ativa da União, dos Estados, do Distrito Federal, dos Municípios e respectivas autarquias é regida pela Lei 6.830/80 e, subsidiariamente, pelo Código de Processo Civil.

3. A Lei 6.830/80, em seu artigo 9º, determina que, em garantia da execução, o executado poderá, entre outros, nomear bens à penhora, observada a ordem prevista no artigo 11, na qual o "dinheiro" exsurge com primazia.

4. Por seu turno, o artigo 655, do CPC, em sua redação primitiva, dispunha que incumbia ao devedor, ao fazer a nomeação de bens, observar a ordem de penhora, cujo inciso I fazia referência genérica a "dinheiro".

5. Entrementes, em 06 de dezembro de 2006, sobreveio a Lei 11.382, que alterou o artigo 655 e inseriu o artigo 655-A ao Código de Processo Civil, verbis: "Art. 655. A penhora observará, preferencialmente, a seguinte ordem: I - dinheiro, em espécie ou em depósito ou aplicação em instituição financeira; II - veículos de via terrestre; III - bens móveis em geral; IV - bens imóveis; V - navios e aeronaves; VI - ações e quotas de sociedades empresárias; VII - percentual do faturamento de empresa devedora; VIII - pedras e metais preciosos; IX - títulos da dívida pública da União, Estados e Distrito Federal com cotação em mercado; X - títulos e valores mobiliários com cotação em mercado; XI - outros direitos. (...) Art. 655-A. Para possibilitar a penhora de dinheiro em depósito ou aplicação financeira, o juiz, a requerimento do exeqüente, requisitará à autoridade supervisora do sistema bancário, preferencialmente por meio eletrônico, informações sobre a existência de ativos em nome do executado, podendo no mesmo ato determinar sua indisponibilidade, até o valor

indicado na execução. § 1º As informações limitar-se-ão à existência ou não de depósito ou aplicação até o valor indicado na execução.(...)"

6. Deveras, antes da vigência da Lei 11.382/2006, encontravam-se consolidados, no Superior Tribunal de Justiça, os entendimentos jurisprudenciais no sentido da relativização da ordem legal de penhora prevista nos artigos 11, da Lei de Execução Fiscal, e 655, do CPC (EDcl nos EREsp 819.052/RS, Rel. Ministro Humberto Martins, Primeira Seção, julgado em 08.08.2007, DJ 20.08.2007; e EREsp 662.349/RJ, Rel. Ministro José Delgado, Rel. p/ Acórdão Ministra Eliana Calmon, Primeira Seção, julgado em 10.05.2006, DJ 09.10.2006), e de que o bloqueio eletrônico de depósitos ou aplicações financeiras (mediante a expedição de ofício à Receita Federal e ao BACEN) pressupunha o esgotamento, pelo exeqüente, de todos os meios de obtenção de informações sobre o executado e seus bens e que as diligências restassem infrutíferas (REsp 144.823/PR, Rel. Ministro José Delgado, Primeira Turma, julgado em 02.10.1997, DJ 17.11.1997; AgRg no Ag 202.783/PR, Rel. Ministro Carlos Alberto Menezes Direito, Terceira Turma, julgado em 17.12.1998, DJ 22.03.1999; AgRg no REsp 644.456/SC, Rel. Ministro José Delgado, Rel. p/ Acórdão Ministro Teori Albino Zavascki, Primeira Turma, julgado em 15.02.2005, DJ 04.04.2005; REsp 771.838/SP, Rel. Ministro Castro Meira, Segunda Turma, julgado em 13.09.2005, DJ 03.10.2005; e REsp 796.485/PR, Rel. Ministro Castro Meira, Segunda Turma, julgado em 02.02.2006, DJ 13.03.2006).

7. A introdução do artigo 185-A no Código Tributário Nacional, promovida pela Lei Complementar 118, de 9 de fevereiro de 2005, corroborou a tese da necessidade de exaurimento das diligências conducentes à localização de bens passíveis de penhora antes da decretação da indisponibilidade de bens e direitos do devedor executado, verbis: "Art. 185-A. Na hipótese de o devedor tributário, devidamente citado, não pagar nem apresentar bens à penhora no prazo legal e não forem encontrados bens penhoráveis, o juiz determinará a indisponibilidade de seus bens e direitos, comunicando a decisão, preferencialmente por meio eletrônico, aos órgãos e entidades que promovem registros de transferência de bens, especialmente ao registro público de imóveis e às autoridades supervisoras do mercado bancário e do mercado de capitais, a fim de que, no âmbito de suas atribuições, façam cumprir a ordem judicial. § 1o A indisponibilidade de que trata o caput deste artigo limitar-se-á ao valor total exigível, devendo o juiz determinar o imediato levantamento da indisponibilidade dos bens ou valores que excederem esse limite. § 2o Os órgãos e entidades

aos quais se fizer a comunicação de que trata o caput deste artigo enviarão imediatamente ao juízo a relação discriminada dos bens e direitos cuja indisponibilidade houverem promovido." 8. Nada obstante, a partir da vigência da Lei 11.382/2006, os depósitos e as aplicações em instituições financeiras passaram a ser considerados bens preferenciais na ordem da penhora, equiparando-se a dinheiro em espécie (artigo 655, I, do CPC), tornando-se prescindível o exaurimento de diligências extrajudiciais a fim de se autorizar a penhora on line (artigo 655-A, do CPC).

9. A antinomia aparente entre o artigo 185-A, do CTN (que cuida da decretação de indisponibilidade de bens e direitos do devedor executado) e os artigos 655 e 655-A, do CPC (penhora de dinheiro em depósito ou aplicação financeira) é superada com a aplicação da Teoria pós-moderna do Diálogo das Fontes, idealizada pelo alemão Erik Jayme e aplicada, no Brasil, pela primeira vez, por Cláudia Lima Marques, a fim de preservar a coexistência entre o Código de Defesa do Consumidor e o novo Código Civil.

10. Com efeito, consoante a Teoria do Diálogo das Fontes, as normas gerais mais benéficas supervenientes preferem à norma especial (concebida para conferir tratamento privilegiado a determinada categoria), a fim de preservar a coerência do sistema normativo.

11. Deveras, a ratio essendi do artigo 185-A, do CTN, é erigir hipótese de privilégio do crédito tributário, não se revelando coerente "colocar o credor privado em situação melhor que o credor público, principalmente no que diz respeito à cobrança do crédito tributário, que deriva do dever fundamental de pagar tributos (artigos 145 e seguintes da Constituição Federal de 1988)" (REsp 1.074.228/MG, Rel. Ministro Mauro Campbell Marques, Segunda Turma, julgado em 07.10.2008, DJe 05.11.2008).

12. Assim, a interpretação sistemática dos artigos 185-A, do CTN, com os artigos 11, da Lei 6.830/80 e 655 e 655-A, do CPC, autoriza a penhora eletrônica de depósitos ou aplicações financeiras independentemente do exaurimento de diligências extrajudiciais por parte do exeqüente.

13. À luz da regra de direito intertemporal que preconiza a aplicação imediata da lei nova de índole processual, infere-se a existência de dois regimes normativos no que concerne à penhora eletrônica de dinheiro em depósito ou aplicação financeira: (i) período anterior à égide da Lei 11.382, de 6 de dezembro de 2006 (que obedeceu a vacatio legis de 45 dias após a publicação), no qual a utilização do Sistema BACEN-JUD

pressupunha a demonstração de que o exeqüente não lograra êxito em suas tentativas de obter as informações sobre o executado e seus bens; e (ii) período posterior à vacatio legis da Lei 11.382/2006 (21.01.2007), a partir do qual se revela prescindível o exaurimento de diligências extrajudiciais a fim de se autorizar a penhora eletrônica de depósitos ou aplicações financeiras.

14. In casu, a decisão proferida pelo Juízo Singular em 30.01.2008 determinou, com base no poder geral de cautela, o "arresto prévio" (mediante bloqueio eletrônico pelo sistema BACENJUD) dos valores existentes em contas bancárias da empresa executada e dos co-responsáveis (até o limite do valor exeqüendo), sob o fundamento de que "nos processos de execução fiscal que tramitam nesta vara, tradicionalmente, os executados têm se desfeito de bens e valores depositados em instituições bancárias após o recebimento da carta da citação".

15. Consectariamente, a argumentação empresarial de que o bloqueio eletrônico dera-se antes da regular citação esbarra na existência ou não dos requisitos autorizadores da medida provisória (em tese, apta a evitar lesão grave e de difícil reparação, ex vi do disposto nos artigos 798 e 799, do CPC), cuja análise impõe o reexame do contexto fático-probatório valorado pelo Juízo Singular, providência obstada pela Súmula 7/STJ.

16. Destarte, o bloqueio eletrônico dos depósitos e aplicações financeiras dos executados, determinado em 2008 (período posterior à vigência da Lei 11.382/2006), não se condicionava à demonstração da realização de todas as diligências possíveis para encontrar bens do devedor.

17. Contudo, impende ressalvar que a penhora eletrônica dos valores depositados nas contas bancárias não pode descurar-se da norma inserta no artigo 649, IV, do CPC (com a redação dada pela Lei 11.382/2006), segundo a qual são absolutamente impenhoráveis "os vencimentos, subsídios, soldos, salários, remunerações, proventos de aposentadoria, pensões, pecúlios e montepios; as quantias recebidas por liberalidade de terceiro e destinadas ao sustento do devedor e sua família, os ganhos de trabalhador autônomo e os honorários de profissional liberal".

18. As questões atinentes à prescrição dos créditos tributários executados e à ilegitimidade dos sócios da empresa (suscitadas no agravo de instrumento empresarial) deverão se objeto de discussão na instância ordinária, no âmbito do meio processual adequado, sendo certo que o

requisito do prequestionamento torna inviável a discussão, pela vez primeira, em sede de recurso especial, de matéria não debatida na origem.

19. Recurso especial fazendário provido, declarando-se a legalidade da ordem judicial que importou no bloqueio liminar dos depósitos e aplicações financeiras constantes das contas bancárias dos executados. Acórdão submetido ao regime do artigo 543-C, do CPC, e da Resolução STJ 08/2008.

- (REsp 1184765/PA, Rel. Ministro LUIZ FUX, PRIMEIRA SEÇÃO, julgado em 24/11/2010, DJe 03/12/2010)

14.1.25 Tema 444 (REsp repetitivo nº 1201993/SP): prescrição para o redirecionamento da Execução Fiscal, no prazo de cinco anos, contados da citação da pessoa jurídica

Questão de direito controvertida	"Questiona a prescrição para o redirecionamento da Execução Fiscal, no prazo de cinco anos, contados da citação da pessoa jurídica". "(i) o prazo de redirecionamento da Execução Fiscal, fixado em cinco anos, contado da diligência de citação da pessoa jurídica, é aplicável quando o referido ato ilícito, previsto no art. 135, III, do CTN, for precedente a esse ato processual;
	(ii) a citação positiva do sujeito passivo devedor original da obrigação tributária, por si só, não provoca o início do prazo prescricional quando o ato de dissolução irregular for a ela subsequente, uma vez que, em tal circunstância, inexistirá, na aludida data (da citação), pretensão contra os sócios-gerentes (conforme decidido no REsp 1.101.728/SP, no rito do art. 543-C do CPC/1973, o mero inadimplemento da exação não configura ilícito atribuível aos sujeitos de direito descritos no art. 135 do CTN). O termo inicial do prazo prescricional para a cobrança

Tese	do crédito dos sócios-gerentes infratores, nesse contexto, é a data da prática de ato inequívoco indicador do intuito de inviabilizar a satisfação do crédito tributário já em curso de cobrança executiva promovida contra a empresa contribuinte, a ser demonstrado pelo Fisco, nos termos do art. 593 do CPC/1973 (art. 792 do novo CPC - fraude à execução), combinado com o art. 185 do CTN (presunção de fraude contra a Fazenda Pública); e, (iii) em qualquer hipótese, a decretação da prescrição para o redirecionamento impõe seja demonstrada a inércia da Fazenda Pública, no lustro que se seguiu à citação da empresa originalmente devedora (REsp 1.222.444/RS) ou ao ato inequívoco mencionado no item anterior (respectivamente, nos casos de dissolução irregular precedente ou superveniente à citação da empresa), cabendo às instâncias ordinárias o exame dos fatos e provas atinentes à demonstração da prática de atos concretos na direção da cobrança do crédito tributário no decurso do prazo prescricional.".

Segue abaixo transcrita a ementa do julgado:

PROCESSUAL CIVIL E TRIBUTÁRIO. RECURSO REPRESENTATIVO DE CONTROVÉRSIA (AFETADO NA VIGÊNCIA DO ART. 543-C DO CPC/1973 - ART. 1.036 DO CPC/2015 - E RESOLUÇÃO STJ 8/2008). EXECUÇÃO FISCAL. DISSOLUÇÃO IRREGULAR. TERMO INICIAL DA PRESCRIÇÃO PARA O REDIRECIONAMENTO. DISTINGUISHING RELACIONADO À DISSOLUÇÃO IRREGULAR POSTERIOR À CITAÇÃO DA EMPRESA, OU A OUTRO MARCO INTERRUPTIVO DA PRESCRIÇÃO. ANÁLISE DA CONTROVÉRSIA SUBMETIDA AO RITO DO ART. 543-C DO CPC/1973 (ATUAL 1.036 DO CPC/2015)

1. A Fazenda do Estado de São Paulo pretende redirecionar Execução Fiscal para o sócio-gerente da empresa, diante da constatação de que, ao longo da tramitação do feito (após a citação da pessoa jurídica, a

concessão de parcelamento do crédito tributário, a penhora de bens e os leilões negativos), sobreveio a dissolução irregular. Sustenta que, nessa hipótese, o prazo prescricional de cinco anos não pode ser contado da data da citação da pessoa jurídica.

TESE CONTROVERTIDA ADMITIDA 2. Sob o rito do art. 543-C do CPC/1973 (art. 1.036 e seguintes do CPC/2015), admitiu-se a seguinte tese controvertida (Tema 444): "prescrição para o redirecionamento da Execução Fiscal, no prazo de cinco anos, contados da citação da pessoa jurídica".

DELIMITAÇÃO DA MATÉRIA COGNOSCÍVEL 3. Na demanda, almeja-se definir, como muito bem sintetizou o eminente Ministro Napoleão Nunes Maia Filho, o termo inicial da prescrição para o redirecionamento, especialmente na hipótese em que se deu a dissolução irregular, conforme reconhecido no acórdão do Tribunal a quo, após a citação da pessoa jurídica. Destaca-se, como premissa lógica, a precisa manifestação do eminente Ministro Gurgel de Faria, favorável a que "terceiros pessoalmente responsáveis (art. 135 do CTN), ainda que não participantes do processo administrativo fiscal, também podem vir a integrar o polo passivo da execução, não para responder por débitos próprios, mas sim por débitos constituídos em desfavor da empresa contribuinte".

4. Com o propósito de alcançar consenso acerca da matéria de fundo, que é extremamente relevante e por isso tratada no âmbito de recurso repetitivo, buscou-se incorporar as mais diversas observações e sugestões apresentadas pelos vários Ministros que se manifestaram nos sucessivos debates realizados, inclusive por meio de votos-vista - em alguns casos, com apresentação de várias teses, nem sempre congruentes entre si ou com o objeto da pretensão recursal.

PANORAMA GERAL DA JURISPRUDÊNCIA DO STJ SOBRE A PRESCRIÇÃO PARA O REDIRECIONAMENTO 5. Preliminarmente, observa-se que o legislador não disciplinou especificamente o instituto da prescrição para o redirecionamento. O Código Tributário Nacional discorre genericamente a respeito da prescrição (art. 174 do CTN) e, ainda assim, o faz em relação apenas ao devedor original da obrigação tributária.

6. Diante da lacuna da lei, a jurisprudência do STJ há muito tempo consolidou o entendimento de que a Execução Fiscal não é imprescritível. Com a orientação de que o art. 40 da Lei 6.830/1980, em sua redação original, deve ser interpretado à luz do art. 174 do CTN, definiu que, constituindo a citação da pessoa jurídica o marco interruptivo da

prescrição, extensível aos devedores solidários (art. 125, III, do CTN), o redirecionamento com fulcro no art. 135, III, do CTN deve ocorrer no prazo máximo de cinco anos, contado do aludido ato processual (citação da pessoa jurídica). Precedentes do STJ: Primeira Seção: AgRg nos EREsp 761.488/SC, Rel. Min. Hamilton Carvalhido, DJe de 7.12.2009. Primeira Turma: AgRg no Ag 1.308.057/SP, Rel. Ministro Benedito Gonçalves, DJe 26.10.2010; AgRg no Ag 1.159.990/SP, Rel. Ministro Arnaldo Esteves Lima, DJe 30.8.2010; AgRg no REsp 1.202.195/PR, Rel. Ministro Luiz Fux, DJe 22.2.2011; AgRg no REsp 734.867/SC, Rel. Ministra Denise Arruda, DJe 2.10.2008. Segunda Turma: AgRg no AREsp 88.249/SP, Rel. Ministro Humberto Martins, DJe 15.5.2012; AgRg no Ag 1.211.213/SP, Rel. Ministro Mauro Campbell Marques, DJe 24.2.2011; REsp 1.194.586/SP, Rel. Ministro Castro Meira, DJe 28.10.2010; REsp 1.100.777/RS, Rel. Ministra Eliana Calmon, Segunda Turma, julgado em 2.4.2009, DJe 4.5.2009.

7. A jurisprudência das Turmas que compõem a Seção de Direito Público do STJ, atenta à necessidade de corrigir distorções na aplicação da lei federal, reconheceu ser preciso distinguir situações jurídicas que, por possuírem características peculiares, afastam a exegese tradicional, de modo a preservar a integridade e a eficácia do ordenamento jurídico. Nesse sentido, analisou precisamente hipóteses em que a prática de ato de infração à lei, descrito no art. 135, III, do CTN (como, por exemplo, a dissolução irregular), ocorreu após a citação da pessoa jurídica, modificando para momento futuro o termo inicial do redirecionamento: AgRg no REsp 1.106.281/RS, Rel. Ministro Francisco Falcão, Primeira Turma, DJe 28.5.2009; AgRg no REsp 1.196.377/SP, Rel. Ministro Humberto Martins, DJe 27.10.2010.

8. Efetivamente, não se pode dissociar o tema em discussão das características que definem e assim individualizam o instituto da prescrição, quais sejam a violação de direito, da qual se extrai uma pretensão exercível, e a cumulação do requisito objetivo (transcurso de prazo definido em lei) com o subjetivo (inércia da parte interessada).

TERMO INICIAL DA PRESCRIÇÃO PARA REDIRECIONAMENTO EM CASO DE DISSOLUÇÃO IRREGULAR PREEXISTENTE OU ULTERIOR À CITAÇÃO PESSOAL DA EMPRESA

9. Afastada a orientação de que a citação da pessoa jurídica dá início ao prazo prescricional para redirecionamento, no específico contexto em que a dissolução irregular sucede a tal ato processual (citação da empresa),

impõe-se a definição da data que assinala o termo a quo da prescrição para o redirecionamento nesse cenário peculiar (*distinguishing*).

10. No rigor técnico e lógico que deveria conduzir a análise da questão controvertida, a orientação de que a citação pessoal da empresa constitui o termo a quo da prescrição para o redirecionamento da Execução Fiscal deveria ser aplicada a outros ilícitos que não a dissolução irregular da empresa - com efeito, se a citação pessoal da empresa foi realizada, não há falar, nesse momento, em dissolução irregular e, portanto, em início da prescrição para redirecionamento com base nesse fato (dissolução irregular).

11. De outro lado, se o ato de citação resultar negativo devido ao encerramento das atividades empresariais ou por não se encontrar a empresa estabelecida no local informado como seu domicílio tributário, aí, sim, será possível cogitar da fluência do prazo de prescrição para o redirecionamento, em razão do enunciado da Súmula 435/STJ ("Presume-se dissolvida irregularmente a empresa que deixar de funcionar no seu domicílio fiscal, sem comunicação aos órgãos competentes, legitimando o redirecionamento da execução fiscal para o sócio-gerente").

12. Dessa forma, no que se refere ao termo inicial da prescrição para o redirecionamento, em caso de dissolução irregular preexistente à citação da pessoa jurídica, corresponderá aquele: a) à data da diligência que resultou negativa, nas situações regidas pela redação original do art. 174, parágrafo único, I, do CTN; ou b) à data do despacho do juiz que ordenar a citação, para os casos regidos pela redação do art. 174, parágrafo único, I, do CTN conferida pela Lei Complementar 118/2005.

13. No tocante ao momento do início do prazo da prescrição para redirecionar a Execução Fiscal em caso de dissolução irregular depois da citação do estabelecimento empresarial, tal marco não pode ficar ao talante da Fazenda Pública. Com base nessa premissa, mencionam-se os institutos da Fraude à Execução (art. 593 do CPC/1973 e art. 792 do novo CPC) e da Fraude contra a Fazenda Pública (art. 185 do CTN) para assinalar, como corretamente o fez a Ministra Regina Helena, que "a data do ato de alienação ou oneração de bem ou renda do patrimônio da pessoa jurídica contribuinte ou do patrimônio pessoal do(s) sócio(s) administrador(es) infrator(es), ou seu começo", é que corresponde ao termo inicial da prescrição para redirecionamento. Acrescenta-se que provar a prática de tal ato é incumbência da Fazenda Pública.

TESE REPETITIVA

14. Para fins dos arts. 1.036 e seguintes do CPC/2015, fica assim resolvida a controvérsia repetitiva: (i) o prazo de redirecionamento da Execução Fiscal, fixado em cinco anos, contado da diligência de citação da pessoa jurídica, é aplicável quando o referido ato ilícito, previsto no art. 135, III, do CTN, for precedente a esse ato processual; (ii) a citação positiva do sujeito passivo devedor original da obrigação tributária, por si só, não provoca o início do prazo prescricional quando o ato de dissolução irregular for a ela subsequente, uma vez que, em tal circunstância, inexistirá, na aludida data (da citação), pretensão contra os sócios-gerentes (conforme decidido no REsp 1.101.728/SP, no rito do art. 543-C do CPC/1973, o mero inadimplemento da exação não configura ilícito atribuível aos sujeitos de direito descritos no art. 135 do CTN). O termo inicial do prazo prescricional para a cobrança do crédito dos sócios-gerentes infratores, nesse contexto, é a data da prática de ato inequívoco indicador do intuito de inviabilizar a satisfação do crédito tributário já em curso de cobrança executiva promovida contra a empresa contribuinte, a ser demonstrado pelo Fisco, nos termos do art. 593 do CPC/1973 (art. 792 do novo CPC - fraude à execução), combinado com o art. 185 do CTN (presunção de fraude contra a Fazenda Pública); e, (iii) em qualquer hipótese, a decretação da prescrição para o redirecionamento impõe seja demonstrada a inércia da Fazenda Pública, no lustro que se seguiu à citação da empresa originalmente devedora (REsp 1.222.444/RS) ou ao ato inequívoco mencionado no item anterior (respectivamente, nos casos de dissolução irregular precedente ou superveniente à citação da empresa), cabendo às instâncias ordinárias o exame dos fatos e provas atinentes à demonstração da prática de atos concretos na direção da cobrança do crédito tributário no decurso do prazo prescricional.

RESOLUÇÃO DO CASO CONCRETO

15. No caso dos autos, a Fazenda do Estado de São Paulo alegou que a Execução Fiscal jamais esteve paralisada, pois houve citação da pessoa jurídica em 1999, penhora de seus bens, concessão de parcelamento e, depois da sua rescisão por inadimplemento (2001), retomada do feito após o comparecimento do depositário, em 2003, indicando o paradeiro dos bens, ao que se sucedeu a realização de quatro leilões, todos negativos. Somente com a tentativa de substituição da constrição judicial é que foi constatada a dissolução irregular da empresa (2005), ocorrida

inquestionavelmente em momento seguinte à citação da empresa, razão pela qual o pedido de redirecionamento, formulado em 2007, não estaria fulminado pela prescrição.

16. A genérica observação do órgão colegiado do Tribunal a quo, de que o pedido foi formulado após prazo superior a cinco anos da citação do estabelecimento empresarial ou da rescisão do parcelamento é insuficiente, como se vê, para caracterizar efetivamente a prescrição, de modo que é manifesta a aplicação indevida da legislação federal.

17. Tendo em vista a assertiva fazendária de que a circunstância fática que viabilizou o redirecionamento (dissolução irregular) foi ulterior à citação da empresa devedora (até aqui fato incontroverso, pois expressamente reconhecido no acórdão hostilizado), caberá às instâncias de origem pronunciar-se sobre a veracidade dos fatos narrados pelo Fisco e, em consequência, prosseguir no julgamento do Agravo do art. 522 do CPC/1973, observando os parâmetros acima fixados.

18. Recurso Especial provido.

- (REsp 1201993/SP, Rel. Ministro HERMAN BENJAMIN, PRIMEIRA SEÇÃO, julgado em 08/05/2019, DJe 12/12/2019)

14.1.26 Temas 480, 481 e 482 (REsp repetitivos nºs 1205946/SP, 1247150/PR): foro competente para a liquidação individual de sentença proferida em ação civil pública

Questão de direito controvertida	"Discute-se o foro competente para a liquidação individual de sentença proferida em ação civil pública".
Tese Tema 480	"A liquidação e a execução individual de sentença genérica proferida em ação civil coletiva pode ser ajuizada no foro do domicílio do beneficiário, porquanto os efeitos e a eficácia da sentença não estão circunscritos a lindes geográficos, mas aos limites objetivos e subjetivos do que foi decidido, levando-se em conta, para tanto, sempre a extensão do dano e a qualidade dos interesses metaindividuais postos em juízo (arts. 468, 472 e 474, CPC e 93 e 103, CDC)".

Tese Tema 481	A sentença genérica proferida na ação civil coletiva ajuizada pela Apadeco, que condenou o Banestado ao pagamento dos chamados expurgos inflacionários sobre cadernetas de poupança, dispôs que seus efeitos alcançariam todos os poupadores da instituição financeira do Estado do Paraná. Por isso descabe a alteração do seu alcance em sede de liquidação/execução individual, sob pena de vulneração da coisa julgada. Assim, não se aplica ao caso a limitação contida no art. 2º-A, caput, da Lei n. 9.494/97.
Tese Tema 482	"A sentença genérica prolatada no âmbito da ação civil coletiva, por si, não confere ao vencido o atributo de devedor de 'quantia certa ou já fixada em liquidação' (art. 475-J do CPC), porquanto, 'em caso de procedência do pedido, a condenação será genérica', apenas 'fixando a responsabilidade do réu pelos danos causados' (art. 95 do CDC). A condenação, pois, não se reveste de liquidez necessária ao cumprimento espontâneo do comando sentencial, não sendo aplicável a reprimenda prevista no art. 475-J do CPC".

Seguem abaixo transcritas as ementas dos julgados:

PROCESSUAL CIVIL E ADMINISTRATIVO. RECURSO ESPECIAL. SERVIDOR PÚBLICO. VERBAS REMUNERATÓRIAS. CORREÇÃO MONETÁRIA E JUROS DE MORA DEVIDOS PELA FAZENDA PÚBLICA. LEI 11.960/09, QUE ALTEROU O ARTIGO 1º-F DA LEI 9.494/97. NATUREZA PROCESSUAL. APLICAÇÃO IMEDIATA AOS PROCESSOS EM CURSO QUANDO DA SUA VIGÊNCIA. EFEITO RETROATIVO. IMPOSSIBILIDADE.

1. Cinge-se a controvérsia acerca da possibilidade de aplicação imediata às ações em curso da Lei 11.960/09, que veio alterar a redação do artigo 1º-F da Lei 9.494/97, para disciplinar os critérios de correção monetária e de juros de mora a serem observados nas "condenações impostas

à Fazenda Pública, independentemente de sua natureza", quais sejam, "os índices oficiais de remuneração básica e juros aplicados à caderneta de poupança".

2. A Corte Especial, em sessão de 18.06.2011, por ocasião do julgamento dos EREsp n. 1.207.197/RS, entendeu por bem alterar entendimento até então adotado, firmando posição no sentido de que a Lei 11.960/2009, a qual traz novo regramento concernente à atualização monetária e aos juros de mora devidos pela Fazenda Pública, deve ser aplicada, de imediato, aos processos em andamento, sem, contudo, retroagir a período anterior à sua vigência.

3. Nesse mesmo sentido já se manifestou o Supremo Tribunal Federal, ao decidir que a Lei 9.494/97, alterada pela Medida Provisória n. 2.180-35/2001, que também tratava de consectário da condenação (juros de mora), devia ser aplicada imediatamente aos feitos em curso.

4. Assim, os valores resultantes de condenações proferidas contra a Fazenda Pública após a entrada em vigor da Lei 11.960/09 devem observar os critérios de atualização (correção monetária e juros) nela disciplinados, enquanto vigorarem. Por outro lado, no período anterior, tais acessórios deverão seguir os parâmetros definidos pela legislação então vigente.

5. No caso concreto, merece prosperar a insurgência da recorrente no que se refere à incidência do art. 5º da Lei n. 11.960/09 no período subsequente a 29/06/2009, data da edição da referida lei, ante o princípio do *tempus regit actum*.

6. Recurso afetado à Seção, por ser representativo de controvérsia, submetido ao regime do artigo 543-C do CPC e da Resolução 8/STJ.

7 Cessam os efeitos previstos no artigo 543-C do CPC em relação ao Recurso Especial Repetitivo n. 1.086.944/SP, que se referia tão somente às modificações legislativas impostas pela MP 2.180-35/01, que acrescentou o art. 1º-F à Lei 9.494/97, alterada pela Lei 11.960/09, aqui tratada.

8. Recurso especial parcialmente provido para determinar, ao presente feito, a imediata aplicação do art. 5º da Lei 11.960/09, a partir de sua vigência, sem efeitos retroativos.

- (REsp 1205946/SP, Rel. Ministro BENEDITO GONÇALVES, CORTE ESPECIAL, julgado em 19/10/2011, DJe 02/02/2012)

DIREITO PROCESSUAL. RECURSO REPRESENTATIVO DE CONTROVÉRSIA (ART. 543-C, CPC). DIREITOS METAINDIVIDUAIS. AÇÃO CIVIL PÚBLICA. APADECO X BANESTADO. EXPURGOS INFLACIONÁRIOS. ALCANCE SUBJETIVO DA SENTENÇA COLETIVA. LIMITAÇÃO AOS ASSOCIADOS. INVIABILIDADE. OFENSA À COISA JULGADA. MULTA PREVISTA NO ART. 475-J, CPC. NÃO INCIDÊNCIA.

1. Para efeitos do art. 543-C do CPC: 1.1. A sentença genérica proferida na ação civil coletiva ajuizada pela Apadeco, que condenou o Banestado ao pagamento dos chamados expurgos inflacionários sobre cadernetas de poupança, dispôs que seus efeitos alcançariam todos os poupadores da instituição financeira do Estado do Paraná. Por isso descabe a alteração do seu alcance em sede de liquidação/execução individual, sob pena de vulneração da coisa julgada. Assim, não se aplica ao caso a limitação contida no art. 2º-A, caput, da Lei n. 9.494/97.

1.2. A sentença genérica prolatada no âmbito da ação civil coletiva, por si, não confere ao vencido o atributo de devedor de "quantia certa ou já fixada em liquidação" (art. 475-J do CPC), porquanto, "em caso de procedência do pedido, a condenação será genérica", apenas "fixando a responsabilidade do réu pelos danos causados" (art. 95 do CDC). A condenação, pois, não se reveste de liquidez necessária ao cumprimento espontâneo do comando sentencial, não sendo aplicável a reprimenda prevista no art. 475-J do CPC.

2. Recurso especial parcialmente provido.

- (REsp 1247150/PR, Rel. Ministro LUIS FELIPE SALOMÃO, CORTE ESPECIAL, julgado em 19/10/2011, DJe 12/12/2011)

14.1.27 Tema 491 (REsp repetitivo nº 1205946/SP): juros moratórios após Lei 11.960/09 nas condenações contra a Fazenda Pública[29]

Questão de direito controvertida	"Discute a possibilidade de aplicação imediata da Lei 11.960/09, que veio alterar o critério de cálculo dos juros moratórios devidos pela Fazenda Pública previsto no artigo 1º-F da Lei 9.494/97, às ações ajuizadas antes de sua vigência.".

29. Vide tópico 7.4.

Tese Tema 491	"Os valores resultantes de condenações proferidas contra a Fazenda Pública após a entrada em vigor da Lei 11.960/09 devem observar os critérios de atualização (correção monetária e juros) nela disciplinados, enquanto vigorarem. Por outro lado, no período anterior, tais acessórios deverão seguir os parâmetros definidos pela legislação então vigente.".
Repercussão Geral	Tema 810/STF - Validade da correção monetária e dos juros moratórios incidentes sobre as condenações impostas à Fazenda Pública, conforme previstos no art. 1º-F da Lei 9.494/1997, com a redação dada pela Lei 11.960/2009.
Tese Tema 492	"Os valores resultantes de condenações proferidas contra a Fazenda Pública após a entrada em vigor da Lei 11.960/09 devem observar os critérios de atualização (correção monetária e juros) nela disciplinados, enquanto vigorarem. Por outro lado, no período anterior, tais acessórios deverão seguir os parâmetros definidos pela legislação então vigente".

Segue abaixo transcrita a ementa do julgado:

PROCESSUAL CIVIL E ADMINISTRATIVO. RECURSO ESPECIAL. SERVIDOR PÚBLICO. VERBAS REMUNERATÓRIAS. CORREÇÃO MONETÁRIA E JUROS DE MORA DEVIDOS PELA FAZENDA PÚBLICA. LEI 11.960/09, QUE ALTEROU O ARTIGO 1º-F DA LEI 9.494/97. NATUREZA PROCESSUAL. APLICAÇÃO IMEDIATA AOS PROCESSOS EM CURSO QUANDO DA SUA VIGÊNCIA. EFEITO RETROATIVO. IMPOSSIBILIDADE.

1. Cinge-se a controvérsia acerca da possibilidade de aplicação imediata às ações em curso da Lei 11.960/09, que veio alterar a redação do artigo 1º-F da Lei 9.494/97, para disciplinar os critérios de correção monetária e de juros de mora a serem observados nas "condenações impostas à Fazenda Pública, independentemente de sua natureza", quais sejam,

"os índices oficiais de remuneração básica e juros aplicados à caderneta de poupança".

2. A Corte Especial, em sessão de 18.06.2011, por ocasião do julgamento dos EREsp n. 1.207.197/RS, entendeu por bem alterar entendimento até então adotado, firmando posição no sentido de que a Lei 11.960/2009, a qual traz novo regramento concernente à atualização monetária e aos juros de mora devidos pela Fazenda Pública, deve ser aplicada, de imediato, aos processos em andamento, sem, contudo, retroagir a período anterior à sua vigência.

3. Nesse mesmo sentido já se manifestou o Supremo Tribunal Federal, ao decidir que a Lei 9.494/97, alterada pela Medida Provisória n. 2.180-35/2001, que também tratava de consectário da condenação (juros de mora), devia ser aplicada imediatamente aos feitos em curso.

4. Assim, os valores resultantes de condenações proferidas contra a Fazenda Pública após a entrada em vigor da Lei 11.960/09 devem observar os critérios de atualização (correção monetária e juros) nela disciplinados, enquanto vigorarem. Por outro lado, no período anterior, tais acessórios deverão seguir os parâmetros definidos pela legislação então vigente.

5. No caso concreto, merece prosperar a insurgência da recorrente no que se refere à incidência do art. 5º da Lei n. 11.960/09 no período subsequente a 29/06/2009, data da edição da referida lei, ante o princípio do tempus regit actum.

6. Recurso afetado à Seção, por ser representativo de controvérsia, submetido ao regime do artigo 543-C do CPC e da Resolução 8/STJ.

7 Cessam os efeitos previstos no artigo 543-C do CPC em relação ao Recurso Especial Repetitivo n. 1.086.944/SP, que se referia tão somente às modificações legislativas impostas pela MP 2.180-35/01, que acrescentou o art. 1º-F à Lei 9.494/97, alterada pela Lei 11.960/09, aqui tratada.

8. Recurso especial parcialmente provido para determinar, ao presente feito, a imediata aplicação do art. 5º da Lei 11.960/09, a partir de sua vigência, sem efeitos retroativos.

- (REsp 1205946/SP, Rel. Ministro BENEDITO GONÇALVES, CORTE ESPECIAL, julgado em 19/10/2011, DJe 02/02/2012)

14.1.28 Tema 508 (REsp repetitivo nº 1268324/PA): intimação pessoal do representante da Fazenda Pública Municipal na execução fiscal e nos embargos no primeiro e no segundo grau de jurisdição

Questão de direito controvertida	"Questão referente à necessidade de intimação do representante da Fazenda Pública nos autos de execução fiscal, inclusive no segundo grau de jurisdição".
Tese	"O representante da Fazenda Pública Municipal (caso dos autos), em sede de execução fiscal e respectivos embargos, possui a prerrogativa de ser intimado pessoalmente, em virtude do disposto no art. 25 da Lei 6.830/80, sendo que tal prerrogativa também é assegurada no segundo grau de jurisdição, razão pela qual não é válida, nessa situação, a intimação efetuada, exclusivamente, por meio da imprensa oficial ou carta registrada".

Segue abaixo transcrita a ementa do julgado:

PROCESSUAL CIVIL. RECURSO ESPECIAL. EXECUÇÃO FISCAL E EMBARGOS DO DEVEDOR. INTIMAÇÃO PESSOAL DO REPRESENTANTE DA FAZENDA PÚBLICA MUNICIPAL. PRERROGATIVA QUE TAMBÉM É ASSEGURADA NO SEGUNDO GRAU DE JURISDIÇÃO.

1. O representante da Fazenda Pública Municipal (caso dos autos), em sede de execução fiscal e respectivos embargos, possui a prerrogativa de ser intimado pessoalmente, em virtude do disposto no art. 25 da Lei 6.830/80, sendo que tal prerrogativa também é assegurada no segundo grau de jurisdição, razão pela qual não é válida, nessa situação, a intimação efetuada, exclusivamente, por meio da imprensa oficial ou carta registrada.

2. Recurso especial provido. Acórdão sujeito ao regime previsto no art. 543-C do CPC, c/c a Resolução 8/2008 – Presidência/STJ.

- (REsp 1268324/PA, Rel. Ministro MAURO CAMPBELL MARQUES, CORTE ESPECIAL, julgado em 17/10/2012, DJe 21/11/2012)

14.1.29 Tema 526 (REsp repetitivo nº 1272827/PE): Aplicabilidade do art. 739-A, §1º do CPC/73 à execução fiscal[30]

Questão de direito controvertida	"APLICABILIDADE DO ART. 739-A, §1º, DO CPC. ANÁLISE DO JUIZ A RESPEITO DE OCORRÊNCIA DE GRAVE DANO DE DIFÍCIL OU INCERTA REPARAÇÃO PARA A CONCESSÃO DE EFEITO SUSPENSIVO AOS EMBARGOS DO DEVEDOR OPOSTOS EM EXECUÇÃO FISCAL".
Tese	"A atribuição de efeitos suspensivos aos embargos do devedor" fica condicionada "ao cumprimento de três requisitos: apresentação de garantia; verificação pelo juiz da relevância da fundamentação (fumus boni juris) e perigo de dano irreparável ou de difícil reparação (periculum in mora".

Segue abaixo transcrita a ementa do julgado:

> PROCESSUAL CIVIL. TRIBUTÁRIO. RECURSO REPRESENTATIVO DA CONTROVÉRSIA. ART. 543-C, DO CPC. APLICABILIDADE DO ART. 739-A, §1º, DO CPC ÀS EXECUÇÕES FISCAIS. NECESSIDADE DE GARANTIA DA EXECUÇÃO E ANÁLISE DO JUIZ A RESPEITO DA RELEVÂNCIA DA ARGUMENTAÇÃO (FUMUS BONI JURIS) E DA OCORRÊNCIA DE GRAVE DANO DE DIFÍCIL OU INCERTA REPARAÇÃO (PERICULUM IN MORA) PARA A CONCESSÃO DE EFEITO SUSPENSIVO AOS EMBARGOS DO DEVEDOR OPOSTOS EM EXECUÇÃO FISCAL.

1. A previsão no ordenamento jurídico pátrio da regra geral de atribuição de efeito suspensivo aos embargos do devedor somente ocorreu com o advento da Lei n. 8.953, de 13, de dezembro de 1994, que promoveu a reforma do Processo de Execução do Código de Processo Civil de 1973 (Lei n. 5.869, de 11 de janeiro de 1973 – CPC/73), nele incluindo o §1º do art. 739, e o inciso I do art. 791.

30. Vide tópico 13.9.

2. Antes dessa reforma, e inclusive na vigência do Decreto-lei n. 960, de 17 de dezembro de 1938, que disciplinava a cobrança judicial da dívida ativa da Fazenda Pública em todo o território nacional, e do Código de Processo Civil de 1939 (Decreto-lei n. 1.608/39), nenhuma lei previa expressamente a atribuição, em regra, de efeitos suspensivos aos embargos do devedor, somente admitindo-os excepcionalmente. Em razão disso, o efeito suspensivo derivava de construção doutrinária que, posteriormente, quando suficientemente amadurecida, culminou no projeto que foi convertido na citada Lei n. 8.953/94, conforme o evidencia sua Exposição de Motivos – Mensagem n. 237, de 7 de maio de 1993, DOU de 12.04.1994, Seção II, p. 1696.

3. Sendo assim, resta evidente o equívoco da premissa de que a LEF e a Lei n. 8.212/91 adotaram a postura suspensiva dos embargos do devedor antes mesmo de essa postura ter sido adotada expressamente pelo próprio CPC/73, com o advento da Lei n. 8.953/94, fazendo tábula rasa da história legislativa.

4. Desta feita, à luz de uma interpretação histórica e dos princípios que nortearam as várias reformas nos feitos executivos da Fazenda Pública e no próprio Código de Processo Civil de 1973, mormente a eficácia material do feito executivo a primazia do crédito público sobre o privado e a especialidade das execuções fiscais, é ilógico concluir que a Lei n. 6.830 de 22 de setembro de 1980 – Lei de Execuções Fiscais – LEF e o art. 53, §4º da Lei n. 8.212, de 24 de julho de 1991, foram em algum momento ou são incompatíveis com a ausência de efeito suspensivo aos embargos do devedor. Isto porque quanto ao regime dos embargos do devedor invocavam – com derrogações específicas sempre no sentido de dar maiores garantias ao crédito público – a aplicação subsidiária do disposto no CPC/73 que tinha redação dúbia a respeito, admitindo diversas interpretações doutrinárias.

5. Desse modo, tanto a Lei n. 6.830/80 – LEF quanto o art. 53, §4º da Lei n. 8.212/91 não fizeram a opção por um ou outro regime, isto é, são compatíveis com a atribuição de efeito suspensivo ou não aos embargos do devedor. Por essa razão, não se incompatibilizam com o art. 739-A do CPC/73 (introduzido pela Lei 11.382/2006) que condiciona a atribuição de efeitos suspensivos aos embargos do devedor ao cumprimento de três requisitos: apresentação de garantia; verificação pelo juiz da relevância da fundamentação (fumus boni juris) e perigo de dano irreparável ou de difícil reparação (periculum in mora).

6. Em atenção ao princípio da especialidade da LEF, mantido com a reforma do CPC/73, a nova redação do art. 736, do CPC dada pela Lei n. 11.382/2006 – artigo que dispensa a garantia como condicionante dos embargos – não se aplica às execuções fiscais diante da presença de dispositivo específico, qual seja o art. 16, §1º da Lei n. 6.830/80, que exige expressamente a garantia para a apresentação dos embargos à execução fiscal.

7. Muito embora por fundamentos variados – ora fazendo uso da interpretação sistemática da LEF e do CPC/73, ora trilhando o inovador caminho da teoria do "Diálogo das Fontes", ora utilizando-se de interpretação histórica dos dispositivos (o que se faz agora) – essa conclusão tem sido a alcançada pela jurisprudência predominante, conforme ressoam os seguintes precedentes de ambas as Turmas deste Superior Tribunal de Justiça. Pela Primeira Turma: AgRg no Ag 1381229 / PR, Primeira Turma, Rel. Min. Arnaldo Esteves Lima, julgado em 15.12.2011; AgRg no REsp 1.225.406 / PR, Primeira Turma, Rel. Min. Hamilton Carvalhido, julgado em 15.02.2011; AgRg no REsp 1.150.534 / MG, Primeira Turma, Rel. Min. Benedito Gonçalves, julgado em 16.11.2010; AgRg no Ag 1.337.891 / SC, Primeira Turma, Rel. Min. Luiz Fux, julgado em 16.11.2010; AgRg no REsp 1.103.465 / RS, Primeira Turma, Rel. Min. Francisco Falcão, julgado em 07.05.2009. Pela Segunda Turma: AgRg nos EDcl no Ag n. 1.389.866/ PR, Segunda Turma, Rei. Min. Humberto Martins,DJe de 21.9.2011; REsp, n. 1.195.977/RS, Segunda Turma, Rei. Min. Mauro Campbell Marques, julgado em 17/08/2010; AgRg no Ag n. 1.180.395/AL, Segunda Turma, Rei. Min. Castro Meira, DJe 26.2.2010; REsp, n, 1.127.353/SC, Segunda Turma, Rei. Min. Eliana Calmon, DJe 20.11.2009; REsp, 1.024.128/PR, Segunda Turma, Rei. Min. Herman Benjamin, DJe de 19.12.2008.

8. Superada a linha jurisprudencial em sentido contrário inaugurada pelo REsp. n. 1.178.883 – MG, Primeira Turma, Rel. Min. Teori Albino Zavascki, julgado em 20.10.2011 e seguida pelo AgRg no REsp 1.283.416 / AL, Primeira Turma, Rel. Min. Napoleão Nunes Maia Filho, julgado em 02.02.2012; e pelo REsp 1.291.923 / PR, Primeira Turma, Rel. Min. Benedito Gonçalves, julgado em 01.12.2011.

9. Recurso especial provido. Acórdão submetido ao regime do art. 543-C, do CPC, e da Resolução STJ n. 8/2008.

- (REsp 1272827/PE, Rel. Ministro MAURO CAMPBELL MARQUES, PRIMEIRA SEÇÃO, julgado em 22/05/2013, DJe 31/05/2013)

14.1.30 Tema 527 (REsp repetitivo nº 1298407/DF): natureza pública das planilhas produzidas pela Procuradoria-Geral da Fazenda Nacional com base em dados da SRF e apresentadas em juízo para demonstrar a ausência de dedução de quantia retida na fonte e já restituída por conta de declaração de ajuste anual.

Questão de direito controvertida	"IMPOSTO DE RENDA DA PESSOA FÍSICA. EMBARGOS À EXECUÇÃO MOVIDA CONTRA A FAZENDA PÚBLICA. VALOR PROBATÓRIO (PRESUNÇÃO DE VERACIDADE) DAS PLANILHAS PRODUZIDAS PELA SECRETARIA DA RECEITA FEDERAL E APRESENTADAS EM JUÍZO PELA PROCURADORIA-GERAL DA FAZENDA NACIONAL PARA DEMONSTRAR A AUSÊNCIA DE DEDUÇÃO DE QUANTIA RETIDA NA FONTE E JÁ RESTITUÍDA POR CONTA DE DECLARAÇÃO DE AJUSTE ANUAL".
Tese	"Em sede de embargos à execução contra a Fazenda Pública cujo objeto é a repetição de imposto de renda, não se pode tratar como documento particular os demonstrativos de cálculo (planilhas) elaborados pela Procuradoria-Geral da Fazenda Nacional - PGFN e adotados em suas petições com base em dados obtidos junto à Secretaria da Receita Federal do Brasil - SRF (órgão público que detém todas as informações a respeito das declarações do imposto de renda dos contribuintes) por se tratarem de verdadeiros atos administrativos enunciativos que, por isso, gozam do atributo de presunção de legitimidade".

Segue abaixo transcrita a ementa do julgado:

PROCESSUAL CIVIL. TRIBUTÁRIO. RECURSO REPRESENTATIVO DA CONTROVÉRSIA. ART. 543-C, DO CPC. IMPOSTO DE RENDA DA PESSOA FÍSICA. EMBARGOS À EXECUÇÃO MOVIDA CONTRA A

FAZENDA PÚBLICA (ART. 741, CPC). PLANILHAS PRODUZIDAS PELA PGFN COM BASE EM DADOS DA SRF E APRESENTADAS EM JUÍZO PARA DEMONSTRAR A AUSÊNCIA DE DEDUÇÃO DE QUANTIA RETIDA NA FONTE E JÁ RESTITUÍDA POR CONTA DE DECLARAÇÃO DE AJUSTE ANUAL.

1. Não viola o art. 535, do CPC, o acórdão que decide de forma suficientemente fundamentada, não estando obrigada a Corte de Origem a emitir juízo de valor expresso a respeito de todas as teses e dispositivos legais invocados pelas partes.

2. Em sede de embargos à execução contra a Fazenda Pública cujo objeto é a repetição de imposto de renda, não se pode tratar como documento particular os demonstrativos de cálculo (planilhas) elaborados pela Procuradoria-Geral da Fazenda Nacional - PGFN e adotados em suas petições com base em dados obtidos junto à Secretaria da Receita Federal do Brasil - SRF (órgão público que detém todas as informações a respeito das declarações do imposto de renda dos contribuintes) por se tratarem de verdadeiros atos administrativos enunciativos que, por isso, gozam do atributo de presunção de legitimidade.

3. Desse modo, os dados informados em tais planilhas constituem prova idônea, dotada de presunção de veracidade e legitimidade, na forma do art. 333, I e 334, IV, do CPC, havendo o contribuinte que demonstrar fato impeditivo, modificativo ou extintivo do direito da Fazenda Nacional, a fim de ilidir a presunção relativa, consoante o art. 333, II, do CPC. Precedentes: REsp. Nº 992.786 - DF, Segunda Turma, Rel. Min. Eliana Calmon, julgado em 10.6.2008; REsp. Nº 980.807 - DF, Segunda Turma, Rel. Min. Eliana Calmon, julgado em 27.5.2008; REsp. n. 1.103.253/DF, Segunda Turma, Rel. Min. Mauro Campbell Marques, julgado em 22.06.2010; REsp 1.095.153/DF, Primeira Turma, Rel. Min. Francisco Falcão, julgado em 16/12/2008; REsp 1.003.227/DF, Primeira Turma, Rel. Min. Benedito Gonçalves, DJe de 28.9.2009; EDcl no AgRg no REsp. n. 1.073.735/DF, Primeira Turma, Rel. Min. Luiz Fux, julgado em 25.8.2009; AgRg no REsp. n. 1.074.151/DF, Primeira Turma, Rel. Min. Arnaldo Esteves Lima, julgado em 17.8.2010.

4. Devem os autos retornar ao Tribunal a quo para que, atentando-se aos fatos e às circunstâncias constantes dos autos, inclusive às planilhas de cálculos apresentadas pela Fazenda Nacional (com presunção relativa), analise a alegada compensação, para fins do art. 741, V, do CPC.

5. Recurso especial parcialmente provido. Acórdão submetido ao regime do art. 543-C, do CPC, e da Resolução STJ n. 8/2008.

- (REsp 1298407/DF, Rel. Ministro MAURO CAMPBELL MARQUES, PRIMEIRA SEÇÃO, julgado em 23/05/2012, DJe 29/05/2012)

14.1.31 Temas 566 a 571 (REsp repetitivo nº 1340553/RS): contagem da prescrição intercorrente do art. 40 da Lei de Execução Fiscal[31]

Questão de direito controvertida	"Discute-se a sistemática para a contagem da prescrição intercorrente (prescrição após a propositura da ação) prevista no art. 40 e parágrafos da Lei da Execução Fiscal (Lei n. 6.830/80): qual o pedido de suspensão por parte da Fazenda Pública que inaugura o prazo de 1 (um) ano previsto no art. 40, § 2º, da LEF.".
Tese 566	"O prazo de 1 (um) ano de suspensão do processo e do respectivo prazo prescricional previsto no art. 40, §§ 1º e 2º da Lei n. 6.830/80 - LEF tem início automaticamente na data da ciência da Fazenda Pública a respeito da não localização do devedor ou da inexistência de bens penhoráveis no endereço fornecido, havendo, sem prejuízo dessa contagem automática, o dever de o magistrado declarar ter ocorrido a suspensão da execução.".
Tese 567	"Havendo ou não petição da Fazenda Pública e havendo ou não pronunciamento judicial nesse sentido, findo o prazo de 1 (um) ano de suspensão inicia-se automaticamente o prazo prescricional aplicável".
Tese 568	A efetiva constrição patrimonial e a efetiva citação (ainda que por edital) são aptas a interromper o curso da prescrição intercorrente, não bastando para tal o mero peticionamento em juízo, requerendo, v.g., a feitura da penhora sobre ativos financeiros ou sobre outros bens

31. Vide tópico 13.12.

Tese 569	Havendo ou não petição da Fazenda Pública e havendo ou não pronunciamento judicial nesse sentido, findo o prazo de 1 (um) ano de suspensão inicia-se automaticamente o prazo prescricional aplicável.
Tese 570	A Fazenda Pública, em sua primeira oportunidade de falar nos autos (art. 245 do CPC/73, correspondente ao art. 278 do CPC/2015), ao alegar nulidade pela falta de qualquer intimação dentro do procedimento do art. 40 da LEF, deverá demonstrar o prejuízo que sofreu (exceto a falta da intimação que constitui o termo inicial - 4.1., onde o prejuízo é presumido), por exemplo, deverá demonstrar a ocorrência de qualquer causa interruptiva ou suspensiva da prescrição.
Tese 571	A Fazenda Pública, em sua primeira oportunidade de falar nos autos (art. 245 do CPC/73, correspondente ao art. 278 do CPC/2015), ao alegar nulidade pela falta de qualquer intimação dentro do procedimento do art. 40 da LEF, deverá demonstrar o prejuízo que sofreu (exceto a falta da intimação que constitui o termo inicial - 4.1., onde o prejuízo é presumido), por exemplo, deverá demonstrar a ocorrência de qualquer causa interruptiva ou suspensiva da prescrição.

Segue abaixo transcrita a ementa do julgado:

RECURSO ESPECIAL REPETITIVO. ARTS. 1.036 E SEGUINTES DO CPC/2015 (ART. 543-C, DO CPC/1973). PROCESSUAL CIVIL. TRIBUTÁRIO. SISTEMÁTICA PARA A CONTAGEM DA PRESCRIÇÃO INTERCORRENTE (PRESCRIÇÃO APÓS A PROPOSITURA DA AÇÃO) PREVISTA NO ART. 40 E PARÁGRAFOS DA LEI DE EXECUÇÃO FISCAL (LEI N. 6.830/80).

1. O espírito do art. 40, da Lei n. 6.830/80 é o de que nenhuma execução fiscal já ajuizada poderá permanecer eternamente nos escaninhos do Poder Judiciário ou da Procuradoria Fazendária encarregada da execução das respectivas dívidas fiscais.

2. Não havendo a citação de qualquer devedor por qualquer meio válido e/ou não sendo encontrados bens sobre os quais possa recair a penhora (o que permitiria o fim da inércia processual), inicia-se automaticamente o procedimento previsto no art. 40 da Lei n. 6.830/80, e respectivo prazo, ao fim do qual restará prescrito o crédito fiscal. Esse o teor da Súmula n. 314/STJ: "Em execução fiscal, não localizados bens penhoráveis, suspende-se o processo por um ano, findo o qual se inicia o prazo da prescrição qüinqüenal intercorrente".

3. Nem o Juiz e nem a Procuradoria da Fazenda Pública são os senhores do termo inicial do prazo de 1 (um) ano de suspensão previsto no caput, do art. 40, da LEF, somente a lei o é (ordena o art. 40: "[...] o juiz suspenderá [...]"). Não cabe ao Juiz ou à Procuradoria a escolha do melhor momento para o seu início. No primeiro momento em que constatada a não localização do devedor e/ou ausência de bens pelo oficial de justiça e intimada a Fazenda Pública, inicia-se automaticamente o prazo de suspensão, na forma do art. 40, caput, da LEF. Indiferente aqui, portanto, o fato de existir petição da Fazenda Pública requerendo a suspensão do feito por 30, 60, 90 ou 120 dias a fim de realizar diligências, sem pedir a suspensão do feito pelo art. 40, da LEF. Esses pedidos não encontram amparo fora do art. 40 da LEF que limita a suspensão a 1 (um) ano. Também indiferente o fato de que o Juiz, ao intimar a Fazenda Pública, não tenha expressamente feito menção à suspensão do art. 40, da LEF. O que importa para a aplicação da lei é que a Fazenda Pública tenha tomado ciência da inexistência de bens penhoráveis no endereço fornecido e/ou da não localização do devedor. Isso é o suficiente para inaugurar o prazo, ex lege.

4. Teses julgadas para efeito dos arts. 1.036 e seguintes do CPC/2015 (art. 543-C, do CPC/1973): 4.1.) O prazo de 1 (um) ano de suspensão do processo e do respectivo prazo prescricional previsto no art. 40, §§ 1º e 2º da Lei n. 6.830/80 - LEF tem início automaticamente na data da ciência da Fazenda Pública a respeito da não localização do devedor ou da inexistência de bens penhoráveis no endereço fornecido, havendo, sem

prejuízo dessa contagem automática, o dever de o magistrado declarar ter ocorrido a suspensão da execução;

4.1.1.) Sem prejuízo do disposto no item 4.1., nos casos de execução fiscal para cobrança de dívida ativa de natureza tributária (cujo despacho ordenador da citação tenha sido proferido antes da vigência da Lei Complementar n. 118/2005), depois da citação válida, ainda que editalícia, logo após a primeira tentativa infrutífera de localização de bens penhoráveis, o Juiz declarará suspensa a execução.

4.1.2.) Sem prejuízo do disposto no item 4.1., em se tratando de execução fiscal para cobrança de dívida ativa de natureza tributária (cujo despacho ordenador da citação tenha sido proferido na vigência da Lei Complementar n. 118/2005) e de qualquer dívida ativa de natureza não tributária, logo após a primeira tentativa frustrada de citação do devedor ou de localização de bens penhoráveis, o Juiz declarará suspensa a execução.

4.2.) Havendo ou não petição da Fazenda Pública e havendo ou não pronunciamento judicial nesse sentido, findo o prazo de 1 (um) ano de suspensão inicia-se automaticamente o prazo prescricional aplicável (de acordo com a natureza do crédito exequendo) durante o qual o processo deveria estar arquivado sem baixa na distribuição, na forma do art. 40, §§ 2º, 3º e 4º da Lei n. 6.830/80 - LEF, findo o qual o Juiz, depois de ouvida a Fazenda Pública, poderá, de ofício, reconhecer a prescrição intercorrente e decretá-la de imediato;

4.3.) A efetiva constrição patrimonial e a efetiva citação (ainda que por edital) são aptas a interromper o curso da prescrição intercorrente, não bastando para tal o mero peticionamento em juízo, requerendo, v.g., a feitura da penhora sobre ativos financeiros ou sobre outros bens. Os requerimentos feitos pelo exequente, dentro da soma do prazo máximo de 1 (um) ano de suspensão mais o prazo de prescrição aplicável (de acordo com a natureza do crédito exequendo) deverão ser processados, ainda que para além da soma desses dois prazos, pois, citados (ainda que por edital) os devedores e penhorados os bens, a qualquer tempo - mesmo depois de escoados os referidos prazos -, considera-se interrompida a prescrição intercorrente, retroativamente, na data do protocolo da petição que requereu a providência frutífera.

4.4.) A Fazenda Pública, em sua primeira oportunidade de falar nos autos (art. 245 do CPC/73, correspondente ao art. 278 do CPC/2015), ao alegar nulidade pela falta de qualquer intimação dentro do procedimento do art. 40 da LEF, deverá demonstrar o prejuízo que sofreu (exceto a falta da intimação que constitui o termo inicial - 4.1., onde o prejuízo é presumido), por exemplo, deverá demonstrar a ocorrência de qualquer causa interruptiva ou suspensiva da prescrição.

4.5.) O magistrado, ao reconhecer a prescrição intercorrente, deverá fundamentar o ato judicial por meio da delimitação dos marcos legais que foram aplicados na contagem do respectivo prazo, inclusive quanto ao período em que a execução ficou suspensa.

5. Recurso especial não provido. Acórdão submetido ao regime dos arts. 1.036 e seguintes do CPC/2015 (art. 543-C, do CPC/1973).

- (REsp 1340553/RS, Rel. Ministro MAURO CAMPBELL MARQUES, PRIMEIRA SEÇÃO, julgado em 12/09/2018, DJe 16/10/2018)

14.1.32 Tema 578 (REsp repetitivo nº 1337790/PR): observância da ordem legal de penhora prevista no art. 11 da LEF[32]

Questão de direito controvertida	"Discute se a parte executada, ainda que não apresente elementos concretos que justifiquem a incidência do princípio da menor onerosidade (art. 620 do CPC), possui direito subjetivo à aceitação do bem por ela nomeado à penhora em Execução Fiscal, em desacordo com a ordem prevista nos arts. 11 da lei 6.830/1980 e 655 do CPC".
Tese	"Em princípio, nos termos do art. 9°, III, da Lei 6.830/1980, cumpre ao executado nomear bens à penhora, observada a ordem legal. É dele o ônus de comprovar a imperiosa necessidade de afastá-la, e, para que essa providência seja adotada, mostra-se insuficiente a mera invocação genérica do art. 620 do CPC".

32. Vide tópico 13.7.

Segue abaixo transcrita a ementa do julgado:

PROCESSUAL CIVIL. EXECUÇÃO FISCAL. NOMEAÇÃO DE BENS À PENHORA. PRECATÓRIO. DIREITO DE RECUSA DA FAZENDA PÚBLICA. ORDEM LEGAL. SÚMULA 406/STJ. ADOÇÃO DOS MESMOS FUNDAMENTOS DO RESP 1.090.898/SP (REPETITIVO), NO QUAL SE DISCUTIU A QUESTÃO DA SUBSTITUIÇÃO DE BENS PENHORADOS. PRECEDENTES DO STJ.

1. Cinge-se a controvérsia principal a definir se a parte executada, ainda que não apresente elementos concretos que justifiquem a incidência do princípio da menor onerosidade (art. 620 do CPC), possui direito subjetivo à aceitação do bem por ela nomeado à penhora em Execução Fiscal, em desacordo com a ordem estabelecida nos arts. 11 da Lei 6.830/1980 e 655 do CPC.

2. Não se configura a ofensa ao art. 535 do Código de Processo Civil, uma vez que o Tribunal de origem julgou integralmente a lide e solucionou a divergência, tal como lhe foi apresentada.

3. Merece acolhida o pleito pelo afastamento da multa nos termos do art. 538, parágrafo único, do CPC, uma vez que, na interposição dos Embargos de Declaração, a parte manifestou a finalidade de provocar o prequestionamento. Assim, aplica-se o disposto na Súmula 98/STJ: "Embargos de declaração manifestados com notório propósito de prequestionamento não têm caráter protelatório".

4. A Primeira Seção do STJ, em julgamento de recurso repetitivo, concluiu pela possibilidade de a Fazenda Pública recusar a substituição do bem penhorado por precatório (REsp 1.090.898/SP, Rel. Ministro Castro Meira, DJe 31.8.2009). No mencionado precedente, encontra-se como fundamento decisório a necessidade de preservar a ordem legal conforme instituído nos arts. 11 da Lei 6.830/1980 e 655 do CPC.

5. A mesma ratio decidendi tem lugar in casu, em que se discute a preservação da ordem legal no instante da nomeação à penhora.

6. Na esteira da Súmula 406/STJ ("A Fazenda Pública pode recusar a substituição do bem penhorado por precatório"), a Fazenda Pública pode apresentar recusa ao oferecimento de precatório à penhora, além de afirmar a inexistência de preponderância, em abstrato, do princípio da menor onerosidade para o devedor sobre o da efetividade da tutela

executiva. Exige-se, para a superação da ordem legal prevista no art. 655 do CPC, firme argumentação baseada em elementos do caso concreto. Precedentes do STJ.

7. Em suma: em princípio, nos termos do art. 9°, III, da Lei 6.830/1980, cumpre ao executado nomear bens à penhora, observada a ordem legal. É dele o ônus de comprovar a imperiosa necessidade de afastá-la, e, para que essa providência seja adotada, mostra-se insuficiente a mera invocação genérica do art. 620 do CPC.

8. Diante dessa orientação, e partindo da premissa fática delineada pelo Tribunal a quo, que atestou a "ausência de motivos para que (...) se inobservasse a ordem de preferência dos artigos 11 da LEF e 655 do CPC, notadamente por nem mesmo haver sido alegado pela executada impossibilidade de penhorar outros bens (...)" – fl. 149, não se pode acolher a pretensão recursal.

9. Recurso Especial parcialmente provido apenas para afastar a multa do art. 538, parágrafo único, do CPC. Acórdão submetido ao regime do art. 543-C do CPC e da Resolução 8/2008 do STJ.

• (REsp 1337790/PR, Rel. Ministro HERMAN BENJAMIN, PRIMEIRA SEÇÃO, julgado em 12/06/2013, DJe 07/10/2013)

14.1.33 Tema 580 (REsp repetitivo nº 1330473/SP): execuções fiscais propostas pelos Conselhos Regionais de Fiscalização Profissional e prerrogativa de intimação pessoal dos representantes judiciais respectivos.

Questão de direito controvertida	"Discute-se a prerrogativa de o procurador de Conselho de Fiscalização ser intimado pessoalmente nos autos de execução fiscal, nos termos do art. 25 da Lei 6.830/80".
Tese	"Em execução fiscal ajuizada por Conselho de Fiscalização Profissional, seu representante judicial possui a prerrogativa de ser pessoalmente intimado".

Segue abaixo transcrita a ementa do julgado:

ADMINISTRATIVO. RECURSO ESPECIAL REPRESENTATIVO DA CONTROVÉRSIA (ART. 543-C DO CPC). EXECUÇÃO FISCAL. CONSELHO DE FISCALIZAÇÃO PROFISSIONAL. INTIMAÇÃO PESSOAL. ART. 25 DA LEI 6.830/80. RECURSO CONHECIDO E PROVIDO.

1. Em execução fiscal ajuizada por Conselho de Fiscalização Profissional, seu representante judicial possui a prerrogativa de ser pessoalmente intimado, conforme disposto no art. 25 da Lei 6.830/80.

2. Recurso especial conhecido e provido. Acórdão submetido ao regime do art. 543-C do CPC e da Resolução STJ 8/08.

- (REsp 1330473/SP, Rel. Ministro ARNALDO ESTEVES LIMA, PRIMEIRA SEÇÃO, julgado em 12/06/2013, DJe 02/08/2013)

14.1.34 Tema 587 (REsp repetitivo nº 1520710/SC): possibilidade de cumulação da verba honorária fixada nos embargos à execução com a arbitrada na própria execução contra a Fazenda Pública, vedada a sua compensação[33].

Questão de direito controvertida	"Discute-se a possibilidade ou não de cumulação da verba honorária fixada nos embargos à execução com aquela arbitrada na própria execução contra a Fazenda Pública, vedada a sua compensação".
Tese	"a) Os embargos do devedor são ação de conhecimento incidental à execução, razão porque os honorários advocatícios podem ser fixados em cada uma das duas ações, de forma relativamente autônoma, respeitando-se os limites de repercussão recíproca entre elas, desde que a cumulação da verba honorária não exceda o limite máximo previsto no § 3º do art. 20 do CPC/1973. b) Inexistência de reciprocidade das obrigações ou de bilateralidade de créditos: ausência dos pressupostos do instituto da compensação (art. 368 do Código Civil). Impossibilidade de se compensarem os honorários fixados em embargos à execução com aqueles fixados na própria ação de execução.".

33. Vide item 4.4.

Segue abaixo transcrita a ementa do julgado:

PROCESSUAL CIVIL. RECURSO ESPECIAL REPRESENTATIVO DA CONTROVÉRSIA. ART. 543-C DO CPC E RESOLUÇÃO N. 8/2008 DO STJ. ENUNCIADO ADMINISTRATIVO N. 2/STJ. EXECUÇÃO DE SENTENÇA CONTRA A FAZENDA PÚBLICA. CONCOMITÂNCIA DE EMBARGOS À EXECUÇÃO. AUTONOMIA RELATIVA DAS AÇÕES. ARBITRAMENTO DE HONORÁRIOS EM CADA UMA DELAS. POSSIBILIDADE. COMPENSAÇÃO DAS VERBAS HONORÁRIAS. IMPOSSIBILIDADE. RECURSO ESPECIAL PROVIDO.

1. O presente recurso atrai a incidência do Enunciado Administrativo n. 2/STJ, segundo o qual "aos recursos interpostos com fundamento no CPC/1973 (relativos a decisões publicadas até 17 de março de 2016) devem ser exigidos os requisitos de admissibilidade na forma nele prevista, com as interpretações dadas, até então, pela jurisprudência do Superior Tribunal de Justiça".

TESES JURÍDICAS FIXADAS SOB VIGÊNCIA DO CPC/1973.

2. Os embargos do devedor são ação de conhecimento incidental à execução, razão porque os honorários advocatícios podem ser fixados em cada uma das duas ações, de forma relativamente autônoma, respeitando-se os limites de repercussão recíproca entre elas, desde que a cumulação da verba honorária não exceda o limite máximo previsto no § 3º do art. 20 do CPC/1973.

3. Inexistência de reciprocidade das obrigações ou de bilateralidade de créditos: ausência dos pressupostos do instituto da compensação (art. 368 do Código Civil). Impossibilidade de se compensarem os honorários fixados em embargos à execução com aqueles fixados na própria ação de execução.

SOLUÇÃO DO CASO CONCRETO

4. Possibilidade de cumulação da verba honorária fixada nos embargos à execução com a arbitrada na própria execução contra a Fazenda Pública, vedada a compensação entre ambas.

5. Recurso especial provido. Acórdão sujeito ao regime previsto no art. 543-C do CPC/1973 c/c o art. 256-N do RISTJ.

- (REsp 1520710/SC, Rel. Ministro MAURO CAMPBELL MARQUES, CORTE ESPECIAL, julgado em 18/12/2018, REPDJe 02/04/2019, DJe 27/02/2019)

14.1.35 Tema 601 (REsp repetitivo nº 1352882/MS): validade da intimação do representante da Fazenda por carta com AR

Questão de direito controvertida	"Questão referente à validade da intimação da Fazenda Nacional, feita por meio de carta, em razão de sua sede possuir localização em cidade distinta da Comarca em que tramita a Execução Fiscal (inteligência do art. 25 da Lei 6.830/1980, do art. 38 da LC 73/1993 e do art. 20 da Lei 11.033/2004).".
Tese	"É válida a intimação do representante da Fazenda Nacional por carta com aviso de recebimento (art. 237, II, do CPC) quando o respectivo órgão não possui sede na Comarca de tramitação do feito.".

Segue abaixo transcrita a ementa do julgado:

PROCESSUAL CIVIL. INÉRCIA DA EXEQUENTE. ABANDONO DA CAUSA. EXTINÇÃO DE OFÍCIO. POSSIBILIDADE. MATÉRIA DECIDIDA NO RESP 1.120.097/SP (ART. 543-C DO CPC). EXECUÇÃO FISCAL QUE TRAMITA EM COMARCA DIVERSA DAQUELA EM QUE SEDIADO O ÓRGÃO DE REPRESENTAÇÃO JUDICIAL DA FAZENDA NACIONAL. INTIMAÇÃO POR CARTA, COM AVISO DE RECEBIMENTO. LEGALIDADE.

1. "A inércia da Fazenda exequente, ante a intimação regular para promover o andamento do feito e a observância dos artigos 40 e 25 da Lei de Execução Fiscal, implica a extinção da execução fiscal não embargada ex officio, afastando-se o Enunciado Sumular 240 do STJ, segundo o qual 'A extinção do processo, por abandono da causa pelo autor, depende de requerimento do réu'".

2. Orientação reafirmada no julgamento do REsp.1.120.097/SP, sob o rito dos recursos repetitivos (art. 543-C do CPC).

3. É válida a intimação do representante da Fazenda Nacional por carta com aviso de recebimento (art. 237, II, do CPC) quando o

respectivo órgão não possui sede na Comarca de tramitação do feito. Precedentes do STJ.

4. Recurso Especial parcialmente conhecido e, nessa parte, não provido. Acórdão sujeito ao regime do art. 543-C do CPC e do art. 8º da Resolução STJ 8/2008.

- (REsp 1352882/MS, Rel. Ministro HERMAN BENJAMIN, PRIMEIRA SEÇÃO, julgado em 12/06/2013, DJe 28/06/2013)

14.1.36 Tema 608 (REsp repetitivo nº 1347736/RS): possibilidade de execução de forma autônoma dos honorários de sucumbência mediante requisição de pequeno valor quando o valor principal da condenação seguir o regime dos precatórios[34].

Questão de direito controvertida	"Cinge-se a discussão em definir se o valor da execução pode ser fracionado, a ponto de permitir o pagamento dos honorários advocatícios por meio de RPV e o crédito principal por meio de precatórios judicial".
Tese	"Não há impedimento constitucional, ou mesmo legal, para que os honorários advocatícios, quando não excederem ao valor limite, possam ser executados mediante RPV, ainda que o crédito dito 'principal' observe o regime dos precatórios".

Segue abaixo transcrita a ementa do julgado:

CONSTITUCIONAL, ADMINISTRATIVO E PROCESSUAL CIVIL. RECURSO ESPECIAL REPRESENTATIVO DE CONTROVÉRSIA. ART. 543-C DO CPC E RESOLUÇÃO STJ N. 8/2008. EXECUÇÃO CONTRA A FAZENDA PÚBLICA. HONORÁRIOS ADVOCATÍCIOS. DESMEMBRAMENTO DO MONTANTE PRINCIPAL SUJEITO A PRECATÓRIO. ADOÇÃO DE RITO DISTINTO (RPV). POSSIBILIDADE. DA NATUREZA DOS HONORÁRIOS ADVOCATÍCIOS.

34. Entendeu o Supremo Tribunal Federal, no julgamento do Recurso Extraordinário nº 1.309.081/MA, que os honorários estabelecidos em ação coletiva devem ser considerados em sua integralidade, constituindo um crédito único e indivisível, não sendo possível o seu fracionamento de modo proporcional em relação às execuções individuais de cada beneficiário, sob pena de violação ao art. 100. §8º, da CF. Assim, não se admitiu a execução individual dos honorários. Vide tópico 4.3.5.

1. No direito brasileiro, os honorários de qualquer espécie, inclusive os de sucumbência, pertencem ao advogado; e o contrato, a decisão e a sentença que os estabelecem são títulos executivos, que podem ser executados autonomamente, nos termos dos arts. 23 e 24, § 1º, da Lei 8.906/1994, que fixa o estatuto da Ordem dos Advogados do Brasil.

2. A sentença definitiva, ou seja, em que apreciado o mérito da causa, constitui, basicamente, duas relações jurídicas: a do vencedor em face do vencido e a deste com o advogado da parte adversa. Na primeira relação, estará o vencido obrigado a dar, fazer ou deixar de fazer alguma coisa em favor do seu adversário processual. Na segunda, será imposto ao vencido o dever de arcar com os honorários sucumbenciais em favor dos advogados do vencedor.

3. Já na sentença terminativa, como o processo é extinto sem resolução de mérito, forma-se apenas a segunda relação, entre o advogado e a parte que deu causa ao processo, o que revela não haver acessoriedade necessária entre as duas relações. Assim, é possível que exista crédito de honorários independentemente da existência de crédito "principal" titularizado pela parte vencedora da demanda.

4. Os honorários, portanto, constituem direito autônomo do causídico, que poderá executá-los nos próprios autos ou em ação distinta.

5. Diz-se que os honorários são créditos acessórios porque não são o bem da vida imediatamente perseguido em juízo, e não porque dependem de um crédito dito "principal". Assim, não é correto afirmar que a natureza acessória dos honorários impede que se adote procedimento distinto do que for utilizado para o crédito "principal". Art. 100, § 8º, da CF.

6. O art. 100, § 8º, da CF não proíbe, nem mesmo implicitamente, que a execução dos honorários se faça sob regime diferente daquele utilizado para o crédito dito "principal". O dispositivo tem por propósito evitar que o exequente se utilize de maneira simultânea – mediante fracionamento ou repartição do valor executado – de dois sistemas de satisfação do crédito (requisição de pequeno valor e precatório).

7. O fracionamento vedado pela norma constitucional toma por base a titularidade do crédito. Assim, um mesmo credor não pode ter seu crédito satisfeito por RPV e precatório, simultaneamente. Nada impede, todavia, que dois ou mais credores, incluídos no polo ativo da mesma

execução, possam receber seus créditos por sistemas distintos (RPV ou precatório), de acordo com o valor que couber a cada qual.

8. Sendo a execução promovida em regime de litisconsórcio ativo voluntário, a aferição do valor, para fins de submissão ao rito da RPV (art. 100, § 3º da CF/88), deve levar em conta o crédito individual de cada exequente. Precedentes de ambas as Turmas de Direito Público do STJ.

9. Optando o advogado por executar os honorários nos próprios autos, haverá regime de litisconsórcio ativo facultativo (já que poderiam ser executados autonomamente) com o titular do crédito dito "principal".

10. Assim, havendo litisconsórcio ativo voluntário entre o advogado e seu cliente, a aferição do valor, para fins de submissão ao rito da RPV, deve levar em conta o crédito individual de cada exequente, nos termos da jurisprudência pacífica do STJ.

11. O fracionamento proscrito pela regra do art. 100, § 8º, da CF ocorreria apenas se o advogado pretendesse receber seus honorários de sucumbência parte em requisição de pequeno valor e parte em precatório. Limitando-se o advogado a requerer a expedição de RPV, quando seus honorários não excederam ao teto legal, não haverá fracionamento algum da execução, mesmo que o crédito do seu cliente siga o regime de precatório. E não ocorrerá fracionamento porque assim não pode ser considerada a execução de créditos independentes, a exemplo do que acontece nas hipóteses de litisconsórcio ativo facultativo, para as quais a jurisprudência admite que o valor da execução seja considerado por credor individualmente considerado. RE 564.132/RS, submetido ao rito da repercussão geral .

12. No RE 564.132/RS, o Estado do Rio Grande do Sul insurge-se contra decisão do Tribunal de Justiça local que assegurou ao advogado do exequente o direito de requisitar os honorários de sucumbência por meio de requisição de pequeno valor, enquanto o crédito dito "principal" seguiu a sistemática dos precatórios. Esse recurso foi submetido ao rito da repercussão geral, considerando a existência de interpretações divergentes dadas ao art. 100, § 8º, da CF.

13. Em 3.12.2008, iniciou-se o julgamento do apelo, tendo o relator, Ministro Eros Grau, negado provimento ao recurso, acompanhado pelos votos dos Ministros Menezes Direito, Cármen Lúcia, Ricardo Lewandowski e Carlos Ayres Brito. O Ministro Cezar Peluso abriu a divergência

ao dar provimento ao recurso. Pediu vista a Ministra Ellen Gracie. Com a aposentadoria de Sua Excelência, os autos foram conclusos ao Min. Luiz Fux em 23.4.2012.

14. Há, portanto, uma maioria provisória, admitindo a execução de forma autônoma dos honorários de sucumbência mediante RPV, mesmo quando o valor "principal" seguir o regime dos precatórios.

15. Não há impedimento constitucional, ou mesmo legal, para que os honorários advocatícios, quando não excederem ao valor limite, possam ser executados mediante RPV, ainda que o crédito dito "principal" observe o regime dos precatórios. Esta é, sem dúvida, a melhor exegese para o art. 100, § 8º, da CF, e por tabela para os arts. 17, § 3º, da Lei 10.259/2001 e 128, § 1º, da Lei 8.213/1991, neste recurso apontados como malferidos.

16. Recurso especial não provido. Acórdão sujeito ao regime do art. 543-C do CPC e da Resolução STJ n. 8/2008.

- (REsp 1347736/RS, Rel. Ministro CASTRO MEIRA, Rel. p/ Acórdão Ministro HERMAN BENJAMIN, PRIMEIRA SEÇÃO, julgado em 09/10/2013, DJe 15/04/2014)

14.1.37 Tema 612 (REsp repetitivo nº 1363163/SP): inaplicabilidade do art. 20, da Lei 10.522/2002 às execuções fiscais propostas pelos Conselhos Regionais de Fiscalização Profissional (arquivamento sem baixa das execuções de valores inferiores a R$10.000,00)

Questão de direito controvertida	"Questão referente à possibilidade de aplicação do artigo 20 da Lei 10.522/2002, que determina o arquivamento provisório das execuções de pequeno valor, às execuções fiscais propostas pelos Conselhos Regionais de Fiscalização Profissional".
Tese	"Da simples leitura do artigo em comento, verifica-se que a determinação nele contida, de arquivamento, sem baixa, das execuções fiscais referentes aos débitos com valores inferiores a R$ 10.000,00 (dez mil reais) destina-se exclusivamente aos débitos inscritos como dívida ativa da União, pela Procuradoria da Fazenda Nacional ou por ela cobrados".

Segue abaixo transcrita a ementa do julgado:

PROCESSUAL CIVIL. RECURSO ESPECIAL. EXECUÇÃO FISCAL. CONSELHOS DE FISCALIZAÇÃO PROFISSIONAL. DÉBITOS COM VALORES INFERIORES A R$ 10.000,00. ARQUIVAMENTO SEM BAIXA. IMPOSSIBILIDADE. ARTIGO 20, DA LEI 10.522/02. INAPLICABILIDADE. LEI 12.514/11. PRINCÍPIO DA ESPECIALIDADE. RECURSO ESPECIAL REPETITIVO, SUJEITO AO REGIME DO ARTIGO 543-C, DO CPC.

1. Recurso especial no qual se debate a possibilidade de aplicação do artigo 20 da Lei 10.522/02 às execuções fiscais propostas pelos Conselhos Regionais de Fiscalização Profissional.

2. Da simples leitura do artigo em comento, verifica-se que a determinação nele contida, de arquivamento, sem baixa, das execuções fiscais referentes aos débitos com valores inferiores a R$ 10.000,00 (dez mil reais) destina-se exclusivamente aos débitos inscritos como dívida ativa da União, pela Procuradoria da Fazenda Nacional ou por ela cobrados.

3. A possibilidade / necessidade de arquivamento do feito em razão do valor da execução fiscal foi determinada pela Lei 10.522/02, mediante critérios específicos dos débitos de natureza tributária cuja credora é a União, dentre os quais os custos gerados para a administração pública para a propositura e o impulso de demandas desta natureza, em comparação com os benefícios pecuniários que poderão advir de sua procedência.

4. Não há falar em aplicação, por analogia, do referido dispositivo legal aos Conselhos de Fiscalização Profissional, ainda que se entenda que as mencionadas entidades tenham natureza de autarquias, mormente porque há regra específica destinada às execuções fiscais propostas pelos Conselhos de Fiscalização Profissional, prevista pelo artigo 8º da Lei n. 12.514/2011, a qual, pelo Princípio da Especialidade, deve ser aplicada no caso concreto.

5. A submissão dos Conselhos de fiscalização profissional ao regramento do artigo 20 da Lei 10.522/02 configura, em última análise, vedação ao direito de acesso ao poder judiciário e à obtenção da tutela jurisdicional adequada, assegurados constitucionalmente, uma vez que cria obstáculo desarrazoado para que as entidades em questão efetuem as cobranças de valores aos quais têm direito.

6. Recurso especial provido. Acórdão sujeito ao regime do artigo 543-C, do CPC.

- (REsp 1363163/SP, Rel. Ministro BENEDITO GONÇALVES, PRIMEIRA SEÇÃO, julgado em 11/09/2013, DJe 30/09/2013)

14.1.38 Tema 630 (REsp repetitivo nº 1371128/RS): redirecionamento da execução fiscal de dívida ativa não-tributária quando da dissolução irregular da pessoa jurídica[35]

Questão de direito controvertida	"Discute a possibilidade de redirecionamento da execução fiscal contra o diretor da empresa executada, por dívida de natureza não tributária, diante de indícios de dissolução irregular, nos termos da legislação civil.".
Tese	"Em execução fiscal de dívida ativa tributária ou não-tributária, dissolvida irregularmente a empresa, está legitimado o redirecionamento ao sócio-gerente.".

Segue abaixo transcrita a ementa do julgado:

PROCESSUAL CIVIL. TRIBUTÁRIO. RECURSO ESPECIAL REPRESENTATIVO DA CONTROVÉRSIA. ART. 543-C, DO CPC. REDIRECIONAMENTO DE EXECUÇÃO FISCAL DE DÍVIDA ATIVA NÃO-TRIBUTÁRIA EM VIRTUDE DE DISSOLUÇÃO IRREGULAR DE PESSOA JURÍDICA. POSSIBILIDADE. ART. 10, DO DECRETO N. 3.078/19 E ART. 158, DA LEI N. 6.404/78 – LSA C/C ART. 4º, V, DA LEI N. 6.830/80 – LEF.

1. A mera afirmação da Defensoria Pública da União – DPU de atuar em vários processos que tratam do mesmo tema versado no recurso representativo da controvérsia a ser julgado não é suficiente para caracterizar-lhe a condição de amicus curiae. Precedente: REsp. 1.333.977/MT, Segunda Seção, Rel. Min. Isabel Gallotti, julgado em 26.02.2014.

2. Consoante a Súmula n. 435/STJ: "Presume-se dissolvida irregularmente a empresa que deixar de funcionar no seu domicílio fiscal, sem

35. Vide tópico 13.4.

comunicação aos órgãos competentes, legitimando o redirecionamento da execução fiscal para o sócio-gerente".

3. É obrigação dos gestores das empresas manter atualizados os respectivos cadastros, incluindo os atos relativos à mudança de endereço dos estabelecimentos e, especialmente, referentes à dissolução da sociedade. A regularidade desses registros é exigida para que se demonstre que a sociedade dissolveu-se de forma regular, em obediência aos ritos e formalidades previstas nos arts. 1.033 à 1.038 e arts. 1.102 a 1.112, todos do Código Civil de 2002 - onde é prevista a liquidação da sociedade com o pagamento dos credores em sua ordem de preferência - ou na forma da Lei n. 11.101/2005, no caso de falência. A desobediência a tais ritos caracteriza infração à lei.

4. Não há como compreender que o mesmo fato jurídico "dissolução irregular" seja considerado ilícito suficiente ao redirecionamento da execução fiscal de débito tributário e não o seja para a execução fiscal de débito não-tributário. "Ubi eadem ratio ibi eadem legis dispositio". O suporte dado pelo art. 135, III, do CTN, no âmbito tributário é dado pelo art. 10, do Decreto n. 3.078/19 e art. 158, da Lei n. 6.404/78 - LSA no âmbito não-tributário, não havendo, em nenhum dos casos, a exigência de dolo.

5. Precedentes: REsp. n. 697108 / MG, Primeira Turma, Rel. Min. Teori Albino Zavascki, julgado em 28.04.2009; REsp. n. 657935 / RS, Primeira Turma, Rel. Min. Teori Albino Zavascki, julgado em 12.09.2006; AgRg no AREsp 8.509/SC, Rel. Min. Humberto Martins, Segunda Turma, DJe 4.10.2011; REsp 1272021 / RS, Segunda Turma, Rel. Min. Mauro Campbell Marques, julgado em 07.02.2012; REsp 1259066/SP, Terceira Turma, Rel. Min. Nancy Andrighi, DJe 28/06/2012; REsp.n. º 1.348.449 - RS, Quarta Turma, Rel. Min. Luis Felipe Salomão, julgado em 11.04.2013; AgRg no AG nº 668.190 - SP, Terceira Turma, Rel. Min. Ricardo Villas Bôas Cueva, julgado em 13.09.2011; REsp. n.º 586.222 - SP, Quarta Turma, Rel. Min. Luis Felipe Salomão, julgado em 23.11.2010; REsp 140564 / SP, Quarta Turma, Rel. Min. Barros Monteiro, julgado em 21.10.2004.

6. Caso em que, conforme o certificado pelo oficial de justiça, a pessoa jurídica executada está desativada desde 2004, não restando bens a serem penhorados. Ou seja, além do encerramento irregular das atividades da pessoa jurídica, não houve a reserva de bens suficientes para o pagamento dos credores.

7. Recurso especial provido. Acórdão submetido ao regime do art. 543-C do CPC e da Resolução STJ 08/2008.

- (REsp 1371128/RS, Rel. Ministro MAURO CAMPBELL MARQUES, PRIMEIRA SEÇÃO, julgado em 10/09/2014, DJe 17/09/2014)

14.1.39 Tema 639 (REsp repetitivo nº 1373292/PE): prazo prescricional aplicável à execução fiscal para cobrança de dívida ativa não-tributária relativa a crédito rural

Questão de direito controvertida	"Prazo de prescrição aplicável à execução fiscal para a cobrança de dívida não-tributária relativa a operação de crédito rural transferida à União por força da Medida Provisória n. 2.196-3/2001".
Tese	"Ao crédito rural cujo contrato tenha sido celebrado sob a égide do Código Civil de 1916, aplica-se o prazo prescricional de 20 (vinte) anos (prescrição das ações pessoais - direito pessoal de crédito), a contar da data do vencimento, consoante o disposto no art. 177, do CC/16, para que dentro dele (observado o disposto no art. 2º, §3º da LEF) sejam feitos a inscrição e o ajuizamento da respectiva execução fiscal. Sem embargo da norma de transição prevista no art. 2.028 do CC/2002. Também para os efeitos próprios do art. 543-C, do CPC: "para o crédito rural cujo contrato tenha sido celebrado sob a égide do Código Civil de 2002, aplica-se o prazo prescricional de 5 (cinco) anos (prescrição da pretensão para a cobrança de dívidas líquidas constantes de instrumento público ou particular), a contar da data do vencimento, consoante o disposto no art. 206, §5º, I, do CC/2002, para que dentro dele (observado o disposto no art. 2º, §3º da LEF) sejam feitos a inscrição em dívida ativa e o ajuizamento da respectiva execução fiscal".

Segue abaixo transcrita a ementa do julgado:

PROCESSUAL CIVIL. RECURSO ESPECIAL REPRESENTATIVO DA CONTROVÉRSIA. ART. 543-C, DO CPC. AUSÊNCIA DE VIOLAÇÃO AO ART. 535, DO CPC. PRAZO PRESCRICIONAL APLICÁVEL À EXECUÇÃO FISCAL PARA A COBRANÇA DE DÍVIDA ATIVA NÃO-TRIBUTÁRIA RELATIVA A OPERAÇÃO DE CRÉDITO RURAL TRANSFERIDA À UNIÃO POR FORÇA DA MEDIDA PROVISÓRIA Nº 2.196-3/2001.

1. Não viola o art. 535, do CPC, o acórdão que decide de forma suficientemente fundamentada, não estando obrigada a Corte de Origem a emitir juízo de valor expresso a respeito de todas as teses e dispositivos legais invocados pelas partes.

2. Em discussão o prazo prescricional aplicável para o ajuizamento da execução fiscal de dívida ativa de natureza não tributária proveniente dos contratos de financiamento do setor agropecuário, respaldados em Cédulas de Crédito Rural (Cédula Rural Pignoratícia, Cédula Rural Hipotecária, Cédula Rural Pignoratícia e Hipotecária, Nota de Crédito Rural) ou os Contratos de Confissão de Dívidas, com garantias reais ou não, mediante escritura pública ou particular assinada por duas testemunhas, firmados pelos devedores originariamente com instituições financeiras e posteriormente adquiridos pela União, por força da Medida Provisória nº. 2.196-3/2001, e inscritos em dívida ativa para cobrança.

3. A União, cessionária do crédito rural, não executa a Cédula de Crédito Rural (ação cambial), mas a dívida oriunda de contrato de financiamento, razão pela qual pode se valer do disposto no art. 39, § 2º, da Lei 4.320/64 e, após efetuar a inscrição na sua dívida ativa, buscar sua satisfação por meio da Execução Fiscal (Lei 6.830/1980), não se aplicando o art. 70 da Lei Uniforme de Genebra (Decreto n. 57.663/1966), que fixa em 3 (três) anos a prescrição do título cambial, pois a prescrição da ação cambial não fulmina o próprio crédito, que poderá ser perseguido por outros meios, consoante o art. 60 do Decreto-lei nº. 167/67, c/c art. 48 do Decreto nº. 2.044/08. No mesmo sentido: REsp. n. 1.175.059 - SC, Segunda Turma, Rel. Min. Herman Benjamin, julgado em 05.08.2010; REsp. n. 1.312.506 - PE, Segunda Turma, Rel. Min. Mauro Campbell Marques, julgado em 24.04.2012.

4. No caso em apreço, não se aplicam os precedentes REsp. n. 1.105.442 - RJ, Primeira Seção, Rel. Min. Hamilton Carvalhido, julgado

em 09.12.2009; e REsp 1.112.577/SP, Primeira Seção, Rel. Min. Castro Meira, julgado em 09.12.2009, que determinam a aplicação do prazo prescricional quinquenal previsto no Decreto n. 20.910/32, pois: 4.1. Os precedentes versam sobre multa administrativa que, por sua natureza, é derivação própria do Poder de Império da Administração Pública, enquanto os presentes autos analisam débito proveniente de relação jurídica de Direito Privado que foi realizada voluntariamente pelo particular quando assinou contrato privado de financiamento rural; 4.2. No presente caso existem regras específicas, já que para regular o prazo prescricional do direito pessoal de crédito albergado pelo contrato de mútuo ("ação pessoal") vigeu o art. 177, do CC/16 (20 anos), e para regular a prescrição da pretensão para a cobrança de dívidas líquidas, em vigor o art. 206, §5º, I, do CC/2002 (5 anos). 4.3. Em se tratando de qualquer contrato onde a Administração Pública é parte, não existe isonomia perfeita, já que todos os contratos por ela celebrados (inclusive os de Direito Privado) sofrem as derrogações próprias das normas publicistas.

5. Desse modo, o regime jurídico aplicável ao crédito rural adquirido pela União sofre uma derrogação pontual inerente aos contratos privados celebrados pela Administração Pública em razão dos procedimentos de controle financeiro, orçamentário, contábil e de legalidade específicos a que se submete (Lei n. 4.320/64). São justamente esses controles que justificam a inscrição em dívida ativa da União, a utilização da Execução Fiscal para a cobrança do referido crédito, a possibilidade de registro no Cadastro Informativo de créditos não quitados do setor público federal (Cadin), as restrições ao fornecimento de Certidão Negativa de Débitos e a incidência do Decreto-Lei n. 1.025/1969 (encargo legal).

6. Sendo assim, para os efeitos próprios do art. 543-C, do CPC: "ao crédito rural cujo contrato tenha sido celebrado sob a égide do Código Civil de 1916, aplica-se o prazo prescricional de 20 (vinte) anos (prescrição das ações pessoais – direito pessoal de crédito), a contar da data do vencimento, consoante o disposto no art. 177, do CC/16, para que dentro dele (observado o disposto no art. 2º, §3º da LEF) sejam feitos a inscrição e o ajuizamento da respectiva execução fiscal. Sem embargo da norma de transição prevista no art. 2.028 do CC/2002".

7. Também para os efeitos próprios do art. 543-C, do CPC: "para o crédito rural cujo contrato tenha sido celebrado sob a égide do Código Civil de 2002, aplica-se o prazo prescricional de 5 (cinco) anos (prescrição da pretensão para a cobrança de dívidas líquidas constantes de instrumen-

to público ou particular), a contar da data do vencimento, consoante o disposto no art. 206, §5º, I, do CC/2002, para que dentro dele (observado o disposto no art. 2º, §3º da LEF) sejam feitos a inscrição em dívida ativa e o ajuizamento da respectiva execução fiscal".

8. Caso concreto em que o contrato de mútuo foi celebrado na forma de Nota de Crédito Rural sob a égide do Código Civil de 1916 (e-STJ fls. 139-141). Desse modo, o prazo prescricional para a cobrança do mútuo como relação jurídica subjacente inicialmente era o de 20 anos (art. 177 do CC/16). No entanto, a obrigação em execução restou vencida em 31.10.2002, ou seja, aplicando-se a norma de transição do art. 2.028 do CC/2002, muito embora vencida a dívida antes do início da vigência do CC/2002 (11.01.2003), não havia transcorrido mais da metade do tempo estabelecido na lei revogada (10 anos). Sendo assim, o prazo aplicável é o da lei nova, 5 (cinco) anos, em razão do art. 206, §5º, I, do CC/2002, a permitir o ajuizamento da execução até o dia 31.10.2007. Como a execução foi ajuizada em 07.02.2007, não houve a prescrição, devendo a execução ser retomada na origem.

9. Recurso especial conhecido e parcialmente provido. Acórdão submetido ao regime do art. 543-C do CPC e da Resolução STJ 08/2008.

- (REsp 1373292/PE, Rel. Ministro MAURO CAMPBELL MARQUES, PRIMEIRA SEÇÃO, julgado em 22/10/2014, DJe 04/08/2015)

14.1.40 Tema 673 (REsp repetitivo nº 1387248/SC): necessidade de indicação expressa do valor entendido como correto, no caso de impugnação fundada na tese de excesso de execução

Questão de direito controvertida	"Discussão: necessidade de indicação expressa do valor entendido como correto, no caso de impugnação fundada na tese de excesso de execução".
Tese	"Na hipótese do art. 475-L, § 2º, do CPC, é indispensável apontar, na petição de impugnação ao cumprimento de sentença, a parcela incontroversa do débito, bem como as incorreções encontradas nos cálculos do credor, sob pena de rejeição liminar da petição, não se admitindo emenda à inicial.".

Segue abaixo transcrita a ementa do julgado:

RECURSO ESPECIAL REPRESENTATIVO DA CONTROVÉRSIA. PROCESSUAL CIVIL. BRASIL TELECOM S/A. CONTRATO DE PARTICIPAÇÃO FINANCEIRA. COMPLEMENTAÇÃO DE AÇÕES. IMPUGNAÇÃO AO CUMPRIMENTO DE SENTENÇA. ILIQUIDEZ DO TÍTULO. MATÉRIA PRECLUSA. EXCESSO DE EXECUÇÃO. INDEFERIMENTO LIMINAR. CABIMENTO. ART. 475-L, § 2º, DO CPC MULTA DO ART. 475-J DO CPC. ÓBICE DA SÚMULA 283/STF.

1. Para fins do art. 543-C do CPC: "Na hipótese do art. 475-L, § 2º, do CPC, é indispensável apontar, na petição de impugnação ao cumprimento de sentença, a parcela incontroversa do débito, bem como as incorreções encontradas nos cálculos do credor, sob pena de rejeição liminar da petição, não se admitindo emenda à inicial".

2. Caso concreto:

2.1. Impossibilidade de se reiterar, em impugnação ao cumprimento de sentença, matéria já preclusa no curso da execução. Precedentes.

2.2. "É inadmissível o recurso extraordinário, quando a decisão recorrida assenta em mais de um fundamento suficiente e o recurso não abrange todos eles" (Súmula 283/STF).

2.3. Aplicação da tese firmada no item 1, supra, ao caso concreto.

2.4. Inviabilidade de revisão de honorários advocatícios em sede de recurso especial, em razão do óbice na súmula 7/STJ, que somente pode ser afastado quando exorbitante ou irrisório o valor arbitrado, o que não ocorre na espécie.

3. Recurso especial conhecido, em parte, e desprovido.

- (REsp 1387248/SC, Rel. Ministro PAULO DE TARSO SANSEVERINO, CORTE ESPECIAL, julgado em 07/05/2014, DJe 19/05/2014)

14.1.41 Temas 702 e 703 (REsp repetitivo nº 1372243/SE): Falência da empresa executada e legitimidade passiva da sociedade na execução fiscal; incidência ou não da súmula 392/STJ

Questão de direito controvertida	"A falência da empresa executada fora decretada antes do ajuizamento da execução fiscal; a discussão é sobre a legitimidade passiva da sociedade e incidência, ou não, da Súmula 392/STJ.".
Tese do Tema 702	"A mera decretação da quebra não implica extinção da personalidade jurídica do estabelecimento empresarial. Ademais, a massa falida tem exclusivamente personalidade judiciária, sucedendo a empresa em todos os seus direitos e obrigações. Em consequência, o ajuizamento contra a pessoa jurídica, nessas condições, constitui mera irregularidade, sanável nos termos do art. 284 do CPC e do art. 2º, § 8º, da Lei 6.830/1980."
Tese do Tema 703	"O entendimento de que o ajuizamento contra a pessoa jurídica cuja falência foi decretada antes do ajuizamento da referida execução fiscal "constitui mera irregularidade, sanável nos termos do art. 284 do CPC e do art. 2º, § 8º, da Lei 6.830/1980 não viola a orientação fixada pela Súmula 392 do Superior Tribunal Justiça, mas tão somente insere o equívoco ora debatido na extensão do que se pode compreender por 'erro material ou formal', e não como 'modificação do sujeito passivo da execução', expressões essas empregadas pelo referido precedente sumular".
Súmula correspondente: 392	A Fazenda Pública pode substituir a certidão de dívida ativa (CDA) até a prolação da sentença de embargos, quando se tratar de correção de erro material ou formal, vedada a modificação do sujeito passivo da execução.

Segue abaixo transcrita a ementa do julgado:

TRIBUTÁRIO E PROCESSUAL CIVIL. RECURSO ESPECIAL REPRESENTATIVO DA CONTROVÉRSIA. ART. 543-C DO CPC. RESOLUÇÃO N. 8/2008 DO STJ. EXECUÇÃO FISCAL AJUIZADA CONTRA PESSOA JURÍDICA EMPRESARIAL. FALÊNCIA DECRETADA ANTES DA PROPOSITURA DA AÇÃO EXECUTIVA. CORREÇÃO DO POLO PASSIVO DA DEMANDA E DA CDA. POSSIBILIDADE, A TEOR DO DISPOSTO NOS ARTS. 284 DO CPC E 2º, § 8º, DA LEI N. 6.830/80. HOMENAGEM AOS PRINCÍPIOS DA CELERIDADE E ECONOMIA PROCESSUAL. INEXISTÊNCIA DE VIOLAÇÃO DA ORIENTAÇÃO FIXADA PELA SÚMULA 392 DO SUPERIOR TRIBUNAL DE JUSTIÇA.

1. Na forma dos precedentes deste Superior Tribunal de Justiça, "a mera decretação da quebra não implica extinção da personalidade jurídica do estabelecimento empresarial. Ademais, a massa falida tem exclusivamente personalidade judiciária, sucedendo a empresa em todos os seus direitos e obrigações. Em consequência, o ajuizamento contra a pessoa jurídica, nessas condições, constitui mera irregularidade, sanável nos termos do art. 284 do CPC e do art. 2º, § 8º, da Lei 6.830/1980" (REsp 1.192.210/RJ, Rel. Min. Herman Benjamin, Segunda Turma, DJe 4/2/2011).

2. De fato, por meio da ação falimentar, instaura-se processo judicial de concurso de credores, no qual será realizado o ativo e liquidado o passivo, para, após, confirmados os requisitos estabelecidos pela legislação, promover-se a dissolução da pessoa jurídica, com a extinção da respectiva personalidade. A massa falida, como se sabe, não detém personalidade jurídica, mas personalidade judiciária – isto é, atributo que permite a participação nos processos instaurados pela empresa, ou contra ela, no Poder Judiciário. Nesse sentido: REsp 1.359.041/SE, Rel. Ministro Castro Meira, Segunda Turma, julgado em 18/6/2013, DJe 28/6/2013; e EDcl no REsp 1.359.259/SE, Rel. Ministro Mauro Campbell Marques, Segunda Turma, julgado em 2/5/2013, DJe 7/5/2013.

3. Desse modo, afigura-se equivocada a compreensão segundo a qual a retificação da identificação do polo processual – com o propósito de fazer constar a informação de que a parte executada se encontra em estado falimentar – implicaria modificação ou substituição do polo passivo da obrigação fiscal.

4. Por outro lado, atentaria contra os princípios da celeridade e da economia processual a imediata extinção do feito, sem que se facultasse, previamente, à Fazenda Pública oportunidade para que procedesse às retificações necessárias na petição inicial e na CDA.

5. Nesse sentido, é de se promover a correção da petição inicial, e, igualmente, da CDA, o que se encontra autorizado, a teor do disposto, respectivamente, nos arts. 284 do CPC e 2º, § 8º, da Lei n. 6.830/80.

6. Por fim, cumpre pontuar que o entendimento ora consolidado por esta Primeira Seção não viola a orientação fixada pela Súmula 392 do Superior Tribunal Justiça, mas tão somente insere o equívoco ora debatido na extensão do que se pode compreender por "erro material ou formal", e não como "modificação do sujeito passivo da execução", expressões essas empregadas pelo referido precedente sumular.

7. Recurso especial provido para, afastada, no caso concreto, a tese de ilegitimidade passiva ad causam, determinar o retorno dos autos ao Juízo de origem, a fim de que, facultada à exequente a oportunidade para emendar a inicial, com base no disposto no art. 284 do CPC, dê prosseguimento ao feito como entender de direito. Acórdão submetido ao regime estatuído pelo art. 543-C do CPC e Resolução STJ 8/2008.

- (REsp 1372243/SE, Rel. Ministro NAPOLEÃO NUNES MAIA FILHO, Rel. p/ Acórdão Ministro OG FERNANDES, PRIMEIRA SEÇÃO, julgado em 11/12/2013, DJe 21/03/2014)

14.1.42 Tema 714 (REsp repetitivo nº 1377507/SP): Bloqueio universal de bens e de direitos autorizado pelo art. 185-A do Código Tributário Nacional

Questão de direito controvertida	"Cinge-se o debate trazido nos autos em saber se, para que o juiz determine a indisponibilidade dos bens e direitos do devedor, na forma do art. 185-A do CTN, faz-se necessária a comprovação do exaurimento dos meios disponíveis para localização de bens penhoráveis por parte do credor. Não se trata, simplesmente, da penhora on-line, mas da necessidade de esgotamento das diligências para a adoção das medidas previstas no art. 185-A do CTN".

Tese	A indisponibilidade de bens e direitos autorizada pelo art. 185-A do CTN depende da observância dos seguintes requisitos: (i) citação do devedor tributário; (ii) inexistência de pagamento ou apresentação de bens à penhora no prazo legal; e (iii) a não localização de bens penhoráveis após esgotamento das diligências realizadas pela Fazenda, caracterizado quando houver nos autos (a) pedido de acionamento do Bacen Jud e consequente determinação pelo magistrado e (b) a expedição de ofícios aos registros públicos do domicílio do executado e ao Departamento Nacional ou Estadual de Trânsito - DENATRAN ou DETRAN.
Súmula correspondente: nº 560	A decretação da indisponibilidade de bens e direitos, na forma do art. 185-A do CTN, pressupõe o exaurimento das diligências na busca por bens penhoráveis, o qual fica caracterizado quando infrutíferos o pedido de constrição sobre ativos financeiros e a expedição de ofícios aos registros públicos do domicílio do executado, ao Denatran ou Detran.

Segue abaixo transcrita a ementa do julgado:

TRIBUTÁRIO. RECURSO ESPECIAL REPRESENTATIVO DE CONTROVÉRSIA. ART. 543-C DO CPC E RESOLUÇÃO STJ N. 8/2008. EXECUÇÃO FISCAL. ART. 185-A DO CTN. INDISPONIBILIDADE DE BENS E DIREITOS DO DEVEDOR. ANÁLISE RAZOÁVEL DO ESGOTAMENTO DE DILIGÊNCIAS PARA LOCALIZAÇÃO DE BENS DO DEVEDOR. NECESSIDADE.

1. Para efeitos de aplicação do disposto no art. 543-C do CPC, e levando em consideração o entendimento consolidado por esta Corte Superior de Justiça, firma-se compreensão no sentido de que a indisponibilidade de bens e direitos autorizada pelo art. 185-A do CTN depende da observância dos seguintes requisitos: (i) citação do devedor tributário; (ii) inexistência de pagamento ou apresentação de bens à penhora no prazo

legal; e (iii) a não localização de bens penhoráveis após esgotamento das diligências realizadas pela Fazenda, caracterizado quando houver nos autos (a) pedido de acionamento do Bacen Jud e consequente determinação pelo magistrado e (b) a expedição de ofícios aos registros públicos do domicílio do executado e ao Departamento Nacional ou Estadual de Trânsito - DENATRAN ou DETRAN.

2. O bloqueio universal de bens e de direitos previsto no art. 185 -A do CTN não se confunde com a penhora de dinheiro aplicado em instituições financeiras, por meio do Sistema BacenJud, disciplinada no art. 655-A do CPC.

3. As disposições do art. 185-A do CTN abrangerão todo e qualquer bem ou direito do devedor, observado como limite o valor do crédito tributário, e dependerão do preenchimento dos seguintes requisitos: (i) citação do executado; (ii) inexistência de pagamento ou de oferecimento de bens à penhora no prazo legal; e, por fim, (iii) não forem encontrados bens penhoráveis.

4. A aplicação da referida prerrogativa da Fazenda Pública pressupõe a comprovação de que, em relação ao último requisito, houve o esgotamento das diligências para localização de bens do devedor.

5. Resta saber, apenas, se as diligências realizadas pela exequente e infrutíferas para o que se destinavam podem ser consideradas suficientes a permitir que se afirme, com segurança, que não foram encontrados bens penhoráveis, e, por consequência, determinar a indisponibilidade de bens.

6. O deslinde de controvérsias idênticas à dos autos exige do magistrado ponderação a respeito das diligências levadas a efeito pelo exequente, para saber se elas correspondem, razoavelmente, a todas aquelas que poderiam ser realizadas antes da constrição consistente na indisponibilidade de bens.

7. A análise razoável dos instrumentos que se encontram à disposição da Fazenda permite concluir que houve o esgotamento das diligências quando demonstradas as seguintes medidas: (i) acionamento do Bacen Jud; e (ii) expedição de ofícios aos registros públicos do domicílio do executado e ao Departamento Nacional ou Estadual de Trânsito - DENATRAN ou DETRAN.

8. No caso concreto, o Tribunal de origem não apreciou a demanda à luz da tese repetitiva, exigindo-se, portanto, o retorno dos autos à origem

para, diante dos fatos que lhe forem demonstrados, aplicar a orientação jurisprudencial que este Tribunal Superior adota neste recurso.

9. Recurso especial a que se dá provimento para anular o acórdão impugnado, no sentido de que outro seja proferido em seu lugar, observando as orientações delineadas na presente decisão.

- (REsp 1377507/SP, Rel. Ministro OG FERNANDES, PRIMEIRA SEÇÃO, julgado em 26/11/2014, DJe 02/12/2014)

14.1.43 Tema 721 (REsp repetitivo nº 1406296/RS): (não) incidência de honorários advocatícios nas execuções não embargadas quando há renúncia superveniente do excedente ao limite constitucional e legal para pagamento por meio de precatórios, a fim de garantir o pagamento por meio de requisição de pequeno valor[36]

Questão de direito controvertida	"A controvérsia consiste em verificar o cabimento da fixação de honorários advocatícios em Execução promovida sob o rito do art. 730 do CPC, não embargada contra a Fazenda Pública, na hipótese em que a parte renuncia posteriormente ao excedente previsto no art. 87 do ADCT, para fins de expedição de Requisição de Pequeno Valor (RPV)".
Tese	"A renúncia ao valor excedente ao previsto no art. 87 do ADCT, manifestada após a propositura da demanda executiva, não autoriza o arbitramento dos honorários, porquanto, à luz do princípio da causalidade, a Fazenda Pública não provocou a instauração da Execução, uma vez que se revelava inicialmente impositiva a observância do art. 730 CPC, segundo a sistemática do pagamento de precatórios. Como não foram opostos Embargos à Execução, tem, portanto, plena aplicação o art. 1º-D da Lei 9.494/1997".

36. Vide tópico 4.3.5.

Segue abaixo transcrita a ementa do julgado:

RECURSO ESPECIAL. MATÉRIA REPETITIVA. ART. 543-C DO CPC E RESOLUÇÃO STJ 8/2008. RECURSO REPRESENTATIVO DE CONTROVÉRSIA. EXECUÇÃO NÃO EMBARGADA CONTRA A FAZENDA PÚBLICA. PROCESSAMENTO INICIAL SOB O RITO DO PRECATÓRIO. RENÚNCIA SUPERVENIENTE DO EXCEDENTE AO LIMITE. RPV. HONORÁRIOS. NÃO CABIMENTO.

1. A controvérsia consiste em verificar o cabimento da fixação de honorários advocatícios em Execução promovida sob o rito do art. 730 do CPC, não embargada contra a Fazenda Pública, na hipótese em que a parte renuncia posteriormente ao excedente previsto no art. 87 do ADCT, para fins de expedição de Requisição de Pequeno Valor (RPV).

2. Nos moldes da interpretação conforme a Constituição estabelecida pelo STF no RE 420.816/PR (Relator Min. Carlos Velloso, Relator p/ Acórdão: Ministro Sepúlveda Pertence, Tribunal Pleno, DJ 10.12.2006), a Execução contra a Fazenda Pública, processada inicialmente sob o rito do precatório (art. 730 do CPC), sofre a incidência do art. 1°-D da Lei 9.494/1997 ("Não serão devidos honorários advocatícios pela Fazenda Pública nas execuções não embargadas"). No mesmo sentido as seguintes decisões da Corte Suprema: RE 679.164 AgR, Relator Ministro Luiz Fux, Primeira Turma, DJe-042 de 4.3.2013; RE 649.274, AgR-segundo, Relator Ministro Luiz Fux, Primeira Turma, DJe-022 de 31.1.2013; RE 599.260 ED, Relator Ministro Celso de Mello (decisão monocrática), DJe-105 de 4.6.2013; RE 724.774, Relator: Min. Ricardo Lewandowski (decisão monocrática), DJe-123 de 26.6.2013; RE 668.983, Relatora Ministra Cármen Lúcia (decisão monocrática), DJe-102 de 29.5.2013; RE 729.674, Relator Ministro Dias Toffoli, DJe-193 de 1º.10.2013.

3. O STJ realinhou sua jurisprudência à posição do STF no julgamento do REsp 1.298.986/RS (Rel. Ministro Herman Benjamin, Primeira Seção, DJe 5.12.2013).

4. A renúncia ao valor excedente ao previsto no art. 87 do ADCT, manifestada após a propositura da demanda executiva, não autoriza o arbitramento dos honorários, porquanto, à luz do princípio da causalidade, a Fazenda Pública não provocou a instauração da Execução, uma vez que se revelava inicialmente impositiva a observância do art. 730 CPC, segundo a sistemática do pagamento de precatórios. Como não foram

opostos Embargos à Execução, tem, portanto, plena aplicação o art. 1°-D da Lei 9.494/1997. No mesmo sentido: REsp 1.386.888/RS, Rel. Ministra Eliana Calmon, DJe 18.9.2013; REsp 1.406.732/RS, Rel. Ministra Eliana Calmon, Segunda Turma, DJe 7.2.2014; AgRg no REsp 1.411.180/RS, Rel. Ministro Mauro Campbell Marques, Segunda Turma, DJe 11.12.2013.

5. Recurso Especial não provido. Acórdão submetido ao regime do art. 543-C do CPC e da Resolução 8/2008 do STJ.

- (REsp 1406296/RS, Rel. Ministro HERMAN BENJAMIN, PRIMEIRA SEÇÃO, julgado em 26/02/2014, DJe 19/03/2014)

14.1.44 Tema 777 (REsp repetitivo nº 1686659/SP): legalidade do protesto da CDA[37]

Questão de direito controvertida	"Legalidade do protesto da CDA, no regime da Lei 9.492/1997".
Tese	"A Fazenda pública possui interesse e pode efetivar o protesto da CDA, documento de dívida, na forma do art. 1º, parágrafo único, da Lei 9.492/1997, com a redação dada pela Lei 12.767/2012.".

Segue abaixo transcrita a ementa do julgado:

PROCESSUAL CIVIL E ADMINISTRATIVO. VIOLAÇÃO DOS ARTS. 948 E 949 DO CPC/2015. NÃO CONFIGURAÇÃO. CERTIDÃO DA DÍVIDA ATIVA. PROTESTO. ART. 1º, PARÁGRAFO ÚNICO, DA LEI 9.492/1997, COM A REDAÇÃO DA LEI 12. 767/2012. LEGALIDADE.

1. Trata-se de Recurso Especial interposto contra acórdão que determinou o cancelamento do protesto da CDA, por considerar ilegal tal medida. TESE CONTROVERTIDA ADMITIDA

2. Sob o rito dos arts. 1036 e seguintes do CPC, admitiu-se a seguinte tese controvertida: "legalidade do protesto da CDA, no regime da Lei 9.492/1997".

37. Vide tópico 13.5.

NECESSIDADE DE SUBMISSÃO DO PRESENTE FEITO AO RITO DOS RECURSOS REPETITIVOS, NÃO OBSTANTE A DECISÃO DO STF QUE RECONHECEU A CONSTITUCIONALIDADE DO PROTESTO DA CDA

3. O acórdão hostilizado, oriundo da 9ª Câmara de Direito Público do TJ/SP, foi proferido em 22.8.2016 e aborda o protesto da CDA efetivado na vigência da Lei 12.767/2012. Nele está consignado que a Corte local, naquela época, concluíra pela constitucionalidade do art. 1º, parágrafo único, da Lei 9.492/1976.

4. Registra-se que o tema da compatibilidade do art. 1º, parágrafo único, da Lei 9.492/1997 (redação dada pela Lei 12.767/2012) com a Constituição Federal não é, nem poderia, ser objeto do Recurso Especial. De todo modo, é importante esclarecer que, a esse respeito, o e. STF concluiu o julgamento da ADI 5.135/DF, confirmando a constitucionalidade da norma, fixando a tese de que "O protesto das Certidões de Dívida Ativa constitui mecanismo constitucional e legítimo, por não restringir de forma desproporcional quaisquer direitos fundamentais garantidos aos contribuintes e, assim, não constituir sanção política" (ADI 5. 135/DF, Relator Ministro Roberto Barroso, Tribunal Pleno, julgado em 9.11.2016, DJe 7.2.2018).

5. Não obstante reconhecer como constitucional o protesto da CDA, o órgão fracionário do Tribunal a quo afastou a aplicação do dispositivo de lei federal que o prevê por reputá-lo ilegal, na medida em que, a seu ver, a Certidão de Dívida Ativa goza do atributo da exequibilidade, dispensando a realização do protesto.

Segundo concluiu o órgão colegiado, o meio próprio para a cobrança de tributos é a Execução Fiscal disciplinada pela Lei 6.830/1980.

6. A análise feita no acórdão recorrido, portanto, embora tenha reconhecido a constitucionalidade do protesto da CDA, examinou o tema sob perspectiva exclusivamente legal, mediante exegese sistemática da compatibilidade do art. 1º, parágrafo único, da Lei 9.492/1997 (com a redação da Lei 12.767/2012) com outros dispositivos de lei federal (notadamente o CPC/1973 e a Lei 6. 830/1980), o que enseja o conhecimento do recurso.

RESOLUÇÃO DA CONTROVÉRSIA. 1ª TESE: VIOLAÇÃO DOS ARTS. 948 E 949 DO CPC. REJEIÇÃO

7. No que se refere aos dispositivos do novo CPC (arts. 948 e 949), deve ser rejeitada a pretensão recursal. Com efeito, tais normas versam sobre a arguição, em controle difuso, de inconstitucionalidade de lei.

8. Conforme dito acima, o incidente não foi provocado porque o Órgão Especial do TJ/SP já se manifestara, anteriormente, a respeito do tema. Acrescente-se que a decisão adotada foi pela constitucionalidade da norma e que a eficácia vinculante do decisum, em relação aos órgãos fracionários integrantes daquela Corte, evidentemente, se restringe a questão constitucional.

9. In casu, o órgão fracionário não julgou a causa contrariamente à decisão do Órgão Especial do TJ/SP, apenas consignou que o reconhecimento da constitucionalidade da norma não obsta a análise de sua aplicação, sob o enfoque de sua suposta incompatibilidade com outros dispositivos de lei federal.

RESOLUÇÃO DA CONTROVÉRSIA. 2ª TESE: POSSIBILIDADE DE PROTESTO DA CDA. ACOLHIMENTO

10. Passando-se à análise do protesto da CDA, sob o enfoque da compatibilidade do art. 1º, parágrafo único, da Lei 9.492/1997 (redação dada pela Lei 12.767/2012) com a legislação federal que disciplina o específico processo executivo dos créditos da Fazenda Pública (Lei 6.830/1980), a questão não é nova, tendo sido analisada pelo e. STJ no REsp 1.126.515/PR, cujos fundamentos se mantêm no atual quadro normativo positivo e seguem abaixo reproduzidos.

11. A norma acima, já em sua redação original (ou seja, aquela contida na data de entrada em vigor da Lei 9.492/1997), rompeu com antiga tradição existente no ordenamento jurídico, consistente em atrelar o protesto exclusivamente aos títulos de natureza cambial (cheques, duplicatas etc.).

12. O uso dos termos "títulos" e "outros documentos de dívida" possui, claramente, concepção muito mais ampla que a relacionada apenas aos de natureza cambiária. Como se sabe, até atos judiciais (sentenças transitadas em julgado em Ações de Alimentos ou em processos que tramitaram na Justiça do Trabalho) podem ser levados a protesto, embora evidentemente nada tenham de cambial. Nesse sentido: REsp 750.805/RS, Rel. Ministro Humberto Gomes de Barros, Terceira Turma, DJe

16/6/2009, e AP 01676-2004-077-03-00-1, TRT/MG, Relator: Juiz Convocado Jesse Claudio Franco de Alencar, p. 4.3.2010.

13. Não bastasse isso, o protesto, além de representar instrumento para constituir mora e/ou comprovar a inadimplência do devedor, é meio alternativo para o cumprimento da obrigação.

14. Com efeito, o art. 19 da Lei 9.492/1997 expressamente dispõe a respeito do pagamento extrajudicial dos títulos ou documentos de dívida (isto é, estranhos aos títulos meramente cambiais) levados a protesto.

15. Assim, conquanto o Código de Processo Civil (art. 585, VII, do CPC/1973, art. 784, IX, no novo CPC) e a Lei 6.830/1980 atribuam exequibilidade à CDA, qualificando-a como título executivo extrajudicial apto a viabilizar o imediato ajuizamento da Execução Fiscal (a inadimplência é presumida iuris tantum), a Administração Pública, no âmbito federal, estadual e municipal, vem reiterando sua intenção de adotar o protesto como meio alternativo para buscar, extrajudicialmente, a satisfação de sua pretensão creditória.

16. Tal medida ganha maior importância quando se lembra, principalmente, que o Poder Judiciário lhe fecha as portas para o exercício do direito de ação, por exemplo, ao extinguir, por alegada falta de interesse processual, demandas executivas de valor reputado baixo (o Tribunal de Justiça do Estado de São Paulo é exemplo significativo disso, como faz prova o Incidente de Assunção de Competência discutido nos autos do RMS 53720/SP e do RMS 54712/SP, os quais discorrem precisamente sobre o cabimento do Mandado de Segurança contra ato judicial - isto é, a sentença extintiva de Execução Fiscal, proferida em escala industrial naquela Corte de Justiça, que habitualmente equipara o baixo valor da causa à própria falta de interesse processual).

17. Sob essa ótica, não se considera legítima nenhuma manifestação do Poder Judiciário tendente a suprimir a adoção de meio extrajudicial para cobrança dos créditos públicos (como se dá com o protesto da CDA, no contexto acima definido). Acrescente-se, no ponto, que a circunstância de a Lei 6.830/1980 disciplinar a cobrança judicial da dívida ativa dos entes públicos não deve ser interpretada como uma espécie de "princípio da inafastabilidade da jurisdição às avessas", ou seja, engessar a atividade de recuperação dos créditos públicos, vedando aos entes públicos o

recurso a instrumentos alternativos (evidentemente, respeitada a inafastável observância ao princípio da legalidade) e lhes impondo apenas a via judicial - a qual, como se sabe, ainda luta para tornar-se socialmente reconhecida como instrumento célere e eficaz.

18. A verificação quanto à utilidade ou necessidade do protesto da CDA, como política pública para a recuperação extrajudicial de crédito, cabe com exclusividade à Administração Pública. Ao Poder Judiciário só é reservada a análise da sua conformação (ou seja, da via eleita) ao ordenamento jurídico. Dito de outro modo, compete ao Estado decidir se quer protestar a CDA; ao Judiciário caberá examinar a possibilidade de tal pretensão, relativamente aos aspectos constitucionais e legais.

19. Ao dizer ser imprescindível o protesto da CDA, sob o fundamento de que a lei prevê a utilização da Execução Fiscal, o Poder Judiciário rompe não somente com o princípio da autonomia dos poderes (art. 2º da CF/1988), como também com o princípio da imparcialidade, dado que, reitero, a ele institucionalmente não impende qualificar as políticas públicas como necessárias ou desnecessárias.

20. Reitera-se, assim, que o protesto pode ser empregado como meio alternativo, extrajudicial, para a recuperação do crédito. O argumento de que há lei própria que disciplina a cobrança judicial da dívida ativa (Lei 6.830/1980), conforme anteriormente mencionado, é um sofisma, pois tal não implica juízo no sentido de que os entes públicos não possam, mediante lei, adotar mecanismos de cobrança extrajudicial. Dito de outro modo, a circunstância de o protesto não constituir providência necessária ou conveniente para o ajuizamento da Execução Fiscal não acarreta vedação à sua utilização como instrumento de cobrança extrajudicial.

21. É indefensável, portanto, o argumento de que a disciplina legal da cobrança judicial da dívida ativa impede, peremptoriamente, a Administração Pública de instituir ou utilizar, sempre com observância do princípio da legalidade, modalidade extrajudicial para cobrar, com vistas à eficiência, seus créditos.

22. No que diz respeito à participação do devedor na formação do título executivo extrajudicial, observa-se que não se confunde o poder unilateral de o Fisco constituir o crédito tributário com a situação posterior da inscrição em dívida ativa. Esta última não é feita "de surpresa", ou de modo unilateral, sem o conhecimento do sujeito passivo.

23. A inscrição em dívida ativa ou decorre de um lançamento de ofício, no qual são assegurados o contraditório e a ampla defesa (impugnação e recursos administrativos, que serão ou não apresentados por manifestação volitiva do autuado), ou de confissão de dívida pelo devedor. Vale o mesmo raciocínio para os créditos fiscais de natureza não tributária.

24. Em qualquer desses casos, o sujeito passivo terá concorrido para a consolidação do crédito tributário. Neste ponto, acrescenta-se que, ao menos nas hipóteses (hoje majoritárias) em que a constituição do crédito tributário se dá mediante o denominado autolançamento (entrega de DCTF, GIA, etc., isto é, documentos de confissão de dívida), a atitude do contribuinte de apurar e confessar o montante do débito é equiparável, em tudo e por tudo, ao do emitente de cheque, nota promissória ou letra de câmbio. Como não admitir, nesse contexto, o respectivo protesto?

25. Haveria razoabilidade no questionamento do protesto se este fosse autorizado para o simples "auto de lançamento", porque este sim pode ser feito unilateralmente (isto é, sem a participação prévia da parte devedora) pela autoridade administrativa. Mas não é disso que tratam os autos, e sim da certidão de dívida ativa, que somente é extraída, como mencionado, depois de exaurida a instância administrativa (lançamento de ofício) ou de certificado que o contribuinte não pagou a dívida por ele mesmo confessada (DCTF, GIA, etc.).

26. Deve ser levada em conta, ainda, a publicação, no DOU de 26.5.2009, do "II Pacto Republicano de Estado por um sistema de Justiça mais acessível, ágil e efetivo". Trata-se de instrumento voltado a fortalecer a proteção aos direitos humanos, a efetividade da prestação jurisdicional, o acesso universal à Justiça e também o aperfeiçoamento do Estado Democrático de Direito e das instituições do Sistema de Justiça.

CONSIDERAÇÕES ADICIONAIS

27. É importante demonstrar que o legislador vem continuamente instituindo meios alternativos para viabilizar o cumprimento das obrigações de natureza pecuniária fora do âmbito judicial, ora pressupondo relação de contemporaneidade com a tramitação de demandas, ora concebendo-os como medidas antecedentes da utilização do Poder Judiciário.

28. Cite-se, por exemplo, a Lei 11.382/2006, que incluiu o art. 615-A no CPC/1973, autorizando que a parte demandante obtenha certidão comprobatória do ajuizamento da execução, "para fins de averbação no

registro de imóveis, registro de veículos ou registro de outros bens sujeitos à penhora ou arresto" - o referido dispositivo foi reproduzido no art. 828 do CPC/2015.

29. Registre-se que o novo CPC, em seu art. 517, expressamente passou a prever que qualquer decisão judicial transitada em julgado "poderá ser levada a protesto, nos termos da lei, depois de transcorrido o prazo para pagamento voluntário previsto no art. 523". Não se pode, a partir daí, conceber a formação de jurisprudência que entenda desnecessária a realização do protesto diante da possibilidade de instauração da fase de cumprimento de sentença.

30. Por outro lado, o art. 25 da Lei 13.606/2018 acrescentou o art. 25-B à Lei 10.522/2002, instituindo rito administrativo para a cobrança dos créditos fiscais, segundo o qual, em caso de não pagamento da quantia devida, no prazo de cinco dias, contados da notificação da inscrição em dívida ativa, faculta-se à Fazenda Nacional (i) o registro dessa pendência nos órgãos que operam bancos de dados e cadastros relativos a consumidores e aos serviços de proteção de créditos e congêneres, e b) a averbação, inclusive por meio eletrônico, da CDA nos órgãos de registro de bens e direitos sujeitos a arresto ou penhora, tornando-os indisponíveis.

31. Nesse panorama contemporâneo, portanto, mostra-se absolutamente coerente a superação do entendimento que restringe o protesto aos títulos cambiários.

TESE REPETITIVA

32. Para fins dos arts. 1.036 e seguintes do CPC, fica assim resolvida a controvérsia repetitiva: "A Fazenda Pública possui interesse e pode efetivar o protesto da CDA, documento de dívida, na forma do art. 1º, parágrafo único, da Lei 9.492/1997, com a redação dada pela Lei 12.767/2012".

RESOLUÇÃO DO CASO CONCRETO

33. Na hipótese dos autos, a CDA foi levada a protesto em 19.6.2015 (fl. 39, e -STJ), com vencimento em 22.7.2015, o que significa dizer que o ato foi praticado na vigência do art. 1º, parágrafo único, da Lei 9.492/1997, de modo que não há ilegalidade a ser decretada.

34. Recurso Especial parcialmente provido.

- (REsp 1686659/SP, Rel. Ministro HERMAN BENJAMIN, PRIMEIRA SEÇÃO, julgado em 28/11/2018, DJe 11/03/2019)

14.1.45 Tema 876 (REsp repetitivo nº 1455091/AM e REsp repetitivo nº 1450819/AM): não obrigatoriedade de indicação de CPF, RG e CNPJ para recebimento de petição inicial da execução fiscal[38]

Questão de direito controvertida	"Discute a obrigatoriedade, ou não, da indicação do CNPJ para o recebimento da petição inicial de execução fiscal endereçada contra pessoa jurídica".
Teses	"Em ações de execução fiscal, descabe indeferir a petição inicial sob o argumento da falta de indicação do CPF e/ou RG da parte executada (pessoa física), visto tratar-se de requisito não previsto no art. 6º da Lei nº 6.830/80 (LEF), cujo diploma, por sua especialidade, ostenta primazia sobre a legislação de cunho geral, como ocorre frente à exigência contida no art. 15 da Lei nº 11.419/06. Em ações de execução fiscal, descabe indeferir a petição inicial sob o argumento da falta de indicação do CNPJ da parte executada (pessoa jurídica), visto tratar-se de requisito não previsto no art. 6º da Lei nº 6.830/80 (LEF), cujo diploma, por sua especialidade, ostenta primazia sobre a legislação de cunho geral, como ocorre frente à exigência contida no art. 15 da Lei nº 11.419/06".

Seguem abaixo transcritas as ementas dos julgados:

PROCESSUAL CIVIL. TRIBUTÁRIO. RECURSO ESPECIAL SUBMETIDO AO RITO DOS REPETITIVOS (ART. 543-C DO CPC). DISSÍDIO PRETORIANO NÃO CARACTERIZADO. NEGATIVA DE PRESTAÇÃO JURISDICIONAL DECLARATÓRIA NÃO EVIDENCIADA. INCOMPETÊNCIA DO STJ PARA REVISÃO DE MATÉRIA CONSTITUCIONAL NA VIA RECURSAL ESPECIAL. EXECUÇÃO FISCAL. EXIGÊNCIA DE INDICAÇÃO DO CNPJ DO EXECUTADO NA PETIÇÃO INICIAL. DESNECESSIDADE. REQUISITO NÃO PREVISTO NA LEI Nº 6.830/80 (LEI DE EXECUÇÃO FISCAL). PREVISÃO EXISTENTE NA LEI Nº 11.419/06

38. Vide tópico 13.5.

(LEI DE INFORMATIZAÇÃO DO PROCESSO JUDICIAL). PREVALÊNCIA DA LEI ESPECIAL (LEI Nº 6.830/80). NOME E ENDEREÇO DO EXECUTADO SUFICIENTES À REALIZAÇÃO DO ATO CITATÓRIO. FIXAÇÃO DA TESE, EM REPETITIVO, DA DISPENSABILIDADE DA INDICAÇÃO DO CNPJ DO DEVEDOR (PESSOA JURÍDICA) NAS AÇÕES DE EXECUÇÃO FISCAL. RECURSO DO FISCO PROVIDO.

1. Conhece-se do especial apenas pelo autorizativo da letra "a", vez que a invocada divergência jurisprudencial não restou evidenciada. Não se presta o especial, ademais, para revisar alegado maltrato a regramento constitucional.

2. O tribunal de origem prestou a jurisdição de forma completa, não se descortinando, por isso, a aventada ofensa ao art. 535 do CPC.

3. Nas instâncias ordinárias, decidiu-se pelo indeferimento da petição inicial de ação de execução fiscal movida pelo município de Manaus-AM, sob o argumento da falta de indicação, pelo exequente, do número do CNPJ da pessoa jurídica executada.

4. Tal exigência, contudo, não se acha prevista na legislação especial que rege o procedimento executivo fiscal, a saber, a Lei nº 6.830/80, cujo art. 6º, ao elencar os requisitos da petição inicial, não prevê o fornecimento do CNPJ da parte requerida, providência, diga-se, também não contemplada no art. 282, II, do CPC.

5. A previsão de que a petição inicial de qualquer ação judicial contenha o CPF ou o CNPJ do réu encontra suporte, unicamente, no art. 15 da Lei nº 11.419/06, que disciplina a informatização dos processos judiciais, cuidando-se, nessa perspectiva, de norma de caráter geral.

6. Portanto, e sem que se esteja a questionar a utilidade da indicação de tais dados cadastrais já na peça inaugural dos processos em geral, certo é que não se pode cogitar de seu indeferimento com base em exigência não consignada na legislação fiscal específica (in casu, a Lei nº 6.830/80-LEF), tanto mais quando o nome e o endereço da parte executada, trazidos com a inicial, possibilitem, em tese, a efetivação do ato citatório.

7. Em caso assemelhado, também decidido em sede de repetitivo, a 1ª Seção do STJ concluiu por afastar a exigência de que a exordial da execução se fizesse acompanhar, também, da planilha discriminativa de cálculos, isto porque "A petição inicial da execução fiscal apresenta seus requisitos essenciais próprios e especiais que não podem ser exacerbados

a pretexto da aplicação do Código de Processo Civil, o qual, por conviver com a lex specialis, somente se aplica subsidiariamente" (REsp 1.138.202/ES, Rel. Min. Luiz Fux, DJe 01/02/2010).

8. Outrossim, a existência de atos normativos do Conselho Nacional de Justiça (Resoluções 46/07 e 121/10), como também de verbete do Tribunal local (Súmula 02/TJAM), prevendo a indicação do CPF/CNPJ dos litigantes já no pórtico das ações em geral, não se prestam, só por si, a legitimar o indeferimento da petição inicial em ações de execução fiscal, sem prejuízo da vinda desses dados cadastrais em momento posterior.

9. Tese fixada para os fins do art. 543-C do CPC: "Em ações de execução fiscal, descabe indeferir a petição inicial sob o argumento da falta de indicação do CNPJ da parte executada (pessoa jurídica), visto tratar-se de requisito não previsto no art. 6º da Lei nº 6.830/80 (LEF), cujo diploma, por sua especialidade, ostenta primazia sobre a legislação de cunho geral, como ocorre frente à exigência contida no art. 15 da Lei nº 11.419/06".

10. Recurso especial do fisco municipal parcialmente conhecido e, nessa extensão, provido para, no caso concreto, determinar-se o regular prosseguimento da execução fiscal.

- (REsp 1455091/AM, Rel. Ministro SÉRGIO KUKINA, PRIMEIRA SEÇÃO, julgado em 12/11/2014, DJe 02/02/2015)

PROCESSUAL CIVIL. TRIBUTÁRIO. RECURSO ESPECIAL SUBMETIDO AO RITO DOS REPETITIVOS (ART. 543-C DO CPC). DISSÍDIO PRETORIANO NÃO CARACTERIZADO. NEGATIVA DE PRESTAÇÃO JURISDICIONAL DECLARATÓRIA NÃO EVIDENCIADA. INCOMPETÊNCIA DO STJ PARA REVISÃO DE MATÉRIA CONSTITUCIONAL NA VIA RECURSAL ESPECIAL. EXECUÇÃO FISCAL. EXIGÊNCIA DE INDICAÇÃO DO CPF/RG DO EXECUTADO NA PETIÇÃO INICIAL. DESNECESSIDADE. REQUISITOS NÃO PREVISTOS NA LEI Nº 6.830/80 (LEI DE EXECUÇÃO FISCAL). PREVISÃO EXISTENTE NA LEI Nº 11.419/06 (LEI DE INFORMATIZAÇÃO DO PROCESSO JUDICIAL). PREVALÊNCIA DA LEI ESPECIAL (LEI Nº 6.830/80). NOME E ENDEREÇO DO EXECUTADO SUFICIENTES À REALIZAÇÃO DO ATO CITATÓRIO. FIXAÇÃO DA TESE, EM REPETITIVO, DA DISPENSABILIDADE DA INDICAÇÃO DO CPF E/OU RG DO DEVEDOR (PESSOA FÍSICA) NAS AÇÕES DE EXECUÇÃO FISCAL. RECURSO DO FISCO PROVIDO.

1. Conhece-se do especial apenas pelo autorizativo da letra "a", vez que a invocada divergência jurisprudencial não restou evidenciada.

Não se presta o especial, ademais, para revisar alegado maltrato a regramento constitucional.

2. O tribunal de origem prestou a jurisdição de forma completa, não se descortinando, por isso, a aventada ofensa ao art. 535 do CPC.

3. Nas instâncias ordinárias, decidiu-se pelo indeferimento da petição inicial de ação de execução fiscal movida pelo município de Manaus-AM, sob o argumento da falta de indicação, pelo exequente, do número do CPF da pessoa física executada.

4. Tal exigência, contudo, não se acha prevista na legislação especial que rege o procedimento executivo fiscal, a saber, a Lei nº 6.830/80, cujo art. 6º, ao elencar os requisitos da petição inicial, não prevê o fornecimento do CPF da parte executada, providência, diga-se, também não contemplada no art. 282, II, do CPC.

5. A previsão de que a petição inicial de qualquer ação judicial contenha o CPF ou o CNPJ do réu encontra suporte, unicamente, no art. 15 da Lei nº 11.419/06, que disciplina a informatização dos processos judiciais, cuidando-se, nessa perspectiva, de norma de caráter geral.

6. Portanto, e sem que se esteja a questionar a utilidade da indicação do CPF da pessoa física executada já na peça inaugural, certo é que não se pode cogitar de seu indeferimento com base em exigência não consignada na legislação específica (Lei nº 6.830/80-LEF), tanto mais quando o nome e endereço da parte executada, trazidos com a inicial, possibilitem, em tese, a efetivação do ato citatório.

7. Em caso assemelhado, também decidido em sede de repetitivo, a 1ª Seção do STJ concluiu por afastar a exigência de que a exordial da execução se fizesse acompanhar, também, da planilha discriminativa de cálculos, isto porque "A petição inicial da execução fiscal apresenta seus requisitos essenciais próprios e especiais que não podem ser exacerbados a pretexto da aplicação do Código de Processo Civil, o qual, por conviver com a lex specialis, somente se aplica subsidiariamente" (REsp 1.138.202/ES, Rel. Min. Luiz Fux, DJe 01/02/2010).

8. Outrossim, a existência de atos normativos do Conselho Nacional de Justiça (Resoluções 46/07 e 121/10) e de verbete do Tribunal local

(Súmula 02/TJAM), prevendo a indicação do CPF/CNPJ dos litigantes já no pórtico das ações em geral, não se prestam, só por si, a legitimar o indeferimento da petição inicial em ações de execução fiscal, sem prejuízo da vinda desses dados cadastrais em momento posterior.

9. Tese fixada para os fins do art. 543-C do CPC: "Em ações de execução fiscal, descabe indeferir a petição inicial sob o argumento da falta de indicação do CPF e/ou RG da parte executada (pessoa física), visto tratar-se de requisito não previsto no art. 6º da Lei nº 6.830/80 (LEF), cujo diploma, por sua especialidade, ostenta primazia sobre a legislação de cunho geral, como ocorre frente à exigência contida no art. 15 da Lei nº 11.419/06".

10. Recurso especial do fisco municipal parcialmente conhecido e, nessa extensão, provido para, no caso concreto, determinar-se o regular prosseguimento da execução fiscal.

- (REsp 1450819/AM, Rel. Ministro SÉRGIO KUKINA, PRIMEIRA SEÇÃO, julgado em 12/11/2014, DJe 12/12/2014)

14.1.46 Tema 880 (REsp repetitivo nº 1336026/PE): prazo prescricional da execução em caso de demora no fornecimento de documentação requerida ao ente público[39]

Questão de direito controvertida	"Discute o prazo prescricional de execução de sentença em caso de demora no fornecimento de documentação requerida ao ente público".
Tese	"A partir da vigência da Lei n. 10.444/2002, que incluiu o § 1º ao art. 604, dispositivo que foi sucedido, conforme Lei n. 11.232/2005, pelo art. 475-B, §§ 1º e 2º, todos do CPC/1973, não é mais imprescindível, para acertamento da conta exequenda, a juntada de documentos pela parte executada, ainda que esteja pendente de envio eventual documentação requisitada pelo juízo ao

39. Vide tópico 4.3.2.

	devedor, que não tenha havido dita requisição, por qualquer motivo, ou mesmo que a documentação tenha sido encaminhada de forma incompleta pelo executado. Assim, sob a égide do diploma legal citado e para as decisões transitadas em julgado sob a vigência do CPC/1973, a demora, independentemente do seu motivo, para juntada das fichas financeiras ou outros documentos correlatos aos autos da execução, ainda que sob a responsabilidade do devedor ente público, não obsta o transcurso do lapso prescricional executório, nos termos da Súmula 150/STF".
Modulação dos efeitos	"Os efeitos decorrentes dos comandos contidos neste acórdão ficam modulados a partir de 30/6/2017, com fundamento no § 3º do art. 927 do CPC/2015. Resta firmado, com essa modulação, que, para as decisões transitadas em julgado até 17/3/2016 (quando ainda em vigor o CPC/1973) e que estejam dependendo, para ingressar com o pedido de cumprimento de sentença, do fornecimento pelo executado de documentos ou fichas financeiras (tenha tal providência sido deferida, ou não, pelo juiz ou esteja, ou não, completa a documentação), o prazo prescricional de 5 anos para propositura da execução ou cumprimento de sentença conta-se a partir de 30/6/2017." (acórdão que acolheu parcialmente os embargos de declaração, publicado no DJe de 22/06/2018). A modulação de efeitos "aplica-se igualmente às execuções propostas antes ou depois de 30/6/2017, abrangendo também as decisões transitadas em julgado na vigência do Código de Processo Civil de 1973" (EAREsp 668.582/RS, EAREsp 657.520, EAREsp 692.181/RS e EAREsp 549.713/RS, DJe de 15.8.2018, relator Ministro Og Fernandes).

Seguem abaixo transcritas as ementas dos julgados:

ADMINISTRATIVO E PROCESSUAL CIVIL. RECURSO ESPECIAL REPRESENTATIVO DE CONTROVÉRSIA. EXECUÇÃO DE SENTENÇA CONTRA A FAZENDA PÚBLICA. DEMORA OU DIFICULDADE NO FORNECIMENTO DE FICHAS FINANCEIRAS. HIPÓTESE DE SUSPENSÃO OU INTERRUPÇÃO DO PRAZO PRESCRICIONAL. NÃO OCORRÊNCIA APÓS A ENTRADA EM VIGOR DA LEI N. 10.444/2002, QUE INCLUIU O § 1º AO ART. 604, REDAÇÃO TRANSPOSTA PARA O ART. 475-B, §§ 1º E 2º, TODOS DO CPC/1973. CASO CONCRETO EM QUE A DEMANDA EXECUTIVA FOI APRESENTADA DENTRO DO LAPSO QUINQUENAL, CONTADO A PARTIR DA VIGÊNCIA DA LEI N. 10.444/2002. PRESCRIÇÃO AFASTADA NA ESPÉCIE DOS AUTOS. RECURSO ESPECIAL A QUE SE NEGA PROVIMENTO. RECURSO JULGADO SOB A SISTEMÁTICA DO ART. 1.036 E SEGUINTES DO CPC/2015 E ART. 256-N E SEGUINTES DO REGIMENTO INTERNO DO STJ.

1. Nos termos da Súmula 150/STF, o prazo prescricional da execução é o mesmo da ação de conhecimento. Dito entendimento externado pelo STF leva em conta que o procedimento de liquidação, da forma como regulado pelas normas processuais civis, integra, na prática, o próprio processo de conhecimento. Se o título judicial estabelecido no processo de conhecimento não firmara o quantum debeatur, somente efetivada a liquidação da sentença é que se poderá falar em inércia do credor em propor a execução, independentemente de tratar-se de liquidação por artigos, por arbitramento ou por cálculos.

2. Esse termo inicial para contagem do prazo prescricional da ação executiva, que se mantém para as modalidades de liquidação por artigos e por arbitramento, sofreu sensível modificação a partir da alteração da natureza jurídica da "liquidação" por meros cálculos aritméticos. Tal ocorrera, em parte, com a edição da Lei n. 8.898/1994, cuja redação somente foi completada, a qual persiste até hoje - mesmo com a edição do CPC/2015 -, com a inclusão do § 1º ao art. 604 do CPC/1973.

3. Com a vigência da Lei n. 10.444/2002, foi mantida a extinção do procedimento de liquidação por cálculos, acrescentando o § 1º ao art. 604 do CPC/1973, permitindo sejam considerados corretos os cálculos do credor quando os dados requisitados pelo juiz do devedor não forem trazidos aos autos, sem justificativa. A partir de então, extinto, por com-

pleto, qualquer resquício de necessidade de uma fase prévia à execução para acertamento da conta exequenda, tendo transcorrido o prazo de cinco anos, quando devedora a Fazenda Pública, incidirá o lapso prescricional quanto à execução.

4. No caso, consoante o acórdão recorrido, a sentença prolatada na Ação Ordinária n. 97.0004216-2, que reconheceu aos autores da demanda o direito ao reajuste de 28,86% a partir de janeiro de 1993 até a efetiva implantação em folha de pagamento, transitou em julgado em 25/3/2002.

5. Considerando que a execução foi ajuizada em 17/5/2007, mesmo após demora na entrega das fichas financeiras pela parte devedora, não transcorreu o lustro prescricional, porquanto a redação dada pela Lei n. 10.444/2002, que introduziu o § 1º ao art. 604 do CPC/1973, somente entrou em vigor em três meses depois, contados a partir do dia 85/2002 (data da sua publicação). Assim, por ocasião do ajuizamento da execução, em 17/5/2007, ainda não havia transcorrido o lapso quinquenal, contado da vigência da Lei n. 10.444/2002, diploma legal que tornou desnecessário qualquer procedimento prévio de efetivação da conta antes de a parte exequente ajuizar a execução.

6. Tese firmada: "A partir da vigência da Lei n. 10.444/2002, que incluiu o § 1º ao art. 604, dispositivo que foi sucedido, conforme Lei n. 11.232/2005, pelo art. 475-B, §§ 1º e 2º, todos do CPC/1973, não é mais imprescindível, para acertamento de cálculos, a juntada de documentos pela parte executada ou por terceiros, reputando-se correta a conta apresentada pelo exequente, quando a requisição judicial de tais documentos deixar de ser atendida, injustificadamente, depois de transcorrido o prazo legal. Assim, sob a égide do diploma legal citado, incide o lapso prescricional, pelo prazo respectivo da demanda de conhecimento (Súmula 150/STF), sem interrupção ou suspensão, não se podendo invocar qualquer demora na diligência para obtenção de fichas financeiras ou outros documentos perante a administração ou junto a terceiros".

7. Recurso especial a que se nega provimento.

8. Recurso julgado sob a sistemática do art. 1.036 e seguintes do CPC/2015 e do art. 256-N e seguintes do Regimento Interno do STJ.

- (REsp 1336026/PE, Rel. Ministro OG FERNANDES, PRIMEIRA SEÇÃO, julgado em 28/06/2017, DJe 30/06/2017)

14.1.47 Tema 905 (REsp repetitivo nº 1495146/MG): aplicabilidade do art. 1º-F da Lei 9.494/97 em relação às condenações impostas à Fazenda Pública, independentemente de sua natureza, para fins de atualização monetária, remuneração do capital e compensação da mora[40]

Questão de direito controvertida	"Discussão: aplicabilidade do art. 1º-F da Lei 9.494/97, com redação dada pela Lei 11.960/2009, em relação às condenações impostas à Fazenda Pública, independentemente de sua natureza, para fins de atualização monetária, remuneração do capital e compensação da mora".
Teses	"1. Correção monetária: o art. 1º-F da Lei 9.494/97 (com redação dada pela Lei 11.960/2009), para fins de correção monetária, não é aplicável nas condenações judiciais impostas à Fazenda Pública, independentemente de sua natureza. 1.1 Impossibilidade de fixação apriorística da taxa de correção monetária. No presente julgamento, o estabelecimento de índices que devem ser aplicados a título de correção monetária não implica pré-fixação (ou fixação apriorística) de taxa de atualização monetária. Do contrário, a decisão baseia-se em índices que, atualmente, refletem a correção monetária ocorrida no período correspondente. Nesse contexto, em relação às situações futuras, a aplicação dos índices em comento, sobretudo o INPC e o IPCA-E, é legítima enquanto tais índices sejam capazes de captar o fenômeno inflacionário.

40. Vide tópico 7.4.

Teses	1.2 Não cabimento de modulação dos efeitos da decisão. A modulação dos efeitos da decisão que declarou inconstitucional a atualização monetária dos débitos da Fazenda Pública com base no índice oficial de remuneração da caderneta de poupança, no âmbito do Supremo Tribunal Federal, objetivou reconhecer a validade dos precatórios expedidos ou pagos até 25 de março de 2015, impedindo, desse modo, a rediscussão do débito baseada na aplicação de índices diversos. Assim, mostra-se descabida a modulação em relação aos casos em que não ocorreu expedição ou pagamento de precatório. 2. Juros de mora: o art. 1º-F da Lei 9.494/97 (com redação dada pela Lei 11.960/2009), na parte em que estabelece a incidência de juros de mora nos débitos da Fazenda Pública com base no índice oficial de remuneração da caderneta de poupança, aplica-se às condenações impostas à Fazenda Pública, excepcionadas as condenações oriundas de relação jurídico-tributária. 3. Índices aplicáveis a depender da natureza da condenação. 3.1 Condenações judiciais de natureza administrativa em geral. As condenações judiciais de natureza administrativa em geral, sujeitam-se aos seguintes encargos: (a) até dezembro/2002: juros de mora de 0,5% ao mês; correção monetária de acordo com os índices previstos no Manual de Cálculos da Justiça Federal, com destaque para a incidência do IPCA-E a partir de janeiro/2001; (b) no período posterior à vigência do CC/2002 e anterior à vigência da Lei 11.960/2009: juros

Teses	de mora correspondentes à taxa Selic, vedada a cumulação com qualquer outro índice; (c) período posterior à vigência da Lei 11.960/2009: juros de mora segundo o índice de remuneração da caderneta de poupança; correção monetária com base no IPCA-E. 3.1.1 Condenações judiciais referentes a servidores e empregados públicos. As condenações judiciais referentes a servidores e empregados públicos, sujeitam-se aos seguintes encargos: (a) até julho/2001: juros de mora: 1% ao mês (capitalização simples); correção monetária: índices previstos no Manual de Cálculos da Justiça Federal, com destaque para a incidência do IPCA-E a partir de janeiro/2001; (b) agosto/2001 a junho/2009: juros de mora: 0,5% ao mês; correção monetária: IPCA-E; (c) a partir de julho/2009: juros de mora: remuneração oficial da caderneta de poupança; correção monetária: IPCA-E. 3.1.2 Condenações judiciais referentes a desapropriações diretas e indiretas. No âmbito das condenações judiciais referentes a desapropriações diretas e indiretas existem regras específicas, no que concerne aos juros moratórios e compensatórios, razão pela qual não se justifica a incidência do art. 1º-F da Lei 9.494/97 (com redação dada pela Lei 11.960/2009), nem para compensação da mora nem para re-muneração do capital.

Teses	3.2 Condenações judiciais de natureza previdenciária. As condenações impostas à Fazenda Pública de natureza previdenciária sujeitam-se à incidência do INPC, para fins de correção monetária, no que se refere ao período posterior à vigência da Lei 11.430/2006, que incluiu o art. 41-A na Lei 8.213/91. Quanto aos juros de mora, incidem segundo a remuneração oficial da caderneta de poupança (art. 1º-F da Lei 9.494/97, com redação dada pela Lei n. 11.960/2009). 3.3 Condenações judiciais de natureza tributária. A correção monetária e a taxa de juros de mora incidentes na repetição de indébitos tributários devem corresponder às utilizadas na cobrança de tributo pago em atraso. Não havendo disposição legal específica, os juros de mora são calculados à taxa de 1% ao mês (art. 161, § 1º, do CTN). Observada a regra isonômica e havendo previsão na legislação da entidade tributante, é legítima a utilização da taxa Selic, sendo vedada sua cumulação com quaisquer outros índices. 4. Preservação da coisa julgada. Não obstante os índices estabelecidos para atualização monetária e compensação da mora, de acordo com a natureza da condenação imposta à Fazenda Pública, cumpre ressalvar eventual coisa julgada que tenha determinado a aplicação de índices diversos, cuja consti-tucionalidade/ legalidade há de ser aferida no caso concreto".
Repercussão geral	Tema 810/STF - Validade da correção monetária e dos juros moratórios incidentes sobre as condenações impostas à Fazenda Pública, conforme previstos no art. 1º-F da Lei 9.494/1997, com a redação dada pela Lei 11.960/2009.

Segue abaixo transcrita a ementa do julgado:

PROCESSUAL CIVIL. RECURSO ESPECIAL. SUBMISSÃO À REGRA PREVISTA NO ENUNCIADO ADMINISTRATIVO 02/STJ. DISCUSSÃO SOBRE A APLICAÇÃO DO ART. 1º-F DA LEI 9.494/97 (COM REDAÇÃO DADA PELA LEI 11.960/2009) ÀS CONDENAÇÕES IMPOSTAS À FAZENDA PÚBLICA. CASO CONCRETO QUE É RELATIVO A INDÉBITO TRIBUTÁRIO. . TESES JURÍDICAS FIXADAS.

1. Correção monetária: o art. 1º-F da Lei 9.494/97 (com redação dada pela Lei 11.960/2009), para fins de correção monetária, não é aplicável nas condenações judiciais impostas à Fazenda Pública, independentemente de sua natureza.

1.1 Impossibilidade de fixação apriorística da taxa de correção monetária.

No presente julgamento, o estabelecimento de índices que devem ser aplicados a título de correção monetária não implica pré-fixação (ou fixação apriorística) de taxa de atualização monetária. Do contrário, a decisão baseia-se em índices que, atualmente, refletem a correção monetária ocorrida no período correspondente. Nesse contexto, em relação às situações futuras, a aplicação dos índices em comento, sobretudo o INPC e o IPCA-E, é legítima enquanto tais índices sejam capazes de captar o fenômeno inflacionário.

1.2 Não cabimento de modulação dos efeitos da decisão.

A modulação dos efeitos da decisão que declarou inconstitucional a atualização monetária dos débitos da Fazenda Pública com base no índice oficial de remuneração da caderneta de poupança, no âmbito do Supremo Tribunal Federal, objetivou reconhecer a validade dos precatórios expedidos ou pagos até 25 de março de 2015, impedindo, desse modo, a rediscussão do débito baseada na aplicação de índices diversos. Assim, mostra-se descabida a modulação em relação aos casos em que não ocorreu expedição ou pagamento de precatório.

2. Juros de mora: o art. 1º-F da Lei 9.494/97 (com redação dada pela Lei 11.960/2009), na parte em que estabelece a incidência de juros de mora nos débitos da Fazenda Pública com base no índice oficial de remuneração da caderneta de poupança, aplica-se às condenações im-

postas à Fazenda Pública, excepcionadas as condenações oriundas de relação jurídico-tributária.

3. Índices aplicáveis a depender da natureza da condenação.

3.1 Condenações judiciais de natureza administrativa em geral.

As condenações judiciais de natureza administrativa em geral, sujeitam-se aos seguintes encargos: (a) até dezembro/2002: juros de mora de 0,5% ao mês; correção monetária de acordo com os índices previstos no Manual de Cálculos da Justiça Federal, com destaque para a incidência do IPCA-E a partir de janeiro/2001; (b) no período posterior à vigência do CC/2002 e anterior à vigência da Lei 11.960/2009: juros de mora correspondentes à taxa Selic, vedada a cumulação com qualquer outro índice; (c) período posterior à vigência da Lei 11.960/2009: juros de mora segundo o índice de remuneração da caderneta de poupança; correção monetária com base no IPCA-E.

3.1.1 Condenações judiciais referentes a servidores e empregados públicos.

As condenações judiciais referentes a servidores e empregados públicos, sujeitam-se aos seguintes encargos: (a) até julho/2001: juros de mora: 1% ao mês (capitalização simples); correção monetária: índices previstos no Manual de Cálculos da Justiça Federal, com destaque para a incidência do IPCA-E a partir de janeiro/2001; (b) agosto/2001 a junho/2009: juros de mora: 0,5% ao mês; correção monetária: IPCA-E; (c) a partir de julho/2009: juros de mora: remuneração oficial da caderneta de poupança; correção monetária: IPCA-E.

3.1.2 Condenações judiciais referentes a desapropriações diretas e indiretas.

No âmbito das condenações judiciais referentes a desapropriações diretas e indiretas existem regras específicas, no que concerne aos juros moratórios e compensatórios, razão pela qual não se justifica a incidência do art. 1º-F da Lei 9.494/97 (com redação dada pela Lei 11.960/2009), nem para compensação da mora nem para remuneração do capital.

3.2 Condenações judiciais de natureza previdenciária.

As condenações impostas à Fazenda Pública de natureza previdenciária sujeitam-se à incidência do INPC, para fins de correção monetária, no que se refere ao período posterior à vigência da Lei 11.430/2006, que incluiu o art. 41-A na Lei 8.213/91. Quanto aos juros de mora, incidem segundo a remuneração oficial da caderneta de poupança (art. 1º-F da Lei 9.494/97, com redação dada pela Lei n. 11.960/2009).

3.3 Condenações judiciais de natureza tributária.

A correção monetária e a taxa de juros de mora incidentes na repetição de indébitos tributários devem corresponder às utilizadas na cobrança de tributo pago em atraso. Não havendo disposição legal específica, os juros de mora são calculados à taxa de 1% ao mês (art. 161, § 1º, do CTN). Observada a regra isonômica e havendo previsão na legislação da entidade tributante, é legítima a utilização da taxa Selic, sendo vedada sua cumulação com quaisquer outros índices.

4. Preservação da coisa julgada.

Não obstante os índices estabelecidos para atualização monetária e compensação da mora, de acordo com a natureza da condenação imposta à Fazenda Pública, cumpre ressalvar eventual coisa julgada que tenha determinado a aplicação de índices diversos, cuja constitucionalidade/ legalidade há de ser aferida no caso concreto.

SOLUÇÃO DO CASO CONCRETO.

5. Em se tratando de dívida de natureza tributária, não é possível a incidência do art. 1º-F da Lei 9.494/97 (com redação dada pela Lei 11.960/2009) - nem para atualização monetária nem para compensação da mora -, razão pela qual não se justifica a reforma do acórdão recorrido.

6. Recurso especial não provido. Acórdão sujeito ao regime previsto no art. 1.036 e seguintes do CPC/2015, c/c o art. 256-N e seguintes do RISTJ.

- (REsp 1495146/MG, Rel. Ministro MAURO CAMPBELL MARQUES, PRIMEIRA SEÇÃO, julgado em 22/02/2018, DJe 02/03/2018)

14.1.48 Tema 961 (REsp repetitivo nº 1358837/SP, 1764349/SP e 1764405/SP): honorários advocatícios na exceção de pré-executividade quando o sócio é excluído do polo passivo da execução fiscal[41]

Questão de direito controvertida	"Discute-se a possibilidade de fixação de honorários advocatícios, em exceção de pré-executividade, quando o sócio é excluído do polo passivo da execução fiscal, que não é extinta".

41. Vide tópico 13.9.

Tese	"Observado o princípio da causalidade, é cabível a fixação de honorários advocatícios, em exceção de pré-executividade, quando o sócio é excluído do polo passivo da execução fiscal, que não é extinta".

Segue abaixo transcrita a ementa do julgado:

TRIBUTÁRIO E PROCESSUAL CIVIL. RECURSO ESPECIAL REPRESENTATIVO DE CONTROVÉRSIA DE NATUREZA REPETITIVA. EXECUÇÃO FISCAL. EXCEÇÃO DE PRÉ-EXECUTIVIDADE. EXCLUSÃO DE SÓCIO DO POLO PASSIVO. PROSSEGUIMENTO DA EXECUÇÃO, EM RELAÇÃO AO EXECUTADO E/OU RESPONSÁVEIS. HONORÁRIOS ADVOCATÍCIOS. CABIMENTO. RECURSO ESPECIAL CONHECIDO PARCIALMENTE, E, NESSA EXTENSÃO, IMPROVIDO.

I. Recurso Especial interposto contra acórdão publicado na vigência do CPC/73. Não obstante isso, conforme já decidiu a Corte Especial do STJ, "no que diz respeito ao procedimento recursal, deve ser observada a lei que vigorar no momento da interposição do recurso ou de seu efetivo julgamento, por envolver a prática de atos processuais independentes, passíveis de ser compatibilizados com o direito assegurado pela lei anterior" (EDcl no AgRg no MS 21.883/DF, Rel. Ministro JOÃO OTÁVIO DE NORONHA, DJe de 06/12/2016). Assim sendo, em atenção ao art. 1.036, § 5º, do CPC/2015 e ao art. 256, caput, do RISTJ, foram afetados para julgamento, sob o rito dos recursos repetitivos, além deste, os Recursos Especiais 1.764.349/SP e 1.764.405/SP, que cuidam do mesmo Tema 961.

II. Trata-se de Recurso Especial, interposto pela Fazenda Nacional, contra acórdão do Tribunal de origem que, ao negar provimento a Agravo de Instrumento, manteve a decisão do Juízo de 1º Grau, que a condenara ao pagamento de honorários advocatícios à recorrida, em decorrência do acolhimento de Exceção de Pré-Executividade, que entendera não ser a excipiente sócia da empresa executada, determinando sua exclusão do polo passivo da Execução Fiscal, por ilegitimidade passiva, com o prosseguimento da Execução contra a sociedade executada e sócios.

III. A controvérsia ora em apreciação, submetida ao rito dos recursos especiais representativos de controvérsia, nos termos do art. 543-C do

CPC/73, restou assim delimitada: "Possibilidade de fixação de honorários advocatícios, em exceção de pré-executividade, quando o sócio é excluído do polo passivo da execução fiscal, que não é extinta." IV. Construção doutrinária e jurisprudencial, a Exceção de Pré-Executividade consiste em meio de defesa do executado, tal qual os Embargos à Execução. Difere deste último, sobretudo, pelo objeto: enquanto os Embargos à Execução podem envolver qualquer matéria, a Exceção de Pré-Executividade limita-se a versar sobre questões cognoscíveis ex officio, que não demandem dilação probatória. Ato postulatório que é, a Exceção de Pré-Executividade não prescinde da representação, em Juízo, por advogado regularmente inscrito nos quadros da Ordem dos Advogados do Brasil. Por isso, antes mesmo da afetação do presente Recurso Especial ao rito dos repetitivos, a jurisprudência do Superior Tribunal de Justiça pacificara o entendimento sobre a matéria, no sentido de serem devidos honorários advocatícios, quando acolhida a Exceção de Pré-Executividade para excluir o excipiente, ainda que não extinta a Execução Fiscal, porquanto "a exceção de pré-executividade contenciosa e que enseja a extinção da relação processual em face de um dos sujeitos da lide, que para invocá-la empreende contratação de profissional, torna inequívoca o cabimento de verba honorária, por força da sucumbência informada pelo princípio da causalidade. (...) a imposição dos ônus processuais, no Direito Brasileiro, pauta-se pelo princípio da sucumbência, norteado pelo princípio da causalidade, segundo o qual aquele que deu causa à instauração do processo deve arcar com as despesas dele decorrentes" (STJ, AgRg no REsp 1.180.908/MG, Rel. Ministro LUIZ FUX, PRIMEIRA TURMA, DJe de 25/08/2010). Precedentes do STJ: REsp 577.646/PR, Rel. Ministro CARLOS ALBERTO MENEZES DIREITO, TERCEIRA TURMA, DJU de 17/12/2004; REsp 647.830/RS, Rel. Ministro LUIZ FUX, PRIMEIRA TURMA, DJU de 21/03/2005; AgRg no Ag 674.036/MG, Rel. Ministro FRANCISCO PEÇANHA MARTINS, SEGUNDA TURMA, DJU de 26/09/2005; REsp 642.644/RS, Rel. Ministra DENISE ARRUDA, PRIMEIRA TURMA, DJU de 02/08/2007; REsp 902.451/PR, Rel. Ministro CASTRO MEIRA, SEGUNDA TURMA, DJe de 19/08/2008; AgRg no Ag 998.516/BA, Rel. Ministro BENEDITO GONÇALVES, PRIMEIRA TURMA, DJe de 11/12/2008; AgRg no REsp 1.272.705/PE, Rel. Ministro NAPOLEÃO NUNES MAIA FILHO, PRIMEIRA TURMA, DJe de 26/10/2011.

V. O entendimento condiz com os posicionamentos do STJ em matéria de honorários de advogado. De fato, quando confrontado ou com a literalidade do art. 20 do CPC/73 ou com a aplicação de regras isentivas dos honorários, este Tribunal vem, de modo sistemático, interpretando restritivamente as últimas normas, e extensivamente o primeiro dispositivo processual, considerando o vetusto princípio de direito segundo o qual a lei não pode onerar aquele em cujo favor opera. Tal foi o raciocínio que presidiu a edição da Súmula 153 do STJ: "A desistência da execução fiscal, após o oferecimento dos embargos não exime o exequente dos encargos da sucumbência".

VI. Semelhante razão inspirou o julgamento do Recurso Especial 1.185.036/PE, sob o regime dos recursos repetitivos, no qual se questionava a possibilidade de condenação da Fazenda Pública ao pagamento de honorários sucumbenciais, em decorrência da integral extinção da Execução Fiscal, pelo acolhimento de Exceção de Pré-Executividade. No aludido julgamento restou assentada "a possibilidade de condenação da Fazenda Pública ao pagamento de honorários advocatícios quando acolhida a Exceção de Pré-Executividade e extinta a Execução Fiscal" (STJ, REsp 1.185.036/PE, Rel. Ministro HERMAN BENJAMIN, PRIMEIRA SEÇÃO, DJe de 01/10/2010).

VII. O mesmo se passa quando a Exceção de Pré-Executividade, acolhida, acarreta a extinção parcial do objeto da execução, ou seja, quando o acolhimento da objeção implica a redução do valor exequendo. Precedentes do STJ: REsp 306.962/SC, Rel. Ministro JOÃO OTÁVIO DE NORONHA, SEGUNDA TURMA, DJU de 21/03/2006; REsp 868.183/RS, Rel. Ministro FRANCISCO FALCÃO, Rel. p/ acórdão Ministro LUIZ FUX, PRIMEIRA TURMA, DJU de 11/06/2007; AgRg no REsp 1.074.400/RS, Rel. Ministro HUMBERTO MARTINS, SEGUNDA TURMA, DJe de 21/11/2008; AgRg no REsp 1.121.150/SC, Rel. Ministro HERMAN BENJAMIN, SEGUNDA TURMA, DJe de 07/12/2009; EREsp 1.084.875/PR, Rel. Ministro MAURO CAMPBELL MARQUES, PRIMEIRA SEÇÃO, DJe de 09/04/2010; REsp 1.243.090/RS, Rel. Ministro MAURO CAMPBELL MARQUES, SEGUNDA TURMA, DJe de 28/04/2011; AgRg no AREsp 72.710/MG, Rel. Ministro CESAR ASFOR ROCHA, SEGUNDA TURMA, DJe de 10/02/2012; AgRg no AREsp 579.717/PB, Rel. Ministro SÉRGIO KUKINA, PRIMEIRA TURMA, DJe de 03/02/2015; AgInt no REsp

1.228.362/SP, Rel. Ministro OG FERNANDES, SEGUNDA TURMA, DJe de 17/08/2017. O mesmo entendimento, pelo cabimento de honorários de advogado, firmou a Corte Especial do STJ, no REsp 1.134.186/RS, julgado sob o rito do art. 543-C do CPC/73, quando acolhida, ainda que parcialmente, a impugnação ao cumprimento da sentença, registrando o voto condutor do aludido acórdão que "o acolhimento ainda que parcial da impugnação gerará o arbitramento dos honorários, que serão fixados nos termos do art. 20, § 4º, do CPC, do mesmo modo que o acolhimento parcial da exceção de pré-executividade, porquanto, nessa hipótese, há extinção também parcial da execução" (STJ, REsp 1.134.186/RS, Rel. Ministro LUIS FELIPE SALOMÃO, CORTE ESPECIAL, DJe de 21/10/2011).

VIII. As hipóteses de acolhimento, ainda que parcial, da impugnação ao cumprimento de sentença e de acolhimento da Exceção de Pré-Executividade, para reduzir o montante exequendo, são em tudo análogas à hipótese ora em julgamento, ou seja, acolhimento da Exceção de Pré-Executividade, para excluir determinado executado do polo passivo da execução fiscal, que não é extinta, prosseguindo, em relação à sociedade executada e aos demais sócios. Nenhuma delas põe fim ao processo, ou seja, a natureza dos pronunciamentos não é outra senão a de decisão interlocutória. A rigor, o que difere as primeiras hipóteses do caso em análise é o objeto sobre o qual recaem. O caso em julgamento opera a extinção parcial subjetiva do processo, aqueles, a extinção parcial objetiva. Sendo as hipóteses espécies de extinção parcial do processo, clara está a adequação de tratá-las por igual: ubi eadem ratio ibi idem jus.

IX. Tese jurídica firmada: "Observado o princípio da causalidade, é cabível a fixação de honorários advocatícios, em exceção de pré-executividade, quando o sócio é excluído do polo passivo da execução fiscal, que não é extinta."

X. Caso concreto: Recurso Especial conhecido parcialmente, e, nessa extensão, improvido.

XI. Recurso julgado sob a sistemática dos recursos especiais representativos de controvérsia (art. 543-C do CPC/73, art. 1.036 e seguintes do CPC/2015 e art. 256-N e seguintes do RISTJ).

- (REsp 1358837/SP, Rel. Ministra ASSUSETE MAGALHÃES, PRIMEIRA SEÇÃO, julgado em 10/03/2021, DJe 29/03/2021)

14.1.49 Tema 973 (REsp repetitivo nº 1648238/RS): aplicabilidade da Súmula 345 do STJ diante da superveniência do art. 85, § 7º, do CPC/2015[42]

Questão de direito controvertida	"Análise acerca da aplicabilidade da Súmula 345 do STJ diante da superveniência do art. 85, § 7º, do CPC/2015".
Tese	"O art. 85, § 7º, do CPC/2015 não afasta a aplicação do entendimento consolidado na Súmula 345 do STJ, de modo que são devidos honorários advocatícios nos procedimentos individuais de cumprimento de sentença decorrente de ação coletiva, ainda que não impugnados e promovidos em litisconsórcio".
Súmula correspondente: 345	"São devidos honorários advocatícios pela Fazenda Pública nas execuções individuais de sentença proferida em ações coletivas, ainda que não embargadas".

Segue abaixo transcrita a ementa do julgado:

PROCESSUAL CIVIL. CUMPRIMENTO DE SENTENÇA DECORRENTE DE AÇÃO COLETIVA CONTRA A FAZENDA PÚBLICA. IMPUGNAÇÃO. AUSÊNCIA. HONORÁRIOS ADVOCATÍCIOS. NATUREZA INFRACONSTITUCIONAL. MUDANÇA NO ORDENAMENTO JURÍDICO. INOCORRÊNCIA. SÚMULA 345 DO STJ. INCIDÊNCIA.

1. O Supremo Tribunal Federal entendeu que a controvérsia relativa à condenação em honorários advocatícios na execução não embargada é de natureza infraconstitucional.

2. Sob a égide do CPC/1973, esta Corte de Justiça pacificou a orientação de que são devidos honorários advocatícios pela Fazenda Pública nas execuções individuais de sentença proferida em ações coletivas, ainda que não embargadas (Súmula 345), afastando, portanto, a aplicação do art. 1º-D da Lei n. 9.494/1997.

42. Vide tópico 4.3.5.

3. A exegese do art. 85, § 7º, do CPC/2015, se feita sem se ponderar o contexto que ensejou a instauração do procedimento de cumprimento de sentença, gerará as mesmas distorções então ocasionadas pela interpretação literal do art. 1º-D da Lei n. 9.494/1997 e que somente vieram a ser corrigidas com a edição da Súmula 345 do STJ.

4. A interpretação que deve ser dada ao referido dispositivo é a de que, nos casos de cumprimento de sentença contra a Fazenda Pública em que a relação jurídica existente entre as partes esteja concluída desde a ação ordinária, não caberá a condenação em honorários advocatícios se não houver a apresentação de impugnação, uma vez que o cumprimento de sentença é decorrência lógica do mesmo processo cognitivo.

5. O procedimento de cumprimento individual de sentença coletiva, ainda que ajuizado em litisconsórcio, quando almeja a satisfação de direito reconhecido em sentença condenatória genérica proferida em ação coletiva, não pode receber o mesmo tratamento pertinente a um procedimento de cumprimento comum, uma vez que traz consigo a discussão de nova relação jurídica, e a existência e a liquidez do direito dela decorrente serão objeto de juízo de valor a ser proferido como pressuposto para a satisfação do direito vindicado.

6. Hipótese em que o procedimento de cumprimento de sentença pressupõe cognição exauriente - a despeito do nome a ele dado, que induz à indevida compreensão de se estar diante de mera fase de execução -, sendo indispensável a contratação de advogado, uma vez que é necessária a identificação da titularidade do exequente em relação ao direito pleiteado, promovendo-se a liquidação do valor a ser pago e a individualização do crédito, o que torna induvidoso o conteúdo cognitivo dessa execução específica.

7. Não houve mudança no ordenamento jurídico, uma vez que o art. 85, § 7º, do CPC/2015 reproduz basicamente o teor normativo contido no art. 1º-D da Lei n.9.494/1997, em relação ao qual o entendimento desta Corte, já consagrado, é no sentido de afastar a aplicação do aludido comando nas execuções individuais, ainda que promovidas em litisconsórcio, do julgado proferido em sede de ação coletiva lato sensu, ação civil pública ou ação de classe.

8. Para o fim preconizado no art. 1.039 do CPC/2015, firma-se a seguinte tese: "O art. 85, § 7º, do CPC/2015 não afasta a aplicação do entendimento consolidado na Súmula 345 do STJ, de modo que são devidos

honorários advocatícios nos procedimentos individuais de cumprimento de sentença decorrente de ação coletiva, ainda que não impugnados e promovidos em litisconsócio." 9. Recurso especial desprovido, com majoração da verba honorária.

- (REsp 1648238/RS, Rel. Ministro GURGEL DE FARIA, CORTE ESPECIAL, julgado em 20/06/2018, DJe 27/06/2018)

14.1.50 Tema 1026 (REsp repetitivo nº 1648238/RS, 1812449/SC, 1807923/SC, 1807180/PR e 1809010/RJ): aplicabilidade do art. 782, §3º do CPC às execuções fiscais[43]

Questão de direito controvertida	"Possibilidade ou não de inscrição em cadastros de inadimplentes, por decisão judicial, do devedor que figura no polo passivo de execução fiscal".
Tese	"O art. 782, §3º do CPC é aplicável às execuções fiscais, devendo o magistrado deferir o requerimento de inclusão do nome do executado em cadastros de inadimplentes, preferencialmente pelo sistema SERASAJUD, independentemente do esgotamento prévio de outras medidas executivas, salvo se vislumbrar alguma dúvida razoável à existência do direito ao crédito previsto na Certidão de Dívida Ativa - CDA".

Segue abaixo transcrita a ementa do julgado:

PROCESSUAL CIVIL. RECURSO ESPECIAL SOB O RITO DOS RECURSOS REPETITIVOS. INSCRIÇÃO DO DEVEDOR EM CADASTROS DE INADIMPLENTES POR DECISÃO JUDICIAL. EXECUÇÃO FISCAL. POSSIBILIDADE. ART. 5º, INC.

LXXVIII, DA CONSTITUIÇÃO FEDERAL. ARTS. 4º, 6º, 139, INC. IV, 782, §§3º A 5º, E 805 DO CPC/2015. PRINCÍPIOS DA EFETIVIDADE DA EXECUÇÃO, DA ECONOMICIDADE, DA RAZOÁVEL DURAÇÃO DO

43. Vide tópico 14.7.

PROCESSO E DA MENOR ONEROSIDADE PARA O DEVEDOR. ART. 1º DA LEI Nº 6.830/80. EXECUÇÃO FISCAL. APLICAÇÃO SUBSIDIÁRIA DO CPC. SERASAJUD. DESNECESSIDADE DE ESGOTAMENTO PRÉVIO DE OUTRAS MEDIDAS EXECUTIVAS. DEFERIMENTO DO REQUERIMENTO DE NEGATIVAÇÃO, SALVO DÚVIDA RAZOÁVEL QUANTO À EXISTÊNCIA DO DIREITO AO CRÉDITO PREVISTO NA CERTIDÃO DE DÍVIDA ATIVA - CDA. CONSEQUÊNCIAS PRÁTICAS DA DECISÃO JUDICIAL PARA A PRECISÃO E QUALIDADE DOS BANCOS DE DADOS DOS ÓRGÃOS DE PROTEÇÃO AO CRÉDITO E PARA A ECONOMIA DO PAÍS. ART. 20 DO DECRETO-LEI Nº 4.657/1942 (ACRESCENTADO PELA LEI Nº 13.655/2018, NOVA LINDB). RECURSO ESPECIAL CONHECIDO E PROVIDO. RECURSO JULGADO SOB A SISTEMÁTICA DO ART. 1.036 E SEGUINTES DO CPC/2015 C/C ART. 256-N E SEGUINTES DO REGIMENTO INTERNO DO STJ.

1. O objeto da presente demanda é definir se o art. 782, §3º do CPC é aplicável apenas às execuções de título judicial ou também às de título extrajudicial, mais especificamente, às execuções fiscais.

2. O art. 782, §3º do CPC está inserido no Capítulo III ("Da competência"), do Título I ("Da execução em geral"), do Livro II (Do processo de execução") do CPC, sendo que o art. 771 dispõe que "este Livro regula o procedimento da execução fundada em título extrajudicial".

3. Não há dúvidas, portanto, de que o art. 782, §3º, ao determinar que "A requerimento da parte, o juiz pode determinar a inclusão do nome do executado em cadastros de inadimplentes.", dirige-se às execuções fundadas em títulos extrajudiciais.

4. O art. 782, §5º, ao prever que "O disposto nos §§ 3º e 4º aplica-se à execução definitiva de título judicial.", possui dupla função: 1) estender às execuções de títulos judiciais a possibilidade de inclusão do nome do executado em cadastros de inadimplentes; 2) excluir a incidência do instituto nas execuções provisórias, restringindo-o às execuções definitivas.

5. Nos termos do art. 1º da Lei nº 6.830/80, o CPC tem aplicação subsidiária às execuções fiscais, caso não haja regulamentação própria sobre determinado tema na legislação especial, nem se configure alguma incompatibilidade com o sistema. É justamente o caso do art. 782, §3º do CPC, que se aplica subsidiariamente às execuções fiscais pois: 1) não há norma em sentido contrário na Lei nº 6.830/1980; 2) a inclusão em cadastros de inadimplência é medida coercitiva que promove no subsiste-

ma os valores da efetividade da execução, da economicidade, da razoável duração do processo e da menor onerosidade para o devedor (arts. 4º, 6º, 139, inc. IV, e 805 do CPC). Precedentes do STJ.

6. O Poder Judiciário determina a inclusão nos cadastros de inadimplentes com base no art. 782, §3º, por meio do SERASAJUD, sistema gratuito e totalmente virtual, regulamentado pelo Termo de Cooperação Técnica nº 020/2014 firmado entre CNJ e SERASA. O ente público, por sua vez, tem a opção de promover a inclusão sem interferência ou necessidade de autorização do magistrado, mas isso pode lhe acarretar despesas a serem negociadas em convênio próprio.

7. A situação ideal a ser buscada é que os entes públicos firmem convênios mais vantajosos com os órgãos de proteção ao crédito, de forma a conseguir a quitação das dívidas com o mínimo de gastos e o máximo de eficiência. Isso permitirá que, antes de ajuizar execuções fiscais que abarrotarão as prateleiras (físicas ou virtuais) do Judiciário, com baixo percentual de êxito (conforme demonstrado ano após ano no "Justiça em Números" do CNJ), os entes públicos se valham do protesto da CDA ou da negativação dos devedores, com uma maior perspectiva de sucesso.

8. Porém, no momento atual, em se tratando de execuções fiscais ajuizadas, não há justificativa legal para o magistrado negar, de forma abstrata, o requerimento da parte de inclusão do executado em cadastros de inadimplentes, baseando-se em argumentos como: 1) o art. 782, § 3º, do CPC apenas incidiria em execução definitiva de título judicial; 2) em se tratando de título executivo extrajudicial, não haveria qualquer óbice a que o próprio credor providenciasse a efetivação da medida; 3) a intervenção judicial só caberá se eventualmente for comprovada dificuldade significativa ou impossibilidade de o credor fazê-lo por seus próprios meios; 4) ausência de adesão do tribunal ao convênio SERASAJUD ou a indisponibilidade do sistema. Como visto, tais requisitos não estão previstos em lei.

9. Em suma, tramitando uma execução fiscal e sendo requerida a negativação do executado com base no art. 782, § 3º, do CPC, o magistrado deverá deferi-la, salvo se vislumbrar alguma dúvida razoável à existência do direito ao crédito previsto na Certidão de Dívida Ativa - CDA, a exemplo da prescrição, da ilegitimidade passiva ad causam, ou outra questão identificada no caso concreto.

10. Outro ponto importante a ser fixado é que, sendo medida menos onerosa, a anotação do nome da parte executada em cadastro de inadimplentes pode ser determinada antes de exaurida a busca por bens penhoráveis. Atende-se, assim, ao princípio da menor onerosidade da execução, positivado no art. 805 do CPC. Precedentes do STJ.

11. Por fim, sob um prisma da análise econômica do Direito, e considerando as consequências práticas da decisão - nos termos do art. 20 do Decreto-Lei nº 4.657/1942 (acrescentado pela Lei nº 13.655/2018, que deu nova configuração à Lei de Introdução às Normas do Direito Brasileiro - LINDB) -, não se pode deixar de registrar a relevância para a economia do país e para a diminuição do "Custo Brasil" de que a atualização dos bancos de dados dos birôs de crédito seja feita por meio dos procedimentos menos burocráticos e dispendiosos, tais como os utilizados no SERASAJUD, a fim de manter a qualidade e precisão das informações prestadas. Postura que se coaduna com a previsão do art. 5º, inc. XXXIII, da CF/88 ("todos têm direito a receber dos órgãos públicos informações de seu interesse particular, ou de interesse coletivo ou geral, que serão prestadas no prazo da lei, sob pena de responsabilidade, ressalvadas aquelas cujo sigilo seja imprescindível à segurança da sociedade e do Estado").

12. Com base no art. 927, §3º, do CPC, rejeito a modulação dos efeitos proposta pela Associação Norte-Nordeste de Professores de Processo - ANNEP, uma vez que o entendimento firmado no presente recurso repetitivo é predominante no STJ há bastante tempo.

13. Tese jurídica firmada: "O art. 782, §3º do CPC é aplicável às execuções fiscais, devendo o magistrado deferir o requerimento de inclusão do nome do executado em cadastros de inadimplentes, preferencialmente pelo sistema SERASAJUD, independentemente do esgotamento prévio de outras medidas executivas, salvo se vislumbrar alguma dúvida razoável à existência do direito ao crédito previsto na Certidão de Dívida Ativa - CDA.".

14. Recurso especial conhecido e provido, nos termos da fundamentação.

15. Recurso julgado sob a sistemática do art. 1.036 e seguintes do CPC/2015 e art. 256-N e seguintes do Regimento Interno deste STJ.

- (REsp 1814310/RS, Rel. Ministro OG FERNANDES, PRIMEIRA SEÇÃO, julgado em 24/02/2021, DJe 11/03/2021)

14.1.51 Tema 1029 (REsp repetitivos nº 1804186/SC e 1804188/SC): aplicabilidade do rito dos Juizados Especiais da Fazenda Pública ao cumprimento de sentença individual oriundo de ação coletiva

Questão de direito controvertida	"Aplicabilidade do rito dos Juizados Especiais da Fazenda Pública (Lei 12.153/2009) ao Cumprimento de Sentença individual oriundo de Ação Coletiva que seguiu o procedimento ordinário em Vara da Fazenda Pública, independentemente de haver Juizado Especial instalado no foro competente".
Tese	"Não é possível propor nos Juizados Especiais da Fazenda Pública a execução de título executivo formado em Ação Coletiva que tramitou sob o rito ordinário, assim como impor o rito sumaríssimo da Lei 12.153/2009 ao juízo comum da execução".

Segue abaixo transcrita a ementa do julgado:

> PROCESSUAL CIVIL. RECURSOS ESPECIAIS REPRESENTATIVOS DA CONTROVÉRSIA. TEMA 1.029/STJ. RESP 1.804.186/SC E RESP 1.804.188/SC. AÇÃO COLETIVA. EXECUÇÃO. COMPETÊNCIA E RITO. JUIZADOS ESPECIAIS DA FAZENDA PÚBLICA. LEI 12.153/2009. IMPOSSIBILIDADE.

IDENTIFICAÇÃO DA CONTROVÉRSIA 1. O tema repetitivo ora controvertido (1.029/STJ) consiste em estabelecer a "aplicabilidade do rito dos Juizados Especiais da Fazenda Pública (Lei 12.153/2009) ao Cumprimento de Sentença individual oriundo de Ação Coletiva que seguiu o procedimento ordinário em Vara da Fazenda Pública, independentemente de haver Juizado Especial instalado no foro competente".

EXAME DO TEMA REPETITIVO 2. Na hipótese tratada no presente tema repetitivo, o Tribunal de origem assentou que, por ser absoluta a competência dos Juizados Especiais da Fazenda Pública (§ 4º do art. 2º da Lei 12.153/2009), o cumprimento de sentença oriundo de Ação Coletiva em que o valor da causa seja inferior a 60 (sessenta) salários mínimos deve seguir o rito sumaríssimo da Lei 12.153/2009, independentemente de haver Juizado Especial instalado na comarca competente.

3. Com relação à execução de sentenças coletivas, o STJ firmou a compreensão, sob o rito do art. 543-C do CPC/1973, de que "a liquidação e a execução individual de sentença genérica proferida em ação civil coletiva pode ser ajuizada no foro do domicílio do beneficiário, porquanto os efeitos e a eficácia da sentença não estão circunscritos a lindes geográficos, mas aos limites objetivos e subjetivos do que foi decidido, levando-se em conta, para tanto, sempre a extensão do dano e a qualidade dos interesses metaindividuais postos em juízo (arts. 468, 472 e 474, CPC e 93 e 103, CDC.)" (REsp 1.243.887/PR, Rel. Ministro Luis Felipe Salomão, Corte Especial, julgado em 19.10.2011, DJe de 12.12.2011).

4. Também está sedimentado na jurisprudência do STJ o entendimento de que, uma vez instalado Juizado Especial Federal ou da Fazenda Pública, conforme o caso, e se o valor da causa for inferior ao da alçada, a competência é absoluta. Apenas como exemplo: REsp 1.537.768/DF, Rel. Ministro Napoleão Nunes Maia Filho, Primeira Turma, julgado em 20.8.2019, DJe de 5.9.2019.

5. A questão que emerge do tema repetitivo é indagar se é possível ajuizar ação executiva no Juizado Especial da Fazenda Pública relativa a título judicial oriundo de Ação Coletiva, em que se seguiu rito próprio desse tipo de ação.

6. O art. 2º, § 1º, I, da Lei 12.153/2009 dispõe que não se incluem na competência do Juizado Especial da Fazenda Pública as demandas sobre direitos ou interesses difusos e coletivos, o que é argumento suficiente para excluir a competência executória de sentenças exaradas em Ações Coletivas.

7. Na mesma lei não há disposição expressa acerca da competência executória dos Juizados da Fazenda Pública, havendo apenas regramento (arts. 12 e 13) do rito da execução de seus próprios julgados.

8. O art. 27 da Lei 12.153/2009 fixa a aplicação subsidiária do CPC, da Lei 9.099/1995 e da Lei 10.259/2001, os quais se examinam a seguir.

9. A Lei 9.099/1995, no art. 3º, § 1º, delimita a competência dos Juizados Especiais Cíveis e, por aplicação subsidiária, dos Juizados Especiais da Fazenda Pública para promoverem a execução "dos seus julgados" e

"dos títulos executivos extrajudiciais, no valor de até quarenta vezes o salário mínimo".

10. Já o art. 3º, caput, da Lei 10.259/2001, também de aplicação subsidiária aos Juizados Especiais da Fazenda Pública, delimita a competência executória a "executar as suas sentenças".

11. Por fim, a terceira lei de regramento de aplicação subsidiária, o CPC, estabelece (grifos acrescentados): "Art. 516. O cumprimento da sentença efetuar-se-á perante: I - os tribunais, nas causas de sua competência originária; II - o juízo que decidiu a causa no primeiro grau de jurisdição; III - o juízo cível competente, quando se tratar de sentença penal condenatória, de sentença arbitral, de sentença estrangeira ou de acórdão proferido pelo Tribunal Marítimo. Parágrafo único. Nas hipóteses dos incisos II e III, o exequente poderá optar pelo juízo do atual domicílio do executado, pelo juízo do local onde se encontrem os bens sujeitos à execução ou pelo juízo do local onde deva ser executada a obrigação de fazer ou de não fazer, casos em que a remessa dos autos do processo será solicitada ao juízo de origem".

12. Vale resgatar a possibilidade, estipulada pelo STJ sob o rito dos recursos repetitivos (REsp 1.243.887/PR, Rel. Ministro Luis Felipe Salomão, Corte Especial, julgado em 19.10.2011, DJe de 12.12.2011), de a execução individual de sentença coletiva poder ser proposta no foro do domicílio do exequente, interpretação essa advinda da legislação de tutela dos direitos coletivos e difusos: "A liquidação e a execução individual de sentença genérica proferida em ação civil coletiva pode ser ajuizada no foro do domicílio do beneficiário, porquanto os efeitos e a eficácia da sentença não estão circunscritos a lindes geográficos, mas aos limites objetivos e subjetivos do que foi decidido, levando-se em conta, para tanto, sempre a extensão do dano e a qualidade dos interesses metaindividuais postos em juízo".

13. Nota-se que a Lei 12.153/2009 e as respectivas normas de aplicação subsidiária determinam que os Juizados Especiais da Fazenda Pública têm competência para apreciar apenas as execuções de seus próprios julgados ou de títulos extrajudiciais.

14. Por derradeiro, o Código de Defesa do Consumidor, norma que rege a tutela coletiva não só no direito do consumidor, mas de forma subsidiária de todos os tipos de direitos, fixa a competência, para a execução, do juízo da liquidação da sentença ou da ação condenatória, no caso de execução individual, valendo aqui a regra do domicílio do exequente no caso de juízos com a mesma competência.

15. Na mesma linha de compreensão aqui traçada, cita-se precedente da Primeira Turma que examina a Lei 10.259/2001 (Juizado Especial Federal), aplicada subsidiariamente à Lei 12.153, ora em exame: "Nos termos do art. 3º, caput, da Lei 10.259/2001, 'Compete ao Juizado Especial Federal Cível processar, conciliar e julgar causas de competência da Justiça Federal até o valor de sessenta salários mínimos, bem como executar as suas sentenças.' Extrai-se do referido dispositivo legal que a fixação da competência do JEF, no que se refere às execuções, impõe a conjugação de duas condicionantes: (a) o valor da causa deve ser inferior a 60 (sessenta) salários mínimos; (b) o titulo executivo judicial deve ser oriundo do próprio JEF. Caso concreto em que, nada obstante o valor da causa seja inferior ao referido limite legal, a sentença exequenda foi prolatada nos autos da Ação Ordinária nº 2007.81.00.018120-3, que tramitou na 6ª Vara Federal da Seção Judiciária do Ceará, o que afasta a competência do Juizado Especial Federal Cível para a respectiva execução" (REsp 1.648.895/CE, Rel. Ministro Sérgio Kukina, Primeira Turma, julgado em 7.5.2019, DJe 13.5.2019; grifo acrescentado).

16. Assim, não é possível propor nos Juizados Especiais da Fazenda Pública a execução de título executivo formado em Ação Coletiva, muito menos impor o citado rito sumaríssimo ao juízo comum.

17. O Cumprimento da Sentença coletiva deve obedecer o rito previsto nos arts. 534 e seguintes do CPC/2015; e o fato de o valor da execução ser baixo pode apenas resultar, conforme a quantia, em Requisição de Pequeno Valor para o pagamento do débito (art. 535, § 3º, II, do CPC/2015). DEFINIÇÃO DA TESE REPETITIVA 18. Fixa-se a seguinte tese repetitiva para o Tema 1.029/STJ: "Não é possível propor nos Juizados Especiais da Fazenda Pública a execução de título executivo formado em Ação Coletiva que tramitou sob o rito ordinário, assim como impor o rito sumaríssimo da Lei 12.153/2009 ao juízo comum da execução." RESOLUÇÃO DO CASO CONCRETO

19. A Ação Coletiva tramitou na Vara da Fazenda Pública da Comarca de Blumenau/SC e nela foi intentado o cumprimento de sentença sob o rito do art. 534 e seguintes do CPC/21015.

20. O Tribunal de origem assentou que o cumprimento de sentença oriundo de Ação Coletiva em que o valor da causa seja inferior a 60 (sessenta) salários mínimos deve seguir o rito sumaríssimo da Lei 12.153/2009, independentemente de haver Juizado Especial instalado na comarca competente.

21. Essa compreensão está dissonante da aqui estabelecida, devendo o cumprimento de sentença observar o rito dos arts. 534 e seguintes do CPC/2015 na Vara da Fazenda Pública. CONCLUSÃO 22. Recurso Especial provido, sob o rito dos arts. 1.036 e seguintes do CPC/2015.

- (REsp 1804186/SC, Rel. Ministro HERMAN BENJAMIN, PRIMEIRA SEÇÃO, julgado em 12/08/2020, DJe 11/09/2020)

14.1.52 Tema 1049 (REsp repetitivos nº 1848993/SP e 1856403/SP): sucessão empresarial por incorporação não informada ao fisco e redirecionamento da execução fiscal[44]

Questão de direito controvertida	"Definir se, em casos de sucessão empresarial por incorporação não oportunamente informada ao fisco, a execução fiscal de créditos tributários pode ser redirecionada à sociedade incorporadora sem necessidade de alteração da certidão de dívida ativa".
Tese	"A execução fiscal pode ser redirecionada em desfavor da empresa sucessora para cobrança de crédito tributário relativo a fato gerador ocorrido posteriormente à incorporação empresarial e ainda lançado em nome da sucedida, sem a necessidade de modificação da Certidão de Dívida Ativa, quando verificado que esse negócio jurídico não foi informado oportunamente ao fisco".

Segue abaixo transcrita a ementa do julgado:

PROCESSUAL CIVIL E TRIBUTÁRIO. RECURSO ESPECIAL REPRESENTATIVO DE CONTROVÉRSIA. EXECUÇÃO FISCAL. SUCESSÃO EMPRESARIAL, POR INCORPORAÇÃO. OCORRÊNCIA ANTES DO LANÇAMENTO, SEM PRÉVIA COMUNICAÇÃO AO FISCO. REDIRECIONAMENTO. POSSIBILIDADE. SUBSTITUIÇÃO DA CDA. DESNECESSIDADE.

44. Vide tópico 13.4.

1. A interpretação conjunta dos arts. 1.118 do Código Civil e 123 do CTN revela que o negócio jurídico que culmina na extinção na pessoa jurídica por incorporação empresarial somente surte seus efeitos na esfera tributária depois de essa operação ser pessoalmente comunicada ao fisco, pois somente a partir de então é que Administração Tributária saberá da modificação do sujeito passivo e poderá realizar os novos lançamentos em nome da empresa incorporadora (art. 121 do CTN) e cobrar dela, na condição de sucessora, os créditos já constituídos (art. 132 do CTN).

2. Se a incorporação não foi oportunamente informada, é de se considerar válido o lançamento realizado em face da contribuinte original que veio a ser incorporada, não havendo a necessidade de modificação desse ato administrativo para fazer constar o nome da empresa incorporadora, sob pena de permitir que esta última se beneficie de sua própria omissão.

3. Por outro lado, se ocorrer a comunicação da sucessão empresarial ao fisco antes do surgimento do fato gerador, é de se reconhecer a nulidade do lançamento equivocadamente realizado em nome da empresa extinta (incorporada) e, por conseguinte, a impossibilidade de modificação do sujeito passivo diretamente no âmbito da execução fiscal, sendo vedada a substituição da CDA para esse propósito, consoante posição já sedimentada na Súmula 392 do STJ.

4. Na incorporação empresarial, a sucessora assume todo o passivo tributário da empresa sucedida, respondendo em nome próprio pela quitação dos créditos validamente constituídos contra a então contribuinte (arts. 1.116 do Código Civil e 132 do CTN).

5. Cuidando de imposição legal de automática responsabilidade, que não está relacionada com o surgimento da obrigação, mas com o seu inadimplemento, a empresa sucessora poderá ser acionada independentemente de qualquer outra diligência por parte da Fazenda credora, não havendo necessidade de substituição ou emenda da CDA para que ocorra o imediato redirecionamento da execução fiscal. Precedentes.

6. Para os fins do art. 1.036 do CPC, firma-se a seguinte tese: "A execução fiscal pode ser redirecionada em desfavor da empresa sucessora para cobrança de crédito tributário relativo a fato gerador ocorrido posteriormente à incorporação empresarial e ainda lançado em nome da sucedida, sem a necessidade de modificação da Certidão de Dívida Ativa, quando verificado que esse negócio jurídico não foi informado oportunamente ao fisco." 7. Recurso especial parcialmente provido.

- (REsp 1848993/SP, Rel. Ministro GURGEL DE FARIA, PRIMEIRA SEÇÃO, julgado em 26/08/2020, DJe 09/09/2020)

14.2 TESES FIRMADAS EM RECURSOS EXTRAORDINÁRIOS COM RECONHECIMENTO DE REPERCUSSÃO GERAL PELO STF

14.2.1 Tema 18 (RE 564132): honorários advocatícios - natureza alimentar - expedição de precatório ou RPV

Tese	"Os honorários advocatícios incluídos na condenação ou destacados do montante principal devido ao credor consubstanciam verba de natureza alimentar cuja satisfação ocorrerá com a expedição de precatório ou requisição de pequeno valor, observada ordem especial restrita aos créditos dessa natureza.".

EMENTA: CONSTITUCIONAL E PROCESSUAL CIVIL. ALEGADO FRACIONAMENTO DE EXECUÇÃO CONTRA A FAZENDA PÚBLICA DE ESTADO-MEMBRO. HONORÁRIOS ADVOCATÍCIOS. VERBA DE NATUREZA ALIMENTAR, A QUAL NÃO SE CONFUNDE COM O DÉBITO PRINCIPAL. AUSÊNCIA DE CARÁTER ACESSÓRIO. TITULARES DIVERSOS. POSSIBILIDADE DE PAGAMENTO AUTÔNOMO. REQUERIMENTO DESVINCULADO DA EXPEDIÇÃO DO OFÍCIO REQUISITÓRIO PRINCIPAL. VEDAÇÃO CONSTITUCIONAL DE REPARTIÇÃO DE EXECUÇÃO PARA FRAUDAR O PAGAMENTO POR PRECATÓRIO. INTERPRETAÇÃO DO ART. 100, § 8º (ORIGINARIAMENTE § 4º), A CONSTITUIÇÃO DA REPÚBLICA. RECURSO AO QUAL SE NEGA SEGUIMENTO. (RE 564132, Relator(a): Min. EROS GRAU, Relator(a) p/ Acórdão: Min. CÁRMEN LÚCIA, Tribunal Pleno, julgado em 30/10/2014, REPERCUSSÃO GERAL - MÉRITO DJe-027 DIVULG 09-02-2015 PUBLIC 10-02-2015 EMENT VOL-02765-01 PP-00001)

14.2.2 Tema 45 (RE 573872): execução provisória de obrigação de fazer contra a Fazenda Pública e precatórios[45]

Tese	"A execução provisória de obrigação de fazer em face da Fazenda Pública não atrai o regime constitucional dos precatórios".

45. Vide tópico 4.3.1.

RECURSO EXTRAORDINÁRIO COM REPERCUSSÃO GERAL. DIREITO CONSTITUCIONAL FINANCEIRO. SISTEMÁTICA DOS PRECATÓRIOS (ART. 100, CF/88). EXECUÇÃO PROVISÓRIA DE DÉBITOS DA FAZENDA PÚBLICA. OBRIGAÇÃO DE FAZER. SENTENÇA COM TRÂNSITO EM JULGADO. EMENDA CONSTITUCIONAL 30/2000. 1. Fixação da seguinte tese ao Tema 45 da sistemática da repercussão geral: "A execução provisória de obrigação de fazer em face da Fazenda Pública não atrai o regime constitucional dos precatórios." 2. A jurisprudência do STF firmou-se no sentido da inaplicabilidade ao Poder Público do regime jurídico da execução provisória de prestação de pagar quantia certa, após o advento da Emenda Constitucional 30/2000. Precedentes. 3. A sistemática constitucional dos precatórios não se aplica às obrigações de fato positivo ou negativo, dado a excepcionalidade do regime de pagamento de débitos pela Fazenda Pública, cuja interpretação deve ser restrita. Por consequência, a situação rege-se pela regra regal de que toda decisão não autossuficiente pode ser cumprida de maneira imediata, na pendência de recursos não recebidos com efeito suspensivo. 4. Não se encontra parâmetro constitucional ou legal que obste a pretensão de execução provisória de sentença condenatória de obrigação de fazer relativa à implantação de pensão de militar, antes do trânsito em julgado dos embargos do devedor opostos pela Fazenda Pública. 5. Há compatibilidade material entre o regime de cumprimento integral de decisão provisória e a sistemática dos precatórios, haja vista que este apenas se refere às obrigações de pagar quantia certa. 6. Recurso extraordinário a que se nega provimento.

(RE 573872, Relator(a): EDSON FACHIN, Tribunal Pleno, julgado em 24/05/2017, PROCESSO ELETRÔNICO REPERCUSSÃO GERAL - MÉRITO DJe-204 DIVULG 08-09-2017 PUBLIC 11-09-2017)

14.2.3 Tema 58 (RE 592619): vedação de fracionamento do valor de precatório para pagamento de custas por RPV

Tese	"É vedado o fracionamento do valor de precatório em execução de sentença, com o objetivo de efetuar o pagamento das custas processuais por meio de requisição de pequeno valor (RPV).".

> Recurso Extraordinário. 2. Alegação de ofensa ao art. 87 do ADCT e ao § 4º do art. 100 da Constituição Federal. Ocorrência. 3. Fracionamento do valor de precatório em execução de sentença, com o objetivo de efetuar o pagamento das custas processuais por meio de requisição de pequeno valor (RPV). Impossibilidade. 4. Recurso extraordinário provido.
>
> (RE 592619, Relator(a): Min. GILMAR MENDES, Tribunal Pleno, julgado em 08/09/2010, REPERCUSSÃO GERAL - MÉRITO DJe-218 DIVULG 12-11-2010 PUBLIC 16-11-2010 EMENT VOL-02431-01 PP-00179 RTJ VOL-00219-01 PP-00603 RSJADV dez., 2010, p. 41-43 RJTJRS v. 46, n. 280, 2011, p. 29-34)

14.2.4 Tema 96 (RE 579431): incidência de juros de mora entre cálculos e RPV ou precatório

Tese	"Incidem os juros da mora no período compreendido entre a data da realização dos cálculos e a da requisição ou do precatório".

> JUROS DA MORA – FAZENDA PÚBLICA – DÍVIDA – REQUISIÇÃO OU PRECATÓRIO. Incidem juros da mora entre a data da realização dos cálculos e a da requisição ou do precatório.
>
> (RE 579431, Relator(a): Min. MARCO AURÉLIO, Tribunal Pleno, julgado em 19/04/2017, ACÓRDÃO ELETRÔNICO REPERCUSSÃO GERAL - MÉRITO DJe-145 DIVULG 29-06-2017 PUBLIC 30-06-2017)

14.2.5 Tema 109 (RE 591033): impossibilidade de aplicação a Município de lei estadual autorizadora da não inscrição em dívida ativa e do não ajuizamento de débitos de pequeno valor

Tese	"Lei estadual autorizadora da não inscrição em dívida ativa e do não ajuizamento de débitos de pequeno valor é insuscetível de aplicação a Município e, consequentemente, não serve de fundamento para a extinção das execuções fiscais que promova, sob pena de violação à sua competência tributária".

TRIBUTÁRIO. PROCESSO CIVIL. EXECUÇÃO FISCAL. MUNICÍPIO. VALOR DIMINUTO. INTERESSE DE AGIR. SENTENÇA DE EXTINÇÃO ANULADA. APLICAÇÃO DA ORIENTAÇÃO AOS DEMAIS RECURSOS FUNDADOS EM IDÊNTICA CONTROVÉRSIA. 1. O Município é ente federado detentor de autonomia tributária, com competência legislativa plena tanto para a instituição do tributo, observado o art. 150, I, da Constituição, como para eventuais desonerações, nos termos do art. 150, § 6º, da Constituição. 2. As normas comuns a todas as esferas restringem-se aos princípios constitucionais tributários, às limitações ao poder de tributar e às normas gerais de direito tributário estabelecidas por lei complementar. 3. A Lei nº 4.468/84 do Estado de São Paulo - que autoriza a não-inscrição em dívida ativa e o não-ajuizamento de débitos de pequeno valor - não pode ser aplicada a Município, não servindo de fundamento para a extinção das execuções fiscais que promova, sob pena de violação à sua competência tributária. 4. Não é dado aos entes políticos valerem-se de sanções políticas contra os contribuintes inadimplentes, cabendo-lhes, isto sim, proceder ao lançamento, inscrição e cobrança judicial de seus créditos, de modo que o interesse processual para o ajuizamento de execução está presente. 5. Negar ao Município a possibilidade de executar seus créditos de pequeno valor sob o fundamento da falta de interesse econômico viola o direito de acesso à justiça. 6. Sentença de extinção anulada. 7. Orientação a ser aplicada aos recursos idênticos, conforme o disposto no art. 543-B, § 3º, do CPC.

(RE 591033, Relator(a): ELLEN GRACIE, Tribunal Pleno, julgado em 17/11/2010, REPERCUSSÃO GERAL - MÉRITO DJe-038 DIVULG 24-02-2011 PUBLIC 25-02-2011 EMENT VOL-02471-01 PP-00175 RTJ VOL-00228-01 PP-00652)

14.2.6 Tema 112 (RE 587982): constitucionalidade da transição dos precatórios de pequeno valor

Tese	"É harmônica com a normatividade constitucional a previsão no artigo 86 do ADCT na dicção da EC 32/2002 de um regime de transição para tratar dos precatórios reputados de pequeno valor, já expedidos antes de sua promulgação.".

RECURSO EXTRAORDINÁRIO. REPERCUSSÃO GERAL. DIREITO CONSTITUCIONAL FINANCEIRO. EXECUÇÃO CONTRA A FAZENDA PÚBLICA. PRECATÓRIO EXPEDIDO ANTES DA EMENDA CONSTITUCIONAL 37/2002. CONVERSÃO EM REQUISIÇÃO DE PEQUENO VALOR (RPV). AUTOMATICIDADE. 1. A instituição de regime transitório no artigo 86 do ADCT, com a finalidade de regular a desigualdade criada pela EC 37/2002, mostra-se decisão constituinte adequada e possível para conciliar a satisfação dos débitos de pequena monta de credores da Fazenda Pública e o planejamento da atividade financeira do Estado. 2. A alteração formal do Texto Constitucional em questão não consiste em discrímen arbitrário nem violação substancial à igualdade fática entre os credores do Poder Público, tendo em vista a finalidade constitucional de eficiência organizativa e continuidade do Estado Fiscal. 3. Fixação da seguinte tese de julgamento ao presente Tema da sistemática da repercussão geral: "É harmônica com a normatividade constitucional a previsão no artigo 86 do ADCT na dicção da EC 32/2002 de um regime de transição para tratar dos precatórios reputados de pequeno valor, já expedidos antes de sua promulgação." 4. Recurso extraordinário a que nega provimento. (RE 587982, Relator(a): Min. EDSON FACHIN, Tribunal Pleno, julgado em 27/03/2019, PROCESSO ELETRÔNICO REPERCUSSÃO GERAL - MÉRITO DJe-076 DIVULG 11-04-2019 PUBLIC 12-04-2019)

14.2.7 Tema 132 (RE 590751): incidência dos juros nos precatórios em caso de fracionamento

Tese	"O art. 78 do Ato das Disposições Constitucionais Transitórias possui a mesma mens legis que o art. 33 desse Ato, razão pela qual, uma vez calculado o precatório pelo valor real do débito, acrescido de juros legais, não há mais falar em incidência desses nas parcelas anuais, iguais e sucessivas em que é fracionado, desde que adimplidas a tempo e corrigidas monetariamente".

CONSTITUCIONAL. PRECATÓRIO. ART. 78 DO ADCT, INTRODUZIDO PELA EC 30/2000. INCIDÊNCIA DE JUROS COMPENSATÓRIOS E MORATÓRIOS NAS PARCELAS SUCESSIVAS. INADMISSIBILIDADE. ART 5º, XXIV E XXXVI, DA CONSTITUIÇÃO. OFENSA AO PRINCÍPIO DA JUSTA INDENIZAÇÃO. NECESSIDADE DE REEXAME DE

PROVA. OFENSA REFLEXA. INCIDÊNCIA DA SÚMULA 279 DO STF. RE PARCIALMENTE PROVIDO. I - O art. 78 do ADC possui a mesma mens legis que o art. 33 deste Ato, razão pela qual, uma vez calculado o precatório pelo valor real do débito, acrescido de juros legais, não há mais falar em incidência destes nas parcelas anuais, iguais e sucessivas em que é fracionado, desde que adimplidas a tempo e corrigidas monetariamente. II – Não se mostra possível, em sede de recurso extraordinário, examinar a alegação de ofensa ao princípio da justa indenização, abrigado no art. 5º, XXIV, da Constituição Federal, diante do que dispõe a Súmula 279 do STF. III - A discussão acerca dos limites objetivos da coisa julgada, ademais, constitui matéria de legislação ordinária, que não dá ensejo à abertura da via extraordinária. IV - Recurso extraordinário parcialmente provido.

(RE 590751, Relator(a): Min. RICARDO LEWANDOWSKI, Tribunal Pleno, julgado em 09/12/2010, REPERCUSSÃO GERAL - MÉRITO DJe-063 DIVULG 01-04-2011 PUBLIC 04-04-2011 EMENT VOL-02495-01 PP-00153)

14.2.8 Tema 137 (RE 590871): compatibilidade com a CF do prazo de 30 dias do prazo dos embargos à execução propostos pela Fazenda Pública

Tese	"É compatível com a Constituição da República de 1988 a ampliação para 30 (trinta) dias do prazo de oposição de embargos à execução pela Fazenda Pública".

RECURSO EXTRAORDINÁRIO. AMPLIAÇÃO DO PRAZO PARA A FAZENDA PÚBLICA OPOR EMBARGOS À EXECUÇÃO. CONSTITUCIONALIDADE. ART. 1º-B DA LEI 9.494/1997. RECURSO EXTRAORDINÁRIO PROVIDO PARA AFASTAR A INTEMPESTIVIDADE DOS EMBARGOS À EXECUÇÃO OPOSTOS PERANTE A JUSTIÇA DO TRABALHO. 1. O estabelecimento de tratamento processual especial para a Fazenda Pública, fixando-se prazo de 30 dias para opor embargos à execução, não restringe de forma desproporcional os direitos fundamentais das partes adversas, mas, sim, busca dar máxima efetividade ao princípio de proteção ao interesse público. (Precedentes: ADI 2.418, Relator Ministro Teori Zavascki, DJe 09.06.2016; ADC 11, Relator Ministro Gilmar Mendes, Plenário, J. 23.08.2019) 2. É compatível com a Constituição da República de 1988 a ampliação para 30 (trinta) dias do prazo de oposição de embargos à execução pela Fazenda Pública. 3. Recurso extraordinário provido para que a Justiça do Trabalho, reconhecida a tempestividade dos embargos à execução opostos pela Fazenda Pública no prazo que lhe foi facultado pelo art. 1º-B da Lei 9.494/1997, julgue como entender de direito.

(RE 590871, Relator(a): Min. EDSON FACHIN, Tribunal Pleno, julgado em 11/11/2019, ACÓRDÃO ELETRÔNICO DJe-260 DIVULG 27-11-2019 PUBLIC 28-11-2019)

14.2.9 Tema 147 (RE 591085): incidência dos juros de mora sobre precatórios (art. 100, §1º)

Tese	"Durante o período previsto no parágrafo 1º do artigo 100 (redação original e redação da EC 30/2000) da Constituição, não incidem juros de mora sobre os precatórios que nele sejam pagos.".

EMENTA: CONSTITUCIONAL. PRECATÓRIOS. JUROS DE MORA. INCIDÊNCIA DURANTE O PRAZO PREVISTO NA CONSTITUIÇÃO PARA SEU PAGAMENTO. IMPOSSIBILIDADE. ART. 100, § 1º (REDAÇÃO ORIGINAL E REDAÇÃO DADA PELA EC 30/2000), DA CONSTITUIÇÃO. I - QUESTÃO DE ORDEM. MATÉRIA DE MÉRITO PACIFICADA NO STF. REPERCUSSÃO GERAL RECONHECIDA. CONFIRMAÇÃO DA JURISPRUDÊNCIA. DENEGAÇÃO DA DISTRIBUIÇÃO DOS RECURSOS QUE VERSEM SOBRE O MESMO TEMA. DEVOLUÇÃO DESSES RE À ORIGEM PARA ADOÇÃO DOS PROCEDIMENTOS PREVISTOS NO ART. 543-B, § 3º, DO CPC. PRECEDENTES: RE 579.431-QO/RS, RE 582.650-QO/BA, RE 580.108-QO/SP, MIN. ELLEN GRACIE; RE 591.068-QO/PR, MIN. GILMAR MENDES; RE 585.235-QO/MG, REL. MIN. CEZAR PELUSO. II - Julgamento de mérito conforme precedentes. III - Recurso provido.

(RE 591085 QO-RG, Relator(a): Min. RICARDO LEWANDOWSKI, julgado em 04/12/2008, REPERCUSSÃO GERAL - MÉRITO DJe-035 DIVULG 19-02-2009 PUBLIC 20-02-2009 EMENT VOL-02349-09 PP-01730 LEXSTF v. 31, n. 363, 2009, p. 313-323)

14.2.10 Tema 148 (RE 568645): possibilidade de pagamento singularizado de valores devidos a litisconsorte em caso de litisconsórcio facultativo simples (inexistência de violação ao art. 100, §8º, da Constituição)

Tese	"É válida a penhora em bens de pessoa jurídica de direito privado, realizada anteriormente à sucessão desta pela União, não devendo a execução prosseguir mediante precatório".

EMENTA: REPERCUSSÃO GERAL. DIREITO CONSTITUCIONAL E PROCESSUAL CIVIL. VEDAÇÃO CONSTITUCIONAL DE FRACIONAMENTO DE EXECUÇÃO PARA FRAUDAR O PAGAMENTO POR PRECATÓRIO. ART. 100, § 8º (ORIGINARIAMENTE § 4º), DA CONSTITUIÇÃO DA REPÚBLICA. LITISCONSÓRCIO FACULTATIVO SIMPLES. CONSIDERAÇÃO INDIVIDUAL DOS LITISCONSORTES: CONSTITUCIONALIDADE. RECURSO EXTRAORDINÁRIO AO QUAL SE NEGA PROVIMENTO. 1. Ausência de prequestionamento quanto à alegação de inconstitucionalidade da Resolução n. 199/2005 do Tribunal de Justiça de São Paulo e quanto ao fracionamento dos honorários advocatícios. Incidência das Súmulas 282 e 356. 2. A execução ou o pagamento singularizado dos valores devidos a partes integrantes de litisconsórcio facultativo simples não contrariam o § 8º (originariamente § 4º) do art. 100 da Constituição da República. A forma de pagamento, por requisição de pequeno valor ou precatório, dependerá dos valores isoladamente considerados. 3. Recurso extraordinário ao qual se nega provimento.

(RE 568645, Relator(a): Min. CÁRMEN LÚCIA, Tribunal Pleno, julgado em 24/09/2014, ACÓRDÃO ELETRÔNICO REPERCUSSÃO GERAL – MÉRITO DJe-223 DIVULG 12-11-2014 PUBLIC 13-11-2014)

14.2.11 Tema 253 (RE 599628): sociedades de economia mista - atividade econômica - não aplicação da sistemática de precatórios

Tese	"Sociedades de economia mista que desenvolvem atividade econômica em regime concorrencial não se beneficiam do regime de precatórios, previsto no art. 100 da Constituição da República".

Ementa: FINANCEIRO. SOCIEDADE DE ECONOMIA MISTA. PAGAMENTO DE VALORES POR FORÇA DE DECISÃO JUDICIAL. INAPLICABILIDADE DO REGIME DE PRECATÓRIO. ART. 100 DA CONSTITUIÇÃO. CONSTITUCIONAL E PROCESSUAL CIVIL. MATÉRIA CONSTITUCIONAL CUJA REPERCUSSÃO GERAL FOI RECONHECIDA. Os privilégios da Fazenda Pública são inextensíveis às sociedades de economia mista que executam atividades em regime de concorrência ou que tenham como objetivo distribuir lucros aos seus acionistas. Portanto, a empresa Centrais Elétricas do Norte do Brasil S.A. - Eletronorte não pode se beneficiar do sistema de pagamento por precatório de dívidas decorrentes de decisões judiciais (art. 100 da Constituição). Recurso extraordinário ao qual se nega provimento.

(RE 599628, Relator(a): Min. AYRES BRITTO, Relator(a) p/ Acórdão: Min. JOAQUIM BARBOSA, Tribunal Pleno, julgado em 25/05/2011, REPERCUSSÃO GERAL - MÉRITO DJe-199 DIVULG 14-10-2011 PUBLIC 17-10-2011 EMENT VOL-02608-01 PP-00156 RTJ VOL-00223-01 PP-00602)

14.2.12 Tema 355 (RE 693112): validade da penhora de bens de pessoa jurídica de direito privado, realizada antes da sucessão desta pela União (execução sem a sistemática de precatórios)

Tese	"É válida a penhora em bens de pessoa jurídica de direito privado, realizada anteriormente à sucessão desta pela União, não devendo a execução prosseguir mediante precatório".

Recurso Extraordinário. 2. Constitucional, Processual Civil e do Trabalho. 3. Execução. Penhora de bens da extinta Rede Ferroviária Federal S.A. - RFFSA. Sucessão posterior pela União. 4. É válida a penhora em bens de pessoa jurídica de direito privado, realizada anteriormente à sucessão desta pela União, não devendo a execução prosseguir mediante precatório (art. 100, caput e § 1º, da Constituição Federal). 5. Repercussão geral. 6. Recurso extraordinário não provido.

(RE 693112, Relator(a): GILMAR MENDES, Tribunal Pleno, julgado em 09/02/2017, ACÓRDÃO ELETRÔNICO REPERCUSSÃO GERAL - MÉRITO DJe-110 DIVULG 24-05-2017 PUBLIC 25-05-2017).

14.2.13 Tema 361 (RE 631537): cessão de crédito alimentício e alteração da respectiva natureza

Tese	"A cessão de crédito alimentício não implica a alteração da natureza".

PRECATÓRIO – CRÉDITO – CESSÃO – NATUREZA. A cessão de crédito não implica alteração da natureza.

(RE 631537, Relator(a): MARCO AURÉLIO, Tribunal Pleno, julgado em 22/05/2020, PROCESSO ELETRÔNICO REPERCUSSÃO GERAL - MÉRITO DJe-137 DIVULG 02-06-2020 PUBLIC 03-06-2020)

14.2.14 Tema 408 (ARE 637975): compatibilidade com a Constituição do art. 34 da Lei 6.830/1980

Tese	"É compatível com a Constituição o art. 34 da Lei 6.830/1980, que afirma incabível apelação em casos de execução fiscal cujo valor seja inferior a 50 ORTN".

RECURSO. Agravo convertido em Extraordinário. Apelação em execução fiscal. Cabimento. Valor inferior a 50 ORTN. Constitucionalidade. Repercussão geral reconhecida. Precedentes. Reafirmação da jurisprudência. Recurso improvido. É compatível com a Constituição norma que afirma incabível apelação em casos de execução fiscal cujo valor seja inferior a 50 ORTN.

(ARE 637975 RG, Relator(a): Min. MINISTRO PRESIDENTE, julgado em 09/06/2011, REPERCUSSÃO GERAL - MÉRITO DJe-168 DIVULG 31-08-2011 PUBLIC 01-09-2011 EMENT VOL-02578-01 PP-00112 REVJMG v. 62, n. 198, 2011, p. 405-407).

14.2.15 Tema 411 (AI 841548 RG): Inconstitucionalidade do reconhecimento às entidades paraestatais dos privilégios processuais concedidos à Fazenda Pública em execução por quantia certa.

Tese	"É incompatível com a Constituição o reconhecimento às entidades paraestatais dos privilégios processuais concedidos à Fazenda Pública em execução de pagamento de quantia em dinheiro.".

RECURSO. Agravo de instrumento convertido em Extraordinário. Rito de execução. Quantia em dinheiro. Paraestatais. Repercussão geral reconhecida. Precedentes. Reafirmação da jurisprudência. Recurso improvido. É incompatível com a Constituição o reconhecimento às entidades paraestatais dos privilégios processuais concedidos à Fazenda Pública em execução de pagamento de quantia em dinheiro.

(AI 841548 RG, Relator(a): Min. MINISTRO PRESIDENTE, julgado em 09/06/2011, REPERCUSSÃO GERAL – MÉRITO DJe-167 DIVULG 30-08-2011 PUBLIC 31-08-2011 EMENT VOL-02577-02 PP-00335)

14.2.16 Tema 450 (ARE 638195): correção monetária entre data de elaboração do cálculo da requisição de pequeno valor – RPV e sua expedição

Tese	"É devida correção monetária no período compreendido entre a data de elaboração do cálculo da requisição de pequeno valor – RPV e sua expedição para pagamento".

Ementa: CONSTITUCIONAL. FINANCEIRO. REQUISIÇÃO DE PEQUENO VALOR. CORREÇÃO MONETÁRIA E JUROS DE MORA. APURAÇÃO ENTRE A DATA DE REALIZAÇÃO DA CONTA DOS VALORES DEVIDOS E A EXPEDIÇÃO DA RPV. RELEVÂNCIA DO LAPSO TEMPORAL. CABIMENTO. REPERCUSSÃO GERAL RECONHECIDA QUANTO AO CABIMENTO DA APLICAÇÃO DE CORREÇÃO MONETÁRIA. 1. "O SUPREMO TRIBUNAL FEDERAL, CONHECENDO DO RECURSO EXTRAORDINÁRIO, JULGARÁ A CAUSA, APLICANDO O DIREITO À ESPÉCIE" (Súmula 456/STF). Aplicabilidade ao recurso extraordinário em exame. 2. É devida correção monetária no período compreendido entre a data de elaboração do cálculo da requisição de pequeno valor - RPV e sua expedição para pagamento. Recurso extraordinário conhecido, ao qual se dá parcial provimento, para cassar o acórdão-recorrido, de modo que o TJ/RS possa dar continuidade ao julgamento para definir qual é o índice de correção monetária aplicável em âmbito estadual.

(ARE 638195, Relator(a): JOAQUIM BARBOSA, Tribunal Pleno, julgado em 29/05/2013, ACÓRDÃO ELETRÔNICO REPERCUSSÃO GERAL - MÉRITO DJe-246 DIVULG 12-12-2013 PUBLIC 13-12-2013)

14.2.17 Tese 511 (RE 657686): vedação constitucional da compensação unilateral de débitos em proveito exclusivo da Fazenda Pública, ainda que os valores envolvidos não estejam sujeitos ao regime de precatórios, mas apenas à sistemática da requisição de pequeno valor.

Tese	"É constitucionalmente vedada a compensação unilateral de débitos em proveito exclusivo da Fazenda Pública ainda que os valores envolvidos não estejam sujeitos ao regime de precatórios, mas apenas à sistemática da requisição de pequeno valor".

Ementa: RECURSO EXTRAORDINÁRIO COM REPERCUSSÃO GERAL. DIREITO CONSTITUCIONAL. REGIME DE EXECUÇÃO PECUNIÁRIA DA FAZENDA PÚBLICA. COMPENSAÇÃO DE DÉBITOS PERANTE A FAZENDA PÚBLICA COM CRÉDITOS SUJEITOS A REQUISIÇÃO DE PEQUENO VALOR. IMPOSSIBILIDADE. JULGAMENTO DAS ADI'S 4357 E 4425 PELO PLENÁRIO DO SUPREMO TRIBUNAL FEDERAL. EMENDA CONSTITUCIONAL Nº 62/2009. INCONSTITUCIONALIDADE DA SISTEMÁTICA DE COMPENSAÇÃO EM PROVEITO EXCLUSIVO DA FAZENDA PÚBLICA. EMBARAÇO À EFETIVIDADE DA JURISDIÇÃO (CRFB, ART. 5º, XXXV), DESRESPEITO À COISA JULGADA MATERIAL (CRFB, ART. 5º XXXVI), OFENSA À SEPARAÇÃO DOS PODERES (CRFB, ART. 2º) E ULTRAJE À ISONOMIA ENTRE O ESTADO E O PARTICULAR (CRFB, ART. 1º, CAPUT, C/C ART. 5º, CAPUT). ENTENDIMENTO QUE SE APLICA NA MESMA EXTENSÃO ÀS REQUISIÇÕES DE PEQUENO VALOR. RECURSO EXTRAORDINÁRIO A QUE SE NEGA PROVIMENTO. 1. A compensação de tributos devidos à Fazenda Pública com créditos decorrentes de decisão judicial caracteriza pretensão assentada em norma considerada inconstitucional (art. 100, §§ 9º e 10, da Constituição da República, com redação conferida pela EC nº

62/2009). 2. O Plenário do Supremo Tribunal Federal, ao julgar as ADIs nº 4.357 e 4.425, assentou a inconstitucionalidade dos §§ 9º e 10 do art. 100 da Constituição da República, com redação conferida pela EC nº 62/2009, forte no argumento de que a compensação dos débitos da Fazenda Pública inscritos em precatórios embaraça a efetividade da jurisdição (CRFB, art. 5º, XXXV), desrespeita a coisa julgada material (CRFB, art. 5º, XXXVI), vulnera a Separação dos Poderes (CRFB, art. 2º) e ofende a isonomia entre o Poder Público e o particular (CRFB, art. 5º, caput), cânone essencial do Estado Democrático de Direito (CRFB, art. 1º, caput). 3. Destarte, não se revela constitucionalmente possível a compensação unilateral de débitos em proveito exclusivo da Fazenda Pública mesmo que os valores envolvidos estejam sujeitos ao regime de pagamento por requisição de pequeno valor (RPV). 4. Recurso extraordinário a que se nega provimento.

(RE 657686, Relator(a): Min. LUIZ FUX, Tribunal Pleno, julgado em 23/10/2014, ACÓRDÃO ELETRÔNICO REPERCUSSÃO GERAL – MÉRITO DJe-239 DIVULG 04-12-2014 PUBLIC 05-12-2014)

14.2.18 Tese 521 (RE 612707 e RE 612707 ED): pagamento parcelado de créditos não alimentares (art. 78 do ADCT) e preterição de precatórios alimentares

Tese	"O pagamento parcelado dos créditos não alimentares, na forma do art. 78 do ADCT, não caracteriza preterição indevida de precatórios alimentares, desde que os primeiros tenham sido inscritos em exercício anterior ao da apresentação dos segundos, uma vez que, ressalvados os créditos de que trata o art. 100, § 2º, da Constituição, o pagamento dos precatórios deve observar as seguintes diretrizes: (1) a divisão e a organização das classes ocorrem segundo o ano de inscrição; (2) inicia-se o pagamento pelo exercício mais antigo em que há débitos pendentes; (3) quitam-se primeiramente os créditos alimentares; depois, os não alimentares do mesmo ano; (4) passa-se, então, ao ano seguinte da ordem cronológica, repetindo-se o esquema de pagamento; e assim sucessivamente".

RECURSO EXTRAORDINÁRIO. REPERCUSSÃO GERAL. DIREITO FINANCEIRO. PRECATÓRIOS. NATUREZA ALIMENTAR. PREVALÊNCIA ABSOLUTA. ART. 78 DO ADCT. SEQUESTRO DE VERBAS PÚBLICAS. PRETERIÇÃO. ORDEM CRONOLÓGICA. 1. Fixação de tese jurídica ao Tema 521 da sistemática da repercussão geral: "É legítima a expedição de ordem de sequestro de verbas públicas, por conta da ordem cronológica de pagamento de precatórios, na hipótese de crédito de natureza alimentar mais antigo ser preterido em favor de parcela de precatório de natureza não alimentar mais moderno, mesmo quando este integrar o regime do art. 78 do ADCT." 2. O artigo 100 da Constituição da República traduz-se em um dos mais expressivos postulados realizadores do princípio da igualdade, pois busca conferir, na concreção do seu alcance, efetividade à exigência constitucional de tratamento isonômico dos credores do Estado. Precedente: ADI-MC 584, de relatoria do Ministro Celso de Mello, Tribunal Pleno, DJ 22.05.1992. 3. O Supremo Tribunal Federal possui entendimento iterativo no sentido de que a ordem cronológica é o critério constitucional para a satisfação dos débitos do Poder Público reconhecidos em juízo. 4. Concebe-se o relacionamento entre o regime de pagamento especial de débitos judiciais da Fazenda Pública, de acordo com a natureza do crédito, alimentar ou não, com prevalência absoluta do primeiro em relação ao último. Precedente: ADI 47, de relatoria do Ministro Octávio Gallotti, DJe 13.06.1997. Súmula 655 do STF. 5. O único caso de autorização do sequestro de verbas públicas, previsto no art. 100 da Constituição da República e aplicável aos precatórios de caráter alimentar, consiste na hipótese de burla ao direito de precedência do credor. Precedente: ADI 1.662, de relatoria do Ministro Maurício Corrêa, DJ 19.09.2003. 6. O pagamento parcelado de débitos antigos, nos termos do art. 78 do ADCT, não infirma a prevalência dos créditos de natureza alimentar sobre os demais, desde que respeitada a ordem cronológica. A regra permanece hígida, mesmo diante da excepcionalidade conjectural pressuposta pelo dispositivo precitado. Precedente: RE 132.031, de relatoria do Ministro Celso de Mello, Primeira Turma, DJ 19.04.1996. 7. Recurso extraordinário a que se nega provimento.

(RE 612707, Relator(a): EDSON FACHIN, Tribunal Pleno, julgado em 15/05/2020, PROCESSO ELETRÔNICO REPERCUSSÃO GERAL - MÉRITO DJe-222 DIVULG 04-09-2020 PUBLIC 08-09-2020)

Ementa: EMBARGOS DE DECLARAÇÃO. INEXISTÊNCIA DE OMISSÃO. PRESENÇA DE ERRO MATERIAL NA TESE DE REPERCUSSÃO GERAL. INDICAÇÃO, NA EMENTA DO JULGADO, DE POSIÇÃO VENCIDA. RETIFICAÇÃO PARA CONSTAR TESE VENCEDORA RELATIVA AO TEMA 521. 1. Não se verificam as omissões e obscuridades apontadas pela parte embargante. A controvérsia trazida nestes autos foi devidamente analisada sob o pálio da sistemática prevista no art. 78 do ADCT. Assentou-se com clareza que existem duas filas distintas para cada uma das categorias de precatórios - alimentar e não alimentar -, estando os últimos sujeitos a parcelamento, nos termos do art. 78 do ADCT. Outrossim, enfatizou-se que a ordem cronológica de pagamento foi eleita pelo constituinte como princípio basilar, que rege a quitação de débitos pela Fazenda Pública. 2. Não obstante, há um erro material que precisa ser sanado, pois a tese de repercussão geral estampada no item 1. da ementa do acórdão embargado ficou vencida. Como não consta nenhuma ressalva, indicando se tratar de posicionamento minoritário, é necessário ajustar a ementa, para que figure a tese sufragada pela maioria. 3. EMBARGOS DE DECLARAÇÃO PARCIALMENTE ACOLHIDOS, unicamente para corrigir erro material na ementa do acórdão embargado, para que dela conste a tese de repercussão geral do Tema 521 por mim proposta e acolhida pela maioria dos Ministros desta CORTE, conforme certidão de julgamento lavrada em 21/5/2020: O pagamento parcelado dos créditos não alimentares, na forma do art. 78 do ADCT, não caracteriza preterição indevida de precatórios alimentares, desde que os primeiros tenham sido inscritos em exercício anterior ao da apresentação dos segundos, uma vez que, ressalvados os créditos de que trata o art. 100, § 2º, da Constituição, o pagamento dos precatórios deve observar as seguintes diretrizes: (1) a divisão e a organização das classes ocorrem segundo o ano de inscrição; (2) inicia-se o pagamento pelo exercício mais antigo em que há débitos pendentes; (3) quitam-se primeiramente os créditos alimentares; depois, os não alimentares do mesmo ano; (4) passa-se, então, ao ano seguinte da ordem cronológica, repetindo-se o esquema de pagamento; e assim sucessivamente.

(RE 612707 ED, Relator(a): EDSON FACHIN, Relator(a) p/ Acórdão: ALEXANDRE DE MORAES, Tribunal Pleno, julgado em 24/02/2021, PROCESSO ELETRÔNICO DJe-057 DIVULG 24-03-2021 PUBLIC 25-03-2021)

14.2.19 Tema 755 (ARE 723307) Manif-RG: vedação do fracionamento da execução pecuniária contra a Fazenda Pública para que uma parte seja paga antes do trânsito em julgado, por meio de Complemento Positivo, e outra depois do trânsito, mediante Precatório ou Requisição de Pequeno Valor.

Tese	"É vedado o fracionamento da execução pecuniária contra a Fazenda Pública para que uma parte seja paga antes do trânsito em julgado, por meio de Complemento Positivo, e outra depois do trânsito, mediante Precatório ou Requisição de Pequeno Valor".

Constitucional e Previdenciário. 2. Execução contra a Fazenda Pública. Obrigação de fazer. Fracionamento da execução para que uma parte seja paga antes do trânsito em julgado, por meio de Complemento Positivo, e outra depois do trânsito, mediante Precatório ou RPV. Impossibilidade. 3. Repercussão geral da questão constitucional reconhecida. 4. Reafirmação de jurisprudência. Precedentes. 5. Conhecimento do agravo e provimento do recurso extraordinário para afastar o fracionamento da execução.

(ARE 723307 Manif-RG, Relator(a): Min. GILMAR MENDES, julgado em 08/08/2014, PROCESSO ELETRÔNICO DJe-206 DIVULG 26-09-2016 PUBLIC 27-09-2016)

14.2.20 Tema 792 (ARE 723307) natureza material e processual de lei disciplinadora da submissão de crédito ao sistema de execução via precatório

Tese	"Lei disciplinadora da submissão de crédito ao sistema de execução via precatório possui natureza material e processual, sendo inaplicável a situação jurídica constituída em data que a anteceda".

EXECUÇÃO – FAZENDA – LEI – APLICAÇÃO NO TEMPO. Lei disciplinadora da submissão de crédito ao sistema de execução via precatório possui natureza material e processual, sendo inaplicável a situação jurídica constituída em data que a anteceda.

(RE 729107, Relator(a): MARCO AURÉLIO, Tribunal Pleno, julgado em 08/06/2020, PROCESSO ELETRÔNICO REPERCUSSÃO GERAL - MÉRITO DJe-228 DIVULG 14-09-2020 PUBLIC 15-09-2020)

14.2.21 Tema 810 (RE 870947): O art. 1º-F da Lei nº 9.494/97, com a redação dada pela Lei nº 11.960/09, na parte em que disciplina os juros moratórios e atualização monetária aplicáveis a condenações da Fazenda Pública é inconstitucional[46].

Teses	"1) O art. 1º-F da Lei nº 9.494/97, com a redação dada pela Lei nº 11.960/09, na parte em que disciplina os juros moratórios aplicáveis a condenações da Fazenda Pública, é inconstitucional ao incidir sobre débitos oriundos de relação jurídico-tributária, aos quais devem ser aplicados os mesmos juros de mora pelos quais a Fazenda Pública remunera seu crédito tributário, em respeito ao princípio constitucional da isonomia (CRFB, art. 5º, caput); quanto às condenações oriundas de relação jurídica não-tributária, a fixação dos juros moratórios segundo o índice de remuneração da caderneta de poupança é constitucional, permanecendo hígido, nesta extensão, o disposto no art. 1º-F da Lei nº 9.494/97 com a redação dada pela Lei nº 11.960/09; e 2) O art. 1º-F da Lei nº 9.494/97, com a redação dada pela Lei nº 11.960/09, na parte em que disciplina a atualização monetária das condenações impostas à Fazenda Pública segundo a remuneração oficial da caderneta de poupança, revela-se inconstitucional ao impor restrição desproporcional ao direito de propriedade (CRFB, art. 5º, XXII), uma vez que não se qualifica como medida adequada a capturar a variação de preços da economia, sendo inidônea a promover os fins a que se destina.".

46. Vide tópico 7.4.

Ementa: DIREITO CONSTITUCIONAL. REGIME DE ATUALIZAÇÃO MONETÁRIA E JUROS MORATÓRIOS INCIDENTE SOBRE CONDENAÇÕES JUDICIAIS DA FAZENDA PÚBLICA. ART. 1º-F DA LEI Nº 9.494/97 COM A REDAÇÃO DADA PELA LEI Nº 11.960/09. IMPOSSIBILIDADE JURÍDICA DA UTILIZAÇÃO DO ÍNDICE DE REMUNERAÇÃO DA CADERNETA DE POUPANÇA COMO CRITÉRIO DE CORREÇÃO MONETÁRIA. VIOLAÇÃO AO DIREITO FUNDAMENTAL DE PROPRIEDADE (CRFB, ART. 5º, XXII). INADEQUAÇÃO MANIFESTA ENTRE MEIOS E FINS. INCONSTITUCIONALIDADE DA UTILIZAÇÃO DO RENDIMENTO DA CADERNETA DE POUPANÇA COMO ÍNDICE DEFINIDOR DOS JUROS MORATÓRIOS DE CONDENAÇÕES IMPOSTAS À FAZENDA PÚBLICA, QUANDO ORIUNDAS DE RELAÇÕES JURÍDICO-TRIBUTÁRIAS. DISCRIMINAÇÃO ARBITRÁRIA E VIOLAÇÃO À ISONOMIA ENTRE DEVEDOR PÚBLICO E DEVEDOR PRIVADO (CRFB, ART. 5º, CAPUT). RECURSO EXTRAORDINÁRIO PARCIALMENTE PROVIDO. 1. O princípio constitucional da isonomia (CRFB, art. 5º, caput), no seu núcleo essencial, revela que o art. 1º-F da Lei nº 9.494/97, com a redação dada pela Lei nº 11.960/09, na parte em que disciplina os juros moratórios aplicáveis a condenações da Fazenda Pública, é inconstitucional ao incidir sobre débitos oriundos de relação jurídico-tributária, os quais devem observar os mesmos juros de mora pelos quais a Fazenda Pública remunera seu crédito; nas hipóteses de relação jurídica diversa da tributária, a fixação dos juros moratórios segundo o índice de remuneração da caderneta de poupança é constitucional, permanecendo hígido, nesta extensão, o disposto legal supramencionado. 2. O direito fundamental de propriedade (CRFB, art. 5º, XXII) repugna o disposto no art. 1º-F da Lei nº 9.494/97, com a redação dada pela Lei nº 11.960/09, porquanto a atualização monetária das condenações impostas à Fazenda Pública segundo a remuneração oficial da caderneta de poupança não se qualifica como medida adequada a capturar a variação de preços da economia, sendo inidônea a promover os fins a que se destina. 3. A correção monetária tem como escopo preservar o poder aquisitivo da moeda diante da sua desvalorização nominal provocada pela inflação. É que a moeda fiduciária, enquanto instrumento de troca, só tem valor na medida em que capaz de ser transformada em bens e serviços. A inflação, por representar o aumento persistente e generalizado do nível de preços, distorce, no tempo, a correspondência entre valores real e nominal (cf. MANKIW, N.G. Macroeconomia. Rio de Janeiro, LTC 2010, p. 94; DORNBUSH, R.; FISCHER, S. e STARTZ, R. Macroeconomia. São Paulo: McGraw-Hill do Brasil, 2009, p. 10; BLANCHARD, O. Macroeconomia. São Paulo: Prentice Hall, 2006, p. 29). 4. A correção monetária e a inflação, posto fenômenos econômicos conexos, exigem, por imperativo de adequação lógica, que os instrumentos destinados a realizar a primeira sejam capazes de capturar a segunda, razão pela qual os índices de correção monetária devem consubstanciar autênticos índices de preços. 5. Recurso extraordinário parcialmente provido. (RE 870947, Relator(a): Min. LUIZ FUX, Tribunal Pleno, julgado em 20/09/2017, ACÓRDÃO ELETRÔNICO REPERCUSSÃO GERAL - MÉRITO DJe-262 DIVULG 17-11-2017 PUBLIC 20-11-2017)

14.2.22 Tema 873 (RE 889173 RG e RE 889173 RG-ED): Observância do art. 100 da Constituição para o pagamento de valores devidos pela Fazenda Pública entre a data da impetração do mandado de segurança e a efetiva implementação da ordem concessiva.

Tese	"O pagamento dos valores devidos pela Fazenda Pública entre a data da impetração do mandado de segurança e a efetiva implementação da ordem concessiva deve observar o regime de precatórios previsto no artigo 100 da Constituição Federal".

EMENTA: RECURSO EXTRAORDINÁRIO. CONSTITUCIONAL E PROCESSUAL. MANDADO DE SEGURANÇA. VALORES DEVIDOS ENTRE A DATA DA IMPETRAÇÃO E A IMPLEMENTAÇÃO DA ORDEM CONCESSIVA. SUBMISSÃO AO REGIME DE PRECATÓRIOS. REPERCUSSÃO GERAL RECONHECIDA. REAFIRMAÇÃO DE JURISPRUDÊNCIA. (RE 889173 RG, Relator(a): LUIZ FUX, Tribunal Pleno, julgado em 07/08/2015, PROCESSO ELETRÔNICO REPERCUSSÃO GERAL - MÉRITO DJe-160 DIVULG 14-08-2015 PUBLIC 17-08-2015)

Ementa: EMBARGOS DE DECLARAÇÃO NA REPERCUSSÃO GERAL NO RECURSO EXTRAORDINÁRIO. CONSTITUCIONAL E PROCESSUAL. MANDADO DE SEGURANÇA. VALORES DEVIDOS ENTRE A DATA DA IMPETRAÇÃO E A IMPLEMENTAÇÃO DA ORDEM CONCESSIVA. SUBMISSÃO AO REGIME DE PRECATÓRIOS. REPERCUSSÃO GERAL RECONHECIDA. REAFIRMAÇÃO DE JURISPRUDÊNCIA. OMISSÃO. INEXISTÊNCIA. EFEITOS INFRINGENTES. IMPOSSIBILIDADE. 1. Não houve omissão quanto aos limites da coisa julgada, pois, in casu, a decisão que concedeu a segurança nada disse a respeito da necessidade ou não de observância do regime de precatórios para o pagamento dos valores relativos a período anterior à implementação da ordem concessiva. Tal discussão foi inaugurada por ocasião do cumprimento da referida decisão. 2. O pagamento dos valores devidos pela Fazenda Pública entre a data da impetração do mandado de segurança e a efetiva implementação da ordem concessiva deve observar o disposto no artigo 100 da Constituição Federal. 3. Embargos de declaração DESPROVIDOS. (RE 889173 RG-ED, Relator(a): LUIZ FUX, Tribunal Pleno, julgado em 05/10/2018, PROCESSO ELETRÔNICO DJe-226 DIVULG 23-10-2018 PUBLIC 24-10-2018)

14.2.23 Tema 873 (ARE 925754 RG): execução individual de sentença genérica contra a Fazenda Pública em ação coletiva e art. 100, §8º, da CF

Tese	"Não viola o art. 100, § 8º, da Constituição Federal a execução individual de sentença condenatória genérica proferida contra a Fazenda Pública em ação coletiva visando à tutela de direitos individuais homogêneos".

Ementa: ADMINISTRATIVO E PROCESSUAL CIVIL. RECURSO EXTRAORDINÁRIO COM AGRAVO. EXECUÇÃO INDIVIDUAL DE SENTENÇA PROFERIDA EM AÇÃO COLETIVA PROPOSTA CONTRA A FAZENDA PÚBLICA. PAGAMENTO POR MEIO DE REQUISIÇÃO DE PEQUENO VALOR – RPV. INEXISTÊNCIA DO FRACIONAMENTO DE QUE TRATA O § 8º DO ART. 100 DA CONSTITUIÇÃO. REPERCUSSÃO GERAL CONFIGURADA. REAFIRMAÇÃO DA JURISPRUDÊNCIA. 1. Não viola o art. 100, § 8º, da Constituição Federal a execução individual de sentença condenatória genérica proferida contra a Fazenda Pública em ação coletiva visando à tutela de direitos individuais homogêneos. 2. Agravo conhecido para negar provimento ao recurso extraordinário, com o reconhecimento da repercussão geral do tema e a reafirmação da jurisprudência sobre a matéria. (ARE 925754 RG, Relator(a): TEORI ZAVASCKI, Tribunal Pleno, julgado em 17/12/2015, ACÓRDÃO ELETRÔNICO REPERCUSSÃO GERAL - MÉRITO DJe-020 DIVULG 02-02-2016 PUBLIC 03-02-2016)

14.2.24 Tema 877 (RE 938837): conselhos de fiscalização - não submissão ao regime de precatórios

Tese	"Os pagamentos devidos, em razão de pronunciamento judicial, pelos Conselhos de Fiscalização não se submetem ao regime de precatórios".

EXECUÇÃO – CONSELHOS – ÓRGÃOS DE FISCALIZAÇÃO – DÉBITOS – DECISÃO JUDICIAL. A execução de débito de Conselho de Fiscalização não se submete ao sistema de precatório.

(RE 938837, Relator(a): Min. EDSON FACHIN, Relator(a) p/ Acórdão: Min. MARCO AURÉLIO, Tribunal Pleno, julgado em 19/04/2017, PROCESSO ELETRÔNICO REPERCUSSÃO GERAL - MÉRITO DJe-216 DIVULG 22-09-2017 PUBLIC 25-09-2017)

14.3 SÚMULAS DO SUPERIOR TRIBUNAL DE JUSTIÇA E DO SUPREMO TRIBUNAL FEDERAL RELATIVAS À EXECUÇÃO E À FAZENDA PÚBLICA

14.3.1 Súmula nº 58 do STJ

PROPOSTA A EXECUÇÃO FISCAL, A POSTERIOR MUDANÇA DE DOMICILIO DO EXECUTADO NÃO DESLOCA A COMPETENCIA JA FIXADA. (Súmula 58, PRIMEIRA SEÇÃO, julgado em 29/09/1992, DJ 06/10/1992, p. 17215)

14.3.2 Súmula nº 66 do STJ

COMPETE A JUSTIÇA FEDERAL PROCESSAR E JULGAR EXECUÇÃO FISCAL PROMOVIDA POR CONSELHO DE FISCALIZAÇÃO PROFISSIONAL. (Súmula 66, PRIMEIRA SEÇÃO, julgado em 15/12/1992, DJ 04/02/1993, p. 774)

14.3.3 Súmula nº 121 do STJ

NA EXECUÇÃO FISCAL O DEVEDOR DEVERA SER INTIMADO, PESSOALMENTE, DO DIA E HORA DA REALIZAÇÃO DO LEILÃO. (Súmula 121, PRIMEIRA SEÇÃO, julgado em 29/11/1994, DJ 06/12/1994, p. 33786)

14.3.4 Súmula nº 128 do STJ

NA EXECUÇÃO FISCAL HAVERÁ SEGUNDO LEILÃO, SE NO PRIMEIRO NÃO HOUVER LANÇO SUPERIOR A AVALIAÇÃO. (Súmula 128, PRIMEIRA SEÇÃO, julgado em 14/03/1995, DJ 23/03/1995, p. 6730)

14.3.5 Súmula nº 153 do STJ

A DESISTENCIA DA EXECUÇÃO FISCAL, APOS O OFERECIMENTO DOS EMBARGOS, NÃO EXIME O EXEQUENTE DOS ENCARGOS DA SUCUMBENCIA. (Súmula 153, PRIMEIRA SEÇÃO, julgado em 08/03/1996, DJ 14/03/1996, p. 7115)

14.3.6 Súmula nº 190 do STJ

Na execução fiscal, processada perante a Justiça Estadual, cumpre à Fazenda Pública antecipar o numerário destinado ao custeio das despesas com o transporte dos oficiais de justiça. (Súmula 190, PRIMEIRA SEÇÃO, julgado em 11/06/1997, DJ 23/06/1997, p. 29331)

14.3.7 Súmula nº 251 do STJ

A meação só responde pelo ato ilícito quando o credor, na execução fiscal, provar que o enriquecimento dele resultante aproveitou ao casal. (Súmula 251, PRIMEIRA SEÇÃO, julgado em 13/06/2001, DJ 13/08/2001, p. 333)

14.3.8 Súmula nº 279 do STJ

É cabível execução por título extrajudicial contra a Fazenda Pública. (Súmula 279, CORTE ESPECIAL, julgado em 21/05/2003, DJ 16/06/2003, p. 415)

14.3.9 Súmula nº 314 do STJ

Em execução fiscal, não localizados bens penhoráveis, suspende-se o processo por um ano, findo o qual se inicia o prazo da prescrição qüinqüenal intercorrente. (Súmula 314, PRIMEIRA SEÇÃO, julgado em 12/12/2005, DJ 08/02/2006, p. 258)

14.3.10 Súmula nº 345 do STJ

São devidos honorários advocatícios pela Fazenda Pública nas execuções individuais de sentença proferida em ações coletivas, ainda que não embargadas. (Súmula 345, CORTE ESPECIAL, julgado em 07/11/2007, DJ 28/11/2007, p. 225)

14.3.11 Súmula nº 392 do STJ

A Fazenda Pública pode substituir a certidão de dívida ativa (CDA) até a prolação da sentença de embargos, quando se tratar de correção de erro material ou formal, vedada a modificação do sujeito passivo da execução. (Súmula 392, PRIMEIRA SEÇÃO, julgado em 23/09/2009, DJe 07/10/2009)

14.3.12 Súmula nº 393 do STJ

A exceção de pré-executividade é admissível na execução fiscal relativamente às matérias conhecíveis de ofício que não demandem dilação probatória. (Súmula 393, PRIMEIRA SEÇÃO, julgado em 23/09/2009, DJe 07/10/2009)

14.3.13 Súmula nº 406 do STJ

A Fazenda Pública pode recusar a substituição do bem penhorado por precatório. (Súmula 406, PRIMEIRA SEÇÃO, julgado em 28/10/2009, REPDJe 25/11/2009, DJe 24/11/2009)

14.3.14 Súmula nº 409 do STJ

Em execução fiscal, a prescrição ocorrida antes da propositura da ação pode ser decretada de ofício (art. 219, § 5º, do CPC). (Súmula 409, PRIMEIRA SEÇÃO, julgado em 28/10/2009, REPDJe 25/11/2009, DJe 24/11/2009)

14.3.15 Súmula nº 414 do STJ

A citação por edital na execução fiscal é cabível quando frustradas as demais modalidades. (Súmula 414, PRIMEIRA SEÇÃO, julgado em 25/11/2009, DJe 16/12/2009)

14.3.16 Súmula nº 435 do STJ

Presume-se dissolvida irregularmente a empresa que deixar de funcionar no seu domicílio fiscal, sem comunicação aos órgãos competentes, legitimando o redirecionamento da execução fiscal para o sócio-gerente. (Súmula 435, PRIMEIRA SEÇÃO, julgado em 14/04/2010, DJe 13/05/2010)

14.3.17 Súmula nº 497 do STJ

Os créditos das autarquias federais preferem aos créditos da Fazenda estadual desde que coexistam penhoras sobre o mesmo bem. (Súmula 497, PRIMEIRA SEÇÃO, julgado em 08/08/2012, DJe 13/08/2012)

14.3.18 Súmula nº 521 do STJ

A legitimidade para a execução fiscal de multa pendente de pagamento imposta em sentença condenatória é exclusiva da Procuradoria da Fazenda Pública. (Súmula 521, TERCEIRA SEÇÃO, julgado em 25/03/2015, DJe 06/04/2015)

14.3.19 Súmula nº 558 do STJ

Em ações de execução fiscal, a petição inicial não pode ser indeferida sob o argumento da falta de indicação do CPF e/ou RG ou CNPJ da parte executada. (Súmula 558, PRIMEIRA SEÇÃO, julgado em 09/12/2015, DJe 15/12/2015)

14.3.20 Súmula nº 559 do STJ

Em ações de execução fiscal, é desnecessária a instrução da petição inicial com o demonstrativo de cálculo do débito, por tratar-se de requisito não previsto no art. 6º da Lei n. 6.830/1980. (Súmula 559, PRIMEIRA SEÇÃO, julgado em 09/12/2015, DJe 15/12/2015)

14.3.21 Súmula nº 583 do STJ

O arquivamento provisório previsto no art. 20 da Lei n. 10.522/2002, dirigido aos débitos inscritos como dívida ativa da União pela Procuradoria-Geral da Fazenda Nacional ou por ela cobrados, não se aplica às execuções fiscais movidas pelos conselhos de fiscalização profissional ou pelas autarquias federais. (Súmula 583, PRIMEIRA SEÇÃO, julgado em 14/12/2016, DJe 09/05/2019, DJe 01/02/2017)

14.3.22 Súmula nº 625 do STJ

O pedido administrativo de compensação ou de restituição não interrompe o prazo prescricional para a ação de repetição de indébito tributário de que trata o art. 168 do CTN nem o da execução de título judicial contra a Fazenda Pública. (Súmula 625, PRIMEIRA SEÇÃO, julgado em 12/12/2018, DJe 17/12/2018)

14.3.23 Súmula vinculante nº 09 do STF

O disposto no artigo 127 da Lei nº 7.210/1984 (Lei de Execução Penal) foi recebido pela ordem constitucional vigente, e não se lhe aplica o limite temporal previsto no caput do artigo 58.

14.3.24 Súmula vinculante nº 17 do STF

Durante o período previsto no parágrafo 1º do artigo 100 da Constituição, não incidem juros de mora sobre os precatórios que nele sejam pagos.

14.3.25 Súmula vinculante nº 47 do STF

Os honorários advocatícios incluídos na condenação ou destacados do montante principal devido ao credor consubstanciam verba de natureza alimentar cuja satisfação ocorrerá com a expedição de precatório ou requisição de pequeno valor, observada ordem especial restrita aos créditos dessa natureza.

14.3.26 Súmula nº 155 do STF

É relativa a nulidade do processo criminal por falta de intimação da expedição de precatória para inquirição de testemunha.

14.3.27 Súmula nº 255 do STF

Sendo ilíquida a obrigação, os juros moratórios, contra a Fazenda Pública, incluídas as autarquias, são contados do trânsito em julgado da sentença de liquidação.

14.3.28 Súmula nº 277 do STF

São cabíveis embargos, em favor da Fazenda Pública, em ação executiva fiscal, não sendo unânime a decisão.

14.3.29 Súmula nº 620 do STF

A sentença proferida contra Autarquias não está sujeita a reexame necessário, salvo quando sucumbente em execução de dívida ativa.

14.3.30 Súmula nº 655 do STF

A exceção prevista no art. 100, caput, da Constituição, em favor dos créditos de natureza alimentícia, não dispensa a expedição de precatório, limitando-se a isentá-los da observância da ordem cronológica dos precatórios decorrentes de condenações de outra natureza.

14.3.31 Súmula nº 733 do STF

Não cabe recurso extraordinário contra decisão proferida no processamento de precatórios.

Referências Bibliográficas

ALMEIDA, Rafael Alves de; ALMEIDA, Tânia; e CRESPO, Mariana Hernandez. **Tribunal Multiportas: investindo no capital social para maximizar o sistema de solução de conflitos no Brasil.** Rio de Janeiro: Editora FGV, 2012, p. 28, capturado em 15.06.2015, disponível em http://bibliotecadigital.fgv.br/dspace/bitstream/handle/10438/10361/Tribunal%20Multiportas.pdf?sequence=1.

AMARAL, Guilherme Rizzo. Capítulo VI: Do cumprimento de sentença que reconheça a exigibilidade de obrigação de fazer, de não fazer ou de entregar coisa. In: WAMBIER, Teresa Arruda Alvim et al. **Breves Comentários ao Novo Código de Processo Civil.** 3. ed. São Paulo: Revista dos Tribunais, 2016. p. 1555-1567.

ANDRIGUI, Nancy e FOLEY, Gláucia Falsarella. **Sistema multiportas: o Judiciário e o consenso. Tendências e Debates.** Folha de São Paulo, 24 de junho de 2008.

ARAÚJO, José Henrique Mouta. **Meios de impugnação e cumprimento de decisões parciais contra a Fazenda Pública.** In https://www.conjur.com.br/2019-out-02/opiniao-meios-resolucao-decisoes-parciais-fazenda, acesso em 07 de janeiro de 2020.

ARENHART, Sergio Cruz. **A prisão civil como meio coercitivo.** Disponível em: https://www.academia.edu/214441/A_PRIS%C3%83O_CIVIL_COMO_MEIO_COERCITIVO, capturado em 10.03.2016.

ASSIS, Araken de. **Manual da execução.** São Paulo: Revista dos Tribunais, 2013.

AVELINO, Murilo Teixeira. **A Fazenda Pública e os negócios jurídicos processuais.** In https://congressoemfoco.uol.com.br/opiniao/colunas/a-fazenda-publica-e-os-negocios-juridicos-processuais/, acesso em 07 de janeiro de 2020.

AZEVEDO NETO, João Luiz Lessa. Arbitragem e Poder Judiciário: a definição da competência do árbitro. Salvador: Juspodivm, 2016.

BALTHAZAR, Ubaldo Cesar; PINHEIRO, Hendrick; BASSO, Bruno Bartelle. **Transação Tributária e Extrafiscalidade: uma abordagem à luz do controle de proporcionalidade.** In https://www.scielo.br/scielo.php?pid=S2177-70552020000200287&script=sci_arttext, acesso em 02 de maio de 2021.

BARREIROS, Lorena Miranda Santos. **(I) negociabilidade de prerrogativas processuais da Fazenda Pública: tentativa de sistematização.** In MARCATO, Ana; GALINDO, Beatriz; GÓES, Gisele Fernandes; BRAGA, Paula Sarno; APRIGLIANO, Ricardo; NOLASCO, Rita Dias. Negócios Processuais – Coletânea Mulheres no Processo Civil Brasileiro. Salvador: Editora Juspodivm, 2017.

BECKER, Rodrigo Frantz. **Manual do Processo de Execução dos Títulos Judiciais e Extrajudiciais.** Salvador: Editora Juspodivm, 2021.

BOTTINI, Pierpaolo Cruz. **A reforma do Judiciário: aspectos relevantes.** In http://www.btadvogados.com.br/pt/artigo/a-reforma-do-judiciario-aspectos-relevantes/, acesso em 02 de maio de 2021.

BRANDIS, Juliano Oliveira. **A premente necessidade de desjudicialização da execução fiscal.** In https://www.conjur.com.br/2020-nov-02/brandis-necessidade-desjudicializacao-execucao-fiscal, acesso em 01 de maio de 2021.

BUENO, Cássio Scarpinella. **O poder público em juízo.** 3. Ed. São Paulo: Saraiva, 2000.

CABRAL. Antonio do Passo. **Convenções processuais.** Salvador: Juspodivm, 2006.

CÂMARA, Alexandre Freitas. **Lições de Direito Processual Civil.** Volume II, 11. Ed. Rio de Janeiro: Lumen Juris, 2005.

CÂMARA, Alexandre Freitas. **O princípio da patrimonialidade da execução e os meios executivos atípicos: lendo o art. 139, IV, do CPC.** In TALAMINI,

Eduardo; MINAMI, Marcos Youji (coord.). **Coleção Grandes Temas do Novo CPC - vol. 11 - Medidas Executivas Atípicas.** Salvador: Juspodivm, 2018.

CAMPOS, Eduardo Luiz Cavalcanti. **O princípio da eficiência no processo civil brasileiro.** 1. Ed. Rio de Janeiro: Forense, 2018.

CANTOARIO, Diego Martinez Fervenza. **Tutela específica das obrigações de fazer e não fazer no novo CPC: primeiras observações.** In: Didier Jr, Fredie (coordenador geral). **Novo CPC doutrina selecionada, v. 5: execução.** Salvador, Juspodivm, 2015, pp. 111/141.

CASTELO BRANCO, Janaína Soares Noleto. **Advocacia Pública e solução consensual de conflitos**. 2. Ed. Salvador: Editora Juspodivm.

CIMARDI, Cláudia Aparecida. **A execução contra a Fazenda Pública no Projeto do CPC**. Disponível em http://www2.senado.leg.br/bdsf/bitstream/handle/id/242886/000923094.pdf?sequence=1, capturado em 15.01.2015.

CÔRTES, Osmar Mendes da Paixão. **Responsabilidade dos servidores e empregados públicos que participam de mediações**. In PINHO, Humberto Dalla Bernadina de; RODRIGUES, Roberto de Aragão Ribeiro. Mediação e Arbitragem na Administração Pública. Curitiba: Editora CRV, 2018.

COSTA, José Guilherme Fontes de Azevedo; SILVA, Rodrigo Tomiello da; D´ANGIOLI, Paulo Henrique Garcia. **Transação Tributária - méritos, desafios e oportunidades**. In https://www.migalhas.com.br/depeso/327341/transacao-tributaria---méritos--desafios-e-oportunidades, acesso em 01 de maio de 2021.

CUNHA, Leonardo José Carneiro da. **A Fazenda Pública em juízo**. 5. Ed. São Paulo: Dialética, 2014.

CUNHA, Leonardo Carneiro da. **A Fazenda Pública em Juízo**. 13. Ed. Rio de Janeiro: Forense, 2016.

DALL´AGNOL JÚNIOR, Antônio Janyr. **Sobre o sequestro constitucional.** In **Estudos em homenagem ao Prof. Ovídio A. Baptista da Silva**. Porto Alegre: Fabris, 1989.

DANTAS, Francisco Wildo Lacerda. **Execução contra a Fazenda Pública. Regime de Precatórios.** 2. Ed. São Paulo: Método, 2010.

DANTAS, Francisco Wildo Lacerda. **O Sistema do Precatório.** Disponível em: http://www5.trf5.jus.br/documento/?arquivo=O+sistema+do+precatorio.pdf&tipo=p0303. Capturado em 05.05.2018.

DELGADO, José Augusto. **Precatório judicial e evolução histórica. Advocacia administrativa na execução contra a fazenda pública. Impenhorabilidade dos bens públicos. Continuidade do serviço público.** In: SILVA, Ricardo Perlingeiro Mendes da (Coord.). **Execução contra a Fazenda Pública.** Brasília, Centro de Estudos Judiciários, CEJ, 2003, p. 121-140).

DELLORE, Luiz. **Estudos sobre Coisa Julgada e Controle de Constitucionalidade**. Rio de Janeiro: Forense, 2013.

DI PIETRO, Maria Sylvia Zanella. **As possibilidades de arbitragem em contratos administrativos.** Disponível em: http://www.conjur.com.br/2015-set-24/interesse-publico-possibilidades-arbitragem-contratos-administrativos2, capturado em 01.02.2017.

DIDIER JR., Fredie. **Curso de Direito Processual Civil: introdução ao direito processual civil, parte geral e processo de conhecimento**. Salvador: Juspodivm, 2015.

DIDIER JR., Fredie; CUNHA, Leonardo Carneiro da; BRAGA, Paula Sarno; OLIVEIRA, Rafael Alexandria de. **Curso de Direito Processual Civil: execução.** 8. Ed. Salvador: Ed. Juspodivm, 2018.

DIDIER JR. Fredie; ZANETI JR. Hermes. **Curso de direito processual civil: processo coletivo**. V. 4. 14. Ed. Salvador: Editora Juspodivm, 2020.

______. **Sobre a teoria geral do processo, essa desconhecida**. Salvador: Juspodivm, 2012.

DONIZETTI, Elpídio. **Curso Didático de Direito Processual Civil**. 16. Ed. São Paulo: Atlas, 2012.

DUQUE, Felipe. **Prescrição intercorrente e honorários advocatícios.** In https://www.jota.info/opiniao-e-analise/colunas/contraditorio/prescricao-intercorrente-e-honorarios-advocaticios-08072019, acesso em 08 de janeiro de 2020.

FERREIRA, Kaline. **Arbitragem e os litígios envolvendo entes públicos no Brasil e na França**. In PINHO, Humberto Dalla Bernadina de; RODRIGUES,

Roberto de Aragão Ribeiro. Mediação e Arbitragem na Administração Pública. Curitiba: Editora CRV, 2018.

FRATINI, Danielle Eugenne Migoto Ferrari Fratini. **A transação tributária no estado de São Paulo**. In https://www.jota.info/opiniao-e-analise/colunas/pauta-fiscal/transacao-tributaria-sao-paulo-04032021, acesso em 01 de maio de 2021.

GAJARDONI, Fernando. **Aspectos Fundamentais de processo arbitral e pontos de contato com a jurisdição estatal**. In Revista de Processo, vol. 106, abril-junho/2002

GOUVEIA, Lúcio Grassi de. **Cognição Processual Civil: Atividade Dialética e Cooperação Intersubjetiva na Busca da Verdade Real**. In: Fredie Didier Jr. (Org.). Leituras Complementares de Processo Civil. Salvador: Juspodivm, 2007.

HILL, Flávia Pereira. **O procedimento extrajudicial pré-executivo (PEPEX): reflexões sobre o modelo português em busca da efetividade da execução no Brasil**. In MEDEIROS NETO, Elias Marques de; RIBEIRO, Flávia Pereira (coord). Reflexões sobre a Desjudicialização da Execução Civil. Juruá: 2020.

KLIPPEL, Rodrigo; BASTOS, Antonio Adonias. **Manual de Processo Civil**. Rio de Janeiro: Ed. Lúmen Juris, 2011.

KOEHLER, Frederico Augusto Leopoldino; PEIXOTO, Marco Aurélio Ventura. **Impugnação ao Cumprimento da Sentença contra a Fazenda Pública**. In ASSIS, Araken de; BRUSCHI, Gilberto Gomes (coord). Processo de Execução e Cumprimento de Sentença: temas atuais e controvertidos. São Paulo: Thomson Reuters Brasil, 2020.

LEMOS, Vinicius Silva. **A decisão parcial e as questões de fato**. Salvador: Editora Juspodivm, 2020.

LEMOS, Vinícius Silva. **O incidente de assunção de competência: da conceituação à procedimentalidade.** Salvador: Editora Juspodivm, 2018.

MARINONI, Luiz Guilherme. **Técnica Processual e tutela dos direitos.** São Paulo: Revista dos Tribunais, 2004.

MARINONI, Luiz Guilherme; ARENHART, Sérgio Cruz. **Curso de Processo Civil, v. 3 – Execução.** São Paulo: Editora Revista dos Tribunais, 2008.

MARQUES, Cláudia Lima. **Diálogo entre o Código de Defesa do Consumidor e o novo Código Civil: do "diálogo das fontes" no combate às cláusulas abusivas.** Revista de Direito do Consumidor nº 45. Ano 12, janeiro/março de 2003, pp.71/93.

MINAMI, Marcos Youji. **Uma justificativa às medidas executivas atípicas – da vedação ao non factibile.** In TALAMINI, Eduardo; MINAMI, Marcos Youji (coord.). **Coleção Grandes Temas do Novo CPC – vol. 11 – Medidas Executivas Atípicas.** Salvador: Juspodivm, 2018.

NEVES, Daniel Amorim Assumpção. **Manual de direito processual civil: volume único.** Salvador: Juspodivm, 2016.

NOGUEIRA, Pedro Henrique. **Negócios Jurídicos Processuais.** Salvador: Editora Juspodivm, 2016.

NOLASCO, Rita Dias. **Capítulo V: da execução contra a Fazenda Pública.** In: WAMBIER, Teresa Arruda Alvim et al. **Breves Comentários ao Novo Código de Processo Civil.** 3. ed. São Paulo: Revista dos Tribunais, 2016. p. 2251-2256.

NUNES, Dierle. **Novo CPC promove equilíbrio entre magistrados e advogados.** Disponível em http://www.conjur.com.br/2014-dez-17/dierle-nunes-cpc--promove-equilibrio-entre-juizes-advogados, capturado em 15.06.2015.

NUNES, Dierle. **Processualismo constitucional democrático e o dimensionamento das técnicas para a litigiosidade repetitiva. A litigância de interesse público e as tendências "não compreendidas" de padronização decisória.** In **Revista de Processo.** São Paulo, Ano 38, n. 199, set. 2011.

OLIVEIRA, Weber Luiz de. **Advocacia Pública Contemporânea.** In OLIVEIRA, Weber Luiz de (org.). **Advocacia Pública em Debate.** Florianópolis: Empório do Direito, 2018.

PEIXOTO, Marco Aurélio Ventura. **A Fazenda Pública no Novo Código de Processo Civil.** In ADONIAS, Antonio; DIDIER JR., Fredie (coordenadores). **Projeto do Novo Código de Processo Civil – 2ª série. Estudos em homenagem a José Joaquim Calmon de Passos.** Salvador: Ed. Juspodivm, 2012.

PEIXOTO, Marco Aurélio; BECKER, Rodrigo. **Desjudicialização da execução fiscal – promessa ou realidade?** In https://www.jota.info/opiniao-e-analise/colunas/coluna-cpc-nos-tribunais/desjudicializacao-da-execucao-fiscal--promessa-ou-realidade-06122018, acesso em 01 de maio de 2021.

PEIXOTO, Marco Aurélio; BECKER, Rodrigo. **Impossibilidade de adoção de medidas atípicas contra devedores sem sinais de ocultação patrimonial.** In https://www.jota.info/opiniao-e-analise/colunas/coluna-cpc-nos-tribunais/impossibilidade-de-adocao-de-medidas-atipicas-contra-devedores-sem--sinais-de-ocultacao-patrimonial-13062019, acesso em 01.09.2019.

PEIXOTO, Marco Aurélio; BECKER, Rodrigo. **Parte que dispensou arbitragem pode invoca-lo em outro processo sobre mesmo contrato?** In https://www.jota.info/opiniao-e-analise/colunas/coluna-cpc-nos-tribunais/parte-que--dispensou-arbitragem-pode-invoca-la-em-outro-processo-sobre-mesmo--contrato-12022021, acesso em 01 de maio de 2021.

PEIXOTO, Marco Aurélio; BECKER, Rodrigo. **Pode o procurador da Fazenda que assinou a CDA atuar na mesma execução fiscal?** In https://www.jota.info/opiniao-e-analise/colunas/coluna-cpc-nos-tribunais/pode-o--procurador-da-fazenda-que-assinou-a-cda-atuar-na-mesma-execucao--fiscal-01042021, acesso em 01 de maio de 2021.

PEIXOTO, Marco Aurélio Ventura; BELFORT, Renata Cortez Vieira. **O cumprimento de sentença contra a Fazenda Pública no novo CPC**. In ARAÚJO, José Henrique Mouta; CUNHA, Leonardo Carneiro da; RODRIGUES, Marco Antonio (coord). **Fazenda Pública (Coleção Repercussões do Novo CPC, v.3)**. 2. Ed. Salvador: Editora Juspodivm, 2016.

PEIXOTO, Marco Aurélio Ventura; PEIXOTO, Renata Cortez Vieira. **O regime de precatórios na Constituição Federal de 1988.** In BEÇAK, Rubens; PRADO, João Carlos Navarro de Almeida (Org.) **Reflexões sobre os 30 anos da Constituição de 1988: mutações e reformas constitucionais**. Belo Horizonte: Arraes Editores, 2018, pp. 290/312.

PEIXOTO, Marco Aurélio Ventura; SOARES, Patrícia de Almeida Montalvão; PEIXOTO, Renata Cortez Vieira. **Das medidas atípicas de coerção contra o poder público: aplicabilidade e limites.** In TALAMINI, Eduardo; MINAMI, Marcos Youji (coord). **Medidas executivas atípicas.** 2. Ed. Salvador: Editora Juspodivm, 2020, pp. 153/178.

PEIXOTO, Ravi. **Honorários nos processos que envolvem a Fazenda e a não aplicação da lei pelo STJ**, disponível em www.conjur.com.br/2019-abr-22/

ravi-peixoto-honorariosnos-processos-envolvem-fazenda, capturado em 02.02.2020.

PEIXOTO, Renata Cortez Vieira. **A audiência obrigatória de conciliação e de mediação no CPC/2015: uma proposta de compatibilização do art. 334 com o modelo multiportas e com a razoável duração do processo.** In PEIXOTO, Renata Cortez Vieira; SOUSA, Rosalina Freitas Martins de; ANDRADE, Sabrina Dourado França (Coord). **Temas Relevantes de Direito Processual Civil: Elas escrevem.** Recife: Editora Armador, 2016.

PEREIRA, Hélio do Valle. **Manual da Fazenda Pública em Juízo.** 2. Ed. Rio de Janeiro: Renovar, 2006.

PINHO, Humberto Dalla Bernardina de; MAZZOLA, Marcelo. **A convenção de arbitragem no sistema brasileiro – uma releitura a partir da obra de Sérgio La China.** In https://www.cidp.pt/revistas/rjlb/2020/2/2020_02_0559_0586.pdf, acesso em 02 de maio de 2021.

PINHO, Humberto Dalla Bernardina de. MAZZOLA, Marcelo. **Manual de mediação e arbitragem.** São Paulo: Saraiva Educação, 2019.

PINHO, Humberto Dalla Bernadina de; NUNES, Patrícia Elael. **A confidencialidade e suas peculiaridades no procedimento de mediação envolvendo a Fazenda Pública.** In PINHO, Humberto Dalla Bernadina de; RODRIGUES, Roberto de Aragão Ribeiro. Mediação e Arbitragem na Administração Pública. Curitiba: Editora CRV, 2018.

PINHO, Humberto Dalla Bernardina de; STANCATI, Maria Martins Silva. **A ressignificação do princípio do acesso à justiça à luz do art. 3º do CPC/2015.** In https://sistemas.rj.def.br/publico/sarova.ashx/Portal/sarova/imagem-dpge/public/arquivos/Acesso_ressignificado_-_Dalla_e_Stancati_-_2018.pdf, acesso em 02 de maio de 2021.

PINHO, Humberto Dalla Bernardina de; STRÄTZ, Murilo; RODRIGUES, Roberto de Aragão Ribeiro. **Arbitragem Tributária: Perspectivas para o Direito Brasileiro.** In PINHO, Humberto Dalla Bernardina de; RODRIGUES, Roberto de Aragão Ribeiro. Mediação e Arbitragem na Administração Pública, vol. 2. Santa Cruz do Sul: Editora Essere nel Mondo, 2020.

PORTO, José Roberto Mello. **Processo Coletivo – Sinopses para Concursos,** v. 54. Salvador: Editora Juspodivm, 2020.

PRESGRAVE, Ana Beatriz Ferreira Rebello; OGUSUKU, Alexandre. **Dos honorários de sucumbência na execução fiscal**. In https://www.migalhas.com.br/depeso/331552/dos-honorarios-de-sucumbencia-na-execucao-fiscal, acesso em 01 de maio de 2021.

QUEIROZ, Mary Elbe e SOUZA JÚNIOR, Antonio Carlos F. de Souza. **Embargos à Execução Fiscal: um contributo para um modelo mais eficiente.** In: Gisele Barra Bossa, Eduardo Perez Salusse, Tathiane Piscitelli, Juliana Furtado Costa Araújo. (Org.). **Medidas de redução do contencioso tributário e o CPC/2015: contributos práticos para ressignificar o processo administrativo e judicial tributário.** 1.ed.São Paulo: Almedina, 2017, v. , p. 183-210.

QUEIROZ, Ricardo de Lima Souza Queiroz. **Incidente de desconsideração da PJ deve ser afastado em execução fiscal.**

RIBEIRO, Flávia Pereira. **Proposta de Desjudicialização da Execução Civil para o Brasil com base na experiência portuguesa.** In MEDEIROS NETO, Elias Marques de; RIBEIRO, Flávia Pereira (coord). Reflexões sobre a Desjudicialização da Execução Civil. Juruá: 2020.

RODRIGUES, Daniel Colnago. **Intervenção de terceiros**. São Paulo: Editora Revista dos Tribunais, 2017.

RODRIGUES, Marcelo Abelha. **O que fazer quando o executado é um cafajeste? Apreensão de passaporte? Da carteira de motorista?** In TALAMINI, Eduardo; MINAMI, Marcos Youji (coord.). **Coleção Grandes Temas do Novo CPC - vol. 11 - Medidas Executivas Atípicas.** Salvador: Juspodivm, 2018.

RODRIGUES, Marco Antonio. **A Fazenda Pública no processo civil**. 2. Ed. São Paulo: Atlas, 2016.

RODRIGUES, Marco Antonio. **Curso de Processo Administrativo e Judicial Tributário**. Salvador: Ed. Juspodivm, 2021.

RODRIGUES, Marco Antonio. **Manual dos recursos, ação rescisória e reclamação**. 1. Ed. São Paulo: Atlas, 2017.

RODRIGUES, Marco Antonio; GISMONDI, Rodrigo. **Métodos de Solução Consensual de Conflitos e a Fazenda Pública**. In Mediação e Arbitragem na Administração Pública, vol. 2. Santa Cruz do Sul: Editora Essere nel Mondo, 2020.

SCAVONE JÚNIOR, Luiz Antonio. **Manual de Arbitragem**. Mediação e Conciliação. 8. Ed. Rio de Janeiro: Forense, 2018.

SILVA, Ovídio Baptista da. **Curso de processo civil.** 3. Ed. São Paulo: Revista dos Tribunais, 1998.

SILVA, Ovídio Baptista da. **Do processo cautelar.** Rio de Janeiro: Forense, 1999.

SOUZA, Luciana Moessa de. **É viável a resolução consensual de conflitos com o poder público**. In https://www.conjur.com.br/2018-jul-30/luciane-moessa--viavel-resolucao-consensual-poder-publico#:~:text=Tudo%20quanto%20foi%20exposto%20leva,sem%20considera%C3%A7%C3%A3o%20aos%20limites%20apontados., acesso em 02 de maio de 2021.

TALAMINI, Eduardo. **Tutela relativa aos deveres de fazer e de não fazer e sua extensão aos deveres de entrega de coisa**. São Paulo: Revista dos Tribunais, 2003.

TARTUCE, Flávio. **Manual de Direito Civil: volume único.** Rio de Janeiro: Forense; São Paulo: Método, 2013.

TALAMINI, Eduardo. **A (in)disponibilidade do interesse público: consequências processuais (composições em juízo, prerrogativas processuais, arbitragem, negócios processuais e ação monitória) – versão atualizada para o CPC/2015**. In: Revista de Processo. Ano 42, vol. 264, ps. 85/94.São Paulo: Revista dos Tribunais, fev/2017.

THAMAY, Renan Faria Krüger; RODRIGUES, Rafael Ribeiro. **Primeiras Reflexões sobre a Execução de Título Executivo Extrajudicial do CPC/73 ao CPC/2015: Aplicabilidade da Súmula 317 do STJ**. *In* DIDIER Jr., Fredie; MACEDO, Lucas Buril de; PEIXOTO, Ravi; FREIRE, Alexandre: **Novo CPC doutrina selecionada, v. 5: execução**. Salvador: Juspodivm, 2015.

THEODORO JÚNIOR, Humberto. **Curso de Direito Processual Civil: processo de execução e cumprimento de sentença, processo cautelar e tutela de urgência**. Vol. II. Rio de Janeiro: Forense, 2013.

TONIN, Maurício Morais. **Solução de Controvérsias e Poder Público: Negociação e Arbitragem**. Tese de Doutorado. Universidade de São Paulo: 2016.

VALE, Luís Manoel Borges do. **Precedentes vinculantes no processo civil brasileiro e a razoável duração do processo.** Rio de Janeiro: LMJ Mundo Jurídico, 2019.

VAZ, Orlando. **Precatórios: problema e soluções.** Belo Horizonte: Del Rey e Centro jurídico brasileiro, 2005.

VIANA, Juvêncio Vasconcelos. **Novas considerações acerca da execução contra a Fazenda Pública.** In **Revista Dialética de Direito Processual.** n. 5. São Paulo: Editora Dialética, 2003.

EDITORA
JusPODIVM
www.editorajuspodivm.com.br

ar fernandez
Pensando em você e no futuro do planeta.